介護教育方法の理論と実践

川廷宗之 編

弘文堂

まえがき

　本書は、10年ぶりに、厚労省が定める「介護福祉士養成のガイドライン」（介護福祉士養成課程のカリキュラム…2018〔平成30〕年2月15日の社保審で報告）が改訂されたため、それに合わせた教育内容の解説書として、2008（平成20）年4月発行の『介護教育方法論』の改訂版として企画された[1]。が、その内容は単なる改訂に留まることなく、かなり新たな構成となっている。

　旧版では、新たなカリキュラム体系で、従来にはなかった各科目が長時間にわたる教育課程（授業内容）の提示を踏まえて、それらを実際の授業時間割などにどう組み込んでいくか、という課題に対応すべく、モデルを提示することに主眼が置かれていた[2]。しかし、10年の歳月の中で、それらの整理の仕方は定着をし、授業科目の構成方法は普及した。

　そこで本書では、授業科目の構成よりも、教育課程に示されている各科目ごとに、その科目単位で学生が（何を目的、目標として）何を学ぶのか、学習上の達成課題は何かなどに重点を置いて構成した。また、基本的にアクティブラーニングを想定しているので、授業案の提示は最小限に留めた。

　こういう構成になったのは、単に新たな教育課程で各科目の「留意点」が示されたからという以上に、「介護」をめぐる状況は、過去10年間でかなり変化してきたし、また今後10年間でも大きく変化していくという以下のような問題意識に対応しようとした点も大きい。

　その第1に挙げられるのは、特筆すべきこととして、10年前にはあった「介護福祉（士）」への期待感がかなり減少しており[3]、そのため、専門職として介護福祉士を目指そうという人が大幅に減っているということである。

　第2は、介護保険制度の度重なる改正で、「介護」の質が、当初考えられていた内容から、かなり変化してきている[4]点である。

　第3点は、介護対象者の急激な増加と、対象年齢層の意識の変化が顕著である点である。特に今後10年では、いわゆる団塊の世代が80歳前後に達し要介護年齢に入ってくるため、従来のいわば大人しい要介護者群とは異なる意識をもった要介護者[5]が大量に出現する。

　第4点は、結果として介護スタッフが不足し、そのために、「介護」領域に関しても、外国人の技能実習生や特定技能としての就労を認められてしまったため、「介護」の質的低下に歯止めがかかりにくくなっているという点である。

---

1) なお、この10年の間に一度、「医療的ケア」の追加があり、出版社からは増補版の作成に関し連絡があったが、こちらの態勢が整わず、先送りしていた経緯もある。

2) 旧版では、長時間で設定されていた科目を、実際の授業科目としてどう展開をするのかを詳しく解説した。また、各科目を、ほぼ30（60）時間単位に構成された授業科目として整理し直し、その授業科目ごとに、その授業設計（計画）と、サンプル授業案を提示していた。

3) マスコミでは、介護を特に過酷な労働として描くなど、介護労働の積極的な側面よりは、マイナス的な側面を過度に報じる傾向があり、それが大きく影響しているともいえる。

4) 概括的に言えば、家族による介護の考え方などで、大幅に後退しているなど、全体的に質が下がっている。

5) より一層、レベルの高い介護を求められる。それは当然、教育内容へ影響してくる。

第5点は、にもかかわらず、Society5.0 などと呼ばれる ICT（主にコミュニケーション方法の変化）や AI（人工知能）への対応も、介護を例外とする[6]わけではないので、この対応にも迫られているという点である。

　第6点は、本書に関連の深い高等教育における教育方法の変化発展である。10年前には、その片鱗しか見えていなかったアクティブラーニングは今や当たり前になり、これに伴って様々な教育方法が工夫されていたり、ルーブリック評価などが当たり前になったりしている。また、これに伴って、従来の情報提供的（知識詰め込み主義）の教育は、ネットを活用したオンデマンド（オンライン）教育に置き換えられつつある。

　第7点は、介護の分野も、多分野と同様に国際化が進みつつあるという点である。外国人介護スタッフの導入問題に関連して、東南アジア諸国の高齢化問題が見えてきているという事情もあり、主に日本国内の視点で考えられてきた「介護福祉士」の養成教育は国際的視点でも[7]考えられなければならなくなりつつある。

　このような変化は、否応なく介護福祉士に「介護」職場における中核的役割を担う専門職としての役割を強く求めることにつながっている。それゆえ、介護福祉士に求められる力量は、以前に増して高い力量が求められている。それは言うまでもなく、介護福祉士養成教育の質の向上が求められているということであり、その大半は介護教員の質の向上[8]にかかっている。そのような意味で、本書では、それぞれの科目内容を、専門的科学的背景を踏まえて深堀りする[9]ことを目指した。今後の介護福祉士養成教育では、豊富な知識・経験と問題解決力量を持つ教員が、学生と共に介護課題への取組み（アクティブラーニング）を行いながら、学生の力量を高めていくという、質の高い授業展開が期待されるからである。

　実際問題として、介護福祉士の養成教育課程は、今回の改正でも現実の介護課題に対応していけるかどうか心もとない。となれば、各校、各教員がそれぞれに様々な工夫を行いつつ介護福祉士養成を行うことで、介護福祉士というブランド[10]を確立していく必要があるだろう。

　本書がその一部となれば幸いである。

令和元年10月

編者　川廷宗之

6）過去10年での著しい変化は、介護以外の社会・世界の方が激しく変化しているともいえる。

7）現在編者の元には、関係国での介護福祉士等介護職員養成に関する問い合わせが多数ある。基本文献の翻訳なども進みつつある。

8）その意味では、単に介護福祉士としての能力向上にとどまらず、1つの「専門職でもある教員」を養成する機関として介護教員講習会の質の向上が問われる。

9）この過程で、「介護」研究の拡大深化の必要性を強く感じさせられている。

10）「〇〇介護福祉士養成校」というブランドもあり得る。

介護教育方法の理論と実践

目次

まえがき ………………………………………………………………………………………… iii

第1章　介護福祉教育の全体像 ………………………………………………………… 1
　第1節　現代から未来へ―「介護福祉」をどう捉えるか　　　　　　　　　　　　1
　第2節　新たな介護福祉士養成教育の実践展開　　　　　　　　　　　　　　　 31

第2章　「人間と社会の理解」の学習支援 ……………………………………………… 55
　第1節　「人間と社会の理解」領域での学習課題と学習支援　　　　　　　　　　55
　第2節　「人間の尊厳と自立」の学習支援方法　　　　　　　　　　　　　　　　58
　第3節　「人間関係とコミュニケーション」の学習支援方法　　　　　　　　　　64
　第4節　「社会の理解」の学習支援方法　　　　　　　　　　　　　　　　　　　71
　第5節　「選択科目」の学習支援方法　　　　　　　　　　　　　　　　　　　　79

第3章　「介護」の学習支援 ……………………………………………………………… 87
　第1節　「介護」領域での学習課題と学習支援　　　　　　　　　　　　　　　　87
　第2節　「介護の基本」の学習支援方法　　　　　　　　　　　　　　　　　　　92
　第3節　「コミュニケーション技術」の学習支援方法　　　　　　　　　　　　 112
　第4節　「生活支援技術」の学習支援方法　　　　　　　　　　　　　　　　　 120
　第5節　「介護過程」の学習支援方法　　　　　　　　　　　　　　　　　　　 145
　第6節　「介護総合演習」の学習支援方法　　　　　　　　　　　　　　　　　 160
　第7節　「介護実習」の学習支援方法―学生の学びと教員・職員による支援方法　174

第4章　「こころとからだのしくみ」の学習支援 ……………………………………… 203
　第1節　「こころとからだのしくみ」領域での学習課題と学習支援　　　　　　 203
　第2節　「こころとからだのしくみ」の学習支援方法　　　　　　　　　　　　 207
　第3節　「発達と老化の理解」の学習支援方法　　　　　　　　　　　　　　　 218
　第4節　「認知症の理解」の学習支援方法　　　　　　　　　　　　　　　　　 227
　第5節　「障害の理解」の学習支援方法　　　　　　　　　　　　　　　　　　 237

第5章　「医療的ケア」の学習支援 ……………………………………………………… 247
　第1節　「医療的ケア」領域での学習課題と学習支援　　　　　　　　　　　　 247
　第2節　「医療的ケア」の学習支援方法　　　　　　　　　　　　　　　　　　 252

第 6 章　「介護福祉士養成」教育の新たな課題と展望　257
第 1 節　介護職の職務内容の近未来展開　257
第 2 節　介護におけるダイバーシティ　261
第 3 節　介護における IT や AI の活用　265

付録　269
「求められる介護福祉士像」と「領域の目的と教育内容等」

あとがき　290

索引　291

コラム
在宅介護での多職種連携　30
介護福祉士国家試験対策について　54
アクティブラーニングのノウハウ　63
ルーブリック評価表の表現方法　78
シラバスと授業設計(計画)の重要性　86
介護福祉士業務の未来性・可能性　91
生きるための介護　111
楽しむ力　119
高齢者の力を再認識しよう　202
認知症とアロマテラピー　226
障がい者から学ぶ　236
感情労働（共感疲労）について　246
授業案―学生の学びの可能性を最大限に　251
職業訓練生の学習支援（社会人の学び直し）　268

第1章
介護福祉教育の全体像

　第1章では、介護福祉士養成教育の各論に入る前に、教育の前提として「介護（福祉）」をどう捉えるか、また、その教育をどう展開するのか、いわば介護（福祉）教育の理論や教育方法総論に関して触れておく。

第1節　現代から未来へ──「介護福祉」をどう捉えるか

　介護福祉士養成教育を行う教員が、真っ先に踏まえるべきことは、「介護福祉」[1]に関する考え方である。「介護」というのは行為を示す用語なので、「介護」に関する議論はとかく「介護」技術論に偏りがちである。しかし、介護福祉士は「介護福祉」としての目的や背景となる考え方を持たないまま、単なる「技術」としての「介護」だけ行っていると、人間にとってマイナスの作用が働いてしまう可能性がある[2]。この点に関しては、「求められる介護福祉士像」という形で、養成目標が示されている。この介護福祉士像を手掛かりに「介護」の目標や考え方を、いくつかの側面から整理しておこう。

1　新しくなった「求められる介護福祉士」像[3]

　2017（平成29）年12月の社会保障審議会福祉部会で福祉人材確保専門委員会報告書として、新しいバージョンの「求められる介護福祉士像」が提示された。この内容は、次の表1-1-1に示すように、「社会状況や人々の意識の移り変わり、制度改正等」を踏まえて、かなり大幅な変更になっている。
　この中で注目すべき点はいくつかある。その1つは、「本人が望む生活を支える」や「QOL（生活の質）の維持・向上の視点」など、「生活」を支えるという視点が強く打ち出されている点である。また要介護者本人の「介護ニーズの複雑化・多様化・高度化に対応」という点も、生活の質につながる。
　もう1つの点は、「地域や社会のニーズに対応」しつつ「介護職の中で中核的な役割を担い」ながら「専門職として自律的に介護過程の展開ができる」という自立した専門職としての活動を明確に求めた点である。この点に関しては後述する[4]として、まずは「生活」を支える介護という点に関して考察する。

---

[1] 本書は「介護福祉士」の研究書であるから、原則的に「介護福祉」と表記されるべきであろうが、社会福祉士及び介護福祉士法2条2項においても、介護福祉士が行う行為を「介護」と呼んでいるので、以下、行為としての「介護」を論じていく場合は、「介護」と表記する。

[2] 介護殺人事件など。

[3] 社会保障審議会福祉部会「介護人材に求められる機能の明確化とキャリアパスの実現に向けて」（平成29年12月18日）を参照。

[4] p.26「地域や社会のニーズに対応」参照。

表 1-1-1 「求められる介護福祉士像」新旧比較

「求められる介護福祉士像」（旧）	求められる介護福祉士像（新）
①尊厳を支えるケアの実践 ②現場で必要とされる実践的能力 ③自立支援を重視し、これからの介護ニーズ、政策にも対応できる ④施設・地域（在宅）を通じた汎用性ある能力 ⑤心理的・社会的支援の重視 ⑥予防からリハビリテーション、看取りまで、利用者の状態の変化に対応できる ⑦多職種協働によるチームケア ⑧1人でも基本的な対応ができる ⑨「個別ケア」の実践 ⑩利用者・家族・チームに対するコミュニケーション能力や的確な記録・記述力 ⑪関連領域の基本的な理解 ⑫高い倫理性の保持	①尊厳と自立を支えるケアを実践する ②**専門職として自律的に介護過程の展開ができる** ③身体的な支援だけでなく、心理的・社会的支援も展開できる ④介護ニーズの複雑化・多様化・高度化に対応し、本人や家族等の**エンパワメントを重視した支援**ができる ⑤QOL（生活の質）の維持・向上の視点を持って、介護予防からリハビリテーション、看取りまで、対象者の状態の変化に対応できる ⑥地域の中で、施設・在宅にかかわらず、**本人が望む生活を支えることができる** ⑦関連領域の基本的なことを理解し、多職種協働によるチームケアを実践する ⑧本人や家族、チームに対するコミュニケーションや、的確な記録・記述ができる ⑨**制度を理解しつつ、地域や社会のニーズに対応できる** ⑩介護職の中で中核的な役割を担う
	高い倫理性の保持

2 介護の対象としての「生活」とは

(1) 高齢障がい者[5]の「生活」事例

　では、支えられるべき「生活」[6]とは、どのような生活を指すのであろうか。障がいのある高齢者の介護事例を最初に挙げておく。この事例は、30年以上前（1980年代）のスウェーデンの高齢障害者福祉サービスのVTRで紹介されたものである。

> **（事例1）スウェーデンの介護事例〈1985年頃〉**
> 　主人公は80歳くらいの全身に障がい（麻痺）のある自宅で暮らす方（女性）である。VTRの内容は、この方の日々にどういう支援が入るのかを紹介したものであった。
> 　朝、まず介護職員が来て、ベッドから起きるところから着替え・整容・食事の介助・この方が仕事をできる態勢を整える。それが終わると介護職員は帰ってしまいこの方1人になる。この方は、用意された棒を口にくわえて押し鈕（ボタン）でダイヤルし電話をかける。これは、一人暮らし高齢者の安否確認の電話で、これがこの方の仕事であった。
> 　お昼になると、また介護職員がやってきて、仕事態勢を解き、食事の世話などをして、仕事ができる態勢にして帰る。午後はまた電話をかける仕事である。
> 　そして夕方になるとまた介護職員がやってきて仕事態勢を解き、食事やシャワー、着替え、ベッドに寝かせるまでの世話をして帰る。この夕方の場面で、家族らしき男性が、介護職員がその方の介護をしている側でテレビを見ていたシーンがあった。

　（補足）VTR視聴後の質問で、この電話を掛ける仕事には賃金が支払われていると説明された。また、夕方の家族らしき男性が、なぜ介護職員を手伝わないのかという質問には、「家族に手伝わせると、家族に負担感が増えて、

---

[5]「障がい者」の表記には「障害者」（主に法令に関して論じる時に使う）、「障碍者」（古い言葉で、価値観をともないにくい事実を指す用語）、「障がい者」（最近になって価値観にふれないように考えて使われている用語）などがある。本書では表記されるニュアンス等もあるので強いて統一していない。

[6] 介護福祉士が介護するのは、基本的には要介護者の生活機能である。この場合、支えるのは「生活機能」という側面と、「人」を支えるという2つの側面があることに留意しておくことが必要である。

高齢者を大切にしなくなる可能性がある（何故、自分だけがそういう負担をしなければならないのかと、高齢者を邪魔者扱いしかねない）から、介護はすべて介護職員が行い、家族はその女性を愛する（長生きしてほしいと念じる）ことに専念してくれればよい」との答えだった。「高齢者にとって最も大切なのは、生きていて欲しいと家族などに思われていることを実感できることだ」とも解説された[7]。

この事例は、80歳近い高齢女性が、ごく普通に仕事をし、在宅で家族とともに「生活」している状況を示している。少し違うのは体が動かないという「生活機能」に障がいがあるということである。そして、この障がいの部分だけに関して、仕事ができるように準備をしたり片づけたりすることを含めて「介護」されているということである。

(2)「人間」としての「生活・活動」とは何か

1) 日本における「生活・活動」の枠組み

では、「介護」が支えるべき、人間としての活動（人生や生活）とは、どのような内容を指すのか。この参考となる資料が2点ある。第1は、以下の表1-1-2に示すように日本の国民生活白書（平成11年頃）で示されている、新国民生活指標の生活分析指標としての「8つの活動領域」である[8]。

この「8つの活動領域」は、事例の中でも扱われているすべての活動を包括している。

表1-1-2　新国民生活指標の「8つの活動領域」

住　む	住居、住環境、近隣社会の治安等の状況
費やす	収入、支出、資産、消費生活等の状況
働　く	賃金、労働時間、就業機会、労働環境等の状況
育てる	（自分の子供のための）育児・教育支出、教育施設、進学率等の状況
癒　す	医療、保健、福祉サービス等の状況
遊　ぶ	休暇、余暇施設、余暇支出等の状況
学　ぶ	（成人のための）大学、生涯学習施設、文化的施設、学習時間等の状況
交わる	婚姻、地域交流、社会的活動等の状況

※新国民生活指標には、生活評価軸と言う指標もある。

2) WHO（国際的な）のICF[9]における「生活・活動」の枠組み

これに対して、WHOが2001年に採択した国際生活機能分類（以下、略称の「ICF」と表記）は、人間の生活機能と障害について「心身機能・身体構造」「活動」「参加」の3つの次元および「環境因子」等の背景因子で構成され、約1,500項目に分類されている[10]。このICFは、1980年発表の国際障害分類（以下、略称の「ICIDH」と表記）を改定したものであるが、特にICIDHが疾病等に起因する障害が社会的不利につながるという構造で考えられていたのに対し、構造とは一度切り離したうえで個々の因子に分類するという意味でかなり性格が異なっている。したがって、ICFは障害を持たない人の「生活

---

7) 学習会でこのVTRをみて受講者と、講師とのやり取りを聞きながら、この事例の女性は、幸せだなあと筆者は思った。つまり、口で棒をくわえてダイヤルをして話すことしかできないのに、その能力を生かして仕事をしていて（社会参加をして稼いで、そこにはそれなりの創造的行為もあり）、家族からも大切にされていた（同じ部屋で同じテレビを見ていれば、共通の話題もあり、会話もあるであろう）からである。同時に条件さえ整えば、日本でも可能であることにも気づかされた。

8) 日本の現在の介護では、この生活活動領域の中で、「癒す」「費やす」「住む」といった点については触れるが、「学ぶ」といった側面は、「法」に介護福祉士の業として「その者（要介護者）及びその介護者に対して介護に関する指導を行うこと」となっているのに、ほとんど考慮されない視点である。また、事例にも見るように人間の生活の中で極めて重要な意味を持つ「働く」「遊ぶ」「交わる」などについても、あまり重視されない場合が少なくない。

9) International Classfication of Functioning, Disability and Health の略。

10) ICFでは、「身心機能・身体構造」は、かつての国際障害分類ICIDHでの、機能的構造障害 Impairment に対応する。「活動 Activity」は、かつては Disability と呼ばれた活動制限（activity limitation）に対応する。「参加」（Participation）は、かつては Handicap と呼ばれた参加制約（participation restrictions）に対応する。いずれにせよ、3つの次元

として、整理されている概念である。なお、ICFでは、ICD-IHにはなかった「背景因子」という概念が付け加わった。
以下、引用は障害者福祉研究会編『国際生活機能分類（ICF）—国際障害分類改定版』（中央法規出版, 2002）による。

11) 前掲書 pp.14-15 参照。

12) 前掲書 p.10 参照。

分類」やその生活の分析にも有効な分類となっている。

なお、3つの次元として、「心身機能・身体構造」「活動」「参加」を挙げながら、構成要素では、「活動」「参加」を区別していないのは、分類の各領域別の区別をするのが難しいからと説明されている[11]。「生活」や「人生」の因子を考える時に、この2つを区別できないということは「介護」が対応する「生活」ニーズの総合性として留意しておく必要がある。

このようなICFの概念が表1-1-3にまとめられている。

表1-1-3　ICFの概念[12]

	第1部：生活機能と障害		第2部：背景因子	
構成要素	心身機能・身体構造	活動・参加	環境因子	個人因子
領域	心身機能身体構造	生活・人生領域（課題、行為）	生活機能と障害への外的影響	生活機能と障害への内的影響
構成概念	心身機能の変化（生理的）身体構造の変化（解剖学的）	能力標準的環境における課題の遂行実行状況現在の環境における課題の遂行	物的環境や社会的環境、人々の社会的な態度による環境の特徴がもつ促進的あるいは阻害的な影響力	個人的な特徴の影響力
肯定的側面	機能的・構造的統合性	活動参加	促進因子	非該当
	生活機能			
否定的側面	機能障害（構造障害を含む）	活動制限参加制約	阻害因子	非該当
	障害			

13) 前掲書 p.13 参照。

この表について、ICFは国際文書であることもあり主要単語に関しては定義が添えられている。生活・人生領域での定義は以下のようになっている[13]。
・活動とは、課題や行為の個人による遂行のことである。
・参加とは、生活、人生場面への関わりのことである。
・活動制限とは、個人が活動を行うときに生じる難しさのことである。
・参加制約とは、個人が何らかの生活・人生場面に関わるときに経験する難しさのことである。

14) ICFは最初のローマ文字と数字を組み合わせた方式を用いる。文字のb、s、d、eはそれぞれ心身機能、身体構造、活動/参加、環境因子を意味するために使用される。前掲書 p.19 参照。
これらの文字の後には、数字のコードが章番号（1桁目）、第2レベル（2桁目）、第3・第4レベル（各1桁）と続く。

15) 前掲書 pp.43-49 参照。

つまり、否定的側面である「活動制限」や「参加制約」などの「阻害因子」による否定的側面から、「促進因子」に焦点を移し、生活、人生場面に「参加」しながら、課題や行為を遂行「活動」していくことが求められているということである。

この内容を整理する前に、ICFの「活動と参加」の表の中で、生活・人生領域がどういう因子から構成されているのかを確認しておこう。

ICFでは、領域の内容を、最も粗い分類（大分類）を第1レベルとし、最も細かい分類を第4レベル（小細分類）として示している。この分類は「生活機能」分類であるので現実的な生活行動を踏まえた分類であるが、第1レベルだけではわかりにくいので、表1-1-4に第2レベルまでを紹介しておく（第

2レベルの「その他項目」など一部省略してある)。細かい内容が出てくるが、「生活」の概念（「介護」の概念につながる）を整理するうえでは、この分類は極めて参考になる。

表1-1-4　ICFの「活動と参加」領域の内容（第1レベル・第2レベル対応表)[14)15)]

第1レベル	第2レベル
第1章　学習と知識の応用	**目的をもった感覚的経験**（d110-d129） d110 注意して視ること　d115 注意して聞くこと　d120 その他の目的のある感覚 **基礎的学習**（d130-d159） d130 模倣　d135 反復　d140 読むことの学習　d145 書くことの学習　d150 計算の学習 d155 技能の習得 **知識の応用**（d160-d179） d160 注意を集中すること　d163 思考　d166 読むこと　d170 書くこと d172 計算　d175 問題解決　d177 意思決定
第2章　一般的な課題と要求	d210 単一課題の遂行　d220 複数課題の遂行　d230 日課の遂行　d240 ストレスとその他の心理的要求への対処
第3章　コミュニケーション	**コミュニケーションの理解**（d310-d329） d310 話し言葉の理解　d315 非言語的メッセージの理解　d320 公式手話によるメッセージの理解 d325 書き言葉によるメッセージの理解 **コミュニケーションの表出**（d330-d349） d330 話すこと　d335 非言語的メッセージの表出　d340 公式手話によるメッセージの表出 d345 書き言葉によるメッセージの表出 **会話並びにコミュニケーション用具および技法の利用**（d350-d369） d350 会話　d355 ディスカッション　d360 コミュニケーション用具および技法の利用
第4章　運動・移動	**姿勢の変換と保持**（d410-d429） d410 基本的な姿勢の変換　d415 姿勢の保持　d420 乗り移り（移乗） **物の運搬・移動・操作**（d430-d449） d430 持ち上げることと運ぶこと　d435 下肢を使って物を動かすこと　d440 細かな手の使用 d445 手と腕の使用 **歩行と移動**（d450-d469） d450 歩行　d455 移動　d460 さまざまな場所での移動　d465 用具を用いての移動 **交通機関や手段を利用しての移動**（d470-d489） d470 交通機関や手段の利用　d475 運転や操作　d480 交通手段として動物に乗ること
第5章　セルフケア	d510 自分の身体を洗うこと　d520 身体各部の手入れ　d530 排泄　d540 更衣　d550 食べること d560 飲むこと　d570 健康に注意すること
第6章　家庭生活	**必需品の入手**（d610-d629） d610 住居の入手　d620 物品とサービスの入手 **家事**（d630-d649） d630 調理　d640 調理以外の家事 **家庭用品の管理および他者への支援**（d650-d669） d650 家庭用品の管理　d660 他者への支援
第7章　対人関係	**一般的な対人関係**（d710-d729） d710 基本的な対人関係　d720 複雑な対人関係 **特別な対人関係**（d730-d779） d730 見知らぬ人との関係　d740 公的な関係　d750 非公式な社会的関係　d760 家族関係 d770 親密な関係
第8章　主要な生活領域	**教育**（d810-d839） d810 非公式な教育　d815 就学前教育　d820 学校教育　d825 職業訓練　d830 高等教育 **仕事と雇用**（d840-d859） d840 見習研修（職業準備）　d845 仕事の獲得・維持・終了　d850 報酬を伴う仕事　d855 無報酬の仕事 **経済生活**（d860-d879）d860 基本的な経済的取引　d865 複雑な経済的取引　d870 経済的自給
第9章　コミュニティライフ・社会生活・市民生活	d910 コミュニティライフ　d920 レクリエーションとレジャー　d930 宗教とスピリチュアリティ d940 人権　d950 政治活動と市民権

※各章の第2レベルの最後にある「その他の特定の，および詳細不明の，○○」は省略。

この表1-1-4には、表1-1-2の「新国民生活指標の8つの活動領域」の内容も全部含まれている。日本では、この内容表1-1-4に関し、それぞれ実際に行われている専門業務との関係で、この表の内容を補完しつつ[16]業務内容を整理する試みはあまり行われていない[17]。が、今後こういう分析枠組みが整理されてくれば、様々な介護ニーズを適確に分析し、適切な対応を効率的に行っていく、オーダーメイドの介護[18]の必要が高まるであろう。また、「介護福祉」は国際的な概念規定や業務内容分析が必要になる可能性も高いので、その意味からも、細かい分析枠組みの整備と、それに対応する介護業務の整備が課題となる。

3）ICFにおける「生活・活動」支援の枠組み図

これらのことを踏まえて、否定的側面である「活動制限」や「参加制約」などの「阻害因子」による否定的側面から、「促進因子」に焦点を移しそれを活用して、生活、人生場面に「参加」しながら、課題や行為を遂行「活動」していくこと、図解化すると図1-1-1のようになる。

このように図解化してみると、「介護」の役割や機能が「活動制限」状態から「活動」に展開していく①の領域としてはっきりしてくる。

また、対人援助業務は、1人の人を対象に、その人が持つ様々な障がいに対応して、色々な業種の専門職が関わる構造を持つ。他業種との役割分担としては、①介護福祉領域、②医療・看護・リハビリテーション等・領域、③ソーシャルワーク領域、として整理できる。さらには、それぞれの専門に関しての業務領域での重なり④⑤が示されている。対人援助職は、どちらの領域がメインであるにせよ、色々な生活機能での課題を持つ総合的人間としての1人の利用者に関わるのだから、他領域に関わることもある程度は理解している必要がある[19]。そうしないと、他職種連携がうまくいかない。この専門領域が重なる領域として、看護－介護共通領域（介護が医療行為に入り込む領域）[20]も④で明確になり、介護－ソーシャルワーク領域（介護が「参加」の問題に入り込む領域）[21]も⑤で明確になる。さらに、④⑤の重なりの部分は、それぞれの専門領域の専門職が業務としても行えなければならない領域[22]を指している（理論上も現実問題としても、看護師とソーシャルワーカーの共通領域⑥も存在するのであるが、この図では表現されていない）。

また⑦の領域はどの専門職であろうが業務として対応できなければならない共通領域を示している。しかし、それぞれの領域の初歩的な対応は一般の人でも行っている場合もあり、⑦の領域の中でも技術的難易度が低い部分は一般の人が対応することもあり得ることを示している。

---

16) 現実の生活行動には、整容やお化粧、家屋内外の住環境の整備、など、どこに分類するのかわかりにくい内容もある。

17) 大川弥生『「よくする介護」を実践するためのICFの理解と活用』（中央法規出版, 2009）や、丹羽国子・山田薫夏『ICFに基づく介護概論』（アリスト, 2003）や、石野郁子編『介護過程』（メヂカルフレンド社, 2008）や、澤田信子他編『介護過程』（ミネルヴァ書房, 2009）や、介護福祉士養成講座演習委員会編『介護の基本Ⅰ』（中央法規出版, 2009）など、いくつかの文献で、ICFに触れた記述があるが、分類項目まできちんと触れているのは石野郁子編著のみである。

18) 現在の介護の多くは、既製品の介護であり、要介護者が介護サービスの合わせるような内容になっている。こういう介護サービスは要介護者にも介護職員にとっても非効率的な面も少なくなく、今後少なくともイージーオーダー位のレベルには進むであろう。

19) 日常的連絡等で使える程度には専門用語を知っている必要がある。

20) 法的に定められている部分もある。

21) 様々な介護場面で要介護者の「本人が望む」（参加する）介護は極めて重要。

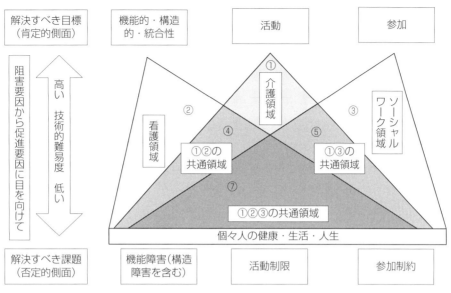

図 1-1-1　ICF による「生活・活動」支援（介護領域）の枠組み（作図－川廷宗之）

4）ICF における「生活・活動」の区別と「介護」独自領域の成立

なお、ICF の分類では、「活動」と「参加」に関しては、共通の分類になっているため、このままの分類の内容では、主に「活動」に対応する背景因子と、「参加」に対応する背景因子を分けにくい。実際の場面では、業務内容整理としてはスッキリ分類したいところであるが、「生活」現実は様々な要因が重なっていて分類できない内容も多い。ICF の資料でも「活動」と「参加」とを区別することは困難であるとしている。が、同時に区別の仕方について、以下の 4 つのケースを挙げている[23]。

(a) いかなる重複も認めず、ある領域を活動とし、その他を参加とするもの。
(b) (a) と同様だが、部分的な重複を認めるもの。
(c) すべての詳細な領域を活動、大分類のみを参加として用いるもの。
(d) すべての領域を活動と参加の両方として用いるもの。

この内、(a) のような区別は、図 1-1-1 に示したように、個々人の健康・生活・人生は一体であるから、その総合性から考えて難しい。また (c) に関しても「考える」「関係」などあまり「活動（行動）」を伴わない「参加」もあるので、こういう区別（事実上区別しない）は難しいであろう。(d) に関しても、それぞれの内容の「質」を考えると無理がある。

また、「身心機能・身体構造」に関しては、その否定的側面（機能（構造）障害）を肯定的側面（機能的・構造的統合性）に変えていくために、身体への侵襲を伴う場合もあり、活動支援とは異なる厳密な倫理が問われる。

したがって、「ソーシャルワーク」にも「医療・看護」にも独自領域の部分

22) 介護から見れば④は看護師でも対応できるし介護福祉士でも対応できる領域である、⑤は介護福祉士でも社会福祉士などのソーシャルワーカーでも対応できる領域である。なお、介護福祉士制度発足当初は、この①と②の間に保助看法などによる縦の線を引いて、介護福祉士の業務を制限しようという動きもあったが、家族や本人にも許される医行為もあるのだから、この図のように考える方が常識的であろう。

23) 前掲書 p.15 参照。

が認められ、ある程度の区別を考えるならば（b）のケースを適用することで「介護」領域が明確になる。

5）介護職者の職能のレベル

さらに言えば、「介護福祉」の仕事のメインは①（専門的・介護福祉士レベル）であるが、⑦（実務者研修以下）のレベルが中心の仕事と勘違いしている人は沢山いる。「介護」業務には、図1-1-2に示すように多層性[24]があり、日本では介護に関する理論的考察も少なく、また、現実のニーズの急拡大に対応するために、マズロー的に言えば、（初任者研修レベルで）生理的欲求や、安全欲求に対応するのが精いっぱい[25]で、専門的介護福祉士レベルの社会的欲求や尊厳欲求・自己実現欲求に対応する業務は行えていない場合が多いということでもある。現実には、ほとんど何の訓練も受けていない「誰でもできる」仕事と考えている人も多いのは、無免許の人に車を運転させるようなもので、要介護者を大変危険な状態にさらすことになる点は留意しておかなければならない。

24）多様性も大きな課題であるが、この図では無視している。なお、レベル標示の内容は、「例えば」という例示であり、資格とレベルが必ずしも一致しない。

25）また、この図で言えば、介護福祉士は独自の専門的領域のレベルの業務がこなせると考えるのであるが、実際問題としては、実務者研修や初任者研修レベルにとどまっている場合もある。生活機能の支援のレベルには、同じ課題であっても色々な質（レベル）での対応があり得る。
しかし、一般社会での「介護」に対する理解は、せいぜい実務者研修レベル程度しか求めてはおらず、下手をするとさらに低いレベルの初任者研修レベルだったりしているという点も考慮に入れておく必要がある。

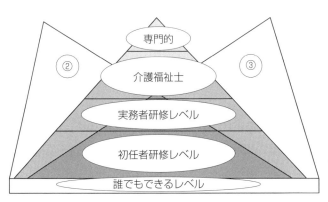

図1-1-2　介護職者のレベル（作図－川廷宗之）

また、図1-1-3に示すように、この図1-1-1のそれぞれの三角形を3つの領域に対応する専門職の独自領域が専門性のレベルの高さを示すものと考えると、②や③のレベルが上がると、①の介護福祉士の専門的業務である独自領域が極めて少なくなってしまう。他

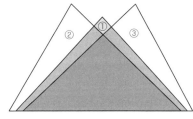

図1-1-3　専門職間のバランス
（作図－川廷宗之）

の領域のアシスタントではない、様々な生活場面での活動への支援等、介護福祉士としての独自領域の専門性のレベルアップが急がれなくてはならない。

6）ICFの構成要素間の相互作用

この構成要素間の相互作用に関して、ICFは図1-1-4を示している。この構成要素間の関係は、お互いに影響しあうという一方的な過程とは考えてい

ない。それぞれの構成要素を独立して因子として扱い、それぞれの関係は様々な関係が成り立つとした。

この点はICIDHから変化した点の1つである。

図1-1-4 ICFの構成要素間の相互作用

ICIDHでは、疾病を出発点として構成要素である機能障害⇒能力障害⇒社会的不利という一方的な過程で表現されていた。

7) ICFの環境因子

ICFでは、生活機能の問題点を解決していく過程で、大きな影響を持つ背景因子が重要な意味を持っている。この背景因子は、個人因子と環境因子に分けられている。ICFでは、このうち個人因子については「社会的・文化的に大きな相違があるために」分類されていない。これに対し環境因子は、第5章に分類されている。この内容は、否定的側面である「活動制限」や「参加制約」などの「阻害因子」から視点を「促進因子」に移しそれを活用して、生活、人生場面に「参加」しながら、課題や行為を遂行「活動」していく過程で、どういう役割を果たすのかを考えるうえで示唆に富む内容を含んでいるので、表1-1-5に紹介しておこう。

表1-1-5 ICFの「環境因子」の内容（第1レベル・第2レベル対応表）[26]

26) 前掲書 pp.50-53参照。

第1レベル	第2レベル
第1章 生産品と用具	e110 個人消費用の生産品や物質 e115 日常生活における個人用の生産品と用具（以下、各項末尾の「の生産品と用具」の表記を省略） e120 個人的な屋内外の移動と交通のため e125 コミュニケーション用 e130 教育用 e135 仕事用 e140 文化・レクリエーション・スポーツ用 e145 宗教とスピリチュアリティ儀式用 e150 公共の建物の設計・建設用 e155 私用の建物の設計・建設用 e160 土地開発関連 e165 資産
第2章 自然環境と人間がもたらした環境変化	e210 自然地理 e215 人口・住民 e220 植物相と動物相 e225 気候 e230 自然災害 e235 人的災害 e240 光 e245 時間的変化 e250 音 e255 振動 e260 空気の質
第3章 支援と関係	e310 家族 e315 親族 e320 友人 e325 知人・仲間・同僚・隣人・コミュニティの成員 e330 権限をもつ立場にある人々 e335 下位の立場にある人々 e340 対人サービス提供者 e345 よく知らない人 e350 家畜・家禽など e355 保健の専門職 e360 その他の専門職
第4章 態度	e410～e455 は、e350 を除く e310～e360 までの人の態度。e460 社会的態度 e465 社会的規範・慣行・イデオロギー
第5章 サービス・制度・政策	（以下、各項末尾の「サービス・制度・政策」の表記を省略） e510 消費財生産のための e515 建築・建設に関連する e520 土地計画に関連する e525 住宅供給 e530 公共事業 e535 コミュニケーション e540 交通 e545 市民保護 e550 司法 e555 団体と組織に関する e560 メディア e565 経済に関する e570 社会保障 e575 一般的な社会的支援 e580 保健 e585 教育と訓練の e590 労働と雇用の e595 政治的

※各章の第2レベルの最後にある「その他の特定の，および詳細不明の，○○」は省略。

「環境因子」は、どういう因子が作用するかを分析する上で役立つが、特に第3章の「権限をもつ立場にある人々」「対人サービス提供者」「保健の専門

職」[27]「その他の専門職」などがある点には、留意が必要である。さらには第4章で、そのひと一人ひとりの態度[28]が環境因子として分類されていることにも特に留意する必要がある。

3 本人が望む「生活」を支える介護[29]

今回の新しい「求められる介護福祉像」で強調されている第2の特徴は、「本人が望む生活を支える」や「QOL（生活の質）の維持・向上の視点」など、「本人が望む」生活を支えるという視点が強く打ち出されている点である。また要介護者本人の「介護ニーズの複雑化・多様化・高度化に対応」という点も、生活の質につながる内容である。

介護の対象は言うまでもなく一人ひとりの生活者[30]としての人間である。生物としての「人」（のみ）を介護するのではない。とすれば、生活者としての人間の介護という意味では、（介護側の都合ではなく）個々の人間（要介護者）を中心にして総合的に考える必要がある。人間中心の「介護」を考えるには、介護者本人の人間観や生活観をしっかり確立しておかないと、生活者を介護するという本人中心の「介護」の目標がはっきりしなくなる。

「介護」の目的・目標があいまいでは、介護福祉教育[31]の教育目標もしっかり描けない。それでは、教育される側にとっても、仕事の目的や目標が見えず、やりがいも持てない。そこで以下、介護の目的・目標の最も重要な内容として、「本人が望む生活の質」について整理をしておく。

(1) 本人が望む「生活の質」(QOL)
　　　　　　　　　　　―要介護でも、最後まで「人間として」生き続ける

日本でもかつては、過酷な労働や食糧不足（低栄養）などにより人々は生活能力が衰えると生存することは難しかった。しかし、日本では20世紀中葉以後、様々な条件が整ってきて[32]、生活能力が衰えても生きられる条件が整い長命化が進んだ。そのために、生活能力が低下した障がいを持つ高齢者も増え、その介護が必要になった。

もちろん、生活能力が衰えたと言ってもそれは生活機能の一部であり、長命化はマイナスばかりではなく、年齢を重ねた人だけが見える世界観もあり、別な意味での才能を成長させている場合もある。また、長命な高齢者も1人の人間として「介護をされていても幸せな高齢期の生活を創造（想像）できる」ことが必要であり、介護福祉サービスはそういう人を生み出すことにつながらなければならない。

そのためには、生活の一部において介護が必要になっても「自立」を目指

---

27) 介護福祉士はこれらのどれにもあてはまるが、特に「権限をもつ立場」という点を強く意識しておく必要がある。

28) 特に要介護者への接し方において、この「態度」が大きな意味を持つことは言うまでもない。

29) 社会保障審議会福祉部会「介護人材に求められる機能の明確化とキャリアパスの実現に向けて」（平成29年10月4日）を参照。

30)「求められる介護福祉士像」の6、および1、3、5などを参照。なお生活はlifeと訳されるが、lifeには「人生」や「生命」という意味もあり、この三者は切り離せないものである。

31)「介護福祉教育」と表現されているのは、「介護福祉士養成教育」が、介護福祉教育のすべてではないという観点にたつ。介護領域での仕事は多岐にわたり、様々な難易度のレベルもある。従事する人のレベルもあるので、それぞれの事情に合わせた介護福祉教育が必要となる。

32) まだ整わない国々もある。

す「幸せに生きようとする高齢者の意識」も大切である[33]。この意識が、人間を要介護状態になりにくくするし、いわゆる介護予防にもなる。そういう「自立して」人生を生きようとする高齢者の幸せを支えることが、「介護」職の目的であり役割だという「明確な目的意識」も非常に重要である。

(2) 介護ニーズの複雑化・多様化・高度化
1) 急激な社会の高齢化に伴う「幸せ」感の変化

　事例1に見るように「介護」は、こういう社会参加をする、「本人が望んでいる」仕事や家族内での会話などの「生活活動」を支えることである[34]。「介護」は最終的には要介護者が自立して生きようとしている「人生」と、行おうとしている様々な「活動」を支えることが目標である。

　では、現実に日本の要介護高齢者は「幸せ」なのであろうか。そういう人もたくさんいるが、そうではない人も非常に多くなっている。では、日本の高齢者は、昔から幸せであったのであろうか。昔と現在の状況を、そして近未来に予測される状況を簡単に比べてみよう。

　ある意味で、昔の「幸せ」そうに見える高齢者の大半は、若い人々にとって、「ああなりたい」と思う人生の成功モデルであった。現実は、『楢山節考』[35]で描かれているように、貧困の中で高齢者は自ら死を選ぶ場面も多いのだが、それを決行していける知恵や力量自体が、若い人から尊敬されていた。いずれにせよ、高齢者は圧倒的少数であり、しかも当時生き残っていた高齢者は、然るべき知恵や権威を持っていて、その裏付けでもある経済力もある人が多かったので大切にされていた。また、当時の物心ついてからの人々には、高齢者は幸せな人生のモデル（ゴール）として見えていたと言えよう。

　この雰囲気が大きく変わり始めるのは、日本では、1980年頃からである。高齢化率は、1975（昭和50）年に7.9％まで上がっていたが、1980（昭和55）年には9.1％、1985（昭和60）年には10.3％、1990（平成2）年には12.1％と急激に上昇し始めた。一方15歳未満人口は、1980年の2,722万人[36]をピークに減少の一途をたどり始めた。高齢者の増加は、認知症の高齢者の増加にもつながっていたが、1970年代までは認知症高齢者[37]の介護の大変さはあまり知られていなかった[38]。当時、「大切にすべき高齢者を乱暴に扱う」などといった認知症高齢者の発言が周りの人に事実と受け止められてしまうため、直接高齢者の介護にあたる家族（お嫁さん）が誤解され、大変な苦労を強いられていた。しかし、1972（昭和47）年に有吉佐和子が『恍惚の人』[39]という小説を発表したことで、認知症高齢者問題はどこにでも誰にでもあり得ることが明らかになった。このような経過の中で、認知症高齢者問題も含め高齢者の介護問題への専門的対応の必要性が、多くの人にはっきり意識されるようになった。

33）「領域の目的と教育内容等」（巻末参照）の表の中に、「自立」が頻繁に出てきていることに注意。

34）高齢者の知恵を生かした創造的な面を活かせれば素晴らしい。

35）深沢七郎が主に長野県の「姥捨て（棄老）」伝説をベースに描いた小説。何度も映画化されるなど、多くの人に高齢化を考えさせるきっかけとなった（本では新潮文庫など。DVDも発売されている）。

36）年少人口の最大値は1955（昭和30）年の3012万人である。

37）当時は「ぼけ老人」といった。

38）当時の信濃毎日新聞の記事等参照。

39）新潮社刊のベストセラーで1973年には映画化され、1990年（日本テレビ）、1999年（テレビ東京）、2006年（日本テレビ）で、3回もテレビドラマ化されるなど、社会に大きな影響を与えた。

表 1-1-6　過去と現在の高齢者イメージの比較

側面	昔	現在	近未来・予測
人数	定められた状況の中で生きるしか術のなかった、知恵もない金もない人は早くに亡くなっていったので、高齢者を社会的に支援するシステムの必要性は薄かった。生き残った高齢者は極めて少数[40]。	栄養状態が良くなったり、医療の改善などがあり、人数は急激に増えているが、かつてのように「自立」を意識している高齢者は多くない。	団塊の世代など世代別人口が多い世代が高齢化するので、また衛生環境の改善や医療技術急激な発展もあり、高齢者人口は急激に増え続ける（2050年頃まで）。
高齢者の知恵	少数の生き残った高齢者は、多くの場合、様々な状況を生き抜いていくだけの知恵と幸運の持ち主であった。時代の変化がそれほど激しくはなかったので、高齢になるというのはそれだけで若い人が持っていない知恵を積み重ねるという事と同義であった。したがって、周りからは尊敬され、大切にされている高齢者が多かった。	昔と違って、状況に流されるままにしか生きられなかった高齢者も含め、みんなが生き残るので、かつてのような知恵のある高齢者ばかりではない。また、高齢者の知恵は重要な内容である場合も多いのだが、その知恵は現代社会では時代の流れとは合わない場合もあり、頑固にそれを通す高齢者は若い人にとってかえって邪魔であったりする。	1945年以後の生まれ、それ以前に比べると女性も含めて高学歴層が多く、知的レベルが高い。高齢になるまで仕事をしていた人も多く、知恵者も多い。しかし、社会の様々なシステムの変化はその知恵を上回る速さで進んでいるため、対応が難しい人も多い。
経済力	その知恵の背景には、学歴等の背景もある。その学歴を支える経済力もあった。	学歴格差や経済力の格差は縮小する方向に進んだので、差は小さくなっている。	年金制度が整った後の世代なので、経済的には比較的安定している。
家族関係	当然ながら、この経済力は「家族」全体の力量にもつながっているので、高齢になっても家族の中で孫の面倒を見たり、仕事（家業・家事）の指図をしたりという役割が存在[41]していた。	誰か（主に子ども）に頼りたい高齢者が多い。大人数の家族に囲まれているのはまれだし、囲まれていてもそこに役割もなく、下手をすると精神的な居場所にもならない。	幼少期から2世代家族だった人が多く、家族間のつながりは全世代に比べて弱い。また子どもがいない人も増え、そのため孤立する高齢者が増える。
生存条件	高齢になっても、家族内等で役割があり、最後まで働き続けるので、要介護状態で長く生きるという事は極めて稀で、倒れるとすぐに亡くなるケースが多かった。認知症もあったはずであるが、周りがその人を分かっているので、阿吽で済んでしまう[42]ことも多く、目立たなかった。	定年等での役割喪失もあるし、阿吽が通じる家族や仲間も非常に限られているため、認知症などによる問題行動は顕在化しやすく、問題も起きやすい。心許せる家族や知人友人による介護体制もない。	介護など社会的な生活支援システムは整備されていくが、高い生活水準の中で生きてきているため、ニーズも多様化し長寿化も進み、孤立する高齢者が増えるなど、全体的な生存条件は主観的にはそれほど改善しない。

（注）この表で「昔」とは日本でいえば19世紀以前、20世紀中葉の変化を経て、「今」とは20世紀末以後を指す。近未来とは日本では21世紀中葉を指す。世界的な、昔、現在、未来の生活像は、経済的発展段階や高齢化状況が何時頃変化したかによって、国毎に異なる。

そして、21世紀初頭の日本の高齢者の特徴としては、以下の点が指摘されるように変化してきている。

21世紀初頭に生きる高齢者は、もちろん、表1-1-6の「現在」のような人ばかりではない。70歳代は当たり前で、80歳代になっても元気で活躍している人も少なくない。しかし、マスコミ等での報道は、圧倒的に「高齢者の介護問題」「高齢者は介護される人」という報道であり、高齢者自身が「自立」して生き生きと活躍する姿はほとんど報道されない。このような「幸せ」には見えないという現実を見せつけられる人びとは、現在の平均寿命位まで[43]生きれば十分で、それ以上に長生きしたいとは考える人は多くない。

---

40) 1894年の日清戦争以後のほぼ10年おきでの度重なる戦争による戦死者も多く、健康保険制度などなかった医療システムや、医療技術も現代とは全く異なるため、乳幼児死亡率も高く、人々は現代に比べて一般に短命であった。当然、高齢者の自殺数は極めて少ない。

41) 家事に関しても、当時は「おしゃもじ権」と言って支配権は高齢の女性にあった。つまり当時の高齢者は、一定の生きがい（役割）を持ち続けていたのである。したがって、また、何らかの問題があっても介護する体制は、家族（人数が多い）内で比較的整っていたため、介護負担はあまり目立たなかった。

42) 人生の大半をあまり変化にない同じ地域、同じ家族・仲間で過ごしてきているため、お互いに「阿吽」でわかりあってしまうことが多く、認知症になっても目立たなかったと推定される。

43) そのころまでは、認知症にもならず自立した生活が可能だと考えるから…。

一方、「介護ニーズの複雑化・多様化・高度化に対応」に関しては、現在はっきりしていることは、①ここ数年は高齢者人口の増大が続く。②高齢者の中でも特に障害の発生率（要介護率につながる）が高い後期高齢人口比率が高まる。③その一方で、若年労働力は急激に減少する。このことは、一般的に、国家的経済力の衰退につながる。④大きな背景としては、世界人口の急激な増大、環境問題や食糧・エネルギー問題の激化、科学技術（特にコミュニケーション・ツール）の急激な発展などが上げられる。

2）急激な高齢化と高齢者の「自立」

　「自立」を目指す高齢者本人から見て、このように変化に関して留意しておかなければならない特徴は、以下のように整理することができるであろう。

①自分の若い頃と比べて、自分自身が予想外の長命を生きるということである。1950（昭和25）年の日本の平均寿命[44]は50歳を少し過ぎた位であった。それが2000年頃には80歳代に達する。わずか50年で平均寿命が30歳も伸びるという、急激な変化であった。

②このような高齢化が、人口の都市への大移動に伴う核家族化や、それに伴う家族機能の変化（家族の中での高齢者の役割喪失）と同時進行で進んだため、定年後や、育児完了後の（社会的）役割喪失期間が限りなく長くなった。それゆえに「生きがいの喪失」という現象が生み出された。この傾向は都市において顕著であるが、山村においても同様な現象がある。

③したがって、人生100年時代を受け入れて、自分なりの生活設計（自立計画）を立てる必要がある。そうしないと、「お迎え」を30年近くもひたすら待ち続ける高齢者[45]（自立していない）になったり、自ら命を絶つ[46]ことになりかねない。

　このような諸問題を前提にしつつ、介護での課題として挙げられるのは、第1に、要介護（高齢）者の意識の変化である。現在までのように予想外の長命化ゆえいわば運命に身をゆだねてしまう人たちではなく、そうなることを覚悟しそれなりの生活設計を持った「団塊の世代」と呼ばれる人たちが介護対象になってくる。この人たちの生活行動は未来への変化を踏まえ、多様化・多層化が進む。このような要介護者は、現在までの要介護者のように従順であるとは考えにくい。

　第2の課題は、介護対応ニーズの変化である。現在の「介護」は、一部でも要介護状態になるとその活動範囲が大幅に制約されてしまうのは当然という前提での介護が進められている。しかし、科学技術の発展は、障がいを超えての活動を可能にする。また、若年労働者不足による労働力需要の増加などを考えると、高齢者の社会参加への活動は歓迎されるであろう。とすれば、ますます第1の課題で指摘したように一定の社会的活動の継続を含め様々な

44）江戸時代の平均寿命は30歳代、1920（大正9）年の日本の平均寿命は42〜3歳だった。したがって1950年当時、定年が55歳であることは不思議ではない。そのため、1950年当時50歳位だった人たちは後10年程度の人生しか想定していなかった。しかし、その後の日本の平均寿命が延びたため、この人たちは、平均寿命の伸びと共に加齢を続けることになり、自分の人生がいつまで続くのかわからない、「予想外の長命化」に付き合わせられることになったのである。

45）こういう高齢者の介護が家族の負担になると、武田京子の『老女はなぜ家族に殺されるのか──家族介護殺人事件』（ミネルヴァ書房，1994）に描かれるような問題が起きることも多くなる。

46）社会に迷惑をかけるという理由などで自殺する高齢者も少なくない。2018（平成30）年1月の元大学教授の自殺などで、問題が顕在化している。

生活設計を持つ人々は、必要な介護を受けつつその活動の継続を望むであろう[47]。

第3の課題は、主流が施設介護方式から在宅介護方式に変化して行くであろうということである[48]。この背景としては、第1・第2の課題で指摘したような要介護者の意識の変化がある。同時に夫婦のみ家族ないしは独居高齢者が増大するため、同居家族（子どもなど）の都合を考える必要がなくなり、在宅の継続を強く望む層が増えるであろう。

3)「介護」は幸せに生きるための支援

これらのことを踏まえるなら「介護」の大きな仕事の1つは、要介護者の（今、困っている内容の介助を行うだけではなく）生活設計（未来）を共に創っていくことである。高齢者の中には会社の上司など周りの人に言われるがままに生きてきた人も少なくない。そういう方にあなたの未来（生活設計）を考えてくださいと言っても、すぐには難しいであろう。その場合は、周囲からの（社会的）な役割期待を探して、お願いしてみるのもよいだろう[49]。

このような課題を意識的に受け止められる高齢者もいる。そういう方にはご自分で考えた生活設計の実現に必要な「介護」を提供していけばよい。障がい者の介護ではこれは当たり前のことであり、様々な就職支援まで踏みこんだ実践が行われている。障がいを持つ高齢者が未来を切り開いていくには、介護だけではなく、高齢者の経済問題や、健康問題、生き甲斐の問題など、すべての生活領域に関係が出てくる。しかも、高齢者であるというだけでその持つ知恵とともに大切にされていた時代は終わった。かといって、新たな未来の高齢者モデルが見えているわけでもない。これから要介護者とともに介護者も一緒になって、それを創っていかなければならない。

このように、「介護」は「自立して」社会貢献や自己実現を行おうとする要介護者の介助や支援を行う活動であることを、多くの人の共通理解にしていかなければならない。しかし現在はまだ、予定外（予想外）の長命化にたじろぎながら生きて行く人が多数派である。そのため、現代の高齢者支援、特に「介護」は、ある意味では、何らかの障がいを抱えて早くこの世を去りたいと考えている高齢者[50]に、生き方を「どうなるか」ではなく「どうするか（主体的に）」に変えていくように支援するなどで、社会的存在感を再び回復させ、「自立」と「幸せ」を再び見いだせるように支援するという、極めて困難な業務を担わされることとなっている。

一般的にも関係者の間でも、高齢者というと全ての高齢者＝「要介護」＝終末への展開過程＝終活の必要性といった連想をする[51]。それ故、介護を残存機能を生かして社会的な活動の継続、あるいは自立して社会復帰を前提とした介護ではなく、「社会的に消え行く人」の介護として考えがちであるなど、

---

47) この意味で、介護は単なる生存を保障する入浴、排泄、食事の介助を超えて、要介護者の様々なactivity（社会的活動を含む）への対応を求められる方向に変化していくであろう。この方向については、現に障がい者の一部がそれを実現しつつあり、ノーマライゼーションの考え方の普及もそれを後押しすることになるであろう。

48) この背景には、障害者施設から広がりつつあるように、どういう社会福祉サービスであれ、施設収容サービスは応急対応の臨時措置であるという、ノーマライゼーション思想の定着なども大きな影響を持ってくるであろう。

49) とりあえず、障がいのある高齢者ができそうなこと、例えばその地域に伝わる昔の話の語り部などは、本人次第で、そう難しくないであろう。

50) こう考える人の「介護」は、やりにくい。生きがいがなく世を去りたい人にとって、「介護」という生き続ける支援は、その人の生き方に反する行為であるから、当面感謝されることも、まして褒められることもない。

51) 2009年の要介護率は85〜89歳で45.9%、90歳以上でも68.0%である。ごく単純に言えば、それぞれの年齢層で介護を受けないで亡くなる人が、80代後半で半分以上、90代に入っても3分の1以上いるということになる。
出典）厚生労働省ウェブサイト「介護給付費等実態統計」

大きな問題がある。人生100年時代にまだ活躍できる70歳代になったばかりの高齢者が「終活」云々ばかりを言うのは、30年間お迎えを待ち続けるという人生[52]になる可能性も強く、普通に考えるなら早すぎるともいえる。

現代の社会は、かつてのように、生涯周りの言う通り働き詰めに働いて短命で亡くなっていくという人は徐々に減っている。特に第4次産業革命が進みつつある日本等では、人々は、人生を自分の意思で楽しめる、いわば、人間として生きることができるようになってきている。とすれば、「介護」もそれに対応した「介護」に変化していく必要もある。

4）医療的対応に偏る介護の問題点

このように考えるとき、日本の「介護」が医療的対応に偏る傾向があるのは、危惧せざるを得ない。もとより、介護は、主に身体的理由などで何らかの障がい状態を補完していく役割を担う。したがって、その補完を行えばよいのだが、その補完の技法は医療の中で開発された技法が多いことや、その補完の前提となる状態（病気や障害）の状態の変化も医療的に見る必要もあるので、医療との関係は重要である。

しかし、「介護」の目標は、「医療」の目標である病気やけがをする前の状態に戻すことを目的とする「治療」ではない[53]。「介護」の目標は、あるがままの状態を受容した上で、その方の人生や生活を支えるためにADLやI-ADLに関わる「活動の支援」を行うことである。

(3) 要介護者の生活課題（介護ニーズ）と学習課題

ここまでかなり概念的に介護について触れてきた。ここでは現実の要介護状態とこれらの概念とがどう結びつくのかを、利用者のニーズを中心に確認しておこう。

1）将来の生活維持に対する「不安」―コミュニケーション

高齢になるにつれて多くの人が抱える最初の「不安」は、老眼の進行や難聴、あるいは咄嗟の物忘れ[54]などでコミュニケーションが上手くとれないということから始まる。体の動きが鈍くなることでの、非言語的コミュニケーションが上手く行かないなどもある。まさにICFの分類でいえば「③コミュニケーション」の領域の課題となる。

このコミュニケーション不安[55]は、「『人間』としての「生活・活動」とは何か」[56]に触れた「働く」「学ぶ」「遊ぶ」「交わる」などの社会「参加」に影響していく。本人の焦燥感を受け入れるなど周囲の対応や、本人の前向きの意識などが、適切に展開できれば、それなりに切り抜けて行くことは可能である。が、上手く行かないと、気力の衰えなどとも相まって、引きこもりになってしまったり、うつ状態になっていくなどの心理的な課題を抱えてしま

---

52) こういう「お迎え待ち高齢者」を抱える家族に「介護」そのものや費用の負担を負わせないことは、「介護保険法」によりある程度の改善は進んできているはずである。が、内容的にも、「自立支援を行う介護」は素人である家族には難しく、この面からも家族に負担を負わせないようにしないと、親殺しなどの悲惨な事件はなくならないであろう。

53) もちろん、医療にも慢性病の治療など、一定状態を保つための治療もあり、その場合は特に、患者の生活の支援は意識される必要がある。が、それは、生物学的生命の維持を目的としている行為であり、多くの場合は、身体内部への物理的化学的侵襲を伴うため、介護とは異なる。

54) 一時的な物忘れなどで、物や人の名前が出てこない。それなりに配慮すれば思い出す。

55) 専門的「介護」がまず対応する問題は、このコミュニケーション不安に対し、適切な介護（補助や介助など）を行っていくことである。ただし、個別性が極めて大きいので、それなりの配慮がないと効果がない場合もある。

56) p.3参照。

第1章　介護福祉教育の全体像

う場合もある。

こうなると、身体症状も現れて、行動が鈍くなるなどの問題も発生し、ますます不安が増し、要介護状態がより深刻化する。そのため、介護福祉教育では「コミュニケーション技術」[57] が重視されている。

2)「行動障害」が明確になる

また、加齢に従って、脳血管障害や、転倒骨折の予後が上手くいかなくて行動障害が明確になる場合も増えてくる。ICFで言えば「④運動・移動」や「⑤セルフケア」の領域である。それまでできたことができなくなるのだから、そこでは様々な葛藤が発生する。

要介護者がこの状態を上手に受け入れられれば、介護を受けることを前提としつつ、それなりの生活を展開できる。しかし受容が上手く進まないと、その人なりの幸せを追求していく段階に進めない。この段階ではほぼ要介護認定がなされるので、介護者はこういう要介護者の葛藤を受け止め、諦めたり消極的になるのではなく、前向きに対応していくように促していくことが必要になる[58]。また、適切な介護を行うことで、実際問題としての不便を感じさせない[59] ことも重要である。そのためには、適切な言葉かけを含む直接的な介護技術の習得は大切な課題である。

3) 認知症への展開

この段階を上手く乗り越えて行けないと、コミュニケーション障害と同様に、うつ状態になったり認知症によく似た状態になったりする場合も多い。勿論、アルツハイマーなど病因がわかる場合もあるが、原因がはっきりしない場合も多い。認知症状態は原因によって多少異なるし、対応の仕方によっては、状態が改善する場合も多々あるが、上手く対応できなかったり病態が進むと、こういうケースでは外部から刺激を嫌う場合も多く、引きこもりがちになり、身体的麻痺が進むなど状態が悪化しADLの力量が低下し、最重度の場合は寝たきり状態になる[60]。事例2[61] で紹介する最重度の心身障碍者と同じで、介護者はわずかな反応から何を読み取るかが問われる段階である。

4) お別れの準備—最後まで人間として尊重されて

終末期の介護[62] では、本人や家族がどういう亡くなり方を希望するかによって異なるが、自然な死を迎えたい場合は、施設や在宅のまま「看取る」ことになる。亡くなり方の希望は、エンディングノート等が作成されているとかなえられることが多いので、日ごろからの言動を含めて、この種のノートの作成を支援していくことも介護の展開である。

こういう段階でも最後まで人間として尊厳を守り、大切に丁寧に介護されているということは、多くの人に最終的に介護に身をゆだねる安心感をもたらす大きな意味を持つ。後に続く世代が、この段階での介護を見ていて、自

---

57) したがって、コミュニケーション技術では、高齢者などの不安を読み取れる技術が求められている。また、これらの点に関し、家族や他職種も連携して対応する必要もある。

58)「○○できる」「可能性がある」という自信の回復が重要である。

59) 現実的には、不便を最小限に抑えるという程度にとどまる場合も少なくない。

60) このようにはならない元気なまま最後まで生き抜く人が30%近くもいることを忘れてはならない。「参加」への支援などを通して、生活を楽しみ続けられるように、介護予防などを行うことは大切である。

61) p.19 参照。

62) 終末期の介護は、その介護の仕方で『介護』全般が人間としての介護を大切にしているかどうかを、最もはっきり示すことになるだろう。

分の終末を考えることになるのだから。したがって、看取り状態に近くなってからの介護は極めて重要な意味を持つ。実施には、施設にいる場合は頻繁な見守りや家族との連絡調整などが行われる。亡くなった場合のエンゼルケアなどの処置に介護福祉士が加わる場合も多い[63]。

(4) 要介護者とともに創っていく「生活」「人生」

1) 幸せな高齢者になりたいと意識する

以上述べたように、終末期まで幸せな高齢者[64]をたくさん生み出すということで、「介護への信頼性」を高めることは、要介護者にも社会的にも必須の課題である。そのためには、介護側だけではなく、当事者である高齢者自身もまた、自分の幸せを意識的に追求し続ける意志[65]をもって介護サービスを活用していく必要がある。同時に、介護職もそれを育てる介護教員も、高齢者の「本人が望む介護」をどう行っていくかについて学ばなければならない。

≪「幸せ」をどう考えるか―介護との関係≫

では、高齢者が望む介護とはどういう内容であろうか。「本人が望む介護」を実現していくためには、高齢者が一般的になにを望んでいるかを確認しておくことが重要である。この点に関しては、色々な見解があり得るが、ここでは、図1-1-5に見る

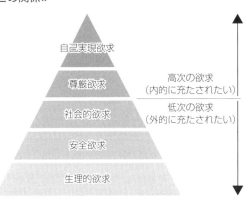

図1-1-5　欲求5段階説

ように、A.H.マズローの欲求5段階説（ヒューマン・ニーズの構造）によることにする。何故ならば、5段階は（心理的）「欲求」であると同時に、それはすべて社会的システムと対応しているためである。また、5段階の各段階の欲求は、すべてが欲求を満たす「活動」につながっており、したがって「介護」ともリンクするからである。

段階別に個別的に言えば、生理的欲求に伴う活動である摂食や排せつや就寝の支援はADL支援の根幹である。安全欲求の基本は、住環境の整備であり、衛生管理や、安全な環境整備としての清掃や入浴活動等も含む、介護の基本の1つである。社会的欲求を満たす活動となると、ADLの介護のレベルを超えて、I-ADLの介護レベルになり、対人関係を持つための行動やコミュニケーション活動の支援になる。

尊厳欲求の段階になると、精神的に満たされたいとなるので、基本的には

63）在宅での看取りは、医療保険を訪問看護に切り替えて、手厚い看護が入る場合が多い。その場合は、介護が行うべきところまで看護が包括的に行う場合が多い。介護の役割もあり得るはずだが、実践例は少ない。

64）WHOの健康概念では、「健康とは、病気でないとか、弱っていないということではなく、肉体的にも、精神的にも、そして社会的にも、すべてが満たされた状態にあることをいいます。（日本WHO協会訳）」となっていて、「満たされた状態」という意味では、幸福概念に近い定義になっているともいえよう。

65）そのせっかくの介護を生産的な活動ではなく、消耗的な行為にさせてしまう点を自覚する必要がある。

他者からその存在を求められる（役割がある、役割行動を賞賛される）ようになることである。この点での介護は、（事例1で紹介したような）特定の仕事をしたり、趣味を生かした生産活動だったりする活動の支援としての介護などになるので、それぞれに分野での特徴的な介護になる。

自己実現欲求の段階[66]になると、例えば芸術活動やスポーツ活動なども含まれてくる個別性が強い活動の支援という介護になる[67]。

2）「人間」として「生きる」とは

これらの欲求に対応する活動について、介護はそこまでするのかという考え方もあり得る。しかし、介護の目的について考えを深めれば、問われるのは、「人間とはどういう生物か」[68]という問題である。ただ、ほとんど無目的に日々を生きていれば、それで人間として生きているということになるのかという問いでもある。言うまでもなく、それらの人間的活動（生活や人生そのもの）に関わる「活動」の支援こそが、介護の独自な専門領域である。

一方では、「『死にたい』『早くお迎えが来てほしい』と繰り返す人や、ほとんど意識がないと思われる人の、介護をする意味はあるのか」[69]、「一生懸命介護をしてもほとんど反応が返ってこない人を介護する意味は」などの問いは、しばしば聞かれる。特に終末期など意識がないと思われる人の介護場面で、人間としての人生や生活とは何なのかを問う場面もある。単なる生物としての生存とどこが違うのであろうか。

しかし、A.マズローは「人間としての」最も基本的欲求として、生理的欲求（生命維持欲求）、安全欲求を挙げている。この欲求を満たすことで、要介護者や周囲の人々はより高次の欲求を満たすことができる。言うまでもなく、介護は「人間」（の人生や生活）を介護する。病気やケガといった肉体上の問題を解決するという意味では、医療の対象は「生物」としての人体（生命）である場合もあり得るだろう[70]。しかし、この考え方は、マズローのヒューマンニーズの自己実現欲求に基づく活動に対応する介護にはつながらない。つまり、どういう状態にあろうと、人間には意思（ヒューマン・ニーズの構造）があるというのが前提である。

では、人間に関わる（介護を含む）ということはどういうことなのであろうか。それは、関わる相手が人間的に変化していく[71]ことを、発見していくことなのであろう。赤ちゃんの日々の成長速度は速いので、その変化に気が付けば、これほど興味深い発見はない。高齢者の日々の変化の速さは赤ちゃんほどではないように見えるが、赤ちゃんと違って、それまでの人生の中で、大きな変化を蓄積してきている。要介護者として介護職員が出会った時にすでに、一人ひとりが大きく異なっている[72]。とすれば、高齢者は人生の先達であるので、後輩である介護者は、一人ひとりの違いから多くのことを発見

66）なお、これらの高次の段階の介護の場合も、ADLの介護がなくなるわけではない点に注目する必要がある。したがって、より高次の活動欲求に対応する介護を行うために、基礎的ADLの介護をそれに合わせたやり方にしていく必要がある。例えば、外出時の整容は自宅にいる場合とは異なる。

67）A.マズローは、のちにさらに上位の段階として、「自己超越欲求（真善美などの目的の達成だけを純粋に求める）段階を提唱している。これらのより上位の段階の活動欲求に対応する介護を行うためには、その個々人のニーズに合わせていける幅広い受容能力と、ある程度その内容を理解していないと介護できないので、より高度な介護能力を必要とする。

68）相模原の津久井やまゆり園で起きた施設内殺人事件や、高齢者介護施設等で報じられている殺人事件を考えると、この問題にきちんと触れておくのは、非常に大切である。

69）時には自分が生んだ生後数か月の赤ちゃんを養育しながら「この子の面倒を見るのは、生物を育てているとしか思えないのだが、人間を育てるのと、生物を育てるのはどう違うのか」と問う保護者もいて、「人間」として生きることの意味を問うのは大変重要な課題である。

70）この治療という発想が、（標準的な状態に戻すという形で）精神科医療に持ち込まれると、かつてのナチス・ドイツで起きたように、一定の枠にはまらない（戻せない）人は、「人間」ではないということになり、異端の発想なども、全部病気扱いになってしまいかねない。

し、学ぶことができる。

この発見の面白さが、「介護」の面白さなのだが、しかし、この面白さを体験するためには、極めて注意深い観察を含むコミュニケーション（技術）が必要である。

3）多様な人間存在―自分の持つ枠組みに相手をはめてしまわない

介護の目的と価値をこのように考えるならば、それをどう実現していくか。このような目的と価値を前提にしたコミュニケーションには、それを行える技術が必須なのだが、それを修得するのは容易なことではない[73]。では、このようなコミュニケーションがなかなか行えないのはなぜなのか。

教科書的用語でいえば「受容」ができるかどうかである。現実的に言えば、相手をあるがままに受け入れるということである。ただ、これは、言葉でいうほど簡単ではない。

（事例2）脳性麻痺の障害者（女性）のお母さんの例

ある脳性麻痺の最重度の心身障害者（女性）を育てたお母さんが、「食事だけはよく食べてくれた（反応があった）ので、そこから何かが変わってくれないかと、色々努力をしていました。その娘がある日突然、食事を食べさせても飲み込まないという行動にでました。命がけの反抗をする娘を見て『彼女には彼女の意思があるのだ。』と、（そのお母さんは、）その時初めて気が付いて、私は気持ちが楽になりました。」という話を聞いたことがある。

障害のある娘さんは、枠にはめられるのは嫌だという表現を、食事を飲み込まないという彼女がなし得る唯一の表現手段で、「私は私である」という主張をしたのだ。それまで、良かれと思って必死でやってきた（周りからも、よいお母さんだと思われようと）自分（母親）が、結局はいかに娘を自分が考えている枠にはめようとしてきたかに気が付いたという事である。ここで初めて、そのお母さんは、脳性麻痺の障害を持っていてほぼ全部依存状態にある娘さんでも「娘は娘、私は私」だということ、娘を自分が考える枠にはめ込んではいけないのだということに気が付いて、解放された気持ちになったとのことであった。

この事例から読み取れることは、私たち（介護する側）がいかに、世話をする相手は自分と同様に考えていると思い込みがちなのかということである[74]。また、その時介護する側は、決して自分が勝手にそうしたいと考えているとは思わず、相手のためにそうした方がよいのだと考えて、行動していることが多いということである。つまり、介護側がいかに一方的な思い込みで、介護をしてしまう可能性が高いのかということである。

この点、つまり相手は自分とは違うのだということを、常に自覚していないと、相手の信号を読み取るのは、大変難しくなる[75]。事例2では、食べることを拒否するという、ある意味では命がけで自分の思いを伝えてきている。専門職であれば、こんなに極端な反応ではなくても、相手がどう望んでいる

71）ヒューマン・ニーズの構造をふまえ、分析的に見ると変化がわかり易い。

72）その高齢者が生きてきた道筋によって大きく異なる。高齢者介護で、この個性に対応した介護が求められる。

73）2019年の現在、世界中のトップリーダー層を含めこのディス・コミュニケーション状態に気が付かない人が増えている。これらの言動は、世界の将来に大きな暗雲をもたらしていると言ってよいだろう。

74）介護する側が、相手はお腹が空いているだろうなと思ったら、相手も同じことを思っているのだと、介護側が思い込みがちであるという事である。

75）特に、相手に関して（情緒的な感情など）色々な思い込みがあると、一層、相手との違いを正確に読み取りにくくなり、相手を自分の考える枠で捉え、自分の考える枠で動かしてしまおうとする傾向が強くなる。

のかを察知する力量が求められる。

逆に言えば、対人援助の仕事では、この「自分とは違う人が、どう変化（発展・成長）していくのかを察知し、ともに成長していけること」こそが仕事としての魅力なのである[76]。

4）「人間」の介護—介護者も人間—適切な人間関係観が必要

このように「介護」は要介護者の生活行動を介助するのであるが、一般的には、上記の事例2で紹介したように、介護者が一方的に介護するだけというわけではない。「介護」という行為は、ある意味で、介護者と要介護者の共同の（創造的…生活を創っていく）行動として成立するのだといえる。

しかしこのことは、図1-1-6に示すように現実の関係ではそうなっていない場合が極めて多い[77]。この図では、現状の日本での人間関係の典型的な強者対弱者のパターンを「私物的人間関係」と表現している。つまり、強者側が一方的に指示命令し、弱者側はその通り動かされるというパターンである[78]。介護場面でも、要介護者は基本的に介護がないと生活が成り立たない絶対的弱者[79]であるため、こういう関係がよく見られる。しかし、事例2で紹介したようにそれは要介護者の幸福につながらないし、「本人が求める介護」にもならない。指示命令で動かせば動かすほど「求める」とは違う方向「従属」に向かう。介護の実質的な効果も出てこない。結局、図1-1-6のように無理やり指示通りやるよりは、一見非効率的に見えるが、共同で「介護」を創り上げていく方が効率的であり、自立を促し得るのである。このような介護を行うためには、自分がどういう人間観を持っているかを分析し、それを自覚した上で、共同で一つひとつの「介護」を創り上げていくという社会的人間関係の中で「介護」を行っていくことが大切である。

[76] とすればいうまでもなく「介護」は、人間の人生を支えているのであり、動物的生命だけを支えているわけではない。

[77] こういう支配－被支配関係は、日本ではあまりにも日常的なので理解が難しいかもしれない。

[78] 弱者側は従いたくないと考えても、反論する「情報（知識や方法）」がないために、逆らえない。その結果、「人材」などと私物的扱いにあまんじることになる。

[79] 強者側に「生命まで」含めてコントロールされる可能性を持つ弱者。

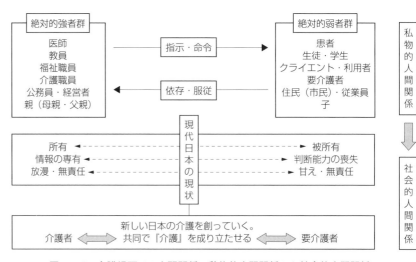

図1-1-6　介護場面での人間関係—私物的人間関係から社会的人間関係へ
（作図－川廷宗之）

5) エンパワーメントを重視した支援

では、「求められる介護福祉士像」の中で強調されている「エンパワーメント」を重視した支援とはどういう支援であろうか。

エンパワーメント（empowerment）とは、もともとは、○○○に権能を与えるとか、○○○を可能にするという意味である。このエンパワーメントについては、森田ゆりが、その著『子どもの虐待』（岩波ブックレット）の中で次のように解説している[80]。

80) 森田ゆり『子どもの虐待』岩波ブックレット，1995, pp.35-36 参照。

> 力とは何でしょう。暴力、権力、圧力、などは否定的な力。その力に抵抗しようとするためにもまた力を必要とします。この力は知識であり、技法であり、助け合いであり、連帯であり、なによりも権利意識です。物理学では「力の大きさ」「力の方向」「作用点」の三つの力の働きを決定し、これを「力の三要素」と呼んでいます。暴力、権力などの否定的な力とそれに抵抗しようとする力とのいちばん大きな違いは力の三要素の中の「力の方向」です。前者は外へ向かう力、外へ向かって押しつける力。後者は内へ向かう力、内へ向かって蓄えられる力です。エンパワーメントとはこの内へ向かう力のことです。

このように、主に弱者（要介護者）とされて来た人々が、強者（要介護者が求める介護を否定するパワー）と対等の人間としての立場を取り戻すために必要な力、活用する力をエンパワーメントという。また、それから転じて、弱者とされて来た人々の自己決定を支援するという意味（エンパワーメントする）でも使われる。

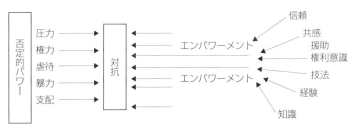

図1-1-7　エンパワーメント概念図

前項で紹介したような「強者対弱者」の人間関係の問題を解決していくときには、強者の力に対抗するパワーが必要である。その根幹は「人権」や「権利」に関する意識（知識を含む）であるが、それだけでは強者に対抗するのは困難である。そこで、否定的な力に対抗する力[81]としての・技法・助け合い・連帯・など、人間として横のつながりを広げていくことがとても大切な要素となってくる。こうすることで、向かってくる否定的な力としての暴力・権力・圧力・などと対抗していく。

前項で述べたように、絶対的弱者とさせられている人々は、もともと弱者というわけではなく、情報の遮断などによって、弱者とさせられているだけ

81) 力の関係は物理学の法則にあるように、3つの要素からなり、それは、力の大きさ・力の方向・作用点である。したがって、エンパワーメントするとき、この3つをどう活用すればよいか、単に対抗するというだけではなく、色々な知恵を出し合うことを含めて考えていくことが必要である。

である。内に力がないわけではない。それを発揮できるように支援していくことが、介護として求められているということである。

4 介護職としての成長発展の課題

(1) 専門職として自律的に介護過程[82]の展開ができる[83]

介護福祉士の専門職としての力量を問われる場合の指標は、「要介護者や他職種のメンバーと適切なコミュニケーションができるか」「適切な生活支援を行えるか(生活支援技術は確かか)」などと言う点と並んで「介護過程を適切に展開できるか」もある。

この介護過程の展開で、最も重要なのは、介護目標の設定と、介護効果の評価である。以下その点に関して触れておく。

1) 介護目標設定の重要性

どんな仕事でもそうだが、目標のない仕事はありえない。その目標も普通は何段階にも分けて設定する。大きな目標を小分けした目標を立て分担する場合もある。時系列[84]で1週間後までの目標を日割りにして段階的な目標を設定する場合もある[85]。

介護に関しても同様であり、目標設定のない介護はありえない。この時、留意しなければならないのは、目標設定は介護職員だけで作るのではないということだ。基本は「本人が望む生活」が介護目標になる。

目標設定が行われないのは、いくつか原因がある。1つは「介護」業務の内容に関して、とりあえず必要な「世話」(生活援助)をすればよいのだという誤解がある点である。

2番目には、介護過程を示す教科書等の資料には、図1-1-8にあるような目標設定の項目がないからである[86]。3番目には、当該の介護支援の効果を評価していないからである。目標がはっきりしなければ評価しようがない。

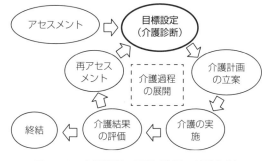

図1-1-8 介護過程の展開（作図－川廷宗之）

このような流れを変えるためにも、介護過程の定義の中で、「介護目標の設定」という項を独立させて、その都度その都度の目標設定を常時行うようにしていく必要がある[87]。ICF的に言うならば目標は「課題○○や行為○○の個人による遂行の実現を支援する」である[88]。

---

82) 第3章第5節参照。

83) 求められる介護福祉士像②参照。

84) ケアプランは数か月単位でしか作られないのだから、そこに介護目標（要介護者の活動目標）がきちんと書かれていれば、それを月単位や、週単位、日単位での活動目標を整理しなおして、そこから出てくる介護目標をベースとして介護過程を考える必要はある。

85) 本来は一つひとつの支援に目標がある。

86) 従来の介護理論では、個別の介護に関しての介護過程を考えるうえで、アセスメント（事前調査）⇒プランニング（計画）という流れで整理してきたため、介護目標の設定という部分が、アセスメントに含まれていたり、計画に含まれていたりして、はなはだ曖昧になっているという点が挙げられるであろう。

87) 対人援助の分野ではしばしば使われる「診断」という用語を使って「介護診断」という言い方もあるだろう。そうすることで、前提となるアセスメント（情報収集）の課題も明確になるし、本人の希望の聴き取りも必然化することが可能になる。

88) 例えば、目標としては「今日の昼食を楽しく食べる」ことを支援する、「今日一日を楽しく暮らす」「○○を行う」などであろう。

2）目標に対応した介護支援

このような目標に基づく介護支援は、その介護支援が目標を達成したかどうかを確認することを前提として、行っていく必要がある。この時には「状態が改善した」などの変化は必ずしも要求されていない点に注意が必要である[89]。介護は、特にADLの不具合を補うので、それが快適に行われたかどうかが問題である場合が多いからである。この快適性は多くの場合は「本人が望む」介護であるから、本人によって確認される必要がある。本人の意思がはっきりしない場合などは、表情から満足度を読み取るなどの方法も考慮されなければならない。

3）介護支援の評価—記録の重要性

「評価」とは、序列をつけたり、良し悪しを決めるために行うものではない。本人の状況がどうなっているか、介護支援がどのように行われたかを確認し、その次のステップに役立てるために行うものである。この意味では記録が重要になるが、その上で、何ができていて、何が繰り越しになっているかを整理しておくという「評価」を行っておく[90]。この時の評価項目としてどういう因子に整理するかという点でも、ICFの分類表が役立つであろう。

4）介護におけるPDCA

色々な業務で、PDCAを廻すということがよく言われる。そのために色々な計画を考え実施されている。しかし、その努力が報われていない例を多々見かける。こうなってしまう原因は、PDCAを廻すということ自体が目的化してしまって、何を目標にしていたのかが、曖昧になってしまうからである。目標がはっきりしていれば、それが達成できたかどうか、評価は明確に出る。介護はある意味では人間が活動していく（人生を創っていく）ことを支える手段である。とすれば、どういう介護過程を実践するのかは、その活動目標に合わせて考えなければならない[91]。

今までの要介護者は、そういう活動目標を持たない、持てない人が多かったため、日常的な介助（生活支援）そのものが目的化していたともいえる。それゆえ、それなりに活動する高齢者との接点も少なく、あまり学びにも刺激にもならないので、介護があまり面白い業務にはならなかったのかもしれない。が、今後、要介護者の活動目標を前提とした介護目標の設定を行い、それに基づく介護過程を考えることで、その介護過程の評価も明確になり、業務としての面白さも増加するであろう。

(2) 介護職の中で中核的役割を果たす

「中核的役割を果たす」という内容にはいくつかの側面が含まれるだろう。図1-1-9に示すように、1つは、個々の「利用者にとって」、（特定の）介護福

---

89) この背景には、「介護」の捉え方を、医療や看護と同じように問題点の解決と考えてしまうところにある。医療や看護は問題点が解決すれば評価を行って終結する。しかし、介護は要介護状態の改善ということはあり得るが、一般的にはADLの介護が全くなくなるということはない。

90) この記録内容やその公開に関しても基本的には本人の了解が必要である。

91) 在宅介護（一部、施設介護でも）の場合、ヘルパー（介護職）はケアプランではなく個別援助計画しか見ていない場合が多い。そうすると生活援助と身体介護のみにしか視点がいかず、他の楽しみや社会参加、機能回復に目が向かない場合も少なくない。こうなると「介護」としての評価は難しくなる。

祉士が中核的に関わるという意味である。1人の利用者には多くの場合、多職種のスタッフも含めて複数のスタッフが関わる。その時に、その利用者に関して情報を集中させたり、その利用者の介護に関しての連絡調整を行うなど、中心的な役割を果たすということである。

図1-1-9 中核的役割とは（作図－川廷宗之）

もう1つは、介護という「職場の中で」の中核的役割とは、複数のスタッフの中で、中心的な役割を果たすということであるが、この場合は、さらにその中で、技術的な意味での介護業務のエキスパート[92]と、他のスタッフの仕事を調整するという業務のコーディネータ[93]（または、マネージャーという2つの意味がある。

1) 介護職としてのエキスパートとして求められること

介護のエキスパート（秀でた能力を持つ人）という場合の、介護とはどういう介護であろうか。色々な介護技術などにすぐれているのはもちろんであるが、重要な点は以下のように整理できる。

①要介護者から何が求められているのか、素早く察知する力量である（アセスメント能力が高いとも言えるだろう）。

②その上で、今何をしなければならないか（という目標）を素早く察知し、その場に対応した適切なコミュニケーション技術を駆使して、それを要介護者に確認できる力量である。

③それは、当然、次にその内容を適切に段取り（計画）し、介護過程（此処では主に目標を踏まえた計画）に展開できる力量である。

④③で立案された計画を、要介護者にとって快適に実行できる能力である。

⑤このようにして実行した後、すぐに②と照らし合わせて効果を確認し、次の目標を確認していく力量でもある。

⑥これらのプロセスを適切に要約して、記録に残す能力も力量でもある。

⑦それらの能力が適切に発揮されるためには、要介護者の人生に寄り添える力量[94]が求められる。

⑧そして、それができることで、介護者にも大きな学びや満足があるので、ある意味では、介護者もまた、要介護者から信頼される実感[95]が大切である。

2) 介護業務のコーディネータとして求められること

個々の介護では、エキスパートとして介護を行うのとは別に、要介護者の状態やニーズと、介護者の才能との組み合わせに配慮するなどして、介護スタッフの業務内容の調整[96]を行う業務がある。

こういうコーディネータを担当すると、その職場で管理職に位置付けられ

---

[92] ある分野に経験を積んで、高度の技術をもっている人。専門家。熟練者（小学館『デジタル大辞泉』より）。

[93] 職位上は管理職の位置づけられる場合もある。

[94] そうすることで、顧客満足度が高まり、要介護者の本音を聞くことができるようになる。ある意味では、介護は介護者が介護するというのではなく、要介護者と介護者が共同して要介護者の生活を創っていく実践が求められているとも言える。

[95] 要介護者が明確な表現で信頼感を介護者に伝えられるとは限らない。したがって、そういう要介護者の感情を読み取っていく力量もまた、介護者には求められる。エキスパートとしては、周囲の介護職員にも、こういう要介護者の心情を中継することが必要な場合もある。

[96] 実際問題としては、そこまで細かい組み合わせはできず、時間的な調整や全体的の業務の調整から、介護担当者を調整していくしかない場合もあるが、本来であれば最も適切な組み合わせになるように考えていくことも重要である。

ることも多い。本来は関わる人がみんなで調整しながらコーディネートできればよいのだが、必ずしもそうはいかない場合、(指揮命令者ではなく)調整権限を付託するという意味での管理職をお願いしなければならないこともある。

特に第一線でのコーディネータは自分もケースを担当しながら、他の人のコーディネートもするという複雑な作業を求められる場合が多い[97]。

こういう現場を支えるコーディネートの仕組みは図 1-1-10[98] に見るように、職場の規模によって階層化した段階でも必要になる。ある段階から管理職と呼ばれる直接介護担当者などを支える立場に置かれる場合もある。一般的に管理職はあくまでも要介護者の安寧[99]な生活を支える直接介護担当職員などを支えることがその役割である[100]。さらに、この段階のコーディネータは以下に述べる点に関して、直接介護担当者には求められない能力を要求される。

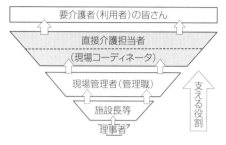

図 1-1-10　管理職は現場を支える (作図－川廷宗之)

①要介護者の快適な生活が目的という介護の目的が行き渡るように条件を整備するなどして支えていく (「介護の倫理」[101]を実践する)。
②利用者が心地よく過ごすには直接介護担当者が心地よく仕事していないとできないということを踏まえ、直接介護担当者を支える。
③同時に、直接介護担当者にはケアプランの内容を理解してもらえるように解説する[102]。
④ケアマネジャーなどや他職種とのコミュニケーションを密にする。
⑤日常の業務とは異なる事故などが発生した時に、必要な措置を色々な人の協力を得て、適切に対応する (危機管理能力)。

3) 介護「人材」ではなく、共に近未来の生活を創る仲間

このように考えると、直接介護職員は「介護」をする「材料」(「人材」)などではなく、みんなで一緒に要介護者や介護者自身の「近未来の生活」を創っていく「仲間」である。誰かが誰か (何か) の材料や道具 (指示・命令の対象) ではない。最近、「介護人材」とか「外国人材」といった表現が横行している。しかし、「直接介護者」を誰かのための「介護人材」という扱いをすれば、直接介護者は要介護者を自分の生活維持のための材料扱いするであろう[103]。そこに、共に未来を創っていく喜びはない。これでは快適な介護にはならない。この点をはっきり踏まえて、「介護人材」などと言う呼び方を改めて (「介護職員」というだけで相当違うであろう) いかないと、「介護」とい

---

97) プレイング・マネージャ。介護職ではよくある例だが、コーディネータの担当する要介護者の介護が一番難しい介護である場合も多く、無理が発生する場合が多い。

98) 佐藤知恭『顧客満足ってなあに?―CS推進室勤務を命ず』日本経済新聞社、1992 を参考にした。

99) ICF では、「Well Being」となっている。

100) 虐待等を含む危機管理場面など管理職が指揮命令をする場合もないわけではないが、仲間からの権限付託という意識を持ち続けていないと、現場職員の面従腹背が多くなり、実際の介護業務が上手く回らない場合が多い。

101) 直接介護者の介護の質を保持する。手抜き等をさせない。

102) 「なぜ、そういう介護を行うのか」という目的をわかったうえで、個別援助計画に入らないと適切な (単なる介助とは違う) 介護が行えない。

103) 要介護者のための「介護人材」という言い方もできるだろうが、介護者は要介護者の言うとおりにする道具ではない。お互いに人間としての尊厳を持った「人間」である。

う職の魅力は発揮できないし、就労者もどんどん減っていくだろう。

(3) 地域や社会のニーズに対応

「求められる介護福祉士像」の中で、今回の改正で新たに出てきた点の1つは、「地域や社会のニーズに対応」ということである。「地域や社会のニーズ」や「介護ニーズの複雑化・多様化・高度化」をどう捉えるかには、色々な考え方があり得る。

この点に関しては、3つの考えるべき課題がある。その1つは「介護という仕事が社会経済的な意味を持つ」という事である。第2点は、ともに「未来の生活を創っていく」ために必要となる介護ロボットやITやAIなどとどう付き合っていくかという事である。第3点は、介護をする仲間の外国人が増えてきたり、要介護者にも外国人が増えていくであろうことや、もっと大きな目で見て、国際的な介護システムをどう考えるかである。第2点、第3点は第6章で触れる[104]ので、ここでは第1点目のみについて考える。

1) 介護という仕事の、社会経済的な意義

前項までは、主に要介護者本人にとっての介護の目的や意義について考えた。しかし、社会的ニーズに対応する仕組みとして考えるならば、要介護者本人にとってだけではなく、その仕事の持つ社会的経済的目的や意義についても確認しておくことは、とても大切である。

その意義を、投資的（積極的）介護と、消費的介護との2つの側面から考えてみよう。

2) 消費的介護の意味

現在の「介護」問題の最大の問題は、介護に関する人件費が安すぎるという問題である。この問題は、介護保険制度のあり方や高齢者年金の制度問題など、様々な社会的要因があるので、一概に論ずることは適切ではなかろう。しかし、基本的には「介護」の人件費は、労働がどういう社会的（一部経済的）価値を生む[105]かということをベースに考えるべきであるということである。

このことに関連して、「介護」に対する社会一般（一部、介護関係者を含めて）の考え方の中に、要介護者を社会的に何もしない「単なる消え行く人」と捉えてしまう[106]ために、介護を「投資的負担」としてではなく、「消費的負担」としてのみ捉えてしまう[107]傾向があるのではない

104) pp.257-264 参照。

105) 1つの考え方としては、介護が生み出す価値は「人々の幸福や自己実現」など抽象的価値であり、経済的価値には換算できないとしてしまいがちである。しかし、そういういわば美名のもとで、介護は価値を生み出すことを求められず、不適切な問題の多い介護が見過ごされたりしていないであろうか。

106) 「介護」や「人間」に関する捉え方に問題があるともいえるだろう。もちろん、少なくない「介護職」はこういう実践にならないように、丁寧な介護を実践している。

107) 高齢者を変化（成長）可能な主体として捉えるという発想がないと、こうなってしまう。しかし、人生100年時代。高齢者も成長の可能性は十分にある。

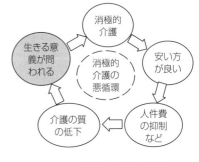

図1-1-11　消費的介護の悪循環

(作図－川廷宗之)

であろうか。終末期介護や認知症の介護を含めて、介護を単なる消費として考えるならば、経費は安い方がよい（経費をかけたくない）ということになる。

こういう考え方の下で、図1-1-11に見るように、単に生かしておくだけの消費的介護でよしとしてしまうなら、介護はなんら社会経済的価値を生まない膨大な無駄を含む（消費的）経費となって行くであろう[108]。結局は介護を受ける高齢者の「生きる意義」を問われる悪循環になっていく。もう一歩踏み込んで言えば、社会全体の仕組みの中で、こういう非生産的な後ろ向きの高齢者介護という膨大な社会的消耗[109]を片方で行いながら、片方で経済成長を図るのは、かなり難しい課題ともいえるだろう。

3）投資的（積極的）介護の意義

本来の「介護」は、図1-1-12に見るように、単なる生活上のお世話というだけではなく、新たな社会的経済的価値を生み出す投資的行為である。障がい者福祉分野では、当然のこととして目指しているように、介護分野でも要介護状態を前提としつつ何らかの社会的活動（Activity）への参加を支援することで、社会的価値を生み出すことを目標とすべきであるし、そういう経済的な生産活動に従事することは、十分可能でもある。ただし、この点を考えるときの条件は、30代40代の大人と同様の働き方をするとは考えないことである[110]。もちろん本人の意欲とそれを支える社会的条件の整備は欠かせないが、介護の主要な目標としてそれを据えるのであれば、そういう社会的経済活動が生み出す価値（実質的な収益や介護の社会的負担軽減など）を考えた投資とみなすことが可能である[111]。

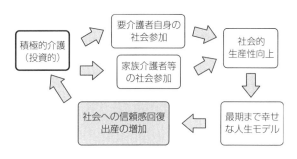

図1-1-12 介護の投資的意義（作図－川廷宗之）

介護が社会の生産性を向上させることに寄与できる側面はもう1つある。それは、要介護者の介護を専門家である介護福祉士が引き受けることで、家族や社会の負担を軽減させ、そのことが社会の生産性の向上に役立つということである。この側面は、さらに2つの側面に分けられる。1つは、専門職が介護をすることで、家族など素人が介護をするよりも、効果的、効率的な介護ができるという質的側面[112]である。こうすることで、本人にとっても、周囲にとっても介護負担を増やさないだけではなく、介護に不慣れな家族などが介護を行うことで、介護事故が発生したり、要介

108）多くの介護は、「消極的介護」ではないと言いたいが、現状では時々事件となって現れるように、どちらかと言えば、このパターンの介護も無視できない比率になっている。

109）非常にリアルに言ってしまえば、要介護者の人間存在に否定的な見方を醸成してしまう。こういう傾向の結果として、相模原市の障害者施設殺傷事件を挙げることができる。

110）例えば、ボランティア活動への参加など体が動かなくても絵本の読み聞かせや対面朗読ならできる。認知症になっても状態によっては花の栽培はできるなど。

111）要介護者を含め多くの高齢者は、長い生活経験の中で様々なことを学んでおり、途中で倒れずに生きてきているという事実自体が、それなりの知恵を宿している場合が多い。その知恵や才能の内容は、その方の人生次第で特徴的な傾向を持つ。それを生かして社会貢献につなげるというのは、ダイバーシティとして、当たり前であるとも言える。

112）ただし、介護職にも質的レベルに違いがあるので、事故を起こして訴訟になっているケースも少なくない。

護者自体の介護度が上がるということなどによる社会的コスト増要因を抑えるという面もある[113]。

　もう1つの側面は、介護職が介護をすることで、要介護者の家族など関係者の介護負担を減らす、あるいはなくすという量的側面である。こうすることで、大きな問題となっている「介護離職」などと呼ばれる家族の離職などによる社会的負担（生産性向上への阻害要因）を減らすことができる。現代社会の技術的発展は極めて速いため、業種にもよるが多くの場合は2～3年のブランクが開くと復職は難しくなる。また、復職のための（公的な）訓練経費が別途必要になる。当人の才能の生かした職場にいれば、それなりの社会貢献（生産性の向上）ができ、本人の自己実現も可能だった人が、介護などの理由で離職してしまうことの、本人および企業等にとっての損失は大きい。また、このような40～50代での介護離職の結果、数年以上の長期間介護（この間無収入による貧困化、年金納付欠落など）となり、介護が終わっても孤立していてかつ復職不可能⇒生活保護⇒比較的若いうちからの要介護状態となる、といった悪循環が発生している[114]。専門的な介護職が、適切な介護を展開するということは、このような社会的悪循環に陥るのを防ぐという意味でも大変有効な社会的投資なのである。

4）新たな「人生モデル」の創造

　専門的介護職者が適切な介護を行うことによって、要介護者が幸せに暮らせるようになることで生み出される投資的意味は以上にとどまらない。

　適切な介護は「人生を生きる価値」を具現化して、多くの人に示すことができる。多くの場合、「人生の終末は、認知症になって要介護状態で施設に収容され、生きたいようには生きられない」という、高齢者像ばかりがマスコミで流布され、大多数の人々はそれを認めたくないとは思いつつも、そう思い込んでいる。とすれば、その人生（特に終末）は、多くの（若い）人々にとって「ああなりたい」と思える存在であろうか[115]。つまり多くの人達はみんな、高齢者になると要介護になって大変なことになる、中には周りの人に迷惑をかけながら生きることになると考えがちである。

5）「不幸せな高齢者像」は若い人に何を伝えるのか

　つまりは、人生の終末は要介護状態になり、幸せとは言えなくなるということだというイメージが広がる限り、多くの人々にとって人生の展望は開けない[116]。特に、現実の流れに任せるしかない人生しか生きられない多くの人からは、その現実の中で精神的に病む人が増える。

　つまり、現代日本のように、人生の最終段階が幸せではないというのであれば、人間は何のために生きるのであろうか、という問いへの答えを出せないのである。こういう中で、最初に述べた自殺者や無差別殺人などの事件が

---

[113] 専門的立場から言えば、起こさなくてもよい事故を引き起こすことで、増える余計な社会的費用（医療費や介護費用など）は、大きな社会的コストになっている。

[114] また、しかるべき年齢層の職業人が、いずれそういう状態になるのは避けられないと考えてしまうと、それだけで仕事への意欲が低下してしまうという現象も少なくない。

[115] この傾向は、人口の高齢化が急激に進み始めた1980年代半ばからの現像であり、もはや常識になったのが21世紀初頭と解される。

[116] 言い換えれば早く閉じたい人生にしかならない。「人生100歳時代」と喧伝されているが、現実的にそれを考えているのは、経済的・社会的に恵まれた階層の人々の話である。

多発する。言い換えれば、「幸せではない高齢者像」は、若い人々が人生の展望を形成していくために、大きなマイナスになるということである。

逆に言えば、幸せそうに生きている「人生のモデルとなりえる」高齢者が増えなければ、あとに続く人々の人生の目標が成立しにくいのである。そうなれば、人口は減少し、社会は衰退するしかない。

とすれば、「介護」は「幸せな高齢者」を支援する仕事になる必要がある[117]。それによって、「介護」は大きな社会的意味を持つことになる。

6）求められる高齢者の意識改革

一方で、触れておかなければならないのは、要介護者やその候補者である高齢者が自分の人生をどう創っていくのか、しっかりした設計を持っていることの重要性である。いくら介護側が頑張っても、それは支援でしかない。生きるのは本人、要介護者である。

最近までの要介護者は、1930年代以前生まれの方が多く、彼らの大半は幼い時から周囲の求めに従って生きるように教えられてきた。そのためそれまでの人生の中で自分の人生を自分で決めてこなかった人々が多かったという点に着眼しておくことが必要であろう[118]。この点は、認知症で判断力が衰えたとしても、基本的には変わらない。要介護者の中で特に多い女性たち[119]は、1945年までは財産の所有権すら認められていなかったし、長男以外の多くの人々は「家長」権に服するものとされていて、自分で自由に動く（例えば就職）ことは許されていなかった。したがって、高齢になってから、自分で判断しなさいと言われてもそれすら難しい人が少なくない。

しかし、1940年代以降に生まれた人びとは、戦後の自由民主主義教育を受けているので、この方がたとはかなり意識が違う。また、この世代は「団塊」の世代とも呼ばれる人口の多い世代でもあり、1960年頃以降の日本の主流を担ってきている。したがって、この世代が要介護世代になった時には、現在の介護とはかなり様子が違う、要介護者のニーズが前面に出てくる介護支援になっていくであろう[120]。

7）「介護」次第で社会は変わる

このように考えると、「介護」という仕事が、いかに重要かがはっきりしてくる。社会的にどんな立場であろうとどんな業績を上げようと、その人の「生活」部分がなくなるわけではない。介護は、その要介護者自身の（ADLを支え）人生を支えるとともに、**社会の希望を支える**という、最も基本部分にかかわる支援だからである。

したがって、「介護」という仕事がどう行われているかは、「幸せに生きることを保障している」（幸福追求権・日本国憲法13条）[121]の人権を守るという内容が具現化できているかどうかを示す指標となっていると言っても過言で

---

117) 意欲のない高齢者、幸福感充足感のない高齢者の「こうなりたい」をどう引き出すかは、その高齢者の未来像を一緒に創っていく高度な専門性が要求される。介護職が関わった段階からすでに希望を失っている要介護者も多く、こういう人への働きかけをどう行うかは、介護職の大きな課題となっている。

118) 2015年の時点で要介護率の高い80歳代以上の人々は1935年以前の出生であり、この時代（戦前）の教育では、周りの言う通りにするのが当然という内容であった。特に女性にその傾向は強い。

119) 「女三界に家なし（幼くして親に従い、嫁して夫に従い、老いては子に従え）」という教えなどに象徴される。

120) デイサービスのプログラム内容などにも、麻雀など大人のゲームを取り入れるなど、その変化がはっきり見え始めてきている。

121) 日本国憲法第13条「すべて国民は、個人として尊重される。生命、自由及び幸福追求に対する国民の権利については、公共の福祉に反しない限り、立法その他国政の上で、最大の尊重を必要とする。」

122）介護のテキストでは、「人間の尊厳」というわかりにくい表現になっているが、憲法などに出てくる具体的「人権」を学んでいくと、尊厳を守ることにつながる場合が多い。

123）同時に「介護」の仕事には、極めて多様な仕事内容を含み、それぞれの仕事に求められている難易度（レベル）も異なる点にも留意が必要である。

はない。また、介護の最終的目的や意義は、この「人権」（幸せな人生や生活）を護る事であるといえる[122]。したがって、専門的介護の仕事は、要介護者とその関係者の人生と生活の質を変えてしまう仕事であるから、本来かなり高度な専門職によって担われると考えるべきである[123]。

このように、介護はその仕事内容から見ても、それ次第で人びとの人生が変わってしまうくらい重要な仕事である。同時に、そのように影響を受ける要介護者の数も全人口中の大きな比率を占めるとなれば、ますますその重要性は強まる。また、そういう数量的質的な介護が、その次の世代の意識に様々な意味で投影していくとなれば、まさに社会は「介護」次第と言っても過言ではない。

---

column

在宅介護での多職種連携

　高齢者が介護保険サービスを利用する場合、ケアマネジャーがケアプラン（サービス計画書）の作成やサービス事業者との調整を行い、障害を持つ人が日常生活用具給付等事業などを利用する場合には、障害者相談支援専門員がほぼ同様の支援を行います。社会福祉士は、地域包括支援センター等に所属し、その利用者さんが住む地域で、利用者さんやその家族からの相談にのり、利用できる福祉サービスや社会資源を的確に把握や開拓をして活用できるよう連絡・調整をします。訪問医師（かかりつけ医）や訪問歯科医師は、地域内の他医療機関や医師等と情報を共有し、休日や夜間も患者さんに対応できる体制で高齢者や障害のある人に向き合います。患者や家族へも、情報の提供を行います。訪問看護師は、居宅で継続して療養を受ける状態の人に、療養上の世話または必要な診療の補助を行います。

理学療法士や作業療法士は、入院中のリハビリテーションの効果によって回復した日常生活動作等が、退院後も保持されるよう定期的に自宅を訪問して医師の指示で療法を実施します。特に障害を持つ人にとっては、その後の生活の継続や同居家族との良好な関係が保持できる住居の構成や、自治体により異なる住環境改善のためのサービスの内容が、QOL（生活の質）を左右することになります。これらの関連情報の把握や知識の活用には、福祉住環境コーディネーターや建築士の参加が必要です。利用者さんは、介護する人の心の温かみに触れることで、ありのままの様子を示され、そこからケアに必要な貴重な情報が得られることもあります。

参考資料
- 厚生労働省ウェブサイト
- 東京都医師会ウェブサイト

（瀬戸　眞弓）

第2節　新たな介護福祉士養成教育の実践展開

1　「介護福祉士養成教育」に求められていることは何か

　介護福祉士養成教育に求められていることには3つの側面がある。その1は、「対人援助ワーカーとしての教育」[1]である。その2は、「職業人としての教育」である。その3は「介護福祉士の専門教育」である。以下簡単に解説しておこう。

(1) 対人援助ワーカーとしての教育

　介護福祉士は、医師や看護師や社会福祉士などのソーシャルワーカーや教員や保育士などと並び、利用者の生命を左右しかねない業務に従事する対人援助ワーカーである。これらの対人援助ワーカーは、自分の「人間性」をも活用しながら、相手の人間の抱える問題の解決に向かって共に努力していく[2]。したがって、対象となる「人間」をどう考えるかは大切な学習課題である。同時に、自分自身も「人間」であることを自覚することも大切な課題である。

1）「人間」をどう理解するか。「人間観」の形成

　「人間」を理解しようとする時に、図1-2-1に見るように身体的背景、心理的背景、社会的背景[3]の3つの背景が考えられる。そして、この3つの背景は相互に作用しあう関係にある。特にその中でも、人生が長くなるほど、社会的背景が大きな影響を及ぼしてくる点に気をつけておく必要がある。

≪3つの側面≫

　身体の背景に関しては、比較的わかりやすい。医療領域などでその分析枠組みが非常に細かく分類されているからである。心理的背景に関しても考える枠組みの分類がかなり進みつつある。しかし、心理は1人の個体だけの問題ではなく、他者との相互作用（社会的背景・条件）への反応という側面もあり、目に見える物体[4]として存在してはいないので、必ずしも精密に分析できるとは言えない。これらに対し、社会的背景は人間同士の関係のみならず、様々な環境因子[5]を包括的に踏まえるためかなり捉えにくい側面である。しかし、介護状態になるかどうかについては身体的背景

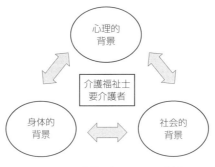

図1-2-1　人間理解の3つの背景
（作図－川廷宗之）

1) 対人援助（または支援）に関わる場合、職業として関わる場合と、親族や友人として関わる場合がある。介護業務の場合、特に生活密着型の援助が多いので、この区別が曖昧な場合が多い介護者がいる。この点の区別を明確にすることもこの項の課題である。

2) 第1節 p.17-22参照。

3) 図1-2-1「人間理解の3つの背景」
この場合の「背景」は「条件」と言い換えることもできる。

4) 身体は目に見える物（物理的存在）なので、比較的わかりやすい。また、分析も目に見える物が多いので、やりやすい。これに対し心理は、目に見えるとは言いにくいので、分析がしづらい。しかし、近年、脳の内部などかなり物理的側面からの研究も進んでいる。が、それで心理が全部分析できるとは言えない。

5) ICFの研究など、この側面でも分類枠組みの研究が進んでいる。

第1章　介護福祉教育の全体像　31

に注目する場合が多いが、特に高齢になるに従ってその身体的背景への影響を含めて、社会的背景が大きな要因になっている点に注目しておく必要がある。

≪相互作用の中から生まれる固有性―人間としての価値≫

対人援助ワーカーが個別の人間を理解しようとする時、この3つの背景での分析枠組みをどれだけ考慮しているかが問われる。その考慮次第で、その人だけが持つ固有の人間像[6] を見ることができるようになる。

この固有性（個別性）が見えないと、一人ひとりの人間としての価値も見えない。そこから学び得るものも見えない。つまり、全く無条件でその存在を肯定されるべき人間という捉え方にならない。介護福祉士も当然、要介護者を理解する時の、その人固有の存在価値を認めることが前提である。

このことは、対人援助職（介護福祉士）自身の自己理解にもつながる。自分もまた、他者から見て固有の価値をもつ（自信につながる）存在であり、それゆえ他者からその存在を必要とされているという自覚をもつことにつながる。つまり、自分は他者に振り回されなければならない存在ではないし、自分の意志をもって自分なりに行動してよい[7]のだという自覚をもつことになる。この関係は、教員と学生間でも同様な点にも留意が必要である。

2)「人間」同志の相互作用の中での問題解決を阻むもの

対人演援助で解決を求められる問題に取り組むには、このような、お互いにかけがえのない固有の人間同士の相互作用の中での創造的活動である必要がある。しかし、現実にはこういう相互作用を阻むものが社会には多数存在している。その最も大きな影響を持つ1つが「お金」である。

基本的に今の社会[8]では、色々な価値は金銭的価値で計られる場合が多い。したがって、介護を含む対人援助は、賃金という金銭的な価値のもとで一定の評価をされる。この価値観から言えば、その人の価値はどれだけお金を稼げるかで決まる[9]。この考え方からすれば、少ししか（あるいは全く）金銭的価値を産み出せない人を「介護」する金銭的価値は低くなる。しかし、そうではないことは言うまでもない。図1-2-2 に見るように、人間的価値と金銭的価値は違う。しかし、残念ながら最近特に、何事も金銭的価値でものを見る習慣が非常に強くなってきている。この状態では、図1-1-6で紹介した、強者－弱者関係が金銭のやり取りを媒介として逆転した形になる。結果的にその場では無知（や暴力）が勝つことになる。そうなると、答えを出せないまま、感情的に行動することになる。こういう傾向が、国家全体を覆う傾向は、日本のみならず、世界的になってきているともいえるであろう。結果的には「下流志向」になっていく。日本でも、このようなあからさまな金銭的価値重視は20世

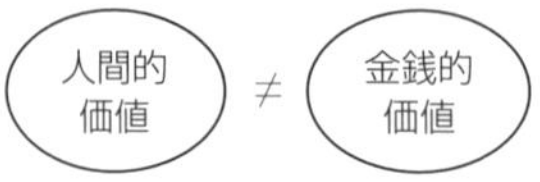

図1-2-2 人間的価値と金銭的価値
（作図－川廷宗之）

---

6) 一般的には、常に分離してしまって、一人ひとりの固有の価値（才能）を見出そうとはしない傾向が、日本の特に教育界に根強い。

7) 要介護者の召使ではなく、人生を共に創っていく専門職として、主体的に動いてよい。

8) 人々が自由に生きることやその財産権を全面的に保障する日本のような資本主義制度を取る国家。

9) 特に幼児期からのお金を使う経験から、お金さえあれば他者を従わせられるため、何でもお金を出せば手に入るという実感を持つ人が増えている。その中で、「人間」も他者がお金を稼ぐための道具や材料として「人材」とされてしまう傾向も顕著である。「人材」という用語に人間性の否定を感じない人が多いのは、金銭的価値だけでものを考える人が多いということと、「言葉」の意味を深く考えない人が多くなったということであろう。こういう中で、介護などの専門的対人援助職が職能を発揮しにくくなっているという報告もある。

紀末以降[10]のことであり、また、国際的には、すべての資本主義国がそうなっているわけではない。

3)「人間」同志の相互作用の中での問題解決

では人間的価値とは何か。ここでは、対人援助を論じているので、他者との関係の中でお互いの（真の）感謝や賞賛の中から生まれる人間的喜びを、本人が実感として感じる状態になった時に味わう「人間的充実感」としておく。この充実感を味わった時に、人間は自分に自信を持ち、また、他者の価値を体感するのである。

こうなるためには、人間として高いコミュニケーション能力が求められるし、それができるための深い教養が求められる。また、そういう深い洞察を踏まえた、相手を思いやる能力や基本的人権の尊重が実現できることになる。したがって、介護福祉士を含む対人援助ワーカーの養成教育では、この「人間的充実感」[11]を明確に意識できるように学習支援をしていく必要がある。

4)「学習」と「教育」の原則

このような「人間としての教育」を考える時、介護教員もまた教員として大切に考えるべき原則がある。

その1つは、1985年3月29日の第4回ユネスコ国際成人教育会議採択で採択された、学習とは何かを6項目に整理し、それを「権利」として宣言した「学習権宣言」である。

学習権宣言（The Right to Learn）
—生涯学習の根源的重要性の根拠として—
　学習権を承認するか否かは、今やかつてないほどに、人類にとって重要な課題になっている。
　学習権とは、
　読み、書く権利であり、
　質問し、分析する権利であり、
　想像し、創造する権利であり、
　自分自身の世界を読み取り、歴史をつづる権利であり、
　教育の手立て（resources）を得る権利であり、
　個人及び集団の力量を発達させる権利である。
（以下略）

学習権として整理されたこの6項目は、基本的な要素を整理しているのだが、成人の学習権を念頭に置いているため、高度な内容を持っているとも考えられる。1項目の「読み、書く」はともかく、2項目の「質問する」はどこの国でもできるという内容ではない。「分析」[12]に至っては日本でも誰でもできるわけではない。3項目以降は結局この宣言文の最後の「人類全体に及ぶすべての人々が自己および自分自身の運命をコントロールできるように努力

---

10) 20世紀中葉までは、大企業でも経営者と一般従業員の給与格差は、数十倍程度であり、現代のように1万倍を超えるなどということはなかった。また、対人援助などの仕事に対しても、金銭的感覚とは別の敬意が払われていた。

11) この点に関する教育実践は、介護福祉士養成校に来る学生の大半が、それまでの（学校）教育の中で、「人間的充実感」を否定され続けてきている場合が多いため、かなり難しい（例えば、誉められた体験がない）。

12) 高校までの授業で、現象を分析するという学び方をしていない（教えない？）。

している女性及び男性が、直面している問題である」に集約されていく学習内容であり権利である」[13]。主に成人を対象とする介護福祉士を養成する介護教員としては、この内容をどう実現するか問われている。

2つ目に紹介しておくのは、学習権宣言からほぼ10年後の1996年に発表された、「学習の4つの柱『学習―秘められた宝』」という、ユネスコ21世紀教育国際委員会（1993-1996）が発表した報告である。

学習の4つの柱―「学習―秘められた宝」 Learning: The Treasure within
①知ることを学ぶ（learning to know）
　十分に幅の広い一般教養をもちながら、特定の課題については深く学習する機会を得ながら「知ることを学ぶ」べきである。このことはまた、教育が生涯を通じて与えてくれるあらゆる可能性を利用することができるように、いかに学ぶかを学ぶことでもある。
②為すことを学ぶ（learning to do）
　単に職業上の技能や資格を習得するだけではなく、もっと広く、多様な状況に対処し、他者と共に働く能力を涵養するために「為すことを学ぶ」のである。このことはさらに、自分の生活する地域や国における個人的な社会経験や仕事の経験を通して、あるいは学習と労働を交互に行う過程を通して、青少年がいかに行動するべきかということも意味するのである。
　(1) 技能資格から能力へ
　(2) 「非物質的」労働とサービス産業の興隆
　(3) 非定型的な経済における労働
③(他者と)共に生きることを学ぶ（learning to live with others）
　「共に生きることを学ぶ」ということは、1つの目的のために共に働き、人間関係の反目をいかに解決するかを学びながら、多様性の価値と相互理解と平和の精神に基づいて、他者を理解し、相互依存を評価することである。
　(1) 他者を発見すること
　(2) 共通目標のための共同作業
④人間として生きることを学ぶ（learning to be）
　個人の人格を一層発達させ、自律心、判断力、責任感をもってことに当たることができるよう、「人間としていかに生きるかを学ぶ」のである。教育はそのために、記憶力、推理力、美的感覚、身体的能力、コミュニケーション能力といった個人の資質のどの側面をも無視してはならない。

学習権宣言は成人の学習を想定していたが、この報告は児童生徒[14]を含むすべての学習者を想定している。この報告の特徴の1つは、②にあるように職業への教育がはっきり位置付けられている[15]ことである。③も日本の現実とは異なる。最も注目すべきは④であろう。残念ながら、日本ではこれに関して意識的な教育が行われているという情報はあまり聞いたことがない。

これらの宣言や報告も踏まえて、日本政府とOECDの「2030年に向けた教育の在り方に関する日本・OECD政策対話」[16]の中の資料として、学力の3要素として、次の3つを挙げている。

---

13) 川廷宗之編『専門職大学の課題と展望―社会人などの多様な学びを支えていくために』ヘルスシステム研究所，2018, pp.39-41 参照。

14) 学校教育法上の用語としては、「児童」（小学生を指す）、「生徒」（中高生および専修学校生を指す）。ちなみに大学生は「学生」。

15) 日本でも、建前はそうなっているが、高校までの教育では事実上ほとんど教育課題になっていない。

16) 第2回対話としての2015年7月22日付けの「教育課程企画特別部会の参考資料」から引用。内容は、第1回対話でのOECD側から提案を踏まえている。

①「基礎的・基本的な知識・技能の習得」
②「これらを活用して課題を解決するための思考力・判断力・表現力など」
③「主体的に学習に取り組む態度」

この3つの要素を別な視点から整理し直した場合の3つの要素は次のように整理され、これを踏まえて「学力」を図1-2-3「学力の三要素」のように描いている。

①知識（Knowledge）（私たちは何を知っているか）：伝統的（数学、言語ほか）、現代的（ロボット工学、起業家精神ほか）
②活用（Skills）（私たちは知っていることをどう使うか）：創造性（批判的思考）、コミュニケーション（協働性）

図1-2-3　学力の三要素

③人間性（Character）（私たちは世界のなかでどう関わっていくのか）

この図に見るように、21世紀の教育（学び）の要素は3つの要素が重なっていて、「活用」や「人間性」が重要な位置を占めている。

つまり、現代の学習支援（教育）においては、「学習権宣言」はもとより「学習─秘められた宝」でも、「学力の三要素」でも、知識を学ぶことだけが学習ではない総合的学習が原則になっている点を改めて確認しておく必要がある。

(2) 職業人としての教育

1) 職業の持つ意味・（科学的）技術教育（エビデンス）

さらに、「21世紀の高等教育に向けての世界宣言：展望と行動」（以下「高等教育世界宣言」と記す）[17]の、第1条「教育・訓練・研究遂行の使命」の(a)で、「社会で役立つ資格を与え、人間活動の全分野の必要に応えることのできる高度な能力を身につけた卒業生と責任ある市民を育てること。この資格とは、現在および将来の社会の必要に合わせて常に見直される教育課程や教育内容を通じ、高度な知識と技術を結びつける専門的な訓練を含むものである」とあるように、高等教育[18]において職業教育は重要な意味を持っている。

それは、「職業（勤労）」は以下のような人生を支える重要な意味を持つと筆者は考えるからである。
①勤労は生活の糧を得ることにつながる。…「収入を得る」[19]（消費できる）。
②勤労は常に協働を伴うので仲間を必要とする[20]。
③勤労における創造的な活動などから「生きがい」につながる。
④勤労は「学習」を必然的な活動とする[21]。
⑤「遊び」や「余暇」は、「勤労」を前提としてこそ成り立つ[22]。

勤労はその重要さゆえに、日本国憲法27条にも、国民の三大義務の1つと

17) 1998年に「高等教育に関する世界会議」で宣言されたこの宣言は全17条から成り、各条に数項目の内容を含むので全体で、100項目近い世界の高等教育への指針を示した宣言である。「職業教育」に関しては7条に「勤労の世界との協力の強化および社会的ニーズの予測と分析」という条文を示している。
川廷宗之編『専門職大学の課題と展望─社会人などの多様な学びを支えていくために』ヘルスシステム研究所、2018、pp. 37-43参照。

18) 18歳以上の人の教育。

19) 報酬は金銭的収入のみではない。感謝や栄誉もあり得る。

20) 勤労を通じて周りの人に貢献し、その貢献によってその存在をメンバーとして認められていく。「仲間として認められる」（様々なパターンの協働についても学ぶことを含め、仲間から学ぶ、仲間と共に活動する方法を学ぶことを含む）。

21) 様々な社会的変化から生ずる何らかの課題をクリアするために、その責務を伴うために、学ばなければならない。

22) 勤労は勤労場面ではそれなりの義務（負荷）があるからこそ、「遊び」や文化的な楽しみ（祭りなど）を創造していくことが可能になる。

して「すべて国民は、勤労の権利を有し、義務を負ふ。(以下略)」と書かれており、「児童はこれを酷使してはならない」と定めている以外に例外規定はない[23]。

こういう条文があるのは、勤労が全ての人間として不可欠な基本的な行為だと考えるからであろう。それは「権利」であると同時に「義務」でもある[24]。つまり「勤労の権利・義務」は、その人の生死を左右する重要な課題であるからである。このような意味で、職業(勤労)教育は重要な意味を持っている。

2) 職業の持つ意味・(科学的)技術教育(エビデンス)

なお、高等教育世界宣言で、「訓練」や「社会で役立つ資格」に触れている理由は、「高度な知識と技術を結びつける専門的な訓練」であることが前提になっている。職業教育では、従来の職業での「技」を経験則として伝承する教育が行われがちであるが、高等教育で取り上げる意味は、それぞれの技術がどの科学的理論に基づいているかという根拠を確認すると共に、その科学的根拠から新たな創造への展開を期待するからでもある。

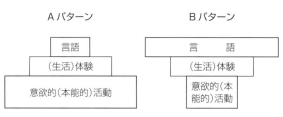

図1-2-4 学習支援の原則－意欲・体験・言語
出典) 近藤薫樹『集団保育と心の発達』新日本新書, 新日本出版社, 1969, p.70の図を筆者が改変して作成。

だからと言って、経験主義ではだめというわけではなく、経験もまた非常に重要である。図1-2-4に見るように、科学的法則を語る時に最も基本となる言語は、Aパターンのように(生活)体験に基づく時に最もゆるぎなく理解され活用される。また、この図では「意欲」[25]が学習支援の基礎である点も示している。Bパターン[26]は、その意味で、「意欲」がないのに無理に体験させさらに言語概念を詰め込んでも、実際にその言語を活用しようとすると転倒してしまいかねない危うさを示している。

介護福祉士養成教育では「介護実習」が極めて重要な意味をもつ[27]。この介護実習は、図1-2-4に見るように、実習に意欲を持って取り組むのであれば、このような「体験学習」としても大きな意味を持つ。その実習の授業内容を一層効果的にしていくために、一つひとつのテーマ単位の実習ごとに、実習直後に内容を反芻し、行った体験の言語化を行っておく必要がある。

3) 職業倫理教育(目的意識)

職業人としての教育を考える時に、最も重要な問題の1つは倫理教育である。職業倫理に関しては、介護福祉士の倫理綱領の細かい条文はともかく、

---

23)児童も高齢者も障がい者も、もちろん「要介護者」も全く例外規定がない。

24)日本国憲法の中で「権利」と「義務」が同一条の中で規定されているのは、この「勤労の権利・義務」の条文だけである。

25)「意欲」は、自分では気がついていない自分の長所を他者から指摘されたり、その長所が他者から感謝されたりする体験から生まれる。それ故にグループでの活動体験(の中でそういう体験をすること)が極めて重要である。

26)こういう「教育」の展開のいかに多いことか!

27)この点は、他の分野の職業教育においても同様である。ドイツのデュアル教育のように、教育の中に組織的に実習を組み込んでいる例は多い。

「命を守る」という点と「Well-Being」(幸福・安寧)の実現という基本を、絶対的条件として学んでおく必要がある。そのためには、感情労働でもある介護に関連して、際どい状況での自分の感情のセルフコントロールや、また、他者による虐待場面を発見した場合の対応なども含めて、徹底した倫理学習[28]を行っておく必要がある。

4) 職業教育に課せられた課題―社会人基礎力

職業人としての教育の具体的内容や目標を考える時に、図1-2-5に見るように「社会人基礎力」[29]という資料は、教育目標をわかりやすく提示している。

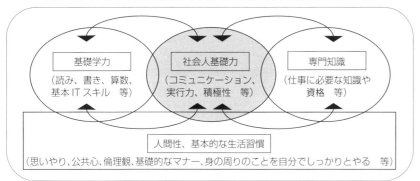

図1-2-5 「社会人基礎力」

図にあるように、社会人基礎力は基礎学力と専門知識の間に位置付けられ職業人基礎力と考えてよい。内容は、表1-2-1のとおりである。2018(平成30)年に内容説明が一部変更されており、この中で経済産業省は、この図に「何を学ぶか」(学びの内容の具体化)、「どのように学ぶか」(実践的な学習方法)、「どう活躍するか」(実践への展望を持つ)、という「新たな3つの視点」を付け加えて、現代でも活用できるとしている。

この社会人基礎力は、専門的職業能力[30]の前提でもあるのだが、同時にそれは基礎学力を前提とし、さらに図1-2-3に見るように相互に支えあう(影響しあう)点にも注目すべきである。言い換えれば、一定の社会人基礎力がないと基礎学力も伸びない、あるいは中途半端になるということである。したがって、専門的職業能力の養成教育では、社会人基礎力や専門知識のみならず基礎学力[31]などが足りない場合は、それらを補いながら学習支援をすすめていく必要がある。

28) その意味では、他領域ではあるがロボット工学における倫理綱領など(作られた機械が)絶対に人間に危害を与えないようにする倫理綱領の厳しさなども参考にするのもよいかもしれない。

29) 社会人基礎力は2006(平成18)年に経済産業省から発表されたものである。

30) 図1-2-5では、「専門知識」となっている。社会人基礎力を強調するために、それさえあれば後は専門的知識(情報)さえあれば仕事ができると考えたのかもしれない。しかし、現実的には、それぞれの職業で社会人基礎力を構成する能力要素を超える「専門的職業能力」が必要である。例えば、介護業務では、認知症の方に粘り強く関わっていく忍耐力や包容力は一般的レベルを超えて求められる。

31) 特に、コミュニケーションに必要な言語能力や、論理的展開(計画立案など)に求められる数学的(論理力を生活の現実に応用する)力量を補足する必要がある場合が多い。

表 1-2-1 社会人基礎力について

分類	能力要素	内容（2006資料に2018資料を加えてある）	
前に踏み出す力（アクション）	主体性	物事に進んで取り組む力（変化に前向きに対処する力、範囲を限定せずに主体的に動く力）	
	働きかけ力	他人に働きかけ巻き込む力（協業力、ネットワーキング行動、多様な人たちとの繋がり、パートナー力、相手との壁を越えて多様性を活かす対話力、人間関係資本、関係構築能力、異文化集団に飛び込み〔混沌、未知、異文化を受け入れ〕信頼を勝ち得る〔周囲を巻き込む〕力）	
	実行力	目的を設定し確実に行動する力（詰める力、やり切る力、組織に隷属せず高い志を持ちピンで立てる力、チャレンジする力）	
考え抜く力（シンキング）	課題発見力	現状を分析し目的や課題を明らかにする力（考え抜く力、問題発見能力、システムとして物事を考える力、ソーシャルとビジネスを融合する力、見えないものが見える力）	
	計画力	課題の解決に向けたプロセスを明らかにし準備する力（高い倫理観を持ち正しい選択をする力、詰める力、金融的投資能力、未来を予想する力）	
	創造力	新しい価値を生み出す力（抽象思考力、価値判断力）※想像力・夢想力	
チームで働く力（チームワーク）	発信力	自分の意見をわかりやすく伝える力	パートナー力、相手との壁を越えて多様性を活かす対話力、人間関係資本、関係構築能力、異文化集団に飛び込み（混沌、未知、異文化を受け入れ）信頼を勝ち得る（周囲を巻き込む）力
	傾聴力	相手の意見を丁寧に聴く力	
	柔軟性	意見の違いや立場の違いを理解する力（変化に前向きに対処する力）	
	情況把握力	自分と周囲の人々や物事との関係性を理解する力（感情を学ぶ、EQ〔Emotional Intelligence Quotient〕、情緒的資本）	
	規律性	社会のルールや人との約束を守る力（シチズンシップ、高い倫理観を持ち正しい選択をする力）	
	ストレスコントロール力	ストレスの発生源に対応する力（Work As Life）	

※筆者の注解。なお、2006年発表の表には「例」が載っていてわかりやすい。

5）職業人としての役割分担―チームで働く力

　介護業務の特殊性の1つは、特定の要介護者であれ介護業務であれ、すべて数人のチームで対応していく必要があることである。そのために、手短に引き継いでいく[32]必要もあるため、引き継ぐ要介護者の情況を把握し、それに合わせて表現を変えるなどの柔軟性も求められるなど、コミュニケーション力量は特に重要になる。したがって、表1-2-1の「チームで働く力」は、介護職では特に重要になる。なお、コミュニケーション力には、「基礎的コミュニケーション力」と「応用的コミュニケーション力」（特定の職業で求められる特別なコミュニケーション力）に分けられるが、ここでいうコミュニケーション力は、基礎的コミュニケーション力に当てはまる。

6）求められる「計画力」、「働きかけ力」

　介護では、様々な内容の仕事を同時並行的に行うことが求められる場合が少なくない。そのため、細かい作業段取りを含めて計画的な仕事が求められる。また、計画をたてるには、当然個々の課題の重要性や緊急度も含め取り組むべき課題は何かを確認する必要があるし、解決方策を創り出していく力も求められる。その意味で、表にある「考え抜く力」は極めて重要である[33]。

　また、個々の要介護者のニーズに対応して介護を展開していくには、当然、そのすべてを自分一人では対応できないので、そのニーズに対応する資源を

32）パートナーとなる人の役割（や行動パターンなど）を理解していることが重要。この力は「自分を生かす力、相手を活かす力、瞬時にそれを見抜いて行動する力、ホウレンソウ（報告・連絡・相談）を実質化する力」といった解説もある。

33）これらの「企画開発的力量」言い換えれば「研究的力量」を発揮していくには、ある程度の「目的や目標実現に向かってのしつこさ」がある方が望ましい。また、時には「成功報酬」も考えられるべきである。

創るなり探すなりして、その資源に働きかけたり実行する力が求められる。そのためには、自分なりの考えを持って決断していく必要もあり、その意味で「働きかけ力」と同様「主体性」をしっかり持っている必要もある。

(3) 介護福祉士の専門教育

専門的介護福祉士養成教育の目標としては、「知識や技術」教育の目標としての「求められる介護福祉士像」が挙げられる。しかし、特に「介護福祉」教育では、介護業務が持つ哲学的倫理的難しさ[34]を考慮すると、「なぜ介護をするのか」（＝「なぜ介護を学ぶのか」[35]）に関わる学習が、介護福祉教育のすべての基礎としてとても重要になる。当然、教員としてはこの点に関してしっかりした見解を持っていないと、学生はまじめに学んでくれないであろう。

1)「介護福祉士」になりたい。自己実現ができる素晴らしい仕事だ

介護という仕事を専門職として展開していくには、人間的な交流の中で相手と共に様々な人生を創造していく喜びを味わえる経験を持てることが大切である。この体験は、「家族と共に」の創造体験でもよいし、「友達との関係」でも味わうことができる。さらに、障がいを持つ高齢者とのこの体験は、相手との異質度が高い分、なし得たときの喜びは大きい。この喜びはまさに「生きがい」[36]につながるものである。つまりは、介護という仕事は大きな「生きがい」を得られる仕事だという実感をどう、学習者にわからせて（できれば体験させて）行くかが、学習支援の基本的課題となる。

では、「生きがい」とはどう考えたらよいのであろうか。図1-2-6「生きがい」の要素分解図は、この内容に関して「愛」「得意な事」「必要とされている事」「対価を得るに値する事」の4つの要素から整理している。とすれば、この4つを実感として理解できることは、介護福祉士養成教育の出発点ともいえる。「得意な事」「必要とされている事」[37]に関しては、マズローの枠組みから、体験的理解は可能であろう。また、「対価を得るに値する事」や「必要とされている事」についても、この項で触れている。問題は「愛」をどう実感として理解できるように支援するのかである。「愛」については、「人材」といった発想とは対極にある感覚で、ここでは「教員が学生たちをかけがえのない存在として大切にする」実践であるという点を強調しておく。特に、社会全体として他者を自分が稼ぐ材料「人材」としてしか考えない風潮があり、そこには「愛」は存在しない。したがって、教育場面では教員もすべての学生を（自分と同じ人間として）愛することで、学生が愛される[38]（人間として大切にされる体験）体験をさせることは極めて重要である。学生相互間でも同様である。

いうまでもないが、介護の目的は、要介護者の「生きがい」を支えること

34）人間観抜きには仕事ができない難しさ。本章第1節(4)の『要介護者とともに創っていく「生活」「人生」』(p.17)などを参照。

35）どの教育においても、「なぜそれを学ぶか」は基本問題であり、すべての学習支援における出発点であり基礎である。とりわけ介護では、人の命を扱うので、その点が重要である。

36）ヒューマンな共感、他者の喜びを自分の喜びとする介護福祉士としての人間的充実感がある仕事だから、お金の問題は二の次であるという考え方があるが、それとこれは別問題である。むしろ難しい仕事として、高い報酬を保障されるべきである。

37）楽しくしっかり学んでいけば、「介護」をある程度は自分の得意なことにできる。一般人と比較してよりよくできることを実感させる体験も必要。必要とされている点に関しては、本章第1節参照。特に4の介護職としての成長と発展の課題の(3)地域や社会のニーズに対応、など。

38）「学生」を学校（教員）が稼ぐ材料としか考えないことは、言うまでもなくあってはならない。

39）第1章 p.2 参照。

でもあるという点である。そのためには、要介護者の「得意なこと」を引き出し、できればそのことを通じて「対価を得られる事」をする場合も含めて「必要とされている」実感を得られるような、同時に、最も重要な本章第1節（事例1）で紹介したような「愛」される実感[39]を味わえる介護が求められる。また、このような介護は、介護福祉士自身の生きがいにもつながっていくことにもなり、介護実践の基盤となるのである。

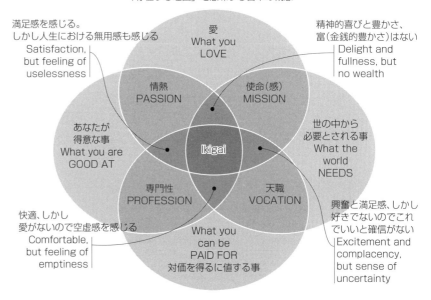

図1-2-6　「生きがい」の要素分解図[40]

40）この図は2011年頃からネット上でのやり取りで改良されていった図で、色々なバージョンがある。ここでは、January 17, 2019 by Steven Clark：Toronto Star Graphic via Dreamtime のバージョンを採用した。

41）「求められる介護福祉士像」の①は「尊厳と自立を支えるケアを実践する」となっており、その意味でも、ここでは、まさに、「要介護者の」尊厳と自立を課題としているので、「介護福祉」の目的は、単に生物学的生存を保証するのではなく、本人の求めに応じてWell-Being（安寧・幸福）の実現に寄与することが目的である。

2）介護福祉士養成教育における知識と技術の習得

このように、要介護者の求めに応じてのWell-Being（幸福・安寧）の実現[41]を目指すのが介護であり、単に必要なADLやI-ADLの支援を行うことだけが介護ではない。この点は、各科目の授業目的としても確認しておく必要がある。もちろん、だからといってADLやI-ADLの介護が重要でないわけではない。これを適切に行えることは介護の基本である。

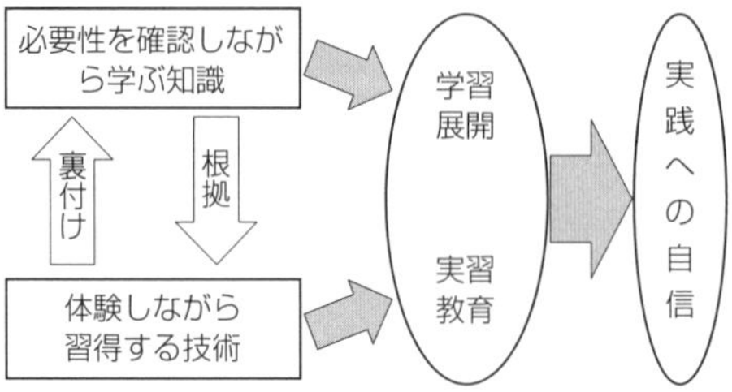

そのうえで、各科目は、ADLやI-ADLの支援としてどの部分を担当するかを確認しておく必要がある。その要素と相互関係を図示したのが、図1-2-7である。知識科目におい

図1-2-7　学習の展開・実習教育の構成
（作図－川廷宗之）

ても、その知識の体験的裏付けやその知識を使う技術と無関係に学んでも身に着かない。技術科目では学ぶ技術の一つひとつを、何故そうするのかという根拠（となる知識）と共に学ばなければその効果は薄い。現在の多くの介護福祉教育では、この相互作用が極めて不十分なため、学生は学んだ内容に自信が持てず、現場からは「学校で学んだことは役に立たない」などと言われてしまったりする。

3）介護福祉士固有の知識の修得

　このように、問題だと言われつつも、いまだに知識詰め込み型教育[42]は多い。しかし、学生たちにとって、その知識や情報が何のために必要なのか、どう使うのかがわからなければ「知識」習得学習の意欲が湧いてこない点にも配慮が必要である。図1-2-4で見たように知識は単に概念（頭の中の情報）として学ぶのではなく、体験的裏付けを持った知識として、知識（情報）をどう使うか、実際にその知識を使って行う行動や思考と共に、学ぶ必要がある。その意味では、知識系の科目では、体験と結びつける学習方法（知識の身に着け方）[43]を学ぶという意味もある。

　また、一方ではそれらの知識に体系的な枠組みがある点も学ぶ必要がある。この体系的な枠組みは、問題分析（アセスメント）の枠組みとしても活用されるからである。

4）介護福祉士固有の技術的養成

　介護福祉士養成教育は、修得したことを実際の業務[44]で活かせなければ意味がないのだが、かといって、単なる「○○ができる」という技術だけを身に着けるだけでは専門的業務は行えない。技術的養成においては、その技術の背景にある図1-2-8に見るような科学的知識（体系）や原則と応用など、専門職として介護実践に意味のある内容として学ぶ必要がある。また、完璧に行わなければならない技術であるから、実際に行う場合の一つひとつの段取りなども含めて完全に身に着けておく必要がある。そのためには、反復練習や訓練が必要な場合も多い。要介護者の状態によるが、一定の条件であれば、一定の段取りを適切に行って、一定の時間内で行わなければならない技術項目も少なくないであろう。

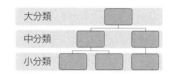

図1-2-8　知識の体系的枠組イメージ
（作図－川廷宗之）

5）介護の「質」保障、質の向上

　「介護福祉」に関する様々な文献や論文、議論などでは、「質保証」に関しあまり丁寧に触れられていないが、専門職教育としては、近年特に教育の「質保証」が問題になっている。また、介護事故を防ぐためにも、事実上資格付与権限がある学校には、養成責任[45]があると考えるべきであろう。そのため

[42] 様々な試験対応に迫られるため、色々な情報や知識を頭に詰め込むことが目標になるのはやむを得ない側面もある。

[43] 知識（情報）自体はどんどん変わっていくし、新しい知識は書籍やネットなどでいくらでも得ることはできる。「学び方」は授業でしか学べない。また、理論や概念として触れてはいても、実際にその知識が使える（その言葉で表現できる、その内容を実行できる）ことは、要介護者からも連携する他職種の専門職からも信頼や尊敬を得る必要条件である。

[44] アセスメントの枠組みにするにしても、実際の介護行動にしても。

[45] 自動車運転教習所では卒業者の事故率が高いと問題になるようである。

にも、単なるペーパー試験ではない技術項目を含む総合的な卒業判定が必要である。また、介護事故の発生時は、学校卒業後の時間的経過によるが、事故原因となったミスをした職員の養成校にも一定の賠償責任が発生するという考え方もあり得る[46]。

実際問題として、適切な養成を経ていないレベルの介護福祉士は、資格は持っていても介護事故への危険性が高いため、介護助手的な仕事しかさせられなかったりもしている。その場合、今後高くなる介護の質向上のニーズに対応できず、離職を余儀なくさせられるといったこともあり得る。この点は、人手不足がある程度見通しがついてくれば、現実問題となってくるであろう。

2　介護福祉士養成教育の目標・内容・方法

前項で介護福祉士養成教育の内容や方法を考える前提として、対人援助ワーカーとして、職業人としての学習課題に触れ、さらに介護福祉士特有の学習職としての「介護」の魅力（就労動機の補強）などについて触れた。この項では、これらを踏まえて、具体的な介護福祉士養成教育の目標・内容・方法について整理しておく。

(1) 介護福祉士養成教育の目標―3つのポリシー

教育の目標や内容方法は、達成課題に関する方針（ディプロマ・ポリシー）として、内容や方法はカリキュラム・ポリシーとして表現される場合が多いので、ここでもそれに従って整理しておく。

1) 達成課題（ディプロマ・ポリシー）

介護福祉士養成教育の目標（ディプロマ・ポリシー）は「求められる介護福祉士像」として挙げられている内容と考えてよい。「求められる介護福祉士像」は、あるべき姿なので、学校卒業時の達成課題としてのディプロマ・ポリシーにはならないという考え方もある。しかし、卒業して国家試験に受かれば有資格の専門職[47]として業務を行うのであるから、「求められる介護福祉士像」に記載されている内容は、最低限[48]こなせていなければならない。また、ディプロマ・ポリシーを考える時は、単に「求められる介護福祉士像」のみならず、「領域の目的と教育内容等」の表の中で、各領域の目標として掲げられている内容に関しても、関連させて考えておく必要がある。

> 求められる介護福祉士像
> ①尊厳と自立を支えるケアを実践する。
> ②専門職として自律的に介護過程の展開ができる。
> ③身体的な支援だけでなく、心理的・社会的支援も展開できる。

---

46) 製造物責任法の考え方を養成教育に当てはめるという考え方も、論理的には成り立つ。
川廷宗之『社会福祉教授法』川島書店, 1997, pp.16-17 などを参照。

47) 要介護者にとっては、新人であれ最低限の介護が行えるというのは、当然の前提条件である。

48) より上位の目標を考えるという意味では、それぞれの項目ごとの質を問うていくことになる。この課題は、ディプロマ・ポリシーとは別な問題である。

④介護ニーズの複雑化・多様化・高度化に対応し、本人や家族等のエンパワメントを重視した支援ができる。
⑤QOL（生活の質）の維持・向上の視点を持って、介護予防からリハビリテーション、看取りまで、対象者の状態の変化に対応できる。
⑥地域の中で、施設・在宅に関わらず、本人が望む生活を支えることができる。
⑦関連領域の基本的なことを理解し、多職種協働によるチームケアを実践する。
⑧本人や家族、チームに対するコミュニケーションや、的確な記録・記述ができる。
⑨制度を理解しつつ、地域や社会のニーズに対応できる。
⑩介護職の中で中核的な役割を担う。
※高い倫理性の保持

2）介護福祉士養成教育課程の方針（カリキュラム・ポリシー）

この養成方針（ディプロマ・ポリシー）を達成するために、どういう内容や方法で学ぶかというのが、カリキュラム・ポリシーである。まず内容に関しては、「領域の目的と教育内容等」で示されている。この内容は最低限の基本であるから、各校において独自の内容が付加されていてもよい。次は方法の問題である。以下に例示としてカリキュラム・ポリシーを掲げておく。

①介護福祉士として学ぶ「領域の目的と教育内容等」に加え、学習方法を学ぶ「基礎演習」や、介護現場での活動に備えて「高齢者の生きてきた歴史的背景」や「職務執行の設計方法」や「伝統的な遊び」等についても学ぶ。
②「介護福祉」実践の基礎となる基礎教養や対人援助に関わる職業人としての基本的な活動についても学ぶ
③少人数教育で密度の濃い授業を行うアクティブラーニングでの学習方法を重視する。
④実習教育へのガイダンス教育を重視し、実習での「体験の言語化」の学びを重視する。
⑤学習は、その内容を常に日常の生活や職業場面で実践できるような学び方をする。
⑥評価は、単なる知識量測定ではなく、学んだ内容を実行できるかどうかの測定も行う。

教育内容に関しては、介護福祉士養成課程は1850時間の学習を行うことになっている。日本の中高における標準の年間学習時間は1260時間程度[49]なので、これを基準に考えれば2年間の学習時間は2520時間程度であるから、残り590時間（60時間科目で10科目程度）の追加科目開講が可能である。なお、成人がフルタイムで学ぶ学習時間として考えれば、近年の日本の労働時間平均は1700～1800時間程度[50]が考えられる。日本の高等教育機関での学習時間は、諸外国と比べてもかなり短い[51]。成人レベルの学習は、自ずから自分で学習できるようにならなければ困るので、そのための訓練を含めて自習の学習支援もあり得る（自習室や図書館の活用などを勧める）。そのために、個人学習時間の学習課題の出題などを工夫しておくことが必要である。また、こういう場面を使っての学習の個別支援も重要である。

49）6時間×5日×42週＝1260時間
専修学校設置基準上は年間の学習時間は800時間以上とされている。

50）8時間×5日×43週（程度）＝1720時間

51）ドイツの職業訓練学校では3年間で4600時間（1年で1533時間位）の学習時間となっている。ある意味で高等教育機関の国際比較でかなわないのは当然である。
出典）川廷宗之編『専門職大学の課題と展望―社会人などの多様な学びを支えていくために』ヘルスシステム研究所，2018，p.299.

教育方法に関しては、基本は、カリキュラム・ポリシーの⑤の学んだ内容を即生かせる[52]という学び方を行うことが基本である。そのために、知識科目であっても、授業中に何らかの体を動かしての活動を行うことが前提であり、適切な準備に基づくアクティブラーニングが必要である。そのためには、教員の目の届く範囲である30名前後の少人数教育であることが望ましい。

3）入学者選抜方針（アドミッション・ポリシー）

　教育課程の目標・内容・方法としては、そこにいる学生がどういう学生であれ、達成目標に向かっていくという前提である。しかし、いうまでもなく「その教育課程の目標に共感し、内容を学ぶ基礎知識があり、その教育方法で努力をする」学生であることが前提である[53]。したがって、そういう学生を採用するためには、①志望動機の確実性、②必要な基礎知識、③努力してきた実績などに関する内容や基準が表現されているようなアドミッション（入学）・ポリシーとして示されていることが望ましい。

(2)「介護福祉士養成教育」の内容

　介護福祉士養成教育の内容の基本は「領域の目的と教育内容等」に示されているとおりである。しかし、この部分は専門職教育の部分であり、これらの科目だけ学べば一人前の専門職になれるという内容と考えるのは無理がある。

　図1-2-9に見るように、その前提として、「職業人として基礎」に関わる学習支援が必要であるし、さらには学生自身が「人間として生きる力」を身に着ける学習支援も重要である。近年の大学でも、こういう初年次教育や補習教育を教育課程に組みこんでいる場合が多い。「もの」を扱う技術者ではなく対人援助専門職の1つである介護福祉士の養成において

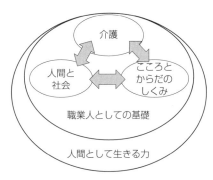

図1-2-9　介護福祉士養成教育の内容
（作図－川廷宗之）

は、この点も大きな課題である。各科目などの内容に関しては、本書第2章以下で解説する。

(3)「介護福祉士養成教育」の方法

1）学生の主体性を重視した教育

　知識を伝承するために教員が「講義」をするという授業内容は、どうしても必要であればオンライン学習やe-ラーニング[54]で学生の進度に合わせて

---

[52] 例えば、「授業中の時間の使い方など」を工夫する習慣をつけることで「常に先を見て活動する行動や考えかたを学ぶ」といったこともあり得るであろう。

[53] 定員割れで、学生を選べないという学校も多い。かといって一定レベル以下の学生がいると、授業が成り立たず、やる気のある学生も学習意欲をそがれるので、マイナスの悪循環に陥る可能性が強い。介護福祉士の養成校では、この悪循環のなかで学科閉鎖に追い込まれた学校も少なくない。

[54] オンライン学習システムや自宅でもできるe-ラーニングでの学習システムの整備は今後は不可欠になってくるであろう。若い学生にとっては、ICT機器を使ってオンラインで学ぶのはお手のものである。

学べばよいので、わざわざ教室で講義を聞く授業は、図1-2-10のラーニングピラミッドの図に見るように、学習効率が極めて低く、これからの高等教育ではどんどん減ってくる。かといって授業がなくなるわけではない。そこで展開される学習支援の方法が、学生の活動を中心にし、教員はその支援にまわるというアクティブラーニングに変わっていくのである[55]。

図1-2-10の下3段の学生同士の学習活動で展開していくアクティブラーニングの効果の高さは、図に見るとおりである。勿論、学生達はこういう効率的な学習を自分たちだけで展開していけるわけではない。取り組む課題の提示の仕方や展開の仕方、小集団への個々の学生の参加の仕方など、学習方法に習熟するまでの間、かなり細かい学習支援[56]が必要である。

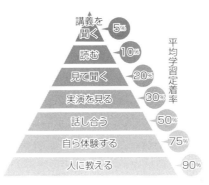

図1-2-10 ラーニングピラミッド

このようなアクティブラーニングを活用した学習支援を行う背景としては、表1-2-2に示すように、高等教育機関での「教育─学習」に、知識観、学生観、授業目的、人間関係（教員と学生・学生間）、学習環境、授業の前提（教員である条件）など、大きなパラダイム転換が進んでいることを確認しておく必要がある。つまり、新たな授業展開を行うには、まずは教員の意識改革[57]が基本である。その改革を前提として、個々の教員のすべての授業でアクティブラーニングを行えるよう、教育的力量の向上に努める必要がある。

表1-2-2 高等教育のパラダイム転換

	授業の従来のパラダイム	授業の新しいパラダイム
知識観	①教員の知識を学生に伝達すること。	①知識は学生が組み立て、発見し、変形し、広げるものである。
学生観	②空っぽの器を知識で満たす。	②学生は、意欲的に自らの知識を構成する
授業の目的	③学生を分類、選別すること。	③教員が取り組む目標は学生の能力開発
人間関係	④非人間的な関係の中で教育を施すこと。	④教員は共同して学習する学生同士の、また教員と学生の人間的なやりとりである。
学習環境	⑤競争的な組織構造を維持すること。	⑤全ては共同という関係においてしか生まれない。
授業の前提（教員の条件）	⑥（教育）専門家は訓練を受けなくても教えられる。	⑥教育は、理論と研究の複合的応用であり、相当な訓練と技能、手続きの継続的な向上が必要である。

出典）D. W. ジョンソン・R. T. ジョンソン & K. A. スミス著／関田一彦監訳『学生参加型の大学授業─協同学習への実践ガイド』高等教育シリーズ，玉川大学出版部，2001より要約。

[55] アクティブラーニング手法で学習支援を行えない教員は、教員として通用しなくなるということでもある。

[56] クラスのメンバーが、一定の内容に関し、参加して討議を展開していくなどを考えると、グループごとの討議を全体でシェアしていく時間なども考えれば、1つのテーマに関して少なくとも連続した2～3時間が必要である。

[57] アクティブラーニングで必要な指導者は、権威者としての「教員」（教える人）ではなく、時に学生とともに生き育つ仲間でもある学習の支援者なのである。
この意識改革を前提としないと適切なアクティブラーニングは行えない。この点は、第1章第1節で紹介した「図1-1-6 介護場面での人間関係─私物的人間関係から社会的人間関係へ」（p.20参照）にも通じる考え方である。

2）アクティブラーニングをどう進めるか

アクティブラーニングの大きな特徴は、ある課題に向かって解を探す活動を学生が行うということである。そのためには、一定の時間が必要であり、課題の内容にもよるが、一般的には学生4～6人のグループで取り組むとしても、1つの授業時間で正味2時間以上の時間が取れることが望ましい。このため、本書ではすべての授業で2コマ連続授業を基本として授業設計を行っている。こうすることで、実技実習科目も落ち着いて正味の多い実習授業を行うことができ、アクティブラーニングでは、細切れになって深められなかった思考を深めることができるようになる。2コマ連続開講のプラス・メリットは、この他にも沢山挙げられる[58]。1コマの授業時間が長いので、授業時間中に個別学習の時間を取ることもある程度可能になり、課題を持ち帰らない生産性の高い授業を行うことも可能になる。強いてマイナスメリットを挙げれば、伝統的な授業にこだわる教員が嫌がるということだけである。

アクティブラーニングのもう1つの特徴は、本来学生の学習支援の基本である、学生の個別指導を全体の学習の流れの中で行える[59]ということである。そのためには、クラスサイズが30人前後の小さい方が望ましい。

3）全体シラバスとコマ・シラバス―毎回の授業―学習課題

このようなアクティブラーニングの授業展開では、毎回の授業でどういう学習課題に取り組むのかが重要になる。しかも、多くの場合、授業で取り組む課題はある程度の準備[60]を必要とする。したがって、この毎回の授業の課題（学生が取り組む内容）は、事前に知らされていないと準備ができない。そのために、学生は授業に先立って「シラバス」を読んで準備する。この毎回の課題の事前提示があるから、シラバスは重要な意味を持つ。シラバスで大切なのは、毎回の学習テーマのみならず、どういう課題にどう取り組むのかという、内容の提示なのである。

また、学生たちは課題に共同で取り組んでいく経験をあまり持っていない場合が多い。共同で取り組むというのはアクティブラーニングの特徴の1つだが、それは1人で取り組むより、参加したすべての学生がよりよい成果を得られる[61]ということが基本である。学生は、そうなる体験をしなければ、積極的に参加をしようとはしなくなる。現実社会ではこういうチームワークは極めて重要であるから、集団参加の成功体験はかなり重要である。

学生たちにこういう体験をさせるように支援していくには、毎回の授業の進め方がとても大切になる。そのガイドとしての資料が、毎回の授業での学生の活動の仕方のガイドを示した「コマ・シラバス」である。したがって、このコマ・シラバスの内容は学生たちの学習方法への習熟度に応じて、毎回、かなり違ってくる。また、状況によっては内容や学習方法を意図的に示さな

58）①1日の授業が、ほぼ午前1コマ、午後1コマの2コマになり、学生たちが授業の準備や復習をする負担も大幅に（4科目分から2科目分に）減る。
②内容の乏しい平板な授業では180分は飽きられてしまうので、アクティブラーニングを行わざるを得なくなる。
③時間割表が極めて単純になり、学期単位の開講科目数が減るため、教務事務負担の軽減に繋がる。
④非常勤の先生方の授業効率が上がり、出講日数が半分になるのでお願いしやすくなる。

59）山本崇雄『なぜ「教えない授業」が学力を伸ばすのか』日経BP社，2016，p.31前後等参照。

60）先行するアメリカ（世界）の大学では、この準備時間は授業時間と同様かそれ以上になっている場合が多い。職業関係の学校では実習教育が多いので、それほどではないようである。

61）もちろん、得られる内容は個々の学生によって内容も質も異なる。この得られた成果を個別学生に気付かせる働きかけは、教員の重要な役割である。

い場合もあり得るだろうし、逆に学生たちが自分たちの行いたいやり方で、自分たちで作ってしまう[62]場合もあり得るだろう。

(4) 教育課程表と時間表
1) 教育課程編成時の留意事項

以上のことを踏まえて、各校で教育課程を編成することになる。この介護福祉士養成教育課程は、3つの領域と12科目に編成されているが、各科目の配当時間が長いなど、この教育課程の実施に当たる養成校の裁量の幅が大きい[63]ことがその特徴である。また、指定科目以外の職業人として基礎科目や、人間として生きる力を養う科目などをどう組み込むかも大きな課題である。

その意味で、この各養成校における教育課程の編成にあたって留意すべき点を列挙すれば、以下のようになる。

①最も重視すべきは、学習する学生の傾向や特徴に対し、学生の主体的学びを引き出すには、どういう教育課程で対応するかを考えること。
②「人間と社会」「こころとからだのしくみ」「介護」の各領域にまたがって、各科目の教育内容を勘案し、系統的に学べる[64]ように配慮すること。
③各科目の配当時間が長いため、授業内容の修得に関する学習目標が曖昧にならないように、ある程度細分化して学習目標を明確化すること。
④この教育課程で最も中心となるのは、「介護実習」であるため、どの段階で何を実習するかに関する条件に対応して、②③の調整を行うこと。

以上の要件は、総合的に配慮されていく必要がある。この内容は、通常教育課程表として示される。以下表1-2-3に例示しておく。

2) 時間割表編成上の留意事項

このサンプル時間割表は、すべてのコマを180分（2コマ連続＝4時間換算）を原則にして、1日の午前・午後の2コマで作成してある。作成上の配慮事項は以下のとおりである。

①30時間科目など、4時間×7.5回で終わってしまう科目の場合は、学期途中で科目が変わる場合もあり得る。
②体験と理論を結び付ける学習の発展を大切にするため、実習の段階に合わせて科目の配置を行っている。
③原則的に教室で行う授業科目は午前中に配置し、午後は実技を伴ったり、外出したりする活動を伴う科目を中心に配置する。
④アクティブラーニングの授業は講義方式とは違い、授業前後の教員の作業量も多くなるので、それに配慮した時間割編成をすること。

このような点を配慮した時間割表[65]は、以下の表1-2-4のとおりである。

---

[62] 新しい方法は学生の方が、呑み込みが早い場合がある。アクティブラーニングで授業を受けた教員は、日本ではまだ極めて少ない。そのために、教員として生き残っていくにはアクティブラーニングの研修に積極的に参加するか、書籍などでの学習が欠かせない。

[63] したがって、就職先の高い評価を得られ、同時に国家試験に合格できる介護福祉士を育てるために、より効果的な学習をどう展開させるのかは、目の前の学生諸君のことを考えつつ各養成校内で充分な検討が求められる。今後は、この工夫いかんで学校間の格差が生まれる可能性も高い。

[64] それぞれの科目間で学習目標の配置をあらかじめ調整し、ダブル履修になる可能性への配慮が必要である（ダブル履修を全部否定する必要はない）。

[65] 川廷宗之編『介護教育方法論』弘文堂，2008，pp.19-27参照。

表1-2-3　教育課程表試案

区分		授業科目名称	単位数・時間数	必選の別	配当学年学期	担当教員	概要参照
基礎科目		クラス演習Ⅰ	30時間	必修	1年前期		
		クラス演習Ⅱ	30時間	必修	1年後期		
		クラス演習Ⅲ	30時間	必修	2年前期		
		クラス演習Ⅳ	30時間	必修	2年後期		
		学習基礎演習	60時間	必修	1年前期		
		卒業研究演習Ⅰ	60時間	必修	2年前期		
		卒業研究演習Ⅱ	60時間	必修	2年後期		
			300時間				
人間と社会	人間の理解	人間の尊厳と自立	30時間	必修☆	1年前期		第2章第2節
		人間関係とコミュニケーション	60時間	必修☆	1年前期		第2章第3節
	社会の理解	社会の理解	60時間	必修☆	1年後期		第2章第4節
	選択科目	福祉住環境	30時間	内、4科目選択必修☆	1年前期		第2章第5節
		介護と国際社会	30時間		2年前期		
		家庭生活Ⅰ（調理）	30時間		1年後期		
		現代社会と教育	30時間		1年前期		
		家庭生活Ⅱ（裁縫）	30時間		2年前期		
		福祉レクリエーション	30時間		1年後期		
		子どもと家庭福祉	30時間		2年前期		
		生活の中の統計	30時間		2年後期		
			390時間				
こころとからだのしくみ		こころとからだのしくみⅠ	60時間	必修☆	1年前期		第4章第2節
		こころとからだのしくみⅡ	60時間	必修☆	1年後期		
		発達と老化の理解	60時間	必修☆	1年前期		第4章第3節
		認知症の理解	60時間	必修☆	2年前期		第4章第4節
		障害の理解	60時間	必修☆	1年後期		第4章第5節
			300時間				
介護	介護の基本	介護の基本A	60時間	必修☆	1年前期		第3章第2節
		介護の基本B	60時間	必修☆	1年後期		
		介護の基本C	60時間	必修☆	2年前期		
	コミュニケーション技術	コミュニケーション技術	60時間	必修☆	1年後期		第3章第3節
	生活支援技術	生活支援技術A	60時間	必修☆	1年前期		第3章第4節
		生活支援技術B	60時間	必修☆	1年前期		
		生活支援技術C	60時間	必修☆	1年後期		
		生活支援技術D	60時間	必修☆	1年後期		
		生活支援技術E	60時間	必修☆	2年前期		
	介護過程	介護過程Ⅰ	60時間	必修☆	1年後期		第3章第5節
		介護過程Ⅱ	60時間	必修☆	2年前期		
		介護過程Ⅲ	30時間	必修☆	2年後期		
	介護総合演習	介護総合演習Ⅰ	30時間	必修☆	1年前期		第3章第6節
		介護総合演習Ⅱ	30時間	必修☆	1年後期		
		介護総合演習Ⅲ	30時間	必修☆	2年前期		
		介護総合演習Ⅳ	30時間	必修☆	2年後期		
	介護実習	予備実習	15時間	必修	1年前期		第3章第7節
		介護実習Ⅰ①②	150時間	必修☆	1年夏休		
		介護実習Ⅱ	120時間	必修☆	1年春休		
		追加実習	15時間	必修	2年前期		
		介護実習Ⅲ	180時間	必修☆	2年夏休み		
			1,290時間				
		医療的ケア	50時間	必修☆			
			2,330時間				

※1　同一科目名称でⅠ・Ⅱ・Ⅲ～とあるのは履修順序を示す。したがって、例えばⅠを履修していない場合はⅡを履修できない。
　　同一科目名称でA・B・C～とあるのは履修順序を示さない。したがって、どれから履修しても構わない。
※2　「必選の別」欄に☆マークのあるのは、「介護福祉士資格取得必修科目」。

表 1-2-4　モデル時間割表（表 1-2-3 の教育課程に基づく）

曜日	コマ	1年前期	夏休み中	1年後期	春休み中	2年前期	夏休み中	2年後期
月曜日	午前	学習基礎演習	介護実習Ⅰ ①90時間（15日） ②60時間（10日）	福祉レクリエーション	介護実習Ⅱ 120時間 20日	クラス演習Ⅲ	介護と国際社会	クラス演習Ⅳ
	午後	クラス演習Ⅰ	福祉住環境		クラス演習Ⅱ	家庭生活Ⅰ		
火曜日	午前	人間の尊厳と自立	予備実習 5h×3日	コミュニケーション技術		こころとからだのしくみⅡ	介護実習Ⅲ 180時間 30日	発達と老化の理解
	午後	現代社会と教育		こころとからだのしくみⅠ		生活支援技術D		生活支援技術E
水曜日	午前	介護の基本A		介護の基本B		追加実習 5h×3日		生活の中の統計
	午後	生活支援技術A		生活支援技術B		家庭生活Ⅱ		医療的ケア 4時間×13回
木曜日	午前	人間関係とコミュニケーション		介護の基本C		障害の理解		子どもと家庭福祉
	午後	社会の理解		生活支援技術C		卒業研究演習Ⅰ		卒業研究演習Ⅱ
金曜日	午前	認知症の理解		介護過程Ⅰ		介護過程Ⅱ		介護過程Ⅲ
	午後	介護総合演習Ⅰ（隔週開講） 隔週自主学習		介護総合演習Ⅱ（隔週開講） 隔週自主学習		介護総合演習Ⅲ（隔週開講） 隔週自主学習		介護総合演習Ⅳ（隔週開講） 隔週自主学習

※長期休暇中に実習先施設等で学習することを計画した場合のモデルである。
※予備実習・追加実習と選択科目は、実習先の都合などにより詳細な時間割が決定する。
※隔週自主学習は、介護総合演習・卒業研究演習を補う時間となってもよい。
※実習および選択科目授業が修了した残りの時間は、空き時間となる。

(5)「介護福祉士養成教育」の評価

　介護福祉士養成教育における教育効果が上がったかどうかの評価は、「もとめられる介護福祉士像」で期待されている実践ができるかということである。全体としての評価（卒業判定）などもあるが、個々の科目においては、当該科目が「求められる介護福祉士像」の主にどの部分ができるようになるためにどういう課題をこなせるようになる学習支援を行ったのかが問われる。したがって、評価の基準は、何ができているかの行動能力を判定する指標として作成された「ルーブリック」で行うことが望ましい[66]。したがって、ルーブリック評価の指標は、アクティブラーニングで行う授業で学んだ内容に関して、一定の課題に対して「行動」できるかどうかをロールプレイなどによって実際に示し評価する指標になり、少なくとも行動を代替するレポート評価となるので、知識の量を図る指標とはならない[67]。

66) 本書ではこの点を踏まえ、各科目の評価指標年ルーブリック評価表の作成を試みた。しかし本来ルーブリック評価表を公表するのは、その表を使って評価を試みたうえで、その評価指標で実践的に有効であることを証明してから行うべきである。が、今回は執筆者の都合もあり、試案の提示にとどまっている。

67) 残念ながら日本での高等教育では、まだ、知識伝達教育の影響が非常に大きく、せっかくルーブリック評価表を創っても知識の量を計る内容になってしまうケースが少なくない。

3 介護福祉士養成の学習支援上の課題

(1) 介護福祉士養成教育の経過

「介護の社会化」が国民生活における重要課題として提起される中、1987（昭和62）年5月に「社会福祉士及び介護福祉士法」[68]が制定され、介護福祉士養成教育の幕が開けた。

1989（平成元）年1月「第1回介護福祉士国家試験」が実施され、介護福祉士養成課程は一応の完成を迎えたが、新たな資格養成課程であったため、養成に携わる教員や使用するテキストなどに多くの課題が残り、介護福祉士養成教育は見直しが必要となった。同年4月に発足した「日本介護福祉士養成施設協会」は1996（平成8）年「介護福祉士養成施設の教育内容に関する調査研究」に着手し、翌年「介護福祉士養成施設自己点検・評価」が実施され、介護福祉士養成教育の質の向上に向けた取組みが推進された。

1993（平成5）年「高齢社会」への変遷を機にわが国の高齢者施策の整備が進み、1997（平成9）年に介護保険関連法が制定され、2000（平成12）年には福祉関連8法が改正された。社会の変遷に呼応して、介護福祉士の役割は身の回りの世話をするだけの介護から、高齢や障害といった利用者の特性に配慮し、利用者の暮らしを支え、利用者や家族と共に自立に向けた実践を行なっていくことへと変化していった。1999（平成11）年の「福祉専門職の教育課程等に関する検討報告書」では、「期待される介護福祉士像」が示され、2000（平成12）年には介護福祉士養成課程は新課程[69]での養成が開始されることとなった。加えて、介護福祉士養成機関の教員のほとんどが看護教育を受けた看護師や保健師で占められているという現状を受け、「介護概論・介護技術・形態別介護技術を担当する職員の1名以上は介護福祉士とすること」が規定された。

2001（平成13）年、厚生労働省は介護福祉士の養成に携わる教員について、その指導方法の向上を図ることが不可欠であるとして「介護教員講習会の実施について」を示し、養成施設において介護技術などを教授する専任教員に対し、介護教員講習会の受講を義務付けた。

2006（平成18）年、厚生労働省「介護福祉士のあり方及びその養成プロセスの見直し等に関する検討会」は、介護福祉制度の施行から現在に至るまでの介護ニーズの変化を踏まえ、それら社会的要請に応えるべく介護福祉士の見直しの必要性を提起した。介護福祉士制度の見直しに伴い、介護福祉士養成課程は旧課程の科目に捉われない、当時の視点による抜本的な改正が行われることとなった。2007（平成19）年11月、「社会福祉士及び介護福祉士法の一部を改正する法律案」が成立、1987年の制定以来の改正となり「認知症

---

68) 目標として、①サービスの担い手となる専門的福祉マンパワーの養成および確保、②民間部門の市場ベースによるシルバーサービスの健全育成および大量供給、③民間サービス拡大における職業倫理や専門的知識・技術の社会的保障（法的関与）等が掲げられた。

69) 2年以上の要請課程については、教育時間の増加（1500時間以上から1650時間以上へ）および、教育内容の充実化として①介護保険制度およびケアマネジメントに関する内容の追加、②保健医療分野の専門職との連携に必要な医学知識の強化、③人権尊重・自立支援等の社会福祉の理念・コミュニケーションに関する内容の強化、④居宅介護実習の必修化、⑤介護過程の展開方法の追加等が行われ、知的障碍者や精神障碍者が対象に加わった。

の介護等従来の身体介護に止まらない新たなサービスへの対応」が明示されるなど、定義・義務規定の他、養成内容・資格取得の方法が改められた。養成課程については「人間と社会」、「介護」、「こころとからだのしくみ」の3領域に整理されることとなった。

　2011（平成23）年11月、「社会福祉士及び介護福祉士法」の規定に基づく「社会福祉士及び介護福祉士法施行規則の一部を改正する省令」により「喀痰吸引等の医行為」[70] が介護福祉士の業としても認められ、養成課程では科目「医療的ケア（50時間）」が新設された。これにより介護福祉士は、性格の異なる2つの専門的業務[71] に一部従事することが認められた資格となった。

　2017（平成29）年10月、社会保障審議会福祉部会福祉人材確保専門委員会が取りまとめた報告書「介護人材に求められる機能の明確化とキャリアパスの実現に向けて」[72] を踏まえ、今後求められる介護福祉士像に即した介護福祉士を養成する必要があることから、各分野の有識者、教育者および実践者による「検討チーム」が設置され、介護福祉士養成課程の教育内容の見直しが行われた結果、2018（平成30）年2月、5つの「見直しの観点」[73] が示され養成カリキュラムの一部が改正された。

　介護福祉士の養成が始まって30年が経過した今、介護福祉士は地域福祉における中核的な役割という新たな存在価値を地域社会から与えられようとしている。この大きな期待にしっかりと応えていけるよう質の高い養成課程を創るのが養成に携わる者の義務であり責任である。

(2) 介護福祉士養成教育の現状における課題[74]

1) 学習者たちの課題

　介護福祉を学ぼうとする学習者たちの課題は、多々ある。その中で特に気になるのは「生きる力」の乏しさであり、自分への自己肯定感の乏しさである。また、様々な関係の中での個別な、あるいは小集団の中でのコミュニケーション力量の乏しさ[75] も気になる。これらの課題に対し、介護福祉課程に進学してくる学生が、その心優しさをどう介護への確信に変え、自分の選択に自信を持てるように支えていく必要がある。そのためには、図1-2-11に見るように、生きる力がはたらく力につながり、それを学習が支え、また、生きる意欲や働く意欲は学ぶ意欲につながるとい

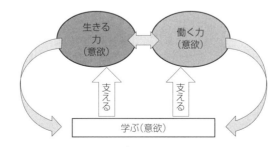

図1-2-11　まず意欲・学生たちの課題
（作図－川廷宗之）

70）喀痰吸引・経管栄養（経腸栄養）が該当する。

71）医行為を必要とする利用者の立場に立つと、この改正は歓迎されるべきものである。介護福祉士の専門性が著しく損なわれるものではないと考えられるが、油断をすると医学モデル思考に大きく傾倒してしまう危険性を含んでいることは指摘しておきたい。

72）介護福祉の専門職として介護職のグループの中で中核的な役割を果たし、認知症高齢者や高齢単身世帯の増加などに伴う介護ニーズの複雑化・多様化・高度化に対応できる介護福祉士を養成する必要性が指摘された。

73）①チームマネジメント能力を養うための教育内容の拡充、②対象者の生活を地域で支えるための実践力の向上、③介護過程の実践力の向上、④認知症ケアの実践力の向上、⑤介護と医療の連携を踏まえた実践力の向上。

74）囲む課題ではなく、教育自体の内的課題。

75）こういう点からも、教員と学生の個別のコミュニケーションはとても大切である。授業中の声掛けでもよいし、昼休み面談でもよいので、個別に話をする（できれば、誉める）ことが大切である。

う、前向きの循環過程に展開していけることが重要である。

特に、高校卒の進学者の学習支援においてはこのサイクルを意識しつつ、①生活体験の少なさ[76]、あるいは偏りの中でどう学習を支援するか。②低学力である場合[77] の対応などを意識した学習支援が必要であろう。

また、学び直し社会人の学習支援に関しては、次のような学習課題がある。

①それぞれの学習者が、それまでの人生で身に着けてきた「介護」などに関する先入観や、その人なりの社会観や人間観が、科学的に整理されたそれとどう違うかを意識できる[78] ようにする。

②それぞれの学習者の生活時間への配慮など、また、学習に割ける時間の短さをどうカバーするか一緒に考える。

③(特に実習などで)自分より若い人など、自分が想定外の人から学ぶ楽しさを、自分で意識できるようになること。

さらに近年増加しつつある外国人留学生の学習支援に関しても次のような学習課題がある。

①できるだけ多くの日本人の友達作りを支援する。日本語での会話に機会を増やす。

②(母国語でもよいから)意見表明の機会を増やす。必要があれば翻訳機[79] を使って日本語化すればよいのだから、(レポートなど)母国語での発言や報告[80] を認める(自分への自信を回復する)。

③日本の文化と、自国の文化との違いをできるだけ意識し、それを言語化できるようにする。

これらのことを通して、学生たちが、「学ぶ」ことの有効性を実感(体感)し、(勉強が嫌いだったはずの自分も)学べることへの自信を回復し、さらに、学校を離れても大人の学習として学び続けられるように、自己学習の仕方を修得できれば素晴らしい。

2) 学習内容や方法上の課題

これらの学習が成立していくためには、学生たちが(教員と共に)授業(学びの場)を創っている実感を持つように、授業を展開させなければならない。知識の習得が必要な学習においても、当該知識の習得に必要な内容を学生が自ら探し出してくるなど、あくまでも学生中心の授業(学生が活動する場面)であることが望ましい。このようなアクティブラーニングによる学習の展開を比較的やりやすい方法は、解決すべき(介護)課題に関し学士同士が助けあって答えを出していくようなPBL[81] がやりやすいであろう。

ただし、こういう学習方法で自分から学んでいく場合の情報収集の方法や、情報分析の方法(様々な統計使用の活用方法などを含む)などは、別途、補習教育(リメディアル教育)、または個別学習支援などで授助する必要がある

---

76) 対応する高齢者と比べて、圧倒的に少ない点をどう補うかは、福祉学習の1つの課題である。この点をクリアしないと、高齢者との適切なコミュニケーションができにくい。

77)「低学力」は、本人の責任というよりは社会環境の中でそうなってしまったという点に注目が必要である。

78) 物事を複眼的な目で見ることができるようになること。

79) 介護における外国人の才能を引き出すためにも、日本語(の読み書き・会話)も大切だが、内容のあるコミュニケーションの方が重要である。近い将来(10年程度)は自動翻訳が当たり前になる社会を想定すると、言語の壁を高くすることにあまり意味があるとは考えられないであろう。

80) コミュニケーションの本質は、その内容であって、表現言語ではない。内容がわかれば、言語表現の上手下手にはあまりこだわらない。言語が障害になって話さないよりは、翻訳機経由でも話をする方が、お互いに仲良くなれる。

81) PBL : Problem-Based Learning
問題解決学習。出された問題を解決するためには、様々な情報(知識)を調べかつ使わなければならない。この過程で学生は必要な知識を修得していく。課題の出題方法にもよるが、教員が解説していくよりも効率的に深く学べる。

場合もある。また、考えたり材料にしたりする内容は、他者が言っていることとは限らず、自分の経験を言語化（文字化）してもよいのだから、その方法も教えておくことが望ましい。できればそれらを体系化するなど、簡単な探究力や研究力を学んでおくと自己学習[82]に展開しやすい。

3）教員たちの課題

いうまでもないことだが、各養成校の教育の質を決めるのは、教育課程がどうなっているかと共に、教員の質が最も大きく影響する。その意味で問われる教員の質とは、以下のような点が挙げられるであろう。

① 「介護」が、人を幸せにする技術として有効だという確信を持っていること。また、それを実践できること。

② 対人援助と同様に、あるいはそれ以上に、学生の人生に関わる「教育」という営為の持つ怖さ[83]を認識していること（教員以外の関係者含む、教育界全体の問題として、この点が曖昧になっている）。

③ 介護現場の様々な問題解決を通して一定の法則化や情報として整理（研究成果を出し）、その成果を学習素材に展開できる[84]こと。

④ 授業との過程で、学生の様々な意欲・能力・などを引き出せる学生への個別支援への配慮を怠らないこと。

⑤ 学生に学ぶべきテーマや内容を理解させ、取り組んでいく力を修得させることができること（アクティブラーニングの組織力があること）。

⑥ 今回のような教育課程での介護福祉士養成教育を適切に行う[85]ために、教育課程全体に通じた学び直し、自分の担当科目の最先端の研究動向など情報収集を怠らないこと。

⑦ 教員として常に自分の業務の自己点検自己評価[86]を行い、また、学生などによる授業アンケートの結果などにも気を配り、授業改善を怠らないこと。

このように考えると、教員は日進月歩（時進日歩・分進時歩）で進む介護技術の発展に対応しなければならず、また、関連する（関連しそうな）社会システムの展開に対応すべく「学び続けなければ、務まらない教員」というイメージが浮かび上がってくる。特に、今後の介護業務の課題として、機械化できる部分とできない部分の切り分けなど、学生が学習すべき内容に大きく影響して来る部分に関しても、研究し続けるのは必然の課題である。

特に、介護など実務を担ってきた人たちが教員になる「実務家教員」も多い。実務ができても、教員として学生の学習支援を行うには、その実務を分析し、科学的理論的に説明できなければ、学生の学習教材として提供できない。単なる経験の伝承ではなく、経験をどう科学化するか体系化するか、その研究開発力が問われることになる。

82) 学習方法の習得に関しては、ICT の活用や PC の様々なソフトの活用技法を含む。

83) 教員は職業人としてのモデルであり、介護専門職としてのモデルであり、ヒューマンな人間としてのモデルでもある。

84) 研究成果を分解、並べ直すなどして、学生たちが学ぶ素材として使えるようにする。

85) そのためには、「介護教員講習会」のレベルは、教務に関する主任者としてではなく教員としての最低条件であるから、それを踏まえた研修プログラムへの参加や、そのための学習機会の提供などが配慮される必要がある。

86) 特に、教員・福祉職員・公務員は、一般社会における職員や労働者への評価としての成果主義に問われることがほとんどなかったため、創意工夫を生かす雰囲気が少なくなっている。

介護福祉士国家試験対策について

2018(平成30)年の国家試験から、介護福祉士養成校(以後、「養成校」)卒業が国家資格の登録要件から、受験要件に変更となった。今までは日本介護福祉士養成施設協会が実施してきた卒業時共通試験が各養成校において、国家試験レベルかどうかを判断する材料として使われていたが、現在は各養成校でも国家試験対策が重要視されてきている。

したがって、まずは個々の学生が、国家試験に受かりたいと強く思う動機付けが大切であり、授業や実習等を通じてその支援が必要である。

その上で、個別学生が自分で学習することが必要であるが、国家試験の受験にはいろいろなノウハウもある。

問題傾向も、現在は5問の個別問題から正しい(適切な)ものを1つ選択するようになっている。このような状況での受験対策にあたっては、まず用語の意味や、日本語の理解が第1段階となってくる。

試験に出てくる用語が何を指しているかが理解できていなければ、問題の内容自体何が書いてあるかが理解できないことになる。まずは時間をかけて試験によく出題される用語を中心に理解力を深める必要がある。

次に、試験対策で過去問題を中心に様々な問題を繰り返し解くことで、知識を増やすのには非常に有効な面もある。しかし、一部の学生は内容ではなく〇×で問題を覚えてしまい、同じ内容の問題でも文章を変えると途端に解けなくなるという弊害も出る可能性がある。そこで、問題の×問題を正しい文章に修正させることも有効と考える。その他、問題を解いていくだけでなく、それぞれの個別問題に対してしっかり解説(問題分析、要素分析)させていくことも有効ではないか。問題内容を自分の言葉で解説していくことで、理解力は飛躍的に伸びていき、更に発展的学習として、学生自身が国家試験レベルの作問までできるような学習も効果的な学習方法だと考えられる。

まずは学生が苦手なものからじっくりと時間をかけて、理解度を上げていくことが、「できた!わかった!」という喜びにつながっていく。このことは、試験に向けてやらされるのではなく、「自分からやろう!」という気持ちにしていくよう、教員の指導や教授法に工夫が必要である。

また、受験のテクニックの一例として、冒頭の問題文を飛ばして主題を確認しないまま、個別問題に目を向ける傾向が多々みられる。まずはしっかりと「何」に対しての設問なのかを読むように指導していく必要もある。

学生個々のレベルによって、留学生を始め、学習に対して消極性な学生であれば、基礎から。発展的なレベルの学生であれば、その学生の試験に対するモチベーションを高めていくよう個別の対応が不可欠である。

最後に受験の合否だけに捉われず、学生が受験勉強を通して得た知識を、介護現場で活かせるようになるよう、教員が意識的に受験対策をしていくべきではないだろうか。

(松本　浩太郎)

第2章
「人間と社会の理解」の学習支援

第1節　「人間と社会の理解」領域での学習課題と学習支援

1　領域としての教育目的[1]―何故この内容を学ぶ必要があるのか

　この領域の「人間の理解」では、要介護者とはどういう人か、どういう介護ニーズを持っているか、それに対し専門的「介護」がなぜ必要かを学ぶ。また「社会の理解」では、それを実現していく社会的な仕組みを学ぶ。いずれも介護の考え方や基本として最も重要な内容を含む領域である。

　「人間の理解」では、「人間」について学ぶ必要がある点を確認する。福祉の最も大切な理念は日本国憲法の第3章を基本とする人権尊重であり、介護の究極の目的は、利用者の権利の具現化である。例えば食事介助は、その人の尊厳ある命を守る行為である。加えて人は生の最後まで成長し、自己実現を図る存在であり、生物的な生命さえ維持されればよいというわけではない。そのような「人」の生や生きざまをサポートする[2]のが、介護である。

　また介護は、コミュニケーション[3]により構築される人間関係から始まるが、コミュニケーションの基本は、相手の人間としての意思を受けとめることである。同時に、この「人間の尊厳」をベースに利用者・家族はもちろん、職場の内外のスタッフとも、なぜ、どういう方法で関係を築くかについても、その時々の必要性なども含めて、その方法の学びを深めておく必要がある。

　「社会の理解」では、人は介護を受けるために生活をしているのではなく、自らの主体的な生活のために介護を必要としているので、そのための介護サービスを含む生活保障の基盤となる制度を学ぶ[4]。豊かな生をサポートする介護福祉士は自らの生活を豊かなものとし、人格を磨く必要がある[5]。

2　教育内容―旧課程から新課程へ

　今回の介護福祉士養成課程における教育内容の見直しの観点として挙げられた5点[6]のうち、本領域と特に関係が深いのは、①チームマネジメント能力を養うための教育内容の拡充、②対象者の生活を地域で支えるための実践力の向上であろう。また、「求められる介護福祉像」[7]では、要介護者の自立、

---

1)「人間と社会の理解」はなぜ必要か。人権保障がされにくい。
第1章1節 pp.17-22参照。

2) 介護福祉士養成のあらゆる科目においてこの考えはベースとなる。これが揺らぐと、介護は単なる作業となり、本意でなくとも虐待・不適切な関わりに容易に陥ってしまう。

3) 全ては、要介護者などとの基本的コミュニケーションから始まるのだが、問題はそのコミュニケーションの目的（なぜそれが必要なのか）をきちんと把握しているかどうかである。

4) 使える制度を使う。要介護者の背景を分析するための枠組みとして社会システムを知る。

5) その点を踏まえて「選択科目」も本領域に位置付けられている。

6) ①チームマネジメント能力を養うための教育内容の拡充、②対象者の生活を地域で支えるための実践力の向上、③介護過程の実践力の向上、④認知症ケアの実践力の向上、⑤介護と医療の連携を踏まえた実践力の向上。

7) 第1章 p.2「求められる介護福祉士像・新旧比較」参照。

介護ニーズへの対応、生活の質の確保、本人が望む生活など色々な面で前回より発展させた介護福祉士像を示している。これらの内容は、ほぼ「人間と社会」領域に関連する内容であるが、授業時間数は「人間関係とコミュニケーション」以外は増えておらず、教育課程編成上特別の配慮[8]が必要である。

8) 本書では、紙面の都合もあり、「選択(教)科目については、細かく触れていない。その点については、『介護教育方法論』pp. 37-48 や pp.67-82 に詳しいので、参照されたい。

表 2-1-1　領域「人間と社会」新旧教育課程比較表

	旧課程	新課程
教育内容及び時間数	「人間の尊厳と自立」30 時間 「人間関係とコミュニケーション」30 時間 「人間と社会」60 時間 「選択科目」120 時間　　　小計 240 時間	「人間の尊厳と自立」30 時間 「**人間関係とコミュニケーション」60 時間** 「人間と社会」60 時間 「選択科目」90 時間　　　小計 240 時間
目的	1. 介護を必要とする者に対する全人的な理解や尊厳の保持、介護実践の基盤となる教養、総合的な判断力および豊かな人間性を涵養する。 2. 利用者に対して、あるいは多職種協働で進めるチームケアにおいて、円滑なコミュニケーションをとるための基礎的なコミュニケーション能力を養う。 3. アカウンタビリティ（説明責任）や根拠に基づく介護の実践のための、わかりやすい説明や的確な記録・記述を行う能力を養う。 4. 介護実践に必要な知識という観点から、介護保険や障害者自立支援法を中心に、社会保障の制度、施策についての基礎的な知識を養う。また、利用者の権利擁護の視点、職業倫理観を養う。	1. **福祉の理念**を理解し、尊厳の保持や権利擁護の視点および専門家としての基盤となる倫理観を養う。 2. 人間関係の形成やチームで働く力を養うための、コミュニケーションや**チームマネジメント**の基礎的な知識を身につける。 3. 対象者の生活を**地域の中で支えていく**観点から、地域社会における生活とその支援についての基礎的な知識を身につける。 4. 介護実践に必要な知識という観点から、社会保障の制度、施策についての基礎的な知識を身につける。 5. 介護実践を支える教養を高め、総合的な判断力および豊かな人間性を養う。

※太字は筆者による.

新旧教育課程の主な点に関する比較は表 2-1-1 のとおりである。新課程では、旧課程にはなかった①「福祉の理念」、②「地域の中で支えていく」、③「チームマネジメント」が明記された。これらは、①介護は福祉の理念を具現化する行為であること、②地域包括ケアシステムの推進、ノーマライゼーションの観点からも住み慣れた地域で最期まで暮らしていきたいという望みを支援することや、③職場・組織といったチーム自体がチームケアのみならず、個々の介護福祉士の実践・成長に大きく影響を及ぼすことを、想定している。

3　教育内容全体の構造

この領域の科目間の学習の構造を図示したのが、図 2-1-1 である。介護は「人間と社会」[9]や「選択（教養）科目」を基盤として、「人間の尊厳と自立」という目的に向かって、様々な実践を行うことを表現している。「人間関係とコミュニケーション」は技術と解されがちだが、それ自体が目的でもあり、介護の主要な内容でもある。

9) 介護は、様々な制度や法律といった社会資源に護られて、あるいは各ライフステージに応じてそれらの資源を活用しながら展開される。

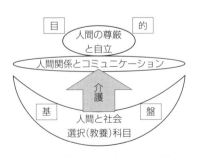

図 2-1-1　「人間と社会」をどう学ぶか

4　教育方法の工夫―アクティブに学ぶ方法

　学生、特に若い学生にとっては、介護福祉士になるための学びは介護技術の習得のイメージが強く、本領域での学びにとまどうかもしれない。しかしながら、本領域での学びは、上述のとおり介護を支えると同時に、対人支援の目的を学ぶ重要な点を包含する。

　「人間の尊厳と自立」など、介護の意義・根拠を学ぶことになるが、それは学生自身の尊厳と自立を学ぶことでもある。その点からも、教員の一方向的な講義のみに陥ることは避け、学生自身が「考える」ことを盛り込み、その重要性が腑に落ちるようにしたい。「人間関係とコミュニケーション」は「インタビュー」などの課題を設定したり、「社会の理解」領域でも「調べ学習」[10]などを取り入れ、自発的な学習を促したい。

　同時に、多様な学生[11]を対象に授業を行うので、学生への理解も重要である。

5　教育者としての学び[12]

　「人間と社会」領域を担当する教員には、基本的人権や社会（保障）システムに関する深い学びと考察が求められる。特に基本的人権に関しては現実生活の中で行動化していく信念が大切である。教員自身も教える内容に関しての自分の体験を文献などと照らし合わせ、（色々ある中での体験や信念の1つとして）相対化する考察も大切である。これらの実体験を伴う話題の厚みは教育者としての魅力を増す具体的な要素でもあり、介護福祉士のモデルとしても学生が職業人としての将来像を描く時の助けになるだろう。

　同時に、要介護者のライフスタイル[13]や社会的な背景を考えると、単に介護関連のみならず、社会人として当然の、経済の動き・国際社会の動き・国際的な現象や、それがなぜそうなるかの考察や、関連する言語概念など、新たな常識を身に着ける努力も必要である。対人援助を行う介護福祉士としても、要介護者が発する様々な領域の言葉をある程度理解できないと、コミュニケーションが成り立たないし、要介護者を理解することが難しくなるであろう。少なくとも「新聞を普通に読んで」理解できる程度の、情報を更新して持ち合わせていることも必須要件であるといえる。

10）実務レベルで考えると、課題に挑む際に必要となる情報を探すことや、めまぐるしく変わる制度の内容を学習し、常に最新の情報を得ておくことは必須である。また、要介護者を理解するための背景情報を調査取得することも重要である。

11）高校を卒業したばかりの学生・社会人経験のある学生・外国からの留学生など。

12）教員も一人の社会人である。介護も関係してくる国際的なSDGsなどは社会人の常識である。人々は実際の社会の中で生きている。その社会（特に実業・経済の動き・国際社会の動き）を知らなくては、利用者の理解ができない。介護現場では、そのため利用者の生活が理解できず、適切な介護ができないことにつながっていく。

13）生活の様式・営み方。また、人生観・価値観・習慣などを含めた個人の生き方。

第2節　「人間の尊厳と自立」の学習支援方法

　「人間の尊厳と自立」では、介護福祉という活動の根底に置くべき人権思想を、学習者が自分のものとして意識することからはじめたい。介護福祉の価値・倫理、理念というような目に見えないものを、学生が具体的な態度・行動として表すことができるようになることが最終的な到達点である。

1　「人間の尊厳と自立」科目の重要性・必要性（なぜ学ぶのか）

　「人間の尊厳と自立」は、介護が実現する最大の目的であり、介護福祉士養成課程で学ぶすべての科目の根幹をなす科目名でもある。この「人間の尊厳と自立」を学ぶにあたって留意しておかなければならないことが2つある。1つ目は、人間という存在をどう考えるのかという「人間観」（人間関係観）そのものが問われているという点である。2つ目はこの「人間の尊厳と自立」は要介護者の介護に適用されるだけではなく、介護者自身の尊厳と自立でもあるという点である。この人間観と要介護者と介護者双方の尊厳と自立が体得されたとき、介護福祉士の実践はその価値の実現や倫理的配慮[1]を行えるようになる。また、人はどのように生きるべきか、どのような存在であるべきかを、単なる標語のように学ぶのではなく、世界人権宣言[2]や日本国憲法に示されている条文などを参照しながら、現実的な生活の中での行動の基礎となる考え方として、深く考える授業を行うことが求められる。

2　旧課程から新課程へ──変化した点（授業設計への反映）

　新課程では「人権思想・福祉理念の歴史的変遷」や「自己決定の考え方」が留意点として示され、また、想定される教育内容の例も旧課程に比べて項目が大幅に増え、詳細かつ具体的に示された（表2-2-1）。
　例えば、「人権・福祉の理念」には、理念の背景となった歴史的な展開[3]が、また、「QOL」には、「生命倫理（死生観・QOD〔死の質〕・死の準備教育・リビングウィル・その他）」が含まれることから、介護の価値・倫理を様々な角度から、バラバラの知識として学ぶのではない総合的に捉える授業設計が必要である。例示項目は増えたが、授業時間指定は変わらないので、授業の進め方などで相当の工夫が求められる。

---

1) 近年、時折報道される介護職員（介護福祉士ではない）による高齢者や障害者に対する虐待事件は、介護職員自身の人間としての尊厳と自立に関する自己覚知を欠くために、介護者としての基本的な姿勢・態度が身についていない者が引き起こすといえる。

2) 世界人権宣言は、人権および自由を尊重し確保するため、「すべての人民とすべての国とが達成すべき共通の基準」を宣言したもの。1948年12月10日に第3回国連総会で採択。第1条「すべての人間は、生れながらにして自由であり、かつ、尊厳と権利とについて平等である。人間は、理性と良心とを授けられており、互いに同胞の精神をもって行動しなければならない。」

3) 人権思想の歴史的展開（偏見、差別、ジェンダー、性、その他）と人権尊重、福祉理念の変遷（優生思想、保護思想、ノーマライゼーション、IL運動、ソーシャルインクルージョン、その他）、福祉課題の変遷（貧困、障がい、子ども、高齢など）などが例示されている。

表 2-2-1 「人間の尊厳と自立」の新旧教育課程教育内容の比較

	旧課程		新課程		
ねらい	「人間」の理解を基礎として、人間としての尊厳の保持と自立・自律した生活を支える必要性について理解し、介護場面における倫理的課題について対応できるための基礎となる能力を養う学習とする。		人間の理解を基礎として、尊厳の保持と自立について理解し、介護福祉の倫理的課題への対応能力の基礎を養う学習とする。		
カリキュラム基準・想定される教育内容の例	教育に含むべき事項	想定される教育内容の例	教育に含むべき事項	留意点	想定される教育内容の例
	人間の尊厳と自立	人間理解と尊厳	①人間の尊厳と人権・福祉理念	人権思想・福祉理念の歴史的変遷を理解し、人間の尊厳・人権尊重及び権利擁護の考え方を養う内容とする。	1) 人間の尊厳と利用者主体 2) 人権・福祉の理念 3) ノーマライゼーション 4) QOL
	介護における尊厳の保持・自立支援	人権と尊厳	②自立の概念	人間にとっての自立の意味と、本人主体の観点から、尊厳の保持や自己決定の考え方を理解する内容とする。	1) 自立の概念 2) 自立生活 3) 尊厳の保持と自立の在り方

3 『介護教育方法論』から『介護教育方法の理論と実践』へ[4]

前述のとおり、新課程では想定される教育内容の例がより具体的に示された。これらは「人間の尊厳と自立」について学生が意識的に考え、介護福祉士としての価値・倫理を身につけるための例示である。単に用語やトピックの説明を覚えるのではなく、むしろ、何故そう考えるのか、自分はそれをどう現実化したいのかという思索を深める授業内容と授業方法が期待される。そのためには、個々のキーワードをバラバラに学ぶのではなく、現象の諸側面として、体系的な把握ができるような学習内容の構造化[5]が重要であろう。

4) 『介護教育方法論』pp. 55-59 参照。

5) これを踏まえた上で、さらに領域「介護」や他の諸科目に関連付けるための工夫が必要であろう。

4 「人間の尊厳と自立」科目の学習構造（カリキュラムツリー）

教育内容を学習構造として図解[6]したのが、図 2-2-1 である。「人間の尊厳と自立」での学習内容をどう理解するかは、色々な考え方がある。この図はその一例

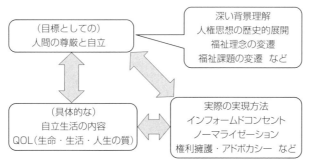

図 2-2-1 「人間の尊厳と自立」科目の学習構造
（作図－川廷宗之）

6) この図では、広範囲に指定されている内容から、「人間の尊厳と自立」に焦点を当て、他の点はその焦点との関係の中で学ぶという構造を示している。

であるが、指定されている内容を漫然と並べて学習するには、時間数や内容から見て無理があるので、多様な側面を持つ具体的問題などを扱いながら、科目の構造を踏まえて大胆に整理しながら学習を支援していく必要があるだろう。

5 授業の質を上げるために—関連文献や、資料など

この科目は、知識や技術を得るための単なる座学（講義）科目ではなく、介護福祉の価値・倫理を実践できるように学ぶ科目である。したがって、内容は学習者自身の生活の中での実感に結び付けて学んでいく必要がある。例えば憲法の条文が自分の日常生活とどう関わるのかを確認するがごとくである。一方では、人類の英知としての人権宣言など[7]に学ぶこともあり得るが、大切なのはその内容を学ぶことであって、名前だけ覚えても意味はないことに気がつくことである。

6 「人間の尊厳と自立」科目の授業設計（計画）（案）

(1) 授業科目名
人間の尊厳と自立

(2) 授業担当者名
原則として授業担当教員1名で担当する。

(3) 受講学生に関する留意事項[8]
様々な社会的体験を授業内容に活かし得る、社会人学生や外国人学生への授業への貢献に留意すること。

(4) 開講コマ条件
30時間を、（原則として週1回で）第1回授業は90分、第2回目以降は180分授業を7回行う（内容的には「人間の尊厳と自立Ⅱ」などの科目を設け60時間・15回の授業で行うことが望ましい）。

(5) 開講教室
- グループでの話し合いができるよう、机・椅子を移動できる教室
- 映像等の視聴覚教材が使用できる設備のある教室

(6) 学習目標
以下の項を実践できるようになること。
① 福祉の理念を理解し、尊厳の保持や権利擁護の視点および専門職としての基盤となる倫理観を持ち、介護実践において体現する。
② 尊厳の保持と自立についての理念に照らして、実際の介護場面における倫

---

7) 関連する人権宣言を例示すれば以下のようになる。
世界人権宣言（1948）
児童権利宣言（1924・1959）
国際人権規約（1966）
障害者の権利宣言（1975）
子どもの権利条約（1989）
高齢者のための国連原則（1991）
障害者権利条約（2006）

8) 一般的留意事項
○外国人学生への対応
・内容が通じているかを何らかの方法で頻繁に確認する。
・日本人学生と友達ができるように座席等配慮する。
・レポート等ではスマホ翻訳等の活用を認める。
○社会人学生への対応
・彼らの持っている社会的経験を大切にする（授業中、できるだけそれを活かす）。

理的課題を解決する。
③介護福祉に関する知識・技術を学ぶ前提としての、介護福祉の専門職が有するべき価値を身につけ、日常的な行動として実践する。

(7) 学生の達成課題

以下の内容をいずれも自分の言葉で発言できる。

①「人間の尊厳」が守られている（守られていない）体験（事例）と、自分の意見を表現できる。

②「人権」といわれる権利のいくつかを、憲法[9]や国際的権利条約の条文を基礎として、具体的に身近な事例を示し、自分の意見を表現できる。

③「自立」と「自立生活」とはどのような内容であるのか、複数の具体的な内容を例示し、併せて、それに対する複数の介護実践例を説明できる。

④複数の自立支援の方法を、実際の（実践的）行動例として説明するとともに、その根拠となる介護福祉の価値についても説明できる。

なお、これらについては介護技術の実践の中に活かされている必要がある。

(8) 学習方法

①当該科目では、毎回その時のテーマに沿った課題資料（文書・画像・映像等）を、教員もしくは学生が用意し提示する[10]が、アクティブラーニングとして次の方法により授業を行う。

②授業は、この提示された課題にどう取り組んでいくかを、学生達の討議を中心に展開される（討議グループは、2人、4人、6人等。その際、お互いに自分と相手との考え方の違いを確認し、何故違うのかの理由を丁寧に明らかにするよう、奨励する）。

③討議内容は、クラス全体で共有するとともに、教員から（配付資料などを使い）不足分の補充やさらなる学習への展開を示唆する。

(9) 使用教材（例示）

- テキスト：内容領域が多岐にわたるため、特定のテキストは指定しない。
- 使用する教材：適宜、印刷資料を配付する。
- 参考文献：社会（介護）福祉小六法・等（授業時に常時携行[11]すること）

(10) 学習評価方法

①(7)の達成課題に関しての発言（代替レポートなど）を、評価ルーブリックに示した達成状況により判断する（アサインメント・期末試験を含む）（評価比重60％）。

②授業への貢献度（教員からの問いに対する発言、グループ討議の司会・結果発表などの実績）（30％）

③出席状況や授業態度（10％）

※評価項目ごとの点数を合算した割合が60点以上で単位修得とする。

---

9) 日本国憲法
（個人の尊厳）
第13条 すべて国民は、個人として尊重される。生命、自由及び幸福追求に対する国民の権利については、公共の福祉に反しない限り、立法その他の国政の上で、最大の尊重を必要とする。
（国民の生存権、国の保障義務）
第25条 すべて国民は、健康で文化的な最低限度の生活を営む権利を有する。
②国は、すべての生活部面について、社会福祉、社会保障及び公衆衛生の向上及び増進に努めなければならない。

10) テーマによっては教員が事前にアサインメントとして学生に指示し、学生（グループ）が準備した資料を教員が確認した上で提示する（一種の調べ学習）。

11) 社会福祉に関する条約や法令の全文を適宜参照させる。持ってきても使わなければ持ってこなくなる。なお、スマホ等の活用もあり得る。

(11) 学習に関する学生との約束事項（授業に参加するルール）

初回学習時に示すディスカッションへの参加の仕方を守る。

(12) 授業の質を上げるために―関連文献や資料

特になし。

(13) 毎回の授業設計（案）

回	主題	授業目標と達成課題	教員提示する学習課題の内容と方法等	学習支援上の留意点（アサインメント内容等）
1回目	オリエンテーション―人間をどのように理解するのか	●自分が他者を見る価値基準を確認し、それを文字で表現することができる。	●自己紹介を通じた他者理解 ●自分が大切にしている価値についての演習	●アサインメント（以下同）：レポート「自分が大切にしている価値観について」
単元	人間の尊厳と人権・福祉理念			
2回目	人間の尊厳と利用者主体	●「人間の尊厳とは何か」について、自分の考えを表明することができる。 ●利用者主体の口語表現で話すことができる。	●人間の多面的理解 ●人間の尊厳 ●利用者主体の考え方 ●利用者主体の実現	：レポート「自分が考える人間の尊厳とは」
3回目	人権・福祉の理念	●人権や福祉理念の歴史について、重要な出来事を年代順に並べて、その変遷を説明することができる。	●人権思想の歴史的展開（偏見、差別、ジェンダー、性、その他）と人権尊重 ●福祉理念の変遷（優生思想、保護思想、ノーマライゼーション、IL運動、ソーシャルインクルージョン、その他） ●福祉理念の変遷（優生思想、保護思想、ノーマライゼーション、IL運動、ソーシャルインクルージョン、他）	：レポート「代表的な福祉の理念と、それが提唱された経緯」
4回目	ノーマライゼーション	●ノーマライゼーション等の福祉理念の歴史的背景を説明することができる。	●ノーマライゼーションの考え方、ノーマライゼーションの実現、その他	：レポート「ノーマライゼーションを実現するために自分ができること」
5回目	QOL	●日常的な生活の質を高めることの必要性について、実例を挙げて説明することができる。	●QOL（生命・生活・人生の質）の考え方 ●生命倫理（死生観・死の質・(死の準備教育・リビングウィル・その他）	：レポート「QOLを高めるための支援の方法」
単元	自立の概念			
6回目	自立の概念	●自立とはどのようなことをいうのかを、具体例を挙げて説明することができる。	●自立の考え方 ●身体的・心理的・社会的自立	：レポート「障害者総合支援法成立の経緯と課題」
7回目	自立生活	●障害者の自立生活を支援する方法を提示することができる。	●自立生活の概念と意義 ●ライフサイクルに応じた生活の自立 ●自立生活におけるニーズ	：レポート「地域での自立生活を支えるために必要な資源について」
8回目	尊厳の保持と自立のあり方	●介護を必要とする人の生活の個別性について、考え方を説明することができる。 ●介護福祉の「価値」とは何かについて説明できる。	●自己決定・自己選択 ●意思決定 ●インフォームド・コンセント、インフォームド・アセント ●リビングウィル ●権利擁護、アドボカシー	：レポート「"人間の尊厳"と"介護福祉の価値"との関係について」

※1 1回目以外は2回分の授業（計180分）を連続して行う。
※2 「授業中の学生の学習内容と学習活動」は「(8) 学習方法」に示したので割愛する。

7 科目としての評価ルーブリック（達成課題への対応）

「(7) 学生の達成課題」を参照（p.61 参照）。

評価視点＼評価基準	特に…できる	標準的…できる	最低限…できる	努力が必要（不合格）
①「人間の尊厳」について	国際的な人権宣言等と日本の人権状況を比べて意見を	日本国憲法の基本的人権について事例を挙げて	他者の行動の理由を推測し、それへの対応に関して意見を	授業で学んだ考えを説明することができない。
②「人権」について	右に加え外国人の人権について事例を挙げて	右に加え性差別の人権について事例を挙げて	障害者の人権について事例を挙げて	同上
③「自立」と「自立生活」について	右に加え「精神的自立」を中心に、「自立」や「自立生活」を事例を挙げて説明を	右に加え「生活の自立」を中心に、「自立」や「自立生活」を事例を挙げて説明を	身体行動の自立を中心に、「自立」や「自立生活」を事例を挙げて説明を	同上
④自立支援等の方法について	右に加え QOL について事例を挙げて説明を	右に加え IADL について事例を挙げて説明を	ADL について事例を挙げて説明を	同上

※各欄の文末はいずれも「自分の言葉で発言できる（文章で表現できる）。」となる。

---

column

アクティブラーニングのノウハウ

　介護系の学習支援では、介護が対人の直接的支援が多く、そこに機器が介在する余地が少ないためか、機器を活用した学習支援に関して関心のない教員が少なくない。しかし、一般社会のシステムはどんどん発展しており、最近のコミュニケーションツールはスマホ一本槍になりつつある。授業にこの影響が及んでくるのは必須である。知識伝達型授業はどんどんネット授業に置き換えられていくであろう。新しい情報への改訂も行いやすく、映像の提供もはるかに容易である。

　とすると学生が集まって行う対面での授業は存続するのだろうか。これは当面は存続するであろう。なぜか。色々と違いを多く持つ人間同士が集まって協議することで生まれるさまざまな「知」や「関係」は、人間にとってかけがえのないものであるからだ。

　ここにアクティブラーニングがもてはやされる理由がある。つまり、今後の教室での授業は、色々な違いを持つ学生間の相互作用を生かした「知」や「関係」を生む授業展開以外は、あり得ないからだ。つまりは、今後教員として学生の学習支援を行うには、アクティブラーニングによる学習支援のノウハウを持つ教員以外は生き残れなくなるだろう。しかし、このノウハウを身に着けるには一定の学習が必要であることは、言うまでもない。

（川廷　宗之）

第3節　「人間関係とコミュニケーション」の学習支援方法

1　「人間関係とコミュニケーション」科目の重要性・必要性（なぜ学ぶのか）

　介護は、①それ自体がコミュニケーションの1つであり、そのいかんが利用者との関係（人間関係）を規定する。また②介護はチームで行うためチームづくりが重要であることはもちろんだが、③チーム・職場・組織のコミュニケーション・人間関係のありようが支援者に影響し、ひいてはそれが利用者に影響する。④同時に、最も重要なのは、コミュニケーションにはその人の人間観が反映する。以上を踏まえると、介護福祉士は自らのコミュニケーションのあり方、人間関係づくり、その前提となる考え方（信念、価値観）をふりかえる自己理解（自己覚知）が必要となる。

　自己理解はときに痛みを伴うが、自らを俯瞰できる人間（自分）を目指すことは人としての厚みを増すという魅力ある道のりである。これから続く対人支援職としての自己を確立していくプロセスのスタートとして、「自らの『コミュニケーションとそれが人間関係構築に与える影響』[1]をふりかえる手がかりを得る」ことが、本科目を学ぶねらいである。

2　旧課程から新課程へ──変化した点（授業設計への反映）

　本科目の中核は、「人間関係とコミュニケーション」と「チームマネジメント」である[2]。この科目については、旧課程ではあまり細かな指定はなかったが、新課程では「想定される教育内容の例」などでかなり細かく例示されている。また、今回から新設された「留意点」で、特にマネジメントが新設された意図が読み取れる（表2-3-1）[3]。

3　『介護教育方法論』から『介護教育方法の理論と実践』へ

　介護福祉士の実践力が問題視されていることが、今回のカリキュラム見直しに色濃く反映されている[4]。その原因の一端は、理論的でありすぎたり、もしくは技術的でありすぎたりした、今までの教育内容や方法にもあった。現実にはコミュニケーション（対人関係）に苦手意識を持つ学生は少なくない。なぜか。1つは概念を学ぶがそれが現実の生活を変えることにつながっていないからである[5]。

　特に、今回新たに学ぶ内容であるチームマネジメントに関しても、既存の

---

1) 介護をとおして利用者や様々な人々と人間関係を営んでいくことは楽しい。他方で、支援者-被支援者の間には権力関係が生じることも忘れてはならない（第1章参照）。

2)「チームマネジメント」は今回の教育課程見直しで導入され、時間数も30時間から60時間に増加された。
チームにおけるマネジメント能力の育成は、これまで養成課程で取り上げられず現場の裁量に委ねられてきたこともあり、チームマネジメントに関する専門的な知識と技術を職場内外での研修等で補っていない介護の現場では、良質のチームケアが実践されず、その影響は介護サービスの質を直撃し、結果としてサービスを利用する者の生活に悪影響を及ぼすに至っている。目標設定・工程管理・問題解決・指導育成・十分な説明と同意、このようなマネジメント能力の基盤はコミュニケーション力であり、それに基づく人間関係創生力である。

3) この見直しは、介護福祉士が現場のリーダーの役割を担うことが期待されていると同時に、組織のありようが介護福祉士等をとおして、利用者に影響を与えることの認識の表れだと考えられる。

4) 厚生労働省ウェブサイト『介護福祉士養成課程の教育内容の見直し（概要）』参照。

5) したがって、特にこの科目では、コミュニケーションを学ぶことによって、現実生活の中でのコミュニケーションが変わっていけるように、かなり実践を意識しつつ学ぶ必要がある。

表2-3-1 「人間関係とコミュニケーション」の新旧の教育課程基準

	旧課程	新課程
時間数	30時間	60時間
ねらい	介護実践のために必要な人間の理解や、他者への情報の伝達に必要な基礎的なコミュニケーション能力を養うための学習とする。	1. 対人援助に必要な人間の関係性を理解し、関係形成に必要なコミュニケーションの基礎的な知識を習得する学習とする。 2. 介護の質を高めるために必要な、チームマネジメントの基礎的知識を理解し、チームで働くための能力を養う学習とする。
教育に含むべき事項	人間関係の形成 コミュニケーションの基礎	①人間関係の形成とコミュニケーションの基礎 ②チームマネジメント
想定される教育内容の例	人間関係と心理 対人関係とコミュニケーション コミュニケーションを促す環境 コミュニケーションの技法 道具を用いた言語的コミュニケーション	1) 人間関係と心理 2) 対人関係とコミュニケーション 3) コミュニケーション技法の基礎 4) 組織におけるコミュニケーション 5) 介護サービスの特性と求められるマネジメント 6) 組織と運営管理 7) チーム運営の基本 8) 人材の育成と管理
留意点		①人間関係を形成するために必要な心理学的支援を踏まえたコミュニケーションの意義や機能を理解する内容とする。 ②介護実践をマネジメントするために必要な組織の運営管理、人材の育成や活用などの人材管理、それらに必要なリーダーシップ・フォロワーシップなど、チーム運営の基本を理解する内容とする。

理論を紹介するような内容ではなく、実際のチームワークをどう展開するのか、実践的な学びが期待される[6]。

4 「人間関係とコミュニケーション」の学習構造

このような内容を踏まえつつ、「人間関係とコミュニケーション」の学習内容の構造化を試みたのが、図2-3-1である[7]。「コミュニケーション」「人間関係」「チームマネジメント」の相関関係を示し、かつ、その内容として授業で触れられるべき主な要素と、その要素間の相互関係を図解した[8]。

6) 第1章「介護職の中で中核的な役割を果たす」の項 (pp.23-26) 参照。

7) 個人の価値観・信念・認知は、コミュニケーションの質に影響し、それが人間関係を規定する。そしてそのことは、利用者への「対人支援」に直接、そして組織を介して間接的にも影響を与える。

8) 学習では、個々の事象を断片的に学ぶのではなく、生活実践に結び付きうるような体系を思い描きつつ学ぶ方が修得度が高く実践にも結び付きやすい。

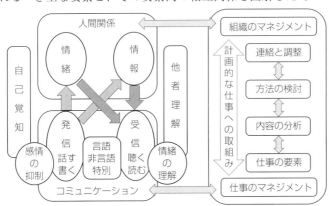

図2-3-1 「人間関係とコミュニケーション」・学習内容構造図
(作図－川廷宗之)

5 授業の質を上げるために―関連文献や、資料など

　授業で学生と共に、新たなコミュニケーションや人間関係やチームマネジメントの要素を抽出し、内容を分析しつつ学生たちなりの実践的体系を考えていくことはとても大切である。それを側面的に支える教員は、学生がどのような視点から話題（要素）を挙げてきても適切な助言を出せることが必要である。特に誰でも何かいえそうなこのテーマに関しては、担当教員は、学生たちを深い考察へ導けるような自分自身の基礎力を養っておく必要がある。コミュニケーションなどこの科目で取り上げている分野は、主に社会学や心理学や経営学[9]など、様々な学問的背景を持つ。その意味で、側注で紹介するような文献から学んでおく[10]ことも重要である。

　特に、マネジメントに関しては、①成人の学びの70％は仕事経験からだが、経験から学ぶには「ストレッチ、リフレクション、エンジョイメント」の力が必要となること（松尾）、②職場の他者からの「内省支援」は能力向上に資するが、その成否は互酬性規範にあること（中原）、③セルフ・マネジメント、全体性、存在目的を突破口にする「進化型組織」（ラルー）などについて教員自身も理解しておきたい。

6 人間関係とコミュニケーション科目の授業設計（計画）（案）

(1) 授業科目名
　「人間関係とコミュニケーション」

(2) 授業担当者名
　○○○○

(3) 学生に関する留意事項
　コミュニケーション（対人関係）に苦手意識を持つ学生は少なくない。先ずは他者との関わりは「面白い」ということを学生が実感できる配慮[11]と演出を丁寧に考える必要がある。

(4) 開講コマ条件
　60時間の授業を、週1回（90分）×2コマ連続（学習時間・4時間相当）×15週の授業として設計した。入学後早い段階で学ぶことが望ましい。

(5) 開講教室
　演習を取り入れるので、動かしやすい机・椅子が望ましい。

(6) 学習目標
①基礎的な「きく（聴く）」「読む」「話す」「書く」[12]などのコミュニケーションが適切に行えるようになること（言語的・非言語的を含む）。

---

9) このような科目を学ぶことは、介護の学び・業務の幅を広げることにつながる。「われわれの専門性は自分を認知し、吟味するという自己理解をともなう点にある」（尾崎1992, p.88）とされるように、対人支援職としては自己理解、自己覚知は必須である。

10) 参考文献
・平木典子『自己カウンセリングとアサーションのすすめ』金子書房, 2000.
・尾崎新『社会福祉援助技術演習』誠信書房, 1992.
・中原淳『職場学習論―仕事の学びを科学する』東京大学出版会, 2010.
・松尾睦『職場が生きる人が育つ 「経験学習」入門』ダイヤモンド社, 2011.
・F.ラルー著／鈴木立哉訳『ティール組織―マネジメントの常識を覆す次世代型組織の出現』英治出版, 2018.

11) 社会人経験がない学生にとってはマネジメントのイメージがわかず、困惑を来すことが心配される。実感が伴う授業を展開させる工夫が必要と考える。

12) 例えば、「聴く」では、相槌がうてる、適切な質問を返せる、非言語情報からも読み取れるなど傾聴（Active Listening）のスキルの獲得が重要である。

②人によって、コミュニケーションの仕方が違うことを体験的に理解し、併せて自分のコミュニケーションの特徴（癖）にも気が付く[13]こと。

③要介護者や仕事の同僚などとの信頼関係を創り出せるコミュニケーションができるようになることで、人間関係を楽しめるようになること。

④自分が行うべき仕事内容の分類や、内容分析、取組み方法など、担当業務執行のマネジメントができるようになること。

⑤担当業務のマネジメントを踏まえて、他のメンバーとの業務上の連絡調整[14]ができることで、組織のマネジメントができるようになること。

(7) 学生の達成課題

①「よく観る」「よく聴く」「受けとめる」ことが体現でき、対人関係の創生を「面白がる（愉しむ）」ことができる。

②自己覚知を前提に、認め合い与え合う感情などの表出ができる。

③（要素を組み立てて）物語を想像したり、創造することができる。

④組み立てた物語の、登場人物としてその役割を演じる[15]ことができる（ほかの役割との相互関係をも含めて）。

(8) 学習方法

様々なコミュニケーション場面を想定し、そこでの問題解決を実際に演じてみて考えながら、解を見つけ出す（基礎知識の習得につながる）ことを、基本とする。楽しい展開[16]により学生の主体性を引き出し、コミュニケーションを成立させる力を高め、チームワークとチームマネジメントの実践（と結び付いた理論を学び）力を養う。

(9) 使用教材

内容に応じて、「人間関係とコミュニケーション」や「チームマネジメント」の解説書を使う。毎回のコマシラバスを提供する。

(10) 学習評価方法

①評価ルーブリックを用いて演技教育の学習課題達成状況（60点）。

②期末筆記試験によって、専門的な知識の習得度を評価する（30点）。

③授業への参加状況を配慮する（10点）。

※①②③の合計が60点以上で、単位修得とする。

(11) 学習に関する学生との約束事項（授業に参加するルール）

①課題への取組み

②望ましいセルフリーダーシップ、フォロワーシップの体現

③誰もが自由に発言しやすい、恐怖を感じない雰囲気を全員で意識して創る。

---

13) 自己覚知ができること。

14) マネジメント力の基盤となる柔軟な発想力・思考力・判断力・表現力（創造力）を発揮できる。

15) 連絡調整に基づいて、自分の役割を（単なる指示待ちではなく）自分で考えて果たすことができる。

16) 演技教育に含まれる学習内容は、自己覚知・他者理解・自己開示・アサーティブネス・ポライトネス・パーソナルスペースの理解・受容・共感・傾聴・言語的/非言語的コミュニケーション・チームとリーダー・リーダー/フォロワーシップ・PDCAサイクル等。

(12) 毎回の授業設計（案）

回	主題	授業目標と達成課題	授業中の学生の学習内容と学習活動	教員による学習支援活動の内容と方法	学習支援上の留意点
1回目	・授業ガイダンス ・コミュニケーション ・人間関係の意義	・授業内容理解 ・学生間での友達作り ・教員理解 ・人間関係の面白さ・楽しさ・意義	・シラバス説明を聞く。 ・周囲の学生との自己紹介・友達作り ・グループ討議「自分にとって人間関係はどのような意味を持ってきたか」	・班別自己紹介（2人1組→4人1組） ・教員自己紹介 ・ファシリテーション ・学習上のルールを解説し、ルールを遵守する約束を交わす。	・次回の授業で扱う内容に関する教科書の項目は必ず読んでおく。 ・『ケースワークの原則』（バイステック）を精読する。
単元1	コミュニケーションの技法・基本					

回	主題	授業目標と達成課題	授業中の学生の学習内容と学習活動	教員による学習支援活動の内容と方法	学習支援上の留意点
2回目	様々なコミュニケーション技法・基本	・読む、聞く、話す、書く、言語、非言語等、様々なコミュニケーション技法を体験確認	・教員から出された課題に従って、一つひとつ、実技で確認していく。	・各項目ごとに課題を用意する。「読む」でも小説、詩、報告書、公文書、法の条文、マニュアルなど様々な資料があり得る。	・教員は、授業の開始時に授業に参加するルールを確認する。 ・事前に課題を用意する。
3回目	コミュニケーション技法の基礎	・パーソナルスペースを理解する。 ・受容・共感・傾聴できる。	・アクティビティ（実際の行動体験）を通して、パーソナルスペース・受容・共感・傾聴・リーダーシップ・フォロワーシップ・チームビルディング・環境づくり等を体感・体現する。 ・気づいた事柄の中から各自が課題を抽出し、次回のワークに向けて目標をワークシートに記載	・どのようなアクティビティをどのように組み合わせて課題達成に向けて働きかけるかをシュミレーションし、アクティビティのプログラムを作成する。 ・各アクティビティを実施するときには安全確保を第一に考え、学生に対しても注意を喚起するように働きかける。	・教員は事前に演技教育のメソッドを習得するか、演技教育のファシリテーターと連携して授業を行う。 ・教員はプログラムを構成する際に、気づきを促すタイミングに留意する。 ・アクティビティを行う際の安全確認に注意する。
4回目	コミュニケーション技法の応用	・相談や意見を述べやすい環境整備ができる。 ・相談面接の基礎を理解し、基礎技術を使う。	・初歩的な相談の技術をロールプレイで体験 ・「ケースワークの原則」を使い、「反応する」について考察し記録する（グループワーク。以下GWと記す）。 ・教科書やネット上の資料等を参考に環境をデザインした具体的なデザイン画を創り掲示する（GW）。	・初歩的な相談の技術をロールプレイで実演 ・支援者にとって最も難しいと指摘している「反応する」ことに焦点を当てることで、「7原則」への理解を促す。 ・学生が全員参加できるように、教員は机間巡回をしながらワークへの参加状況に応じて参加を支援	・「傍観者」を作らないためにグループは少人数にする。 ・「ケースワークの原則」は、購入できない学生もいるときは、「反応」に関する部分をコピーして配付し、授業が終わったら回収する。全員購入していればコピーは不要
単元2	人間関係を楽しむ					
5回目	人間関係と心理	・人間関係の形成と人の心の特徴がどのように影響しあっているのかを学習する。 →自己覚知・他者理解を深める。自己開示に挑む。	・心理学の定説や心理テストを使って自分の心の特徴を調べる（個人ワーク）。 ・他者の心の特徴と自分の特徴との違いを認め合う（GW）。 ・GWを振り返り、気づいたこと新たに獲得した考え、今すぐ始めること（行動）、今すぐ辞めること（行動）などを整理して振り返りシートに記載	・使用する心理テストが、どの心理学の定説に基づいているかを確認し、その使い方を説明。心理テストは教員の指導のもと実施する。 ・心の特徴を測る項目を定めてワークシートを準備、必要な内容を学生が記入できるように記入方法を解説 ・振り返りシートの作成・配付	・心理テストの内容は学生に合わせて一般的かつ適切なものを選択する。 ・心理テストについては、学生に拒否権を与え、心理的な負担を強要しないように留意する。 ・次回学習する・教科書の範囲を精読しておくよう学生に伝える。

回	主題	授業目標と達成課題	授業中の学生の学習内容と学習活動	教員による学習支援活動の内容と方法	学習支援上の留意点
6回目	対人関係とコミュニケーション①	・コミュニケーションの意義・目的・特徴・過程を、事例を使って調査分析する。	・映画やTVドラマの特定のシーンを観察・分析し、人間のコミュニケーションの意義・目的・特徴・過程を整理して記録し、発表する（GW）。	・教材として使用するシーンをあらかじめ編集し、いくつかのパターンを用意しておく。どのシーン（教材）を使用するかは、学生に委ねる。	・教員は、事前学習を頼りに、学生が自由に分析し表現できるように取組みを促す。
7回目	対人関係とコミュニケーション②	・アサーティブネスとポライトネスへの理解を深める。 ・ストレスとストレスコーピングに関する理解を深める。	・アサーティブな表現とポライトネスを盛り込んだ、「実践対話ハンドブック」を作成する（GW）。 ・ストレスに対するストレスコーピングをできるだけ沢山提案して発表する。	・中学生がわかりやすいと感じられるデザインを意識するように働きかける。 ・ブレインストーミングを用いて、できるだけたくさんのアイデアが出されるように促す。	・ハンドブック作成材料を調達しておく。ハンドブックは簡単な冊子というイメージ。ハンドブック作成材料、A4またはB5用紙・カラー画用紙・クレパス・色鉛筆・折り紙など準備。
単元3	職務マネジメント（自己管理）の展開				
8回目	介護サービスの特性と求められるマネジメント	・介護サービスと他のサービスの相違点を図解できる。 ・ヒューマンサービスの特徴・特性を図解できる。	・教科書とネット上の情報や学生の経験と知識を活用して、比較対象となるサービス（業種）を選定し、それぞれの要素を抜き出し、比較考察して図解し発表する（GW）	・課題を遂行する際に参考となる資料（サイト情報を含む）を準備する。 ・模造紙・カラーマジック・定規・カッター・のりなどの備品の準備	・比較対象サービスの選択に注意 ・介護が倫理・専門性をもつことの意義を含む。
9回目	介護サービスの仕事内容の構造化	・介護の仕事内容を体系的に考えられる。 ・業務分析とその活用方法の修得	・前回の介護サービスの要素の内容を分析し体系図を作成する。 ・各班で作成した体系図を全体で共有する。	・要素項目が落ちていないか点検する。 ・なぜそういう体系になるのか、丁寧に確認していく。	・机間巡回を丁寧に行う。個別指導重視 ・ポストイット、模造紙等図作成用の教材準備
単元4	組織運営と管理（チーム・マネジメント）				
10回目	組織におけるコミュニケーション	・組織の中におけるコミュニケーションの特徴を理解する。 ・組織における情報の流れとネットワークを理解する。 ・組織における意思決定を理解する。	・教科書やネット上の情報を活用して「①職場のコミュニケーションに関する不満や不安要素」「②組織における情報の流れやネットワーク、意思決定の在り方」について調べ、それらに基づいて組織の中におけるコミュニケーションの特徴を考察して記録・発表する（GW）	・課題を遂行する際に参考となる資料（サイト情報を含む）を準備する。 ・各グループの考察記録を集めて学生の人数分コピーして綴り、学生に配付する。 ・働く者の意欲を高める在り方にも、考察を深められるよう示唆する。	・「傍観者」対策 ・記録物の綴りを授業内で配付する時間がないときは次回の始業時に配付する。 ・ホーソン実験の結果（感情への着目、社会的承認の重要性、インフォーマル組織の影響等）。
11回目	組織と運営管理①	・福祉サービスの組織の機能と役割を取材する。 ・組織の構造と管理の現状を取材する。	・法人に出向き、現場を取材する（GW）。 ・コンプライアンス遵守の現状を取材する。	・実習先等、学生の取材を受け入れてもらえる事業者の事前選定 ・事業者の担当者との連携を密にする。	・学生は事前学習や取材先の基本情報を把握しておく。 ・集団の正負の側面に留意する。
12回目	組織と運営管理②	・取材内容をまとめ、図解する（壁新聞）。	・取材内容から働きやすい組織の条件を考察して図解し、模造紙に記載して発表する。	・展示物と発表内容に対する総評を学生に伝える。	・取材先へのお礼 ・模造紙・カラーマジック等用品の準備

回	主題	授業目標と達成課題	授業中の学生の学習内容と学習活動	教員による学習支援活動の内容と方法	学習支援上の留意点
単元5	授業全体のまとめ				
13回目	コミュニケーション・人間関係・マネジメント・まとめ①	・言語的コミュニケーション・非言語的コミュニケーションを意図的に使える。 ・脚本を創る。	・上演時間が5分〜10分の脚本を創り、キャスティングし、上演に向けて稽古する(GW)。 ・気づきと課題の抽出 ・観客動員も考える。	・人間関係と感情のやりとりに焦点を当てて脚本を創るよう働きかける。 ・安全確保 ・負傷者確認 ・衣装や小道具、舞台セットなどはお金をかけないことを条件に使用を認める。	・オリジナルの脚本を創れるように支援する。 ・脚本の手直しと稽古 ・14回目の授業で上演会を行う。
14回目	コミュニケーション・人間関係・マネジメント・まとめ②	・上演する(学習成果を発表する)。	・上演の準備 ・演じる。 ・上演作品を鑑賞する。 ・上演を振り返り気づきをワークシートに記載する。	・上演会場の準備。教室以外の場所もよい。観客席も用意する。公開授業としてもよい。 ・全グループ終演後、総評を学生に伝える。	・他の教員や他クラス・他学科学部の学生なども観賞可 ・学生の投票によるコンテスト形式にしてもよい。
15回目	筆記試験と全体のまとめ	・筆記試験を受ける。 ・授業全体を振り返る。	・試験問題を解く。 ・自己評価する。他者評価する。	・自己評価・他者評価を実施するための評価票を準備する。	・事業全体を振り返って総評を伝える。

7 人間関係とコミュニケーション科目の評価ルーブリック（案）

評価視点＼評価基準	特に…できる	標準的…できる	最低限…できる	努力が必要（不合格）
よく観る・よく聴く・受け止める	「言葉が不自由な高齢女性への対応」のロールプレイで			
	アイコンタクトできる。真似る（コピーする）ことができる。息遣いを取り込み同調できる。	アイコンタクトできる。真似る（コピーする）ことができる。	アイコンタクトできる。	アイコンタクトできない。
認め合い与え合う感情表出ができる	「粗暴なふるまいをする高齢男性への対応」のロールプレイと、その評価を行って			
	肯定的な感情を誘導し、意図的に表出できる。	否定的な感情を誘導して平らな気持ちになれる。	自分の中の否定的な感情に気づける。	つい否定的な感情を相手にぶつけてしまう。
物語を創作できる	様子のリストや、組み立てた内容を、図や表で表して			
	全体の構成を考えて創作できる。	要素を組み立てて、つなげて拡げたり深めたりできる。	物語の要素を分解できる。	物語の要素分解ができない。
物語の登場人物を演じられる	仲間や教員が作成した脚本（演技内容を指定した文書）の意図通り演じる。第14回の授業での演技、または、ロールプレイによって、			
	脚本に描かれている心の動きを再現できる。	登場人物の心の動きを追える（わかる）。	脚本に描かれているように身体を使うことができる。	脚本に描かれているように身体を使うことができない。

第4節 「社会の理解」の学習支援方法

1 「社会の理解」科目の重要性・必要性（なぜ学ぶのか）

「社会の理解」では、人々が生活をしていく、人生を営んで行く、背景であり条件である「社会」とはどういう仕組みになっているのか、また、その社会の中で人々の生活を支える沢山の仕組み[1]がどうなっているかを学ぶ。

介護の仕事は要介護者一人ひとりの生活や人生に合わせた支援を求められるので、生活を囲む社会的な条件について学んでおく必要がある[2]。また、個々の要介護者のニーズを理解するための生活分析の枠組み[3]としても、社会を分析的に理解している必要がある。

一方、要介護者の生活支援は介護ですべて行える訳ではない。生活支援の様々な仕組みを活用することも必要である。生活を支える仕組みは非常に多岐にわたるが、中でも生活の基本を支える社会保障制度[4]をはじめ高齢者福祉制度や障がい者福祉制度は、要介護者への介護でも身近な制度である。

2 旧課程から新課程へ—変化した点（授業設計への反映）

今回の教育課程改訂では、この「社会の理解」の項は、比較的変化が少ない科目であるが、特に地域社会での暮らしについては、少し丁寧に学ぶように再編成されている。一方では「介護保険」関連の学習項目が減っている点にも注目が必要であろう。その比較をまとめたのが、以下の表2-4-1である。

表2-4-1　「人間と社会」の新旧の教育課程基準

	旧課程	新課程
時間数	60時間	60時間
ねらい	1. 個人が自立した生活を営むということを理解するため、個人、家族、近隣、地域、社会の単位で人間を捉える視点を養い、人間の生活と社会の関わりや、自助から、互助・共助、公助に至る過程について理解するための学習とする。 2. わが国の社会保障の基本的な考え方、歴史と変遷、しくみについて理解する学習とする。 3. 介護に関する近年の社会保障制度の大きな変化である介護保険制度と障害者自立支援制度について、介護実践に必要な観点から基礎的知識を習得する学習とする。 4. 介護実践に必要とされる観点から、個人情報保護や成年後見制度などの基礎的知識を習得する学習とする。	1. 個や集団、社会の単位で人間を理解する視点を養い、生活と社会の関係性を体系的に捉える学習とする。 2. 対象者の生活の場としての地域という観点から、地域共生社会や地域包括ケアの基礎的な知識を習得する学習とする。 3. 日本の社会保障の基本的な考え方、しくみについて理解する学習とする。 4. 高齢者福祉、障害者福祉及び権利擁護等の制度・施策について、介護実践に必要な観点から基礎的な知識を習得する学習とする。

1) 生活、家族、地域、さらに、社会がどのように関連を持っているのかを学ぶ必要がある。介護福祉士が実践する場面では、目の前の対象者の生活を支えるだけではなく、地域を支える力量と知識、社会保障についての基本的な情報とその活用方法を学んでおくことは必要である。

2) 介護は個々の要介護者のQOLの実現のために行うのであって、法や制度を執行するために行うのではない。
法や制度はあくまでもQOL実現の手段であるという学び方が重要である。したがって、QOL実現の手段としての制度や法を探せるようになることが大切である。

3) アセスメントの枠組みとして使う生活の基本機能。

4) 生活を営むことで労働と消費が必ず行われることから、何らかの原因で労働ができない、疾病、要介護などの場面でも最低限度の生活を営むことは、憲法で権利として保証されている。

	旧課程	新課程
時間数	60時間	60時間
教育に含むべき事項	生活と福祉 社会保障制度 介護保険制度 障害者自立支援制度 介護実践に関連する諸制度	下記の「想定される教育内容」に対応 ↓↓	①社会と生活のしくみ ②地域共生社会の実現に向けた制度や施策 ③社会保障制度 ④高齢者福祉と介護保険制度 ⑤障害者福祉と障害者保健福祉制度 ⑥介護実践に関連する諸制度
想定される教育内容の例	家庭生活の基本機能 家族 地域 社会、組織 ライフスタイルの変化 社会構造の変化 生活支援と福祉	1）生活の基本機能 2）ライフスタイルの変化 3）家族 4）社会、組織 5）地域、地域社会
		1）地域社会における生活支援地域福祉の発展 2）地域共生社会 3）地域包括ケア
	社会保障の基本的な考え方 日本の社会保障制度の発達 日本の社会保障制度のしくみの基礎的理解 現代社会における社会保障制度	1）社会保障の基本的な考え方 2）日本の社会保障制度の発達 3）日本の社会保障制度のしくみの基礎的理解 4）現代社会における社会保障制度の課題
	介護保険制度創設の背景及び目的 介護保険制度の動向 介護保険制度のしくみの基礎的理解 介護保険制度における組織、団体の役割 介護保険制度における専門職の役割	1）高齢者福祉の動向 2）高齢者福祉に関連する法律と制度 3）介護保険法
	障害者自立支援制度創設の背景及び目的 障害者自立支援制度のしくみの基礎的理解障害者自立支援制度における組織、団体の機能と役割	1）障害者福祉の動向 2）障害の法的定義 3）障害者福祉に関連する法律と制度 4）障害者総合支援法
	個人の権利を守る制度の概要 保健医療福祉に関する施策の概要 介護と関連領域との連携に必要な法規 生活保護制度の概要	1）個人の権利を守る制度の概要 2）地域生活を支援する制度や施策の概要 3）保健医療に関する施策の概要 4）介護と関連領域との連携に必要な制度 5）生活保護制度の概要
留意点（新課程のみ）		①個人・家族・地域・社会のしくみと、地域における生活の構造について学び、生活と社会の関わりや自助・互助・共助・公助の展開について理解する内容とする。 ②地域共生社会や地域包括ケアシステムの基本的な考え方としくみ、その実現のための制度や施策を理解する内容とする。 ③社会保障制度の基本的な考え方としくみを理解するとともに、社会保障の現状と課題を捉える内容とする。 ④高齢者福祉制度の基本的な考え方としくみ、介護保険制度の内容を理解し、高齢者福祉の現状と課題を捉える内容とする。 ⑤障害者福祉制度の基本的な考え方としくみ、障害者総合支援法の内容を理解し、障害者福祉の現状と課題を捉える内容とする。 ⑥人間の尊厳と自立に関わる権利擁護や個人情報保護など、介護実践に関連する制度・施策の基本的な考え方としくみを理解する内容とする。

3 『介護教育方法論』から『介護教育方法の理論と実践』へ

　介護福祉士の養成課程は、1989（平成元）年の発足当時は、かなり在宅福祉を想定した内容であった。2007（平成19）年の改正では、1997（平成9）年の介護保険法の制定も影響して、施設福祉重点の養成課程になった。今回の改正では、それを引き継いでいるが、地域での支援など、社会が求める介護福祉士のあり方に一定の配慮をしている。そのため、介護福祉士として地

域での実践を展開していくのが、介護福祉士養成の教育課程に明記[5]された ともいえる。

4 「人間と社会」科目の学習構造（カリキュラムマップ）

これらの内容を配慮して、「社会の理解」で学ぶべき内容を構造化したのが図2-4-1である。この図にも見るように、「社会の理解」は大きく2つの側面で学ぶ内容となっている。1つは、生活の基本機能に関わる社会のシステムであり、もう1つはそれを支える社会システムである。

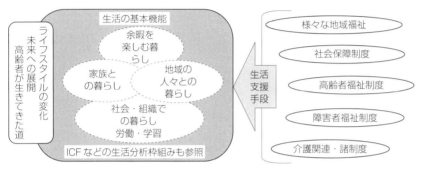

図2-4-1 「社会の理解」学習内容構造図
（作図－川廷宗之）

前者は、本来であれば、高校までの「公民」や「地理歴史」の授業などで、現実生活に総合的に役立つように学んでいれば、改めて触れなくてもよいが、現実にはほとんどそういう学びになっていない。そこで、現実の家庭や地域や職業や余暇などの「生活」を起点に、総合的に学び直しておく必要がある。

後者の社会的制度に関しては、「それらの制度がなぜ生まれてきたのか」を中心にしっかり学んでおく必要がある。実際の法の条文等は、しばしば改正があるのでその内容よりは、それらの制度や法をどう活用していくか、また、法を基盤とした考えを組み立てる方法[6]を学んでおくことが重要である。

5 授業の質を上げるために―関連文献や資料など

したがって、この科目は社会システムや法制度に関する多岐にわたる分野からの学びとなるため、教員が学んでおかなければならない内容は多い。が、それ等を個別に学ぶだけではなく、これらの内容を統合する（システム論等）理論などを自分の物にしておくことはとても大切である。

また、実践的に触れていく必要があるため、各都道府県や市区町村などが市民向けに提供している高齢者福祉や地域福祉関連資料[7]にも目を通し、で

5）地域包括ケアシステムの一端を担い、在宅系サービスを提供する専門的サービスの提供者として、「介護」「介護予防」「生活支援」を担うことになった。従来よりも実践の場が広がっている。

6）実務上、様々な判断をする時の根拠や論理の立て方を修得しておくためである。

【参考文献】
・伊藤周平『社会保障入門―シリーズ　ケアを考える』ちくま新書, 2018.
・椋野美智子・田中耕太郎『はじめての社会保障―福祉を学ぶ人へ　第16版』有斐閣アルマ, 2019.
・山崎史郎『人口減少と社会保障―孤立と縮小を乗り越える』中公新書, 2017
・厚生労働省ウェブサイト「社会保障を教える際に重点とすべき学習項目の具体的内容」
・厚生労働省ウェブサイト（「社会保障」や「租税」「財政」等に関する学習指導要領の主な記述）

7）多くの自治体では、その地域の実情に応じたパンフレットを配付し、ネット上で閲覧、印刷することができる。一般向けのために、抽象的ではなく、具体的にわかりやすく書かれている事が多い。わかりにくいとされる「地域」のイメージがイラストなどで紹介されていることも多い。

きれば授業の中で活用していくことも重要である。また、「社会の理解」は扱う情報量が多いため、それらを活用できるようになる授業を展開するには、問題発見問題解決型のアクティブラーニング[8]が欠かせないので、教員としてはこの学びも重要である。

8) 第1章 p.2「求められる介護福祉士像・新旧比較」参照。

6 「社会の理解」の授業設計（計画）（案）

(1) 授業科目名
「社会の理解」

(2) 授業担当者名
○○○○

(3) 学生に関する留意事項
社会人学生[9]と高卒学生の修得情報の落差が大きいので、それに配慮した授業展開が必要である（特にこの科目に関しては）。

9) 社会人学生の体験的知識には偏りがある場合やバイアスがかかっている場合もあるので、留意が必要である。

(4) 開講コマ条件
60時間の授業を、週1回（90分）×2コマ連続（学習時間・4時間相当）×15回の授業として設計した。入学後早い段階で学ぶことが望ましい。

(5) 開講教室
条件：授業中のグループ作業が多いので、机や椅子が移動できること。

(6) 学習目標
①「生活」を「家族」「地域」「職業」「学習」「余暇」等の諸側面から総合的に把握し、ライフサイクルを考えられるようになること。また、多様なライフスタイルから相互に様々な学びがあることを体験的に学ぶこと。
②要介護者の支援を行うために必要な、日本の社会保障や介護保険制度などの考え方と仕組みを活用できるようになること[10]。

(7) 学生の達成課題[11]
①自分自身のライフスタイルを分析し、家族、地域、職業、学習、余暇等を配慮した、ライフプランを考えられるようになること。
②要介護高齢者からの聞き取りの中で、その高齢者の生活上のニーズを聞き取れるようになること。
③上記②で聞き取れた生活上のニーズに対し、どういう生活支援手段を使えるか、第2候補まで挙げられること。
④自己の得意とする生活支援手段（関連法令・システムなど）に関して、事例を挙げて適用例を適切に紹介できること。

10) 実際に活用するのは利用者であるが専門的立場からの情報提供ができなければならない。

11) 評価ルーブリック参照（p.78）。

(8) 学習方法
①高齢者からの聞き取りなど、実際の事例を中心に学ぶ。

②要介護高齢者などの様々なニーズへの対応として、色々な生活支援手段を活用した支援プログラムを考える練習を行う。

③様々な学びを行うために、個人ワークで作成したレポート作成の相互報告を前提とした、グループ討議（お互いに学びあう）[12]を重視する。

(9) 使用教材

①参考図書として介護福祉士養成テキストがある方がよい。

②自治体リーフレット、福祉六法、高校の公民や社会の教科書、問題事例を紹介できる関連DVDなど[13]

③コマシラバス（毎回の授業展開での学び方や、ヒントや関連資料等）

(10) 学習評価方法

①評価ルーブリックを用いて学習課題達成状況（60点）。

②期末筆記試験によって、専門的な知識の習得度を評価する（30点）。

③授業への参加状況を配慮する（10点）。

※①②③の合計が60点以上で、単位修得とする。

(11) 学習に関する学生との約束事項（授業に参加するルール）

欠席をしないこと、ほぼ毎回のミニレポートを作成してくること、班での討議に積極的に意見を述べるとともに、メンバーとの連絡を欠かさないこと。

(12) 「社会の理解」の授業設計（毎回授業計画）(案)

12) 多様な考え方や意見は従来の発想からさらに広がり、より新たな発想を得られることを目指す。それを全体で共有する。

13) 適宜、理解を助けるための新聞や雑誌等の切り抜き、プリントなどを利用。テレビ番組等の活用。

回	主題	授業目標と達成課題	授業中の学生の学習内容と学習活動	教員による学習支援活動の内容と方法	学習支援上の留意点
1回目	授業ガイダンス－「社会の理解」を学ぶ	・授業での学び方（課題の出し方、討議への参加方法等）を修得する。	・実際に演習を行いながら学ぶ。学んだことを共有化する。 ・「社会の理解」基礎知識調査への回答	サンプル課題を示しつつ、演習を誘導する。演習からの学びを確認するよう支援する。 ・次回への演習課題	基礎知識調査はセンター試験の問題活用
単元1	生活の基本機能を考える				
2回目	生活の基本機能	・ICFの生活機能分類を修得する。 ・生活の総合性の理解 ・生活の概念、生活様式、生産・労働、教育・養護・保健・福祉など	ICFに要る生活機能分類に具体例を当てはめていく表を作る。概念と具体例の結びつきに多様性がある点を確認。グループ・クラスで共有化する。	・個人・家族・地域・社会のしくみと、地域における生活の構造や、生活と社会の関わりや自助・互助・共助・公助の展開についても示唆	課題：祖父母世代と親世代からライフスタイルのテーマで聞き取り
3回目	ライフスタイルの変化	・歴史的内ライフスタイルの変化 ・個々によるライフスタイルの違い ・将来、どういう変化が出てくるかを予測	・祖父母世代と親世代からの聞き書きを一定のテーマで比較した表を作成。そこから見えてきたライフスタイルに命名。 ・グループ・クラスで共有化する（以下同じ）。	・1950年頃からの科学の発達に要る生活の変化についてコメントできるように準備 ・生活条件の変化がライフスタイルに影響を与える点を示唆。未来にも触れる。	課題：祖父母世代の取材事例から、家族に関する違いを抽出しておく。
4回目	家族で楽しく暮らす	・民法から家庭生活の機能など ・独居の高齢者を例に、各種の組織の概念、組織の機能・役割、など、様々な組織が生活を支えること	・高齢者からの聞き書きをもとに、家族での暮らしの特徴をまとめる。 ・自分自身を想定しつつ、独居高齢者の生活課題と対応する資源の表を創る。	生活の基本である家族を家族の概念、家族の機能、家族の構造と形態、役割、変容等の面も確認するよう示唆	課題：市町村などの自治体が出している地域生活に関する情報を集めてくる。

回	主題	授業目標と達成課題	授業中の学生の学習内容と学習活動	教員による学習支援活動の内容と方法	学習支援上の留意点
5回目	地域の人々と楽しく暮らす	・地域社会における生活支援を知る。 ・地域共生社会を提案する背景である。 ・産業化・都市化・過疎化と地域社会の変化 ・地域包括ケアシステムが必要とされている背景。	・集めた資料や、ネットから得られる情報から、当該地域の高齢者がどんな問題にぶつかっているかを、リスト化する。 ・グループで問題解決策を立案する。	・施設入所を中心の支援から、住み慣れた地域で本人の望みに応じた暮らしを支える地域福祉に変化していることを確認する。 ・問題解決策は実際に使えるように具体的に創るように示唆	課題：①自分はどういう働き方をしたいか、②過去の働き方の何が問題になっているかをまとめてくる。
6回目	働く場で仲間と楽しく暮らす	・働くことに関する法的仕組みと、経済的仕組みに関し、具体的に理解 ・働く仲間とのトラブルの解決方法	・働きやすいように働くには、どうしたらよいか、関連法令などを調べながら立案する。 ・職場でのハラスメントなど諸問題にどう取り組むか事例をもとに立案	・労働関係の法律をどう使うか、示唆 ・賃金などから、生計を立てる経済的な考え方についても示唆 ・ハラスメント等への対応方法について示唆	課題：職業に就いてからの自分の学習課題の整理をしてくる。
7回目	学び続ける人生	・自分自身の人生設計をもとに、人生100歳時代の学習計画を具体的に立案できる。 ・要介護者の学習計画の立案ができる。	・安心して楽しく暮らしていくには何を学ばなければならないか学習計画表をまとめる（ライフプラン前提）。 ・事例をもとに、当該要介護者（家族等を含む）の学習計画を立案する。	・人生100年時代、学習内容、地域社会の学習資源、自己学習の方法等について示唆 ・家族支援の場合の基礎的情報の重要性について示唆	課題：自分の趣味や遊び。祖父母世代、親世代の遊びに関してまとめてくる。
8回目	余暇生活を楽しむ	・人生100年時代の相当の余暇が発生することを確認する。	・人生の楽しみ方のメニューを創る。 ・自分自身の将来設計を書いてみる。ライフプランを書いてみる。	・余暇の重要性 ・生活の中の遊び ・遊びの中での創造	課題：引きこもり単身者に関してのネット情報を集めてくる。
単元2	生活支援のための諸制度				
9回目	生活支援手段を使って要介護者の未来を支える	・貧困の原因と対策、生活を支える社会保障（福祉）関係制度。 ・失業、病気、無知、低所得の場合などへの対応 ・その過程での人権・個人の権利を守る制度の概要	・どうすると「貧困」になるかグループで用例集をつくる。 ・原因別の対応方法をグループで考えるとともに、内容別に日本での具体策を調べて報告する。	・貧困の原因や、その原因による対応方法と関連する日本の諸制度などについて学べるように示唆 ・問題を具体的に学ぶため、必要に応じて具体例を提示する。 ・対応法令の根拠としての憲法などにも触れる。	課題：昔の隣近所との付き合い方について祖父母世代や、親世代から聞き書きをしてくる。
10回目	地域でのつながりを活かして	・地域社会の歴史的変化や、今後の展開の予測などをまとめる（地域の違いに注意）。 ・今後の展開に、様々な地域福祉資源がどう使えるかを確認していく。	・聞き書きをベースに、地域での付き合いがどう変化してきたのかを年代順に整理する。 ・その内容に関し、自分達の意見（こうしたい）をまとめる。それを実現したら、どうなるかを推測する。	・15～20年単位での大まかな年表を創るよう示唆 ・自分達の意見を加えるよう示唆 ・住みやすい地域共生社会を創っていくにはどうすればよいのかをまとめるよう示唆	課題：新聞記事から最近の福祉問題を抽出してくる。
11回目	生活を支える基本システム	・少子高齢化に伴う人口動態の変化と、持続可能な社会保障制度 ・日常生活の中での生活支援システムを探せる。 ・昔と今の比較から、未来を考えられるようになる。	・暮らしの中で、どのような福祉問題が発・派生しているのか、新たな目で分類・整理をする。 ・基本的保障制度と地域を踏まえて、引きこもり、いじめ、プライバシー侵害など、新しい問題への対応を考える。	・人々の日常生活と、社会保障制度が結びついていることを確認させるとともに、社会保障の現状と課題を捉えるよう示唆する。 ・年金制度がなかった時は、老後はどういう生活だったかにも触れておく。	課題：高齢者が幸せに暮らせるというのは、どういう状態かをできるだけ多くの側面から考えてくる。

回	主題	授業目標と達成課題	授業中の学生の学習内容と学習活動	教員による学習支援活動の内容と方法	学習支援上の留意点
12回目	高齢者の幸せを支える	・人生の幸せが、高齢期に現れるのを知る。 ・「幸せ」を創っていく高齢者自身や介護福祉士を含む周囲の努力の内容整理 ・本人たちの努力を支える諸制度を確認し、努力と諸制度との関係整理	・1日の高齢者の暮らしを詳しく書き出し、何に困っているかをリスト化する。 ・幸せを邪魔している内容を抽出する。 ・どうしたら困らなくなるのか、取り組むべき目標を設定する。 ・目標に基づく支援計画を創ってみる（様々な資源を活用して）。	・昔の家庭での女性や男性の役割や仕事と、現在のそれを比較して、「幸せ」の内容を考える。 ・「幸せ」の内容を考えるよう示唆 ・目標設定、実現に向けての計画、その時の資源の探索と活用の仕方、等を一つひとつ具体的に確認するよう示唆する。	課題：30代40代の身体などの障害者の暮らしと、70代以上の要介護高齢者の暮らしを比較した表を作ってくる。
13回目	要介護者への社会的支援システム	・介護保険制度の目的、概要と利用の流れを確認（障害者支援の制度と比較しながら） ・**介護予防**、自立支援、などの進め方についても考えられるようになること	・作成して来た比較表を使って、改めて介護の目的、活動内容等を考える。 ・障害者福祉の制度と、高齢者福祉の制度は、どこが違うのかをまとめてみて自分たちの意見もまとめる。 ・支援制度の内容と、使い方を自治体発行のパンフレットも使って表にする。	・介護保険制度創設の背景及び目的や、介護保険制度の動向、制度のしくみの入門的知識を身に着けるように示唆。 ・人間の尊厳と自立に関わる権利擁護や個人情報保護など基本的な考え方としくみを活用する示唆	課題：「障害者」関連の構成的宣言などと、それに対応する日本の制度に関する比較表を作る。
14回目	障害者の人生を支える	・障害者福祉制度について、障害者福祉の動向、法的定義、法律と制度 ・障害者総合支援法の背景と目的、概要、導入の経緯、障害者権利条約、障害者基本法、障害者差別解消法	・作ってきた比較表を基に、国際宣言と日本の制度はどこがどう違うのかを整理していく（表にまとめる）。 ・この表を踏まえ、ここまでの学習内容を踏まえて、教員より示された事例問題の解決目標の設定、支援計画を立案	・国際基準との違いを自覚するように、また、どちらが優位なのか根拠を着けて述べられるように示唆する。 ・問題解決学習用の事例を提供する。	課題：ここまでの学びを踏まえて、自分のライフプランを作ってくる。
15回目	まとめと学習効果測定	・社会の中で生きることを、自分の人生プランを創ることで表現できるようになる。	・お互いのライフプランからの発見について意見交換を行う。 ・学習効果測定問題に取り組む。	・学びの内容を、適切に言語化するように手助けする。	

7 「社会の理解」の学習効果測のためのルーブリック

評価視点 \ 評価基準	特に…できる	標準的…できる	最低限…できる	努力が必要（不合格）
自分自身のライフプランを考える。	自分自身を分析し、家族、地域、職業、学習、余暇等を含むライフプランを作れる。	自分自身を分析し、家族、職業、余暇（3条件以上）を配慮した、ライフプランを作れる。	家族、職業、余暇（3条件以上）等を配慮した、ライフプランを作れる。	形だけはライフプランを考えられる、もしくはできない。
高齢者の生活上のニーズを聞き取れる。	右に加え、聞き取ったニーズをいくつかのカテゴリーに分類整理できる。	要介護高齢者から、生活上（介護上を含む）のニーズを数項目聞き取れる。	高齢者からの聞き取りで、生活上のニーズを数項目聞き取れる。	聞き取りができない。聞き取っても資料としてもまとめられない。
ニーズに対し生活支援手段を使えるか。	右に加え、聞き取れたニーズに対し、2つ以上のパターンを準備できる。	右に加え、当該支援手段を用いた支援計画を作成できる。	聞き取れたニーズの解決目標を考え、2つ以上の支援手段を挙げられる。	ニーズに対し、二つ以上の支援手段を挙げることができない。
生活支援手段に関して、事例を挙げて適用例を紹介できる。	右に加えて、目標設定、計画、実行上の留意点などを含めて説明（2400字以上）。	右に加えて、手段、もしくは適用事例の復習を使って紹介できる（1200字以上）。	生活支援手段1つについて事例を挙げて適用例を紹介できる（600字程度以上）。	生活支援手段について、事例を挙げて適用例を紹介できない。

---

column

ルーブリック評価表の表現方法

　ルーブリック評価とは簡単に言えば、評価すべき課題の見るべき側面（視点）を整理したうえで、その側面ごとに何ができるかを段階的に整理して、1つの表にまとめた物である。

　近年、単純な○×的な回答では測定が難しい力量（コンピテンシー）評価が課題になることが多くなり、そのために、ルーブリック評価が増えてきている。介護福祉教育の分野でも、対人援助に関わる内容に関しては、知識があっても、実際にできなければ意味がない。その意味では、できるかどうかを評価するためには、何らかの実行する課題に関し、その実行状況を評価者が変わっても共通にかつ適切に評価できる仕組みが必要である。その仕組みとしてルーブリックが活用される傾向がある。複数の評価者が、共通に評価できるためには、ルーブリック評価表の表現を複数の人が間違いなく共通に理解する必要がある。そのため、共通に理解できる表現かどうかを確認する作業が重要である。また、ルーブリック評価表は評価基準であるから、学生の学習目標でもありえる。そのためにも、具体的で分かりやすい表現が重要である。

（川廷　宗之）

第5節 「選択科目」の学習支援方法

「人間と社会」領域では割り当てられている240時間[1]の中で、90時間が選択科目として、養成校が独自に科目を編成することが認められている。この自由に科目を編成できるというのは重要なことである。が、同時にただでさえ足りないと考えられる「人間の尊厳と自立」なども考えると、かなり慎重な科目編成[2]が必要である。以下、1つの事例として、現場では非常に需要が高い「福祉レクリエーション」科目の授業設計等を紹介しておく。

1 選択科目の重要性・必要性（なぜ学ぶのか）

介護福祉士は高齢者、障がい者だけではなく障がい児まで幅広い利用者を対象に支援を行う。そのため、介護福祉士が学ぶべき知識や技術も、幅広い分野が必要となる。各養成校では、進路等を考慮し、それぞれ独自に特色を活かし、魅力ある選択科目を提供し、学生達は自分が将来目指す、介護福祉士に必要な選択科目を自ら主体的に選び学べるようにする必要がある。

例えば、「福祉レクリエーション」を選択科目として配置することで、身体介護のみではなく、生活に楽しみの時間を提供し、生きる意欲が持てるようなレクリエーションの支援を行うことができる介護福祉士を目指すことができると考える。

2 旧課程から新課程へ―変化した点（授業設計への反映）

旧課程では、「人間と社会の理解」における領域の目的、特に選択科目について、「介護を必要とする者に対する全人的な理解や尊厳の保持、介護実践の基盤となる教養、総合的な判断力及び豊かな人間性を涵養する」つまり、専門職としての人間性や教養を重要視していた。新課程では、「介護実践を支える教養を高め、総合的な判断力及び豊かな人間性を養う」とされ、特に介護実践を重要視している。

具体的な例示などについての比較は、表2-5-1である。具体的な指定はほとんど変化がないが、④⑤の項で新課程では、「様々な文化や価値観を背景とする人々と相互に尊重し合いながら共生する社会への理解や、国際的な視野」が入っている[3]。そのため、国際化としては、EPA（経済連携協定）や技能実習制度（介護職種の追加）、留学生の在留資格（介護）の追加などを踏まえ、「介護と国際化」についても取り上げておく必要があるだろう。

---

[1] これは、「こころとからだ」および「医療的ケア」に割り当てられた時間350時間に比べても少ない。

[2] 本書では、選択科目90時間の内容について詳しく紹介していない。この点については、拙編著『介護教育方法論』（弘文堂）pp.67-82に、選択科目を「介護の基盤となる基礎知識を習得する科目」として、「生命科学」や「協働・組織活動入門」、「現代社会の理解」について取り上げているので、参照されたい。

[3] 新課程では、特に現場での介護実践に役立つ（使える）カリキュラムになるよう配慮している。

表 2-5-1　教育課程比較表

旧課程	新課程
①生物や人間等の「生命」の基本的仕組みの学習 ②数学と人間の関わりや社会生活における数学の活用の理解と数学的・論理的思考の学習 ③家族・福祉、衣食住、消費生活等に関する基本的な知識と技術の学習 ④組織体のあり方、対人関係、(リーダーとなった場合の) 人材育成のあり方についての学習 ⑤現代社会の基礎的問題を理解し、社会を見つめる感性や現代を生きる人間としての生き方について考える力を養う学習 ⑥その他の社会保障関連制度についての学習	①生物や人間等の「生命」の基本的仕組みの学習 (科目例：生物、生命科学) ②社会生活における数学の活用の理解と数学的・論理的思考の学習 (科目例：統計、数学 (基礎)、経理) ③家族・福祉、衣食住、消費生活等に関する基本的な知識と技術の学習 (科目例：家庭、生活技術、生活文化) ④現代社会の基礎的問題を理解し、社会を見つめる感性や現代を生きる人間としての生き方について考える力を養う学習 (科目例：社会、現代社会、憲法論、政治・経済) ⑤様々な文化や価値観を背景とする人々と相互に尊重し合いながら共生する社会への理解や、国際的な視野を養う学習 (科目例：国際理解、多文化共生) ⑥その他の社会保障関連制度についての学習 (科目例：労働法制、住宅政策、教育制度、児童福祉)

3　選択科目の学習展開

　旧課程では、「人間と社会」の領域240時間のうち、必修科目が120時間であり、残り120時間は選択科目とされていた。しかし新課程では、「人間関係とコミュニケーション」が30時間以上から60時間以上に増えたことで、選択科目は90時間と減少した。したがって一例としては、表2-5-2に見るように、介護福祉士にとって必要な「福祉レクリエーション」や、近年の介護の状況を踏まえ、「介護における国際化」、「子どもの貧困や虐待」など社会で課題となっている領域を選択科目で配置し、その選択科目から3科目以上（90時間以上）を履修するといった方法があり得る。

表 2-5-2　選択科目カリキュラムツリー

1年前期	1年後期
福祉住環境 現代社会と教育	家庭生活Ⅰ（調理） 福祉レクリエーション
2年前期	2年後期
介護と国際社会 家庭生活Ⅱ（裁縫）	子ども家庭福祉 生活の中の統計

4　授業の質を上げるために――関連文献や、資料など

　選択科目では、介護福祉士として必要な幅広い知識・技術について主体的に学ぶことができるよう、最新の統計データや関係諸法律、社会の問題について、常にアンテナを張り、情報を集める必要がある。

　そのため、先行研究や実践報告についても、常にチェックしている必要がある[4]。

4) チェックするサイトとしては以下のようなものがある。
・CiNii Articles
https://ci.nii.ac.jp/
・Google Scholar
https://scholar.google.co.jp/

5　(例示)「福祉レクリエーション」の授業設計（案）

　今、福祉レクリエーションを学ぶ意味として以下のような点が挙げられる。

　介護保険制度が導入され20年余りが過ぎ、要介護高齢者数は年々増加している。また、認知症高齢者数は2012（平成24）年の462万人つまり65歳以上高齢者の約7人に1人から、2025年には約5人に1人になるとの推計もある。介護や認知症の予防や進行を抑えるためには、薬物療法の他に非薬物療法として、レクリエーションの活用があり、レクリエーションを行うことで、楽しみを提供し、生きる意欲が向上すると考える。

　しかし現場の介護職員は、レクリエーションに対する知識・技術の不足[5]や人手不足のため、十分にレクリエーションを行うことができず、いつも同じようなレクリエーションに終始したり、認知症高齢者のBPSD（心理・行動症状）に振り回され身体介護だけで精一杯という現状も見られる。

　そのため福祉レクリエーションを学ぶことで、利用者の状況・状態にあった、個別的なレクリエーションを行う力を身につけることができる。

　また介護福祉士を目指す学生達が、現場で実際に使える福祉レクリエーションの知識や技術を学ぶことで、介護が必要な利用者のQOL（生活の質）が向上し、介護予防や認知症の進行予防にもつながると考える。

(1) 授業科目名
　福祉レクリエーション

(2) 授業担当者名
　○○○○

(3) 受講学生に関する留意事項
　18歳新卒学生については、学生の性格に配慮し、リーダーシップがとれる学生を各グループに適切に配置する。

　グループワークの際は、1グループ6～7名とし、男女、18歳新卒学生と社会人学生、外国人留学生をバランスよく配置する。

　演習の中で、身体を動かして参加する授業があるが、配慮が必要な学生については、その都度相談の上、できる限り参加できるよう配慮する。

(4) 開講コマ条件
　30時間の授業として、週1回2コマ連続（180分）×8回として構成。

(5) 開講教室
　グループワークを行うため、机が移動式の教室を使用。実技は、体育館およびテニスコート等を使用。授業の中で指示する。

(6) 学習目標
①人生の中で生活を楽しむレクリエーションは重要な意味を持つことを理

---

[5] 今後のデイ・サービスなどでの、自立支援、介護予防などを考えると、レクリエーション活動は極めて重要である。しかし、介護職員自身があまり（例えば、キャンプなどの）レクリエーション経験のない人も多く、介護職員が仕事の中で最も担当したくない仕事としてレクリエーションが挙がるといった調査結果もあるように、レクリエーションの理論や技術を学ぶ必要性は高い。
また、2007年改訂以前の介護福祉士養成教育課程ではレクリエーションが科目として存在し、養成課程の卒業生はレクリエーションのできる介護福祉士として重宝がられていたということも記憶される。

解・確認する。

②レクリエーションを提供する自分自身も参加するプレイヤーになるのが基本であるから、楽しめるのだという点を体験的に確認する。

③利用者一人ひとりの希望を踏まえPDCAを踏まえた、レクリエーション支援計画の立案・実施。評価ができる。

④高齢であったり障がいのある利用者を理解するとともに、心身の状況に応じたレクリエーションプログラム[6]の提供ができる。

⑤人によって様々なレクリエーションが考えられるので、特定の枠組にははめられないことを理解する。

(7) 学生の達成課題

①利用者を取り巻く環境や、状況をアセスメントした上で、PDCAを踏まえたレクリエーション支援計画を立案し、実施・評価することができる。

②利用者一人ひとりの心身の状況に応じた、レクリエーションを提供できる。

6) レクリエーションプログラムの内容は多岐にわたる。高齢者が取り組みやすいアート・ワークなどについて多少、例示をすれば絵画制作、陶芸、日曜大工、俳句や短歌、書道、ぬり絵、折り紙、手芸、華道、茶道、などが挙げられる。

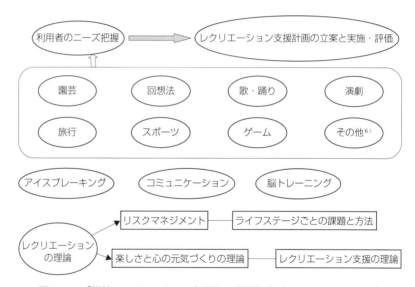

図2-5-1　「福祉レクリエーション」科目の学習構造（カリキュラムツリー）
（作図−吉田志保）

(8) 学習方法

①アクティブラーニングを活用し主体的に授業に参加し、レクリエーションを楽しむ体験を折り込んだ学習方式をとる。

②事例や、ロールプレイ、グループによる討議や発表など、学生参加型の授業を中心に行う。

(9) 使用教材（例示）

　　公益財団法人日本レクリエーション協会編『楽しさをとおした心の元気づくり―レクリエーション支援の理論と方法』日本レクリエーション協会,2017.

(10) 学習評価方法

①出席（リアクションペーパーの提出）(40点)
②課題提出（レクリエーション支援計画を作成する）(30点)
③グループワーク・発表への貢献度 (30点)

(11) 学習に関する学生との約束事項（授業に参加するルール）

①演習には積極的に参加する。
②授業に関係のない物も含めすべて授業内で活用する可能性があることをあらかじめ確認しておく。

(12) 授業の質を上げるために―関連文献や、資料など

　福祉レクリエーションについては、理論と実践が結びつくように、両方を関連付けながら、楽しい体験ができる授業を心がける。

　また、様々な対象者（例えば、高齢者、発達障害の子どもなど）について、どのような点に留意したらいいのかを考えながら、レクリエーション計画を立案していく必要がある[7]。

7）日本レクリエーション協会『楽しさの追求を支える理論と支援の方法―理論に根ざした福祉レクリエーション支援の方法』事例でなっとく！よく分かる福祉レクリエーションサービスマニュアル1．日本レクリエーション協会，2013．

(13) 毎回の授業設計（案）

回	主題	授業目標と達成課題	授業中の学生の学習内容と学習活動	教員による学習支援活動の内容と方法	学習支援上の留意点
単元1	アイスブレーキングからレクリエーション導入について					
1回目	レクリエーションの意義と目的	①レクリエーションの意義と目的を理解する。②楽しさと心の元気づくりについて理解する。③ライフステージごとの課題と方法について理解する。	①注意事項と単位取得条件を聞く。②資料を見ながら、レクリエーションの意義と目的を記入する。③グループになる（6~7人）。④グループで高齢者の事例について話し合う。⑤ライフステージごとの課題について、事例の写真を参照し、話し合う（子ども・障害者）。⑥グループで発表⑦振り返りを記入する。	①注意事項と単位取得条件を説明②レクリエーションの意義と目的について資料配付③施設に入所中の高齢者の事例について、「楽しさと心の元気づくり」の視点からグループで討論する。④机内巡回⑤ライフステージごとの課題と方法について、写真を用い話し合うよう伝える。⑥グループごとに発表を促す。	カリキュラムを学生に配付　資料および振り返り用紙を配付
2回目	アイスブレーキング	①アイスブレーキングを体験し理解できる。②コミュニケーションを円滑に行い、信頼関係のきっかけを作る。	①アイスブレーキングの説明と実施②「グーパー」、「じゃんけん電車」実施③6~7人のグループのまま机に移動④ジェスチャーゲームの題材を考える。⑤作った題材を教員に提出⑥ジェスチャーゲームを行う。⑦振り返りを個人で記入した後、グループで共有する。	①アイスブレーキングの説明と実施②「グーパー」、「じゃんけん電車」説明③机に移動④ジェスチャーゲームの題材（1グループ10個）を考え紙に記入する。⑤グループで考えた題材を教員が集めランダムに伝える。⑥ジェスチャーのみでメンバーに当ててもらう。⑦振り返り記入し、グ	振り返り用紙を配付。アイスブレーキングの際は、場を盛り上げるように声をかける。

回	主題	授業目標と達成課題	授業中の学生の学習内容と学習活動	教員による学習支援活動の内容と方法	学習支援上の留意点
			⑧クラスで、グループで出た振り返りを発表する。	⑦グループで共有 ⑧クラスで発表 ⑨まとめ	
単元2	さまざまな利用者に対するレクリエーションの実際				
3回目	さまざまな利用者に対するレクリエーション① (対象者) 車椅子使用者、視覚障害者、高齢者など	①視覚障害者を理解する。 ②レクリエーションを通して、利用者の困難や配慮すべき事項に気づく。	①グループを作る。 ②「卓球バレー」の説明を聞く。 ③チームで作戦会議を開く。 ④トーナメント方式で試合を行う。 1試合ずつ交代で、視覚障害役を行い、学生は、アイマスクを使用して参加する。 ⑤待っている間は、ほかのチームを応援する。 ⑥表彰式に参加 ⑦振り返りを記入 ⑧まとめ	①グループを作る。 ②卓球バレー実施 ③板を持ち卓球台をグループで囲む。 ④球は転がると音が鳴る球を使用 ⑤3回以内に相手側に返球 ⑥21点先取。サーブは2回交代。 ⑦1ブロック3チームで総当たり ⑧1位・2位トーナメントに分け試合。順位決定戦も実施 ⑨表彰式実施 ⑩振り返りを記入 ⑪総評とまとめ	(次回アサインメント) 昔の懐かしい遊びや題材を見つけ次回持参 題材がない場合は、ネットから写真などを探す。
4回目	さまざまな利用者に対するレクリエーション② (対象者) 認知症、高齢者など	①認知症の利用者に対するレクリエーション支援を理解する。 ②回想法について理解する。	①題材を持って、グループになる。 ②題材を使って、順番に話をしたり、実際に使用してみる。 ③題材についての思い出を話し合う。 ④グループ替えのため、じゃんけん。 ⑤2回目のグループでも回想法を行う。 ⑥振り返りシートに個人で記入する。 ⑦振り返りをグループで共有する。 ⑧振り返りをクラス内で発表する。 ⑨まとめを聞く。	①題材を机の上に出すよう伝える。 ②グループを作る。 ③題材を使って実際に遊ぶ。写真はどの時代かを説明し、思い出を話す。 ④じゃんけんでグループメンバーを変え、回想法を実施 ⑤2回の回想法を通しての振り返り記入 ⑥グループで振り返りを共有 ⑦クラスで発表 ⑧回想法についての説明と、まとめを伝える。	【次回の提示】 次回の授業は、車椅子テニスを行うため、動きやすい服装と、動きやすい靴にあらかじめ着替えておくこと。
5回目	さまざまな利用者に対するレクリエーション③ (対象者) 身体障害者、車椅子使用者 ※スポーツプログラムは、会場の条件に対応してメニューを変える。体育館で行う場合、教室で行う場合、野原や公園で行う場合など色々ありえる。内容のスポーツはそれに即して考えればよい。	①障害者スポーツに対する理解を深める。 ②パラリンピックについて学ぶ。 ③車椅子テニスを体験し、支援方法を学ぶ。	①ゲストについて説明を受ける。 ②障害者スポーツ、パラリンピックについての説明を受ける。 ③車椅子テニスのルールを考える。 ④テニスコートに移動する。 ⑤ゲストのマッチを観戦、応援する。 ⑥車椅子テニスの体験を行う。 ⑦振り返りの記入 ⑧クラスで振り返りをシェアする。	(ゲストがいる場合) ①ゲストの紹介 プレーの映像流す(ゲストがいない場合は教員が説明)。 ②パラリンピックについて説明 ③車椅子テニスのルールを考える。 ④正解(2バウンドまでOK。それ以外は同じ)を伝える。 ⑤移動(ゲストがいる場合) ⑥ゲストが試合を行い学生応援 ⑦競技用車椅子に乗り実際に動かし球出しで打つ。	競技用車椅子(1台準備)、ラケット、テニスボール準備。 テニスコートがない場合は、ジュニア用のスポンジボールで教室等で体験する。 【次回の提示】 次回、「コラージュ」を作成するための材料(学生が、興味がある雑誌、パンフレット等)持参すること。 なお、材料は切り取ってもよいもの。

回	主題	授業目標と達成課題	授業中の学生の学習内容と学習活動	教員による学習支援活動の内容と方法	学習支援上の留意点
				⑧振り返り記入 ⑨クラスで共有 ⑩次回提示	
6回目	さまざまな利用者に対するレクリエーション④ （対象者） 精神障害者、高齢者、子どもなど	①芸術療法について理解する。 ②コラージュ療法について理解し、実施できる。	①6～7人のグループになる。 ②芸術療法、コラージュ療法の説明を受ける。 ③コラージュ作成を行う。 ④作品のテーマを画用紙の裏に記入する。 ⑤グループで作品と意図を共有する。 ⑥他のグループの作品を見に行く。 ⑦クラス内のボードに、作品を手分けして貼る。 ⑧振り返り記入 ⑨振り返りをグループで共有する。 ⑩クラスで振り返りを共有する。	①グループになる。 ②説明する。 ③「興味があるもの」というテーマで切り取り、画用紙に自由に張り付ける。 ④マジックで自由に書き込んでもよい。 ⑤机間巡回 ⑥作品にタイトルをつける。 ⑦グループで作品と意図を共有する。 ⑧他のグループの作品を見に行く。 ⑨クラス内に出来上がった作品を手分けして貼る。 ⑩振り返り記入 ⑪グループで振り返りをシェアし、クラス内で発表する。 ⑫まとめ	学生が持参した「興味がある雑誌やパンフレット」を使用。グループごとに、のり、ハサミ、マジック、A3の画用紙を配付
	室内創作の授業もメニューはコラージュでなくともさしつかえない。グループごとに違うメニューという場合があってもかまわない。ただし、授業プロップスは、ほぼ共通になる。				
単元3	レクリエーション支援計画と実施				
7回目	レクリエーション支援計画を立案する。	①レクリエーション支援計画の意義と目的を理解できる。 ②レクリエーション支援計画を立案できる。	①レクリエーション支援計画についての説明を聞く。 ②立案するための対象者や場面を自分で決定する。 ③用紙にレクリエーション支援計画を記入する。 ④完成後教員に提出 ⑤発表会の順番、司会者、タイムキーパーを決める。	①レクリエーション支援計画の意義と目的、立案方法説明 ②対象者や場面を学生が決め、個人でレクリエーション支援計画を立案する。 ③机間巡回 ④アサインメント提示 ⑤発表会の順番、司会者、タイムキーパーを決める。	用紙を配付 【次回アサインメント】 レクリエーション支援計画を次回授業前日までに提出
8回目	レクリエーション支援計画の実施	①自分で立案したレクリエーション支援計画が実施できる。 ②実施したレクリエーションを振り返り、評価・修正を行うことができる。	①6～7人のグループになり、レクリエーションを実施する。 ②他の学生のレクについて評価を記入 ③グループで最高得点の学生を代表としてクラスで発表する。 ④司会・タイムキーパーは司会進行する。発表者以外は、レクの参加者となる。 ⑤発表会の振り返りと授業の振り返りを記載する。	①グループごとに、交代で計画を実施（1人10分）。 ②机間巡回 ③利用者役の学生は役割演技を実施 ④他の学生は点数をつける。 ⑤各グループで高得点を取った学生がクラスでレク実施 ⑥順番にレクリエーションを実施 ⑦振り返りを記入 ⑧総評を伝える。 ⑨まとめ	レクリエーション支援計画をコピーし、全員分を配付する。

(14) 科目としての評価ルーブリック（達成課題への対応）

学生自身がレクリエーション支援計画を立案し、設定に応じた利用者への対応ができ、レクリエーション終了後の評価を行うことが十分できることを評価の視点とする。

評価視点＼評価基準	特に…できる	標準的…できる	最低限…できる	努力が必要（不合格）
A レクリエーション支援計画	利用者の状態に応じた、レクリエーション支援計画の立案ができ、実施時も進行が止まらず、実施できた。	利用者の状態に応じた、レクリエーション支援計画の立案ができたが、実施時、進行が滞った。	利用者の状態に応じた、レクリエーション支援計画の立案ができたが、実行が困難であり課題が見られた。	利用者の状態に応じたレクリエーション支援計画が立案できていない。
B 心身の状況に応じたレクリエーション	利用者役の学生に対して、適切に対応し、レクリエーションが実施できた。	利用者役の学生に対して、対応できたが、対応方法に課題があった。	利用者役の学生に対して、対応できたが、対応方法が間違っていた。	利用者役の学生に対して、対応できなかった。
C PDCAの実施・評価	レクリエーションを実施後、根拠に基づいた評価を行い、適切に再アセスメントを行えた。	レクリエーションを実施後、根拠に基づいた評価を行ったが、再アセスメントは不十分である。	レクリエーションを実施後、評価を行ったが、根拠に基づいていない。	レクリエーションを実施後、評価を行うことができなかった。

---

column

シラバスと授業設計（計画）の重要性

　本書には、各科目ごとに授業設計（計画）が掲載されている。小中高のように学習内容を学習指導要領で定められていない高等教育では、個別の授業内容は教員が作成しなければならない。高等教育での授業を「講義」として行われていた頃は、その計画は担当教員の頭の中だけにあった。しかし、学生が教員と共に新たな知の世界を創り出していく、アクティブラーニングになってくると、学生と共通に理解できる学習計画が必要になった。この学習計画をまとめて学生に提示されているものが「シラバス」である。したがって、このシラバスはアクティブラーニングの授業展開の中で、極めて重要であり、シラバスの質が授業の質を表すと言っても過言ではない。

　しかし、シラバスがあればそれでよいわけではない。学生が主体的に学ぶ過程で、特に先行研究を批判的に検討するなど、知識の修得とその活用方法を同時に考えるという訓練が必要である。そのためには、どういう先行研究（教材など）を使ってどういうプロセスで検討を進めるのかに関して、一定の「仕掛け（演出）」が必要である。単に毎回の授業構成（→授業案）を考えるだけではなく、当該科目全体での学習目標に到達するために、最も効果的に学べる「仕掛け」を考える必要がある。この考えをまとめたのが、「授業設計」である。

（川廷　宗之）

第3章
「介護」の学習支援

第1節　「介護」領域での学習課題と学習支援

1　領域としての教育目標―何故この内容を学ぶ必要があるのか、その重要性

　介護福祉士は生活を支援する実践において専門性を発揮する専門職であるため、介護福祉士養成カリキュラムにおいて中心となる学問領域は「介護」領域と言える。2007（平成19）年度の社会福祉士及び介護福祉士養成課程における教育内容等の大きな見直し[1]の際には、介護が実践の技術であるという性格を踏まえ、①その基盤となる教養や倫理的態度の涵養に資する「人間と社会」、②「尊厳の保持」「自立支援」の考え方を踏まえ、生活を支えるための「介護」、③多職種協働や適切な介護の提供に必要な根拠としての「こころとからだのしくみ」の3領域に再構成された。

　介護は日常生活上に支障がある生活者に対する「生活」を支える実践科学であることから、利用者を全人的に捉え、根拠に基づく適切な介護過程を介護実践の場で展開する必要がある。そのためには、領域「こころとからだのしくみ」「人間と社会」との関連性を踏まえ、領域「介護」の学習を展開する必要がある。つまり、領域「介護」のねらいは、介護福祉の専門職としての価値・倫理を学び、介護福祉実践を展開するための知識・技術ならびに介護実践現場での学習を通して理論と実践の融合化を図り、介護福祉実践に必要な観察力・判断力および思考力を養うことを目的としている。今回、新課程で示された領域「介護」の教育目的[2]に、「各領域での学んだ知識と技術を統合し、介護実践に必要な観察力・判断力及び思考力を養う」ねらいが追加され、より介護福祉の専門性、目指すべきねらいを明示することになった。

　介護実習は利用者の日常生活に直結する。そのため、教育目的を達成するにあたり、領域「介護」の十分な学習をしないまま介護実践の場に行けば、利用者に危害や不利益を及ぼす危険性があることを十分認識して教授しなければならない。つまり、最低限何をどこまで習得し、介護福祉実践の場に送り出すかが重要である。介護実習は実際に利用者と触れ合い、生活支援技術の体験的な学びをすることは、学生のその後の成長につながる。一方、利用者に不注意から怪我をさせる、配慮のない対応をするなど危険性も生じる。

1）社会福祉士及び介護福祉士法は、1987（昭和62）年に制定され、2007（平成19）年に大きな改正があった。
厚生労働省ウェブサイト「介護福祉士制度の見直し」平成19年4月26日。

2）領域「介護」の目的
①介護福祉士に求められる役割と機能を理解し、専門職としての態度を養う。
②介護を実践する対象、場によらず様々な場面に必要とされる介護の基礎的な知識・技術を習得する。
③本人、家族等との関係性の構築やチームケアを実践するための、コミュニケーションの基礎的な知識・技術を習得する。
④対象となる人の能力を引き出し、本人主体の生活を地域で継続するための介護過程を展開できる能力を養う。
⑤介護実践における安全を管理するための基礎的な知識・技術を習得する。
⑥各領域での学んだ知識と技術を統合し、介護実践に必要な観察力・判断力及び思考力を養う。
厚生労働省社会・援護局「『社会福祉士養成施設及び介護福祉士養成施設の設置及び運営に係る指針について』の一部改正」（平成30年8月7日社援発0807第2号）。

そのため、学内での学習を十分習得することが重要である。

2　教育内容—特に注意すべき点

　領域「介護」の教授内容は、「介護の基本」180時間、「コミュニケーション技術」60時間、「生活支援技術」300時間、「介護過程」150時間、「介護総合演習」120時間、「介護実習」450時間で構成され、領域「介護」の全体では、1260時間[3]を要する内容となっている。それぞれの教授内容、ねらい、教育に含む事項については、第2節以降の各単元で説明する。

　この領域「介護」で特に注意すべきは、各教授内容の関連性と独立性であると考える。介護は日常生活上に支障がある利用者に対して、適切な介護実践を展開する点では、どの教科も共通しており関連性が強い。しかし、それぞれの教育に含むべき内容を踏まえながら、その教科で何を教授するかが重要となる。例えば、対人援助の基本を教授する「コミュニケーション技術」[4]では、コミュニケーションの基本技術や利用者の特性に応じたコミュニケーション、家族・チームにおけるコミュニケーション技術を学ぶ。各教科で共通しているが、「コミュニケーション技術」における対人援助の基本を、「生活支援技術」[5]や「介護総合演習」[6]において同じ教授内容を取りあげて教授するのではない。「コミュニケーション技術」の内容を基に、「生活支援技術」では介護を提供する場面で実際に対人援助の基本を意識しながら実施して自己評価する。「介護総合演習」では、事前・事後指導の際に実習の振り返りをしながら、コミュニケーションの重要性を学ぶ。以上、中心となる教科と関連性付けながらその教科で強調すべき内容を押さえることが重要である。つまり、各教科内容の関連性と独自性が問われてくる。したがって、各教科担当教員の連携を密にしながら、構造的に教科を組み立てていく必要がある。

　このように、領域「介護」は、「こころとからだのしくみ」[7]「人間と社会」[8]領域の教科内容を関連させながら、介護実践に必要な理論とスキルを習得していく教科である。そして、介護実践を段階的に踏み、理論と実践の融合化を繰り返すことによって、洞察力や判断力、思考力を高め、介護福祉士の専門性や実践力を強化していく科目領域と言える。

3　教育内容全体の構造図

　以上、述べたように、介護の専門性や実践力を強化していくためには、構造的に教科を組み立てていく必要がある。介護福祉士養成教育内容全体の領域「介護」における構造図は、図3-1-1のとおりである。

3）2）に同じ「介護福祉士教育カリキュラム」参照。

4）「コミュニケーション技術」第3章第3節参照。

5）「生活支援技術」第3章第4節参照。

6）「介護総合演習」第3章第6節参照。

7）「こころとからだのしくみ」第4章参照。

8）「人間と社会の理解」第2章参照。

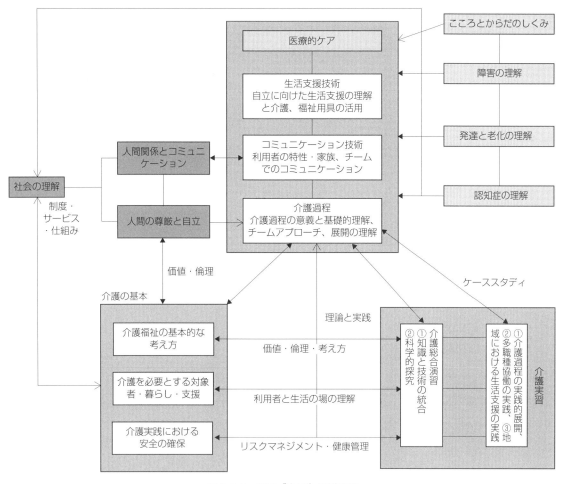

図3-1-1 領域「介護」の構造図
（作図－壬生尚美）

　まず、領域「介護」と他領域の関連では、領域「人間と社会」における「人間の尊厳と自立」[9]は、教養を高め倫理的態度を育むねらいがあり、当然、領域「介護」に関連している。介護のこれまでの時代的な変化や、介護の価値や倫理的規範を教授する「介護の基本」に影響を及ぼす。その介護の価値や倫理的規範は対人援助の基本となる「人間関係とコミュニケーション」「コミュニケーション技術」「生活支援技術」「医療的ケア」[10]の演習の際の対応の基本に関連する。また、介護の目指す目的・目標は、個々の尊厳・自立を目指した「介護過程」の科学的思考における展開と実践によって実現される。「介護の基本」「介護過程」[11]の理論的思考を、実際に「介護実習」において事例検討する中で実践力を習得していくのである。その際、利用者の想いを大切にし、障害特性や生活歴、生活習慣などから生活課題を明確にしながら、解決策を検討する点では、実際に利用者に提供する「生活支援技術」の根拠

9)「人間の尊厳と自立」第2章第2節参照。

10)「人間関係とコミュニケーション」（第2章第3節）、「コミュニケーション技術」（第3章第3節）、「生活支援技術」（第3章第4節）、「医療的ケア」（第5章）を参照。

11)「介護過程」第3章第5節参照。

第3章 「介護」の学習支援　89

となる「障害の理解」「認知症の理解」「こころとからだのしくみ」などの「こころとからだのしくみ」[12]領域との関連が重要である。

さらに、領域「人間と社会」における「社会の理解」[13]では、介護サービスが展開されている社会の仕組みを学び、「介護の基本」は、その具体的サービスの内容を利用者の生活の視点から押さえる内容となっている。そのことは、「介護実習」[14]における実習施設の機能や役割の理解につながり、実習の事前学習ともなる「介護総合演習」とも関連している。また、領域「介護」内の科目は、適切な介護実践を展開するために必要な科目構成となっている。利用者の思い・要望などを把握するために、コミュニケーション技術の基本をもとに、利用者の特性に応じた「コミュニケーション技術」を学ぶ必要がある。そして、利用者の生活課題・ニーズを明確にし、利用者主体の「介護過程」を展開していく方法論を学ぶ。そして、提供するスキルを高める「生活支援技術」を習得する。また、その実践力を高めるために段階的に「介護実習」を行い、その事前事後指導を教授する「介護総合演習」で構成されている。

このように、新たに追加された領域「介護」の教授目的にあるように、各領域の学びを統合させ、有機的に構造化させることが重要である。

4　教育方法の工夫―アクティブに学ぶ方法―

領域「介護」は、知識習得・演習・実習を伴う教科であるため、それぞれの教科を関連付けて時間割を組み立て、アクティブに学ぶことが重要である。また、1コマの授業においても、講義（知識習得）・演習・実技を取り入れ、アクティブに学ぶ方法を工夫することが求められる。

領域「介護」の知識習得科目として「介護の基本」[15]がある。単にレクチャーするのではなく、グループディスカッションやプレゼンテーションなどを取り入れて、興味ある授業にしていく必要がある。また、「生活支援技術」などの演習系科目を設けている。演習をしながら習得するためには、関連する内容の知識習得、考える力を身につける演習、スキルを磨く実技を繰り返すことによって、根拠を組み立て、尊厳と自立の考えの上に立った生活支援技術を習得していく。

それぞれの科目で、いかにアクティブに学ぶかを工夫[16]する必要がある。詳しくは、各単元を参考にされたい。

5　教育者としての学び

領域「介護」は介護福祉士養成教育において、介護実践の中心的な教科で

---

12)「こころとからだのしくみ」第4章参照。

13)「社会の理解」第2章第4節参照。

14)「介護実習」第3章第7節参照。

15)「介護の基本」第3章第2節参照。

16) 川廷宗之・永野淳子編『アクティブラーニングで学ぶ介護過程ワークブック』株式会社みらい, 2016.

あることから、学習者が介護福祉を学ぼうとする意欲・姿勢や努力が、直接的に教育者への学びにつながる領域である。

　介護福祉における各単元の到達目標を到達していく学習者の成長過程は、教育者自身が、何を感じ取り、何を観察し、何を身につけ、何を学習者に教授するかによって、学習者の学びの意欲・興味・関心の持ち方に響いていく。学習者の自律的な学び[17]が、その後の学習者への感性、価値、知性、探求心につながっていくという点を考えると、教授内容や教授方法をいかに工夫することが重要かを考えさせられる。そのことが、教育者としての学びにつながり、学習者へのよりよい教授内容と方法についての検討を繰り返すことによって教育者としての成長にもなっていく。特に、中核的な領域となる「介護」を教授することを意識しながら、常に何をどのように学習者に伝えるかを、試行錯誤することによって教育者としての成長と学びを深めていくことが求められる。

　次節より、領域「介護」のそれぞれの単元の教授内容と方法について述べていく。

17) E. L. Deci & R. Flaste, R., Why We Do what We Do: The Dynamics of Personal Autonomy, New York: Putnam Pub Group, 1995.

---

column

介護福祉士業務の未来性・可能性

　人口の高齢化率がこれだけ高い（高齢者人口が多い）という現象は、歴史的に見ればごく最近の話である。特に、高齢者特有の認知症などが大きな問題になり始めてからはまだ50年程度しかたっていない。つまり、「介護」という仕事は、人類史から見れば、極めて新しい分野の仕事である。さらに、地球上の人類の高齢化が、今以上に進み、また多くの国々でこれから大幅に進むと考えられている。つまり、「介護」という仕事は未来産業である。

　未来の産業というと、現在ある多くの職種の仕事は、AI（人工知能）やロボットに代替されて無くなり、全く違う仕事が生まれると考えられている。ある意味で、介護の仕事は「新たに生まれてくる産業」の先駆けかもしれない。したがって、その内容は未完成であり、これから大きく広がり深まっていく可能性を秘めている。

　その中で、ヨーロッパの一部の国と日本は高い高齢化率を背景に、当面は「介護」で最先端を行っている。特に、「ああなりたいなあ」という幸せな人生（老後）を保障できているとは言いがたい中では、新たな開拓分野が多数あるということである。したがって、今、介護の仕事に取り組むのは、大きな可能性に向かっての、大変夢のある挑戦であるとも言える。

（川廷　宗之）

第2節 「介護の基本」の学習支援方法

本章で取り上げる「介護の基本」(180時間)は、いわば介護福祉のすべての科目の考え方のベースとなる科目である。ここでは、「介護の基本」科目の概要・考え方について押さえる。「介護の基本」の重要性・必要性について、科目の位置付け、今回のカリキュラムの変更点、教授する上での留意点などから、「介護の基本」で何を教授すべきかを考える。

1 「介護の基本」科目の重要性・必要性（なぜ学ぶのか）

介護は、利用者と支援者との相互関係[1]の中で関係性を構築し、よりよい実践を展開していくものである。そのため、支援関係の基礎となる介護の価値・倫理が重要となり、利用者の特性や生活の場の理解をするとともに、支援者側の力量や組織体制が問われてくる[2]。「介護の基本」がどのように位置付けられているのか、「介護の基本」を教授する上でどのようなことに留意すべきかを押さえる必要がある。

(1)「介護の基本」科目の位置付け

「介護の基本」は、第1節の中で述べたように、介護の基本的な考え方のベースとなる科目として位置付けることができる。

「介護の基本」[3]は、介護を必要とする対象者とその暮らしの理解を深め、支援にあたりその考え方、価値や倫理を教授する。その考え方の基本を踏まえて、「コミュニケーション技術」[4]「生活支援技術」[5]で実際にロールプレーを通してスキルを習得していく。そして、介護を必要とする人の生活を支える制度・サービスの仕組みを理解した上で、そこで関わる多職種の機能と役割について理解し、介護福祉士と他職種職との連携、協働のあり方について学ぶのがこの科目である。

また、介護実践する上で、リスクマネジメントや介護従事者の心身の健康・労働環境の整備などケアの質と安全の確保は重要である。介護を必要とする対象者・暮らし・支援や、尊厳と自立に向けた介護福祉のあり方にも関連してくる。

これらの「介護の基本」の教育内容の教育に含むべき事項を構造化させた図が図3-2-1にあたる。

---

1) M. メイヤロフ著／田村真・向野宣之訳『ケアの本質—生きることの意味』ゆみる出版, 1987.

2) 「介護」を考える時、どうしても「介護」側の発想で動く傾向が強くなる点をふまえ、利用者の生き方を含めニーズを読み取った上で、それに合わせた介護を行うように心がけなければならない。

3) 第13回社会保障審議会福祉部会福祉人材確保専門委員会
平成30年2月15日「介護福祉士養成課程のカリキュラム（案）」「介護の基本」の教育に含むべき事項を参照。

4) 第3章第3節参照。

5) 第3章第4節参照。

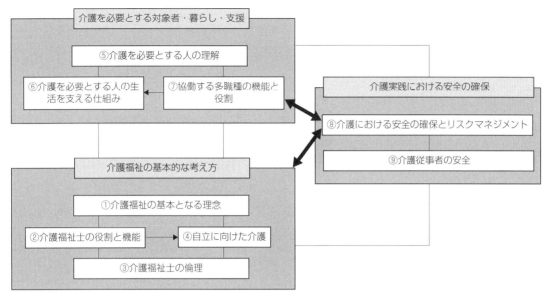

図 3-2-1 「介護の基本」の教育に含むべき事項の構造化
(作図－壬生尚美)

(2)「介護の基本」科目の留意点

　介護福祉士養成教育カリキュラムの改正の中で挙げられている「介護の基本」科目の各教育に含まれる事項の留意事項と[6]して、以下に関する9点を示している。

① 「介護福祉の基本となる理念」[7] では、介護ニーズおよび介護福祉を取り巻く介護における社会的背景と今日専門職として社会に求められるニーズを理解し、尊厳を支える介護や自立を支える介護など基本的理念を習得することを重視する内容である。

② 「介護福祉士の役割と機能」[8] では、介護を取り巻く社会状況が変化する中で、介護福祉士の活躍の場は多岐にわたり、介護福祉現場における中核的な役割を担う介護福祉士への期待を込めた内容とし、介護福祉士を支える団体についても学ぶ。

③ 「介護福祉士の倫理」[9] では、専門職としてのもつべき職業倫理を学び、様々な介護場面でどのように生かすかを問う内容である。

④ 「自立に向けた介護」[10] では、介護福祉における自立支援の意義、リハビリテーションと介護との関連性、生活を通したリハビリテーションや介護予防などを学ぶ内容である。

⑤ 「介護を必要とする人の理解」[11] では、介護を必要とする人たちの暮らしを理解するとともに、「その人らしさ」「生活のニーズ」「その人の生き方」を理解し、生活の個別性と多様性、家族介護者の理解を含めた支援のあり方

6) 3) を参照。

7) 複雑化・多様化・高度化する介護ニーズ及び介護福祉を取り巻く状況を社会的な課題として捉え、尊厳の保持や自立支援という介護福祉の基本となる理念を理解する内容とする。

8) 地域や施設・在宅の場や、介護予防や看取り、災害時等の場面や状況における介護福祉士の役割と機能を理解する内容とする。

9) 介護福祉の専門性と倫理を理解し、介護福祉士に求められる専門職としての態度を形成するための内容とする。

10) ICF「p.100 43) 参照」の視点に基づくアセスメントを理解し、エンパワメントの観点から個々の状態に応じた自立を支援するための環境整備や介護予防、リハビリテーション等の意義や方法を理解する内容とする。

11) 介護を必要とする人の生活の個別性に対応するために、生活の多様性や社会との関わりを理解する内容とする。

を学ぶ内容である。

⑥「介護を必要とする人の生活を支える仕組み」[12]では、高齢者や障害者の生活を支援している制度・サービスの理解をはじめ、地域共生社会の実現を目指した組織・団体、地域福祉の担い手を理解する必要性を求めた内容である。

⑦「協働する多職種の機能と役割」[13]では、利用者の共通の目的・目標を実現するために、複数の職種がそれぞれの専門性を発揮し多職種連携・協働を図る必要があり、チームケアにおける各専門職の機能と役割を理解する内容である。

⑧「介護における安全の確保とリスクマネジメント」[14]では、利用者の尊厳の保持と安全な暮らしを提供するためにリスクマネジメントの重要性について学び事故防止・安全対策について理解する内容である。

⑨「介護従事者の安全」[15]では、介護従事者のこころとからだの健康管理や生活を守る法制度を理解し、介護従事者の労働環境と健康や安全を守るための健康管理と整備方法を学ぶ内容である。

2　旧課程から新課程へ──変化した点（授業設計への反映）

「介護の基本」（180時間）の時間数、教育内容のねらいと教育に含むべき内容については、大きな変更はない。

教育内容のねらいは、旧課程（2007年度改正）[16]では、「尊厳の保持」「自立支援」という新しい介護の考え方を理解することを第1に考え、「介護を必要とする者」を、生活の観点から捉えるための学習としていた。介護福祉教育がスタートした当初のカリキュラム[17]は、身体介護や家事援助など実践上直接的に必要とされる科目が指定されており、「日常生活」という生活自体を捉えるまでには至っていなかった。そのため、旧課程は介護の基本的な考え方を定着させることをねらいとしていたものと考える。そして、介護における安全やチームケア等について理解するための学習とするとしていた。

新課程のねらいは、「介護福祉の基本となる理念や、地域を基盤とした生活の継続性を支援するためのしくみを理解し、介護福祉の専門職としての能力と態度を養う学習とする」としている。旧課程の「尊厳を支える介護」「自立に向けた介護」の理念をベースに、居宅・施設介護サービスが展開される地域を基盤[18]に、そこで介護を必要とする人々がよりよい生活をいかに維持するために、介護福祉士が社会福祉専門職として社会的責務を具体的にどのように果たしていくかを問うことをねらいとしている。

そのため、新課程の教育内容に含むべき事項の項目は大きく変更はない（表

---

12) 介護を必要とする人の生活を支援するという観点から、介護サービスや地域連携など、フォーマル・インフォーマルな支援を理解する内容とする。

13) 多職種協働による介護を実践するために、保健・医療・福祉に関する他職種の専門性や役割と機能を理解する内容とする。

14) 介護におけるリスクマネジメントの必要性を理解するとともに、安全の確保のための基礎的な知識や事故への対応を理解するとしている。

15) 介護従事者自身が心身ともに健康に、介護を実践するための健康管理や労働環境の管理について理解する内容とする。

16) 厚生労働省ウェブサイト「平成19年度社会福祉士及び介護福祉士養成課程における教育内容等の見直しについて」

17) 横山孝子「生活支援専門職としての介護福祉士養成カリキュラムの検証」熊本学園大学社会関係学会『社会関係研究』12(1), 2007, pp.25-56.

18) 対象者の生活を地域で支えるために、多様なサービスに対応する力が求められていることから、各領域の特性に合わせて地域に関連する教育内容の充実を図るとしている。

3-2-1)。しかし、教授項目の重みや順次性を考慮した内容となっている。旧課程の教育に含むべき内容は、①「介護福祉士を取り巻く状況」[19]、②「介護福祉士の役割と機能を支えるしくみ」、③「尊厳を支える介護」、④「自立に向けた介護」、⑤「介護を必要とする人の理解」、⑥「介護サービス」、⑦「介護実践における連携」、⑧「介護従事者の倫理」と押さえられていた。新課程の教育に含むべき事項では、①は削除され、まず、「介護福祉の基本となる理念」を押さえるところから始まる。旧課程に示されていた「尊厳を支える介護」は、新課程の想定される教育内容の例として説明されている。

次に、「介護福祉士の役割と機能」を押さえ、「介護従事者の倫理」を「介護福祉士の倫理」[20]とし、介護福祉専門職としてのあり方を問う内容に変更されている。その中の「介護福祉士の役割と機能」では、留意点が追加され「災害時等の場面や状況」[21]を新たに加えており、今日的な社会状況を踏まえた内容になっている。そして、④⑤の変更はされず、⑥「介護サービス」は具体的な生活を支える視点から、②の視点と統合化され「介護を必要とする人の生活を支えるしくみ」に変更されている。「介護実践における連携」は、多職種連携・協働の視点から「協働する多職種の機能と役割」に変更された。

「介護における安全の確保とリスクマネジメント」「介護従事者の安全」についての変更はなかった。

表3-2-1 変更前後の「介護の基本」の教育内容のねらいと教育に含むべき事項[22]

	旧課程	新課程
ねらい	「尊厳の保持」「自立支援」という新しい介護の考え方を理解するとともに、「介護を必要とする人」を、生活の観点から捉えるための学習。また、介護における安全やチームケア等について理解するための学習とする。	介護福祉の基本となる理念や、地域を基盤とした生活の継続性を支援するためのしくみを理解し、介護福祉の専門職としての能力と態度を養う学習とする。
教育に含むべき事項	①介護福祉士を取り巻く状況 ②介護福祉士の役割と機能を支えるしくみ ③**尊厳を支える介護** ④自立に向けた介護 ⑤介護を必要とする人の理解 ⑥**介護サービス** ⑦**介護実践における連携** ⑧**介護従事者の倫理** ⑨介護における安全の確保とリスクマネジメント ⑩介護従事者の安全	①**介護福祉の基本となる理念** ②介護福祉士の役割と機能 ③**介護福祉士の倫理** ④自立に向けた介護 ⑤介護を必要とする人の理解 ⑥**介護を必要とする人の生活を支えるしくみ** ⑦**協働する多職種の機能と役割** ⑧介護における安全の確保とリスクマネジメント ⑨介護従事者の安全

3 『介護教育方法論』から『介護教育方法の理論と実践』へ

『介護教育方法論』[23]では、教授内容の展開方法を「授業計画案」「指導案」として提案していたのが特徴である。しかし、『介護教育方法の理論と実践』

---

19) 以下、変更内容は傍点で強調している。

20) 生命倫理や日本介護福祉士倫理綱領等を参考にしている。

21) 地域や施設・在宅の場や、介護予防や看取り、災害時等の場面や状況における、介護福祉士の役割と機能を理解する内容とするとした。

22) 変更点を太字にして強調した。

23) 川廷宗之編『介護教育方法論』弘文堂, 2008.

では、「介護福祉教育方法」の理論を基にして、教授方法の実践を融合化することをねらいとし、実践していく方法（道しるべ）を提案しているのが特徴である。そのため、当該科目「介護の基本」では、これまで、講義を中心に教授してきた教授方法を見直す必要がある。あくまでも学生が主体となって学ぶ授業が重要である。そのため、各教授内容のポイントについて課題の提示、「調べ学習」―「グループワーク」―「プレゼンテーション」―「まとめる」と言ったように、アクティブに学習する内容[24]・方法を取り入れる必要がある。また、課題提示にあたっては、視聴覚教材などを積極的に取り入れて、実際に「感じとれる」「実感できる」教授方法を検討し、学生に印象付けられる教授内容を検討していくことも必要となる。

24）川廷宗之・永野淳子編『アクティブラーニングで学ぶ介護過程ワークブック』株式会社みらい，2016.

4 「介護の基本」科目の学習構造（カリキュラムツリー）

「介護の基本」（180時間）における厚生労働省が示す教育に含むべき事項を、どのように分類し教育内容を組み立てるかが課題となる。第2項の旧課程から新課程への中で述べたように、介護福祉は、利用者と介護従事者との相互関係の中で、介護の価値・倫理に基づいて支援関係が成立している。そのため、その9項目の教授内容[25]を、本書では、下記の学習目標を挙げ、3区分に分類して学習内容を組み立てることとした。

(1) 介護福祉の基本的な考え方を学ぶ科目（介護の基本A：図3-2-2）

25）第2項(2)教育に含むべき事項を参照。図3-2-2～3-2-4は、3区分に分類した際に、教育に含むべき事項と、想定される教育内容例を示している。

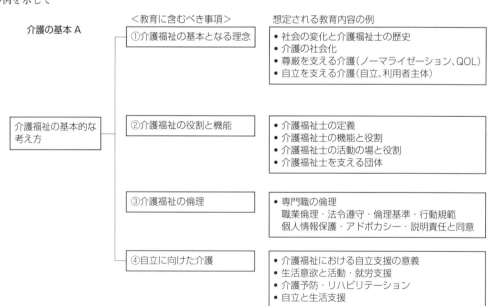

図3-2-2 介護の基本Aの教授内容
（作図－壬生尚美）

(2) 介護を必要とする対象者・暮らし・支援に関する基礎知識を学ぶ科目（介護の基本B：図3-2-3）
(3) 介護における安全の確保に関して理解する科目（介護の基本C：図3-2-4）

　また、厚生労働省の介護福祉教育に含むべき事項には示されなかったが、今後、人口減少、科学技術の発展、高齢者の価値観の変化などにより、介護を必要とする人の生活も急速に変化するものと考えられる。その中で、介護福祉士の働き方についても多様化することが予測される。そのため「介護の基本C」では、「介護を必要とする生活の未来」とする教授内容を加えることとした。

　(1)「介護の基本A」における教育に含むべき事項の留意点としては、本節1項(2)に述べた「介護の基本」の留意点9点の中の①から④に対応する。(2)「介護の基本B」では、留意点の⑤から⑦、(3)「介護の基本C」では、留意点⑧から⑨に対応する。

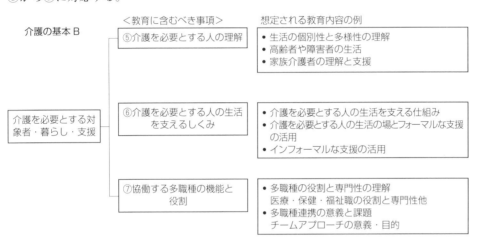

図3-2-3　介護の基本Bの教授内容
（作図－壬生尚美）

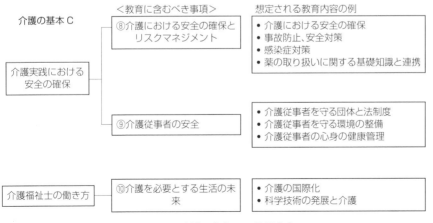

図3-2-4　介護の基本Cの教授内容
（作図－壬生尚美）

5 授業の質を上げるために

　授業の質を高めるためにどのような教材を使用するとよいか検討する必要がある。その中でもテキストについて取り上げると、介護福祉士養成講座テキストにはいくつか出版社はあるが、主な出版社の4社[26]を取りあげて特徴を示した。出版社によって、構成の仕方、「介護」「介護福祉」と言った言葉の使い方、強調する内容が異なっており、各教員が用いやすいテキストを活用されることが望ましい。

　介護福祉士養成講座のテキスト4社以外に、各教育内容に含むべき事項に関連する関連文献、資料を紹介する。

　介護福祉とは何かに関する文献として、①『介護福祉学』中央法規出版[27]、

表3-2-2　各テキストの特徴[27]

出版社	特徴
中央法規出版	「介護の基本Ⅰ・Ⅱ」。「介護の基本Ⅰ」は4章で構成。介護福祉とは、介護福祉士の役割と機能、介護福祉士の倫理、自立に向けた介護福祉のあり方。新テキストより災害時の支援が追加。「介護の基本Ⅱ」は5章で構成。介護福祉士を必要とする人の理解・生活を支えるしくみ、介護における安全確保とリスクマネジメント、協働する多職種連携と役割、介護従事者の安全。厚生労働省の示す留意事項の内容に順次している。
建帛社	「介護の基本Ⅰ・Ⅱ」。「介護の基本Ⅰ」は7章で構成。介護を取り巻く状況、役割機能、概念と基礎理論、生活、尊厳、環境、倫理で構成。「介護の基本Ⅱ」は5章で構成。生活の理解、介護過程の基礎、介護サービス、多職種連携、安全の確保で構成されている。基本的理念は概念図を繰り返し提示しながら、読者に考察を促す記述となっている。
ミネルヴァ書房	「介護の基本」13章で構成。生活を支える介護の視座から始まり、介護実践の展開、介護を必要とする人の理解、生活支援とは、生活歴と介護、生活文化の変容、尊厳のある介護、自立支援とリハビリテーション、介護の歴史を取り巻く現状、介護福祉士の専門性と役割、生活住空間と介護、さまざまな介護の場、安全の確保とリスクマネジメントで構成されている。「生活」を強調した記述となっている。
メヂカルフレンド社	「介護の基本」13章で構成。人間と生活、取り巻く状況、概念、諸外国、日常生活支援の基本、生活経営と管理、倫理、介護福祉の活動の場、介護福祉サービス、安全の確保、健康と安全、介護福祉に関する諸課題で構成されている。

②『介護福祉学の探究』有斐閣[28]、③『介護福祉学入門』中央法規出版[29]などがある。また、介護福祉の社会的背景、考え方、専門性を考える上で、①『ケアの本質―生きることの意味』ゆみる出版[30]、②『現代介護福祉論―ケアワークの専門性』誠心書房[31]、③『ソーシャルワークとケアワーク』中央法規出版[32]、④『ケアワークを考える―その周辺をめぐる諸課題』八千代出版[33]、⑤『介護の基本と考え方―老人ホームのしくみと生活援助』中央法規出版[34]などがある。ICFと介護福祉を考える上では、『目標指向的介護の理論と実際』中央法規出版[35]などを参考にされたい。また、介護福祉の倫理を取り上げた書籍として、①「介護福祉のための倫理学」弘文堂[36]、②「ケースから学ぶ 高齢者ケアにおける介護倫理」医歯薬出版[37]などがある。介護を取り巻

---

26) 介護福祉士養成講座編集委員会『介護の基本Ⅰ・Ⅱ』最新介護福祉士養成講座3・4, 中央法規出版, 2019.
・西村洋子・本名靖・綿祐二・柴田範子編『介護の基本Ⅰ・Ⅱ』介護福祉士養成テキスト5・6, 建帛社, 2009.
・井上千津子・澤田信子・白澤政和・本間昭監修『介護の基本』介護福祉士養成テキストブック4, 第2版, ミネルヴァ書房, 2014.
・西村洋子編『介護の基本』最新介護福祉全書3, 第6版, メヂカルフレンド社, 2018.

27) 介護福祉学研究会監修『介護福祉学』中央法規出版, 2002.

28) 一番ヶ瀬康子『介護福祉学の探究』有斐閣, 2003.

29) 岡本千秋・小田兼三・大塚保信・西尾祐吾『介護福祉学入門』中央法規出版, 2000.

30) M. メイヤロフ著/田村真・向野宜之訳『ケアの本質―生きることの意味』ゆみる出版, 1987.

31) 黒川昭登『現代介護福祉論―ケアワークの専門性』誠心書房, 1989.

32) 大和田猛編『ソーシャルワークとケアワーク』中央法規出版, 2009.

33) 成清美治『ケアワークを考える―その周辺をめぐる諸課題』八千代出版, 1996.

34) 小笠原祐次『介護の基本と考え方―老人ホームのしくみと生活援助』中央法規出版, 1995.

35) 大川弥生『目標指向的介護の理論と実際』中央法規出版, 2002.

く状況に関するデータでは厚生労働白書[38]などの年次報告書、リスクマネジメントや介護従事者の健康管理などのデータ資料は、公益財団法人介護労働安全センター[39]が毎年データを更新しており参考になる。

テキストに加え、関連する単元の文献を精査しながら常に更新して、より質の高い授業を教授するよう教員として努力することが大切である。

6 「介護の基本」科目の授業設計（計画）（案）

ここでは、「介護の基本」における授業設計について、この節で踏まえた内容を基に、具体的に展開していきたい。

(1) 授業科目名
「介護の基本」

(2) 授業担当者名

(3) 受講学生に関する留意事項（一般的留意事項のみ）
- グループワークのメンバー構成は、様々な経験（実習経験、社会経験、多文化など）を持つ学生で構成されるように配慮する。
- 毎回の授業内容について理解度を確認しながら進めていく。

(4) 開講コマ条件
原則として週1回2コマ連続（180分）授業として行う。
- 「介護の基本A」1年前期　180分×15回
- 「介護の基本B」1年後期　180分×15回
- 「介護の基本C」2年前期　180分×15回
- 先修条件：A→B→Cの順に受講することが想定されるが、どこから学んでも差し支えないため特に先修条件は設けない。
- 他の授業科目との組み合わせ、前期から「介護の基本A」を修得すれば、関連科目との調整（科目の位置付け参照）も可能である。

(5) 開講教室
机・椅子等移動できる教室、プロジェクター、ネット環境

(6) 学習目標
「介護の基本」科目の教授上の留意点を踏まえて、学習目標[40]を以下のように検討した。
①「尊厳とは何か」「自立支援とは何か」介護福祉の基本となる理念を理解し、どのような介護が求められるかを述べることができる。
②介護福祉士の法的位置付けを理解し、地域や施設・在宅の場や、介護予防

36）藤谷秀・横山貴美子『介護福祉のための倫理学』介護福祉士のための教養学④，弘文堂，2007.

37）箕岡真子・稲葉一人『ケースから学ぶ 高齢者ケアにおける介護倫理』第2版，医歯薬出版，2019.

38）白書、年次報告書。厚生労働省ウェブサイト・等

39）公益財団法人介護労働安全センターウェブサイト

40）「介護の基本」科目の留意点第2節1(2)を参照。

や看取り、災害時等の場面や状況において、介護福祉士としてどのように活躍できるかを考え、その役割と機能を述べることができる。

③介護福祉の専門性[41]と倫理[42]を理解し、介護福祉士に求められる専門職としての態度を様々な介護福祉実践の学習場面でどのように活かせるのかを考えることができる。

④ICF[43]の視点に基づくアセスメント[44]を理解し、エンパワメント[45]の観点から個々の状態に応じた自立を支援するための環境整備や介護予防[46]、リハビリテーション[47]等の意義や方法を理解し、生活支援との関連性から考察することができる。

⑤介護を必要とする人の生活の個別性に対応するために、生活の多様性や社会との関わりを多角的に捉え、個々の生活ニーズと支援について考察することができる。

⑥介護を必要とする人の生活を支援するという観点から介護サービスや地域連携など、フォーマル、インフォーマル[48]な支援を事例検討できる。

⑦多職種協働による介護を実践するために、保健・医療・福祉に関する他の職種の専門性や役割と機能を理解し、介護福祉現場の実際の場面から多職種連携協働のあり方を考察することができる。

⑧介護におけるリスクマネジメント[49]の必要性を理解するとともに、安全の確保のための基礎的な知識や事故への対応を、介護福祉現場の実際の場面と関連させながら多角的に分析し対策を述べることができる。

⑨介護従事者自身が心身共に健康に、介護を実践するための健康管理[50]や労働環境[51]の管理について理解し、介護福祉現場の実際の場面と関連させながら述べることができる。

(7) 学生の達成課題

1)「介護の基本A」介護福祉の基本的な考え方を学ぶ[52]

- 「尊厳の保持」「自立支援」の介護の基本的理念の実現に対し、具体的な生活支援の課題について挙げ、その阻害要因を分析し、対策について考察することができる。
- 社会福祉士及び介護福祉士法[53]における「介護福祉士」の定義や、義務規定について理解し、介護福祉実践の場で介護福祉士が果たすべき役割について考えを具体的に述べることができる。
- 介護福祉の専門性と倫理を理解した上で、介護福祉士に求められる専門職としての態度について、介護福祉実践の学習場面でどのように実行していくかを考え、述べることができる。
- ICFの視点に基づくアセスメントを理解し、個々の状態に応じた自立を支援するための環境整備や介護予防、リハビリテーションなどの意義や方法

---

41)「新たな介護福祉士養成教育の実践展開」第1節第2項参照。

42) 職業倫理・日本介護福祉士倫理綱領など。

43) ICF: International Classification of Functioning, Disability and Health 国際生活機能分類。

44)「介護過程の展開」で説明する。

45) 内在的な力を引き出すように働きかけること。

46) 要介護状態の発生をできる限り防ぐ（遅らせる）こと、そして要介護状態にあってもその悪化をできる限り防ぐこと、さらには軽減を目指すこと。

47) リハビリテーションは、医学、教育、職業、社会など多角的なアプローチを意味している。

48) フォーマル支援：制度・サービス。
インフォーマル支援：家族・近隣・ボランティア。

49) リスクマネジメント：危機管理のこと。

50) ストレス・バーンアウト・腰痛予防など。

51) 労働基準法・労働安全衛生法、育児・介護休業法など。

52) 第2節第2項4項参照。

53) 社会福祉士及び介護福祉士法は、1987（昭和62）年に制定され、定義規定、義務規定、資格取得方法の見直しが2007（平成19）年になされ、2011（平成23）年には喀痰吸引などの医療的ケアが加えられた。

について学び、利用者の自立と生活支援のあり方について考察することができる。

2)「介護の基本B」介護を必要とする対象者と暮らしの理解・支援に関する基礎知識を学ぶ[54]

- 介護を必要とする人の生活史、価値観、生活観、生活習慣、生活様式・リズムなどから個別性と多様性について理解し、居宅・施設における生活の場に関する支援について考察することができる。
- 個々の利用者の生活の多様性や社会との関わりを理解し、「その人らしさ」を支援することの意義について考えを述べることができる。
- 介護サービスや障害者福祉サービスの内容を理解し、介護福祉士に関連する保健・医療・福祉に関する他職種の専門性や役割と機能から、介護福祉士との連携・協働のあり方について考察することができる。
- 介護を必要とする人が地域での生活を継続するために、フォーマル・インフォーマルな資源を活用した支援のあり方について、介護福祉士としての役割を述べることができる。

3)「介護の基本C」介護における安全の確保の理解[55]

- 介護における安全の確保とリスクマネジメントの必要性を理解し、介護福祉現場の実際の場面を多角的に分析する中から、安全対策の必要性について述べることができる。
- 介護従事者自身が心身ともに健康に就労継続するために、介護福祉実践するための健康管理方法を具体的に取り上げるとともに、労働環境の管理の重要性について述べることができる。
- AIやICT・IoTなどの発展、介護ロボット[56]の開発・導入が進行する中で、介護を必要とする人の生活の変化に伴う介護福祉士の働き方について自己の考えを述べることができる。

(8) 学習方法[57]

①授業でグループワークをするために、事前に課題を提示する。各自が調べた内容をもとにして、グループワークを行い、グループで意見交換してまとめて発表する方法をとる。

②事例、映像、参考文献、実際の場面の見学等を効果的に用いながら、介護実践を具体的にイメージできるように近づけ、そこでの課題を見出し、解決するための糸口を探究する。

(9) 使用教材（例示）

- 資料をもとにして授業を進める。
- 介護福祉士養成講座テキスト各社の特徴から使いやすいもの
- DVD教材「しわ」「折り梅」「身体拘束ゼロ作戦」「老人Z」介護ロボット

54) 第2節第4項参照。

55) 第2節第4項参照。

56) ロボット技術が応用され利用者の自立支援や介護者の負担の軽減に役立つ介護機器。
厚生労働省ウェブサイト「介護ロボットの開発・普及の促進」
本書第6章第3節参照。

57) 第1節第4項参照。

- サザエさん漫画(昭和20年代~昭和40年代)
- 避難所運営ゲーム(HUG)

(10) 学習評価方法

①「尊厳の保持と自立支援について日常生活場面から考える課題」「各自の担当する専門職について、法定義、働く場、養成ルートについて調べ、介護福祉士との連携・協働のあり方に関する課題」「介護における安全の確保とリスクマネジメントに関する課題」などのレポート提出

②毎回授業終了後に提出してもらうリアクションペーパーの内容

③出席状況

④筆記試験

(11) 学習に関する学生との約束事項(授業に参加するルール)

①事前課題は必ず行い、授業に参加する。

②各自が自分の意見を持って発言する。

③他者の意見を聴く姿勢を持つ。

(12) 毎回の授業設計(案)

1)「介護の基本A」―介護福祉の基本的な考え方

回	主題	授業目標と達成課題	授業中の学生の学習内容と学習活動	教員による学習支援活動の内容と方法	学習支援上の留意点
1回目	・オリエンテーション ・介護のイメージ	・教員と学生とが相互関心を持つ ・介護・介護福祉のイメージ ・授業の目的・ねらい・授業内容の理解	・自己紹介シートの記入と発表 ・「介護福祉士を目指した動機」「こんな介護福祉士になりたい」 ・「授業計画」表のポイント記入	・教員の「自己紹介」 ・学生の特徴把握 ・「介護の基本」授業内容・方法・評価の説明	ワークシート記入と発表の促し
2回目	・介護とは何かⅠ―介護の魅力	・介護について具体的に考える。 ・考えをまとめ、意見を述べることができる。	・グループワーク ・グループで意見をまとめる。 ・発表する。	・視覚教材(DVD)から介護をどのように捉えるか。	視覚教材から「介護とは」の学び
3回目	・介護とは何かⅡ―イメージアップ	・「介護とは」自分の意見を述べることができる。 ・介護の対象者・従事者の理解 ・介護実践の具体的なイメージを知る	・介護の対象者・従事者の状況を学ぶ(要介護者の状況、介護福祉士の定義、介護福祉士の機能、介護人材と研修制度など)。 ・介護実践を具体的にイメージできる。	・カード整理法を用いて、各自の書いたカードをグループ発表 ・カテゴリーに整理 ・関連性を図式化 ・グループ発表 ・介護対象者・介護従事者・実践内容	介護の対象者・従事者の状況把握
4回目	日本の社会福祉史における介護福祉の位置付け―施設ケアはいつから始まったか	・介護福祉施設におけるケアの変遷を知り、考察する。 ・今日的なケアの課題について考察する。 ・自己の考えを述べることができる。	・日本の社会福祉史における介護福祉施設ケアの理解 ・介護福祉制度の成り立ちと発展の理解 ・人口減少、地域社会の変化、家族機能の変化などを知る。 ・意見交換する。 ・他者の意見から自己の考えをまとめる。	・介護の歴史(施設ケア)を整理しパワーポイントで説明 ・特養のケアの変遷を事例より説明 ・今日的な課題について情報提供する。 ・意見を促す。 ・学びを共有する。	施設ケア歴史教材今日的な社会状況に関する資料提示

回	主題	授業目標と達成課題	授業中の学生の学習内容と学習活動	教員による学習支援活動の内容と方法	学習支援上の留意点
5回目	日本の社会福祉史における介護福祉の位置付け―訪問介護はいつから始まったか。	・訪問介護の歴史を学び、今日的な課題を考えることができる。 ・制度の変遷との関連を知る。	・訪問介護の歴史を知る。 ・訪問介護の歴史からの学びを整理し発表する。 ・意見交換する。 ・他者の意見から自己の考えをまとめる。	・訪問介護の歴史を整理しパワーポイント作成 ・発言を促す。 ・歴史からの学びを共有する。	訪問ケア歴史教材
6回目	尊厳を支える介護（ノーマライゼーション、QOL）について考えよう。	・当たり前の生活とは何か。施設生活の乖離について考えることができる。	・当たり前の生活について、自己の生活から考える。 ・集団生活をする上での不便さについて考える。 ・障害を持つ人にとっての生活の不便さについて考える。	・ワークシートに記入するように促す。 ・グループワークで意見交換。 ・障害を持つことによって生じる生活への影響を考える。	自己の生活時間調査（宿題）
7回目	介護福祉士の法的理解と機能・役割を知ろう。	・社会福祉士及び介護福祉士法を知る。 ・介護福祉士の義務規定について理解する。 ・専門職養成の変遷から今置かれている自己の状況について知る。	・法的な理解を深める。 ・介護福祉士の義務規定について具体的な事例を挙げ、「なぜ」を考える。 ・専門職養成の変遷と現状について知る。	・社会福祉士及び介護福祉士法を具体的に説明する。 ・義務規定について、具体的な事例をあげて考える。 ・介護福祉専門職養成の変遷	社会福祉士及び介護福祉士法
8回目	介護福祉士の倫理とは何か。	・専門職の倫理とは何かについて自己の考えを述べることができる。 ・職業倫理について理解することができる。	・職業倫理、法令遵守倫理基準・行動規範・個人情報保護について事例から考えることができる。 ・よりよい実践を目指すためのグループワーク ・意見交換しながら、学習内容の要点をまとめる。 ・他者意見から学びの共有化を図る。	・介護福祉士の倫理の基本的な考えを述べてもらうよう促す。 ・よりよい実践を目指すための留意点について意見交換 ・学びの共有化を図る。	介護福祉士の倫理
9回目	介護福祉士として求められる専門職としての態度とは	・介護福祉士の専門性と役割を知る。 ・介護福祉士を支える団体の役割について理解できる。 ・専門職としての態度について述べることができる。	・介護福祉士の法的位置付け、職業倫理、アドボカシー、説明責任と同意に関する基礎的理解 ・職能団体について調べて発表する。 ・意見交換しながら情報共有する。	・基礎知識の説明 ・ワークシートに記入するように促す。 ・グループワークで意見交換する。 ・学びの共有化	法規定等の基礎知識の理解
10回目	自立に向けた介護Ⅰ―介護福祉における自立支援の意義―ICFって何？	・ICFの枠組み・考え方について理解できる。 ・利用者の全体像をとらえることができる。	・ICIDHとICFの障害の考え方との違いを知る。 ・DVD事例からよりICFの枠組みに沿った情報収集をする。 ・他者意見から情報収集の共有化を図る。	・ICIDHとICFの考え方の違いを説明する。 ・DVD事例を用いて、ICFの枠組みに沿った情報収集と考え方を説明する。	DVDの事例から情報整理
11回目	自立に向けた介護Ⅱ―事例検討	・ICFと介護過程の関連性について知る。 ・ICFの理解度を他者に説明することができる ・エンパワメント・ストレングスについて理解できる。	・DVDの事例から各要因の関連性について分析・解釈・統合化を図り、課題を明確にする。 ・介護計画を立案する。 ・各個人でまず考え、その後グループワークにより理解を深める。	・介護過程の展開に関する基礎知識を説明する。 ・ICFの枠組みに沿って各要因の関連性、分析・解釈・統合化について説明する。 ・目標・計画の立て方を説明する。	DVDの事例をアセスメント

回	主題	授業目標と達成課題	授業中の学生の学習内容と学習活動	教員による学習支援活動の内容と方法	学習支援上の留意点
11回目			・発表を通して他者意見から共有化する。 ・利用者理解の視点を考える。	・利用者理解の視点を促す。	
12回目	自立に向けた介護Ⅲ―リハビリテーションとの連携	・リハビリテーションについて理解する。 ・介護とリハビリテーションの連携について考える。	・リハビリテーションの基礎的な理解をする。 ・リハビリテーション専門職の職務内容を知る。 ・疾患・障害別リハビリテーションの視点について知る。 ・生活とリハビリテーションとの関連性を知る。	・リハビリテーションとは何か。 ・リハビリテーション専門職との連携の実際と重要性を考えさせる。 ・疾患・障害別リハビリテーションの留意点の説明（DVDの映像） ・生活とリハビリテーションについて考えを深めるように促す。	リハビリテーションの症例（DVD）
13回目	自立に向けた介護Ⅳ―生活意欲と活動・介護予防	・生活意欲と活動との関連について理解する。 ・介護予防の意義、考え方について述べることができる。	・アクティビティやレクリエーションと生活意欲との関連について、グループワークにより考える。 ・情報の共有化を図る。 ・多職種の連携より、介護福祉士の専門性を考える。	・事例を用いてグループで意見交換をする中で、知見を深めるよう促す。 ・介護予防の意義、考え方について促す。 ・学びの共有を行う。	活動の効果に関する事例の提示
14回目	自立に向けた介護Ⅴ―就労支援・生活支援	・就労支援と介護福祉の関連を理解できる。 ・家族・地域と個の関わり、地域環境の支援について考えることができる。	・働くことの意義、介護福祉との関連について検討する。 ・地域で生活するための環境整備について検討する。	・事例を用いて、就労支援・生活支援の状況について提示する。 ・グループで意見交換して考えを深めさせる。 ・学びの共有をする。	就労支援・生活支援の事例の提示
15回目	筆記試験 まとめ	介護福祉の基本的な考え方について習得する。	・法的な位置付け ・尊厳の保持と自立支援 ・介護実践における介護専門職としての役割・機能 ・専門職と倫理	・これまでの授業を振り返り、筆記試験を実施する。 ・試験後はポイントの解答解説をする。	

2)「介護の基本Ｂ」―介護を必要とする対象者・暮らし・支援の基礎知識を学習する

回	主題	授業目標と達成課題	授業中の学生の学習内容と学習活動	教員による学習支援活動の内容と方法	学習支援上の留意点
1回目	オリエンテーション	「介護の基本Ｂ」の授業目標と達成課題について理解する。	・授業の位置付けを知る。 ・「介護の基本Ｂ」の基本的な理解について、事例から再確認する。	・授業のねらい・達成目標、授業概要を説明する。 ・「介護の基本Ｂ」の習得状況を把握する。	次回の授業内容の説明
2回目	介護を必要とする人の理解Ⅰ	・生活の個別性と多様性を知る。 ・生活史、価値観、生活観、生活習慣・リズムなど、個々の生き方を学ぶために、時代背景を知る。	・グループに分かれて、各年代の流行歌、生活様式などまとめる。 ・各グループの発表内容を整理する。 ・時代的背景の知識を学び、身近な高齢者の生活史と関連させながら個別性を考える。	・昭和20年代から昭和60年代、平成一桁代、平成10年代までの主な出来事、流行歌、生活様式をまとめ学習意欲を高めるよう動機づける。 ・個別性の理解を深めるために学びの共有化を図る。	次回の居宅・地域密着サービスの調べ学習課題を提示
	介護を必要とする高齢者の理解Ⅰ：地域	・高齢者の生活の個別性と多様性について理解	・独居・高齢者世帯が多くなっている現状を調	・高齢者の地域生活の現状を説明する。	認知症で独居の暮らしDVD視聴

回	主題	授業目標と達成課題	授業中の学生の学習内容と学習活動	教員による学習支援活動の内容と方法	学習支援上の留意点
3回目	支援	・介護を必要とする高齢者の地域生活について知る。	する。 ・具体的な事例（独居・認知症）より、生活上の困難さを学ぶ。 ・他者からの意見より、考えを深められる。	査より知る。 ・DVDで事例紹介し、生活困難さについてグループディスカッションを行う。 ・支援対策を考えさせる。	
4回目	介護を必要とする高齢者の生活を支える仕組みⅠ：地域支援	・介護保険制度・サービスの活用と生活の関係について知る。 ・ケアマネジメントを理解する。 ・フォーマル、インフォーマルな支援の活用を理解する。	・介護保険制度の知識とケアマネジメントについて理解する。 ・居宅サービス・地域密着型サービスの概要について発表する。 ・前期事例について活用サービスをグループで検討する。 ・地域支援について検討する。	・介護保険制度を説明する。 ・課題を提示した調べ学習を発表する。 ・前回事例について、活用できるサービスを考えさせる。 ・学びの共有と地域支援のまとめ	フォーマル・インフォーマルな資源の活用
5回目	介護を必要とする高齢者の生活を支える仕組みⅡ－地域における協働する多職種の機能と役割	・居宅サービスにおける多職種の機能と役割を習得する。 ・多職種連携の意義と課題について述べることができる。	・居宅におけるターミナルの事例から多職種の役割についてグループワークをする。 ・図式化しながら多職種の関連について整理する。 ・発表とまとめ ・地域支援に関して、他職種連携の意義と課題を考察する。	・視覚教材を用いてターミナルの事例を紹介する。 ・多職種がどのように有機的に連携していくかヒントを与えながら促す。 ・地域連携協働について学びの共有とのまとめ	在宅診療の実際を視聴
6回目	施設サービスを利用する高齢者の理解Ⅰ	・高齢者の住まいについて理解することができる。 ・介護を必要とする高齢者の施設生活について考える。 ・施設生活を充実するための活動支援について理解を深める。	・視覚教材より施設イメージについて意見交換する。 ・施設にはどのような生活の場があるのか、利用者の状況や施設生活の暮らしについて考える。 ・利用者の心理的な思いについて知る。 ・様々なアクティビティについて理解する。	・施設生活をDVDで紹介する。 ・施設サービスの種類や特定施設など様々な施設生活について考えさせる。 ・施設におけるアクティビティを紹介する。	施設生活のDVD視聴
7回目	施設サービスを利用する高齢者の生活を支える仕組みⅠ	・事例をもとにして、施設生活を支える仕組みについて述べることができる。	事例をもとに、日常生活場面を中心にアセスメントして、家族・地域との関わりを含め、支援の全体像を理解する。	・事例（介護度3）を通して、よりよい支援のあり方について課題を提起する。 ・アセスメントについて助言	施設生活を支える仕組み
8回目	施設サービスを利用する高齢者の生活を支える仕組みⅠ	・上記に同じ ・協働する多職種の機能と役割について述べることができる。	・利用者を施設でどのように支援しているのか、同職種・他職種との連携について意見交換する。 ・施設の地域における役割について考える。	・各職種が具体的にどのように連携をするかを課題提起する。 ・地域を基盤とした施設機能について考えさせる。	多職種連携の理解
9回目	介護を必要とする障害者の理解：地域支援	・生活を支える基盤（制度・経済、健康）について知る。 ・障害者の生活の個別性と多様性を理解する。	・生活を支える基盤（制度・経済、健康）の理解 ・DVD事例を通して、様々な利用者が生活を送っていることを知	・生活を支える基盤について説明する。 ・就労支援の実際や重い障害を持ちながら独居生活を送っている事例を提示する。	障害者の理解（DVD）

第3章 「介護」の学習支援

回	主題	授業目標と達成課題	授業中の学生の学習内容と学習活動	教員による学習支援活動の内容と方法	学習支援上の留意点
10回目	介護を必要とする障害者の生活を支える仕組みⅠ：地域支援	・家族介護を支える意義と支援のあり方について考察することができる。	・利用者のライフステージに応じて、家族介護をする上で困難さと必要とする支援について事例検討する。 ・障害者と家族・地域の関わりについて理解し、考察する。	・家族介護を中心にサービスを利用しながら地域生活を送っている事例を紹介する。 ・生活の困難さと支援の関係を助言	障害者の生活の場の調べ学習（宿題）
11回目	介護を必要とする障害者の生活を支える仕組みⅡ：地域で協働する多職種連携	・上記事例に対して、多職種がどのように有機的に連携をとっていくか、述べることができる。	・上記事例に関して、多職種がどのように有機的な連携をとるべきか、意見交換する。 ・地域支援をする上で、多職種連携の課題を検討する。	・上記の事例に関して多職種連携について考えさせる。 ・フォーマル、インフォーマルな資源利用を提案する。 ・地域支援の課題について学びの共有を行う。	地域生活を送る障害のある人に対する支援
12回目	施設サービスを利用する障害者の理解	・障害者が生活する施設について理解する。 ・障害者の生活の個別性と多様性を理解する。	・様々な障害者の生活の場について調べてきた内容をグループ内で発表し、どのような利用者がどのような生活を送っているのかを実態を把握する。	・各施設の機能と役割について調べ学習の整理をグループごとにする。	障害者の生活の場
13回目	施設サービスを利用する障害者の生活を支える仕組みⅠ	・障害者の施設サービスの仕組みについて理解できる。 ・障害者の生活の場の支援に関する課題を考えることができる。	・上記のグループワークで整理した内容を発表する。 ・各グループで1事例生活課題を検討する。	・各施設の生活課題について事例をもとに考える。 ・学びの共有を行う。	生活課題
14回目	施設サービスを利用する障害者の生活を支える仕組みⅡ―協働する多職種の機能と役割	・障害者施設における多職種連携の実際から課題について考えを述べることができる。	・多職種について業務内容と連携のあり方について、事例を通してグループディスカッションする。 ・発表をして情報共有する。	・多職種の連携の課題と対応について検討するように促す。 ・発表を通して情報共有する。	多職種連携
15回目	筆記試験 まとめ	・高齢者の暮らしを理解している。 ・障害者の暮らしの理解している。 ・サービス提供の仕組みを理解している。 ・多職種連携のあり方を考察できる。	・高齢者の暮らしの理解、サービスの仕組み、多職種連携についてこれまでのワークからの学びをする。 ・障害者の暮らしの理解、サービスの仕組み、多職種連携についてこれまでのワークからの学びをする。	・授業内容の習得状況の把握。 ・解答解説。	

3）「介護の基本C」―介護における安全の確保を学ぶ

回	主題	授業目標と達成課題	授業中の学生の学習内容と学習活動	教員による学習支援活動の内容と方法	学習支援上の留意点
1回目	オリエンテーション―介護における安全の確保	・本授業目的・目標について理解することができる。 ・介護における安全の確保について意識することができる。	・授業の位置付けを知る。 ・実習の際の安全確保に関してどのような場合に、どのようなことが起きたか、起こりそうだったのか意見交換し	・これまでの授業を踏まえて、「介護の基本C」の授業の位置付けを説明する。 ・実習中に感じた介護をする上での安全面を	実習中の「ヒヤリハット」事例

回	主題	授業目標と達成課題	授業中の学生の学習内容と学習活動	教員による学習支援活動の内容と方法	学習支援上の留意点
			発表する。	テーマに議論する。	
2回目	介護における安全の確保	介護における安全の確保の重要性について理解することができる。	・事例について、本人・介護者・環境面の要因分析する。 ・各要因に関する対策を検討する。 ・情報共有化をする。	・事例について事故が起きる要因について分析させる。 ・それぞれの要因について分析し対策を講じる。 ・情報共有化を促す。	事例の要因分析
3回目	事故防止、安全対策Ⅰ	安全確保のためのリスクマネジメントを理解することができる。	介護場面におけるリスクをグループで洗い出し、予防・対策を検討する。	・介護場面におけるリスクをグループで洗い出し、予防・対策を講じるように促す。	リスクマネジメント
4回目	事故防止、安全対策Ⅱ	介護における事故防止・安全対策について理解できる。	・前回の内容を発表する。 ・具体的な対策を検討する。 ・安全対策について、法的に理解する。	・事故防止・安全対策のまとめ ・事故の報告義務について考えさせる。 ・事故の法的責任について説明する。	事故防止・安全対策
5回目	感染管理のための対策Ⅰ	・高齢者施設での感染予防策について述べることができる。	・基本となる標準予防策について理解する。 ・感染を疑うべき症状 ・事例から感染対策3原則が理解できる。 ・感染対策について考える。	・基本となる標準予防策 ・感染を疑うべき症状について考えて観察力を付けるように促す。 ・感染対策3原則の理解ができるように事例から説明する。 ・個々の感染対策について意識させる。	標準予防策
6回目	感染管理のための対策Ⅱ	・手洗い、嘔吐した利用者の対処法について理解し、実施することができる。	・手洗いの励行。自己チェックをする。 ・嘔吐した場合の処理方法についてビデオ鑑賞から考える。 ・感染管理について理解する。	・手洗い方法について説明する。 ・嘔吐した場合の処理の仕方を演習する。 ・感染管理を考える。	手洗いの実践
7回目	感染管理のための対策Ⅲ	・災害における感染予防対策について考えることができる。	・災害における感染予防（避難所生活）について考える。 ・災害時の実際（地域の現状）について意見交換し考えを深める。	・災害における感染予防。 ・災害時の実際（地域の現状）について（DVD） ・グループディスカッションと発表を行い、情報共有を促す。	避難所生活の課題
8回目	服薬管理とリスクマネジメント	・薬剤の正しい取扱い方について基礎知識を習得する。 ・他職種との連携について具体的な方法を説明できる。	・薬剤の正しい取扱い方について基礎知識を学ぶ。 ・服薬管理とリスクマネジメントについて検討する。 ・他職種との連携のあり方について、具体的に検討する。	・薬剤の正しい取扱い方について基礎知識を確認する。 ・服薬管理に関する事故を紹介し、その対策について検討してもらう。 ・他職種との連携について学びを共有する。	服薬管理
9回目	介護従事者の心身の健康管理の重要性Ⅰ	こころの健康管理について理解する。	・介護従事者のストレスについての理解と意見交換を行う。 ・自己のストレスコーピングを意識する。 ・職場が取り組むストレス対策:ストレスチェックテスト・メンタルヘルス指針について知る。	・介護従事者のストレスに関する課題を提供する。 ・データより説明する。 ・ストレスコーピングについて意識させる。 ・職場が取り組むストレス対策について考えさせる。	ストレスチェックをして自己覚知

第3章 「介護」の学習支援

回	主題	授業目標と達成課題	授業中の学生の学習内容と学習活動	教員による学習支援活動の内容と方法	学習支援上の留意点
10回目	介護従事者の心身の健康管理の重要性Ⅱ	からだの健康管理について理解する。	・日常生活動作と姿勢について意識する。 ・腰痛予防と対策について考える。 ・介護と腰痛について、業務の改善の必要性を意識する。	・日常生活動作と姿勢について説明し考えさせる。 ・腰痛の原因と腰痛予防策について説明する。 ・組織で取り組むことの重要性を考えさせる。	腰痛予防体操を体験
11回目	介護従事者の心身の健康管理の重要性Ⅲ	健康や生活管理を考える。	・自己のこころとからだの健康管理・生活管理について検討して対策を練る。発表する。	・自己のこころとからだの健康管理・生活管理について振り返り、計画を考えさせる。	自己管理
12回目	介護従事者の安全	・安心して働く環境づくりについて考えることができる。 ・労働安全と環境整備について理解する。	・介護従事者の労働環境、労働基準法、労働安全衛生法、育児・介護休業法などの基礎知識を知る。 ・安心して働く環境づくりについて、事例検討する。	・介護従事者の労働環境について、事例を挙げ法との関連について考えさせる。 ・労働安全と環境整備の基礎知識を確認する。	労働安全と環境整備
13回目	介護福祉士の働き方	介護を必要とする人の生活の未来について根拠をもとに説明できる。	・科学技術の発展によって生活や介護がどのように変化するか、グループディスカッションする。 ・これからの介護について検討する。	・AIや介護ロボットの活用実態について、提示する。 ・グループでの意見交換を促す。 ・学びを共有する。	未来介護について検討
14回目	介護とは何か	自己の介護観について明確にし、述べることができる。	・求められる介護福祉士像について理解する。 ・自己の介護観を発表する。 ・他の学生と情報共有する。	・求められる介護福祉士像についての説明し自己の学習達成状況について認識させる。 ・自己の介護観を一人ずつ発表してもらう。 ・情報共有する。	自己の介護観の形成
15回目	筆記試験とまとめ	・介護における安全の確保とリスクマネジメントを理解する。 ・介護従事者の健康管理や労働環境の整備について考察できる。	・介護における安全の確保とリスクマネジメントの基礎知識とその必要性について考える。 ・介護従事者の健康管理や労働環境の整備に関する基礎知識を習得する。	・介護における安全の確保とリスクマネジメントの基礎知識を確認する。 ・介護従事者の健康管理や労働環境の整備に関する基礎知識を確認する。	介護従事者の安全

(13) 授業案（1回分）・（例）

「毎回の授業設計」に合わせて全回分を作成する。

科目名	介護の基本Ｃ		第7回	作成年月日		授業担当者・
授業実施 11月●日	9時00分〜12時10分（180分間）			使用教室　234教室		
科目全体の授業目標	介護場面における安全の確保とリスクマネジメントの重要性を理解することができる。					
科目全体の達成課題	・安全の確保のために必要な知識や事故への対応について理解できるようになる。 ・介護事故とヒヤリハットについて要因分析することができる。 ・災害時等の場面や状況から介護福祉の役割と機能を考察することができる。 ・介護従事者自身が心身ともに健康に、介護実践するための健康管理や労働環境の管理の重要性を知る。 ・介護を必要とする人の生活変化に伴う介護福祉職の働き方について考察することができる。					
学生の要素	・グループワークのメンバー構成は、様々な経験（実習経験、社会経験、多文化など）を持つ学生で構成さ					

授業回の概要	主テーマ	感染管理のための対策Ⅲ：介護における災害時のリスクマネジメントの重要性
	授業目標	・避難所運営の疑似体験を通して、災害時に起こりうる生活上のリスクについて考えることができる。 ・避難所の状況から要援護者の支援方法について考えることができる。 ・災害対策の現状と課題について理解を深めることができる。
	達成課題と評価方法	・災害時における避難所の状況について理解し、避難所運営をチームで協力しながら遂行することができる。 ・避難所運営の役割を遂行し、他者の意見を踏まえながら、積極的に発言し、参加している ・グループワークの振り返りでは、運営時の気づきについて整理し、今後の対策について考えることができている
	学生の学習活動内容および方法	①避難所運営の疑似体験 ②グループで意見交換しながら実施 ③運営の際の気づき
	教員による学生の学習支援	①被害状況・現在の地域等条件設定 ②ルール説明 ③時間管理 ④振り返りと学びの共有
	キーワード	災害時要援護者、ライフライン、避難所生活、感染症対策、ADLの支援、廃用性症候群、支援物資の管理、避難支援ガイドライン、災害時教育
	学生の反応確認方法	リアクションペーパー グループワーク参加時の様子
使用テキスト 使用予定教材		各グループで調べた資料を印刷して配付
アサインメント・課題		前回の授業では、阪神淡路大震災、東日本大震災、熊本地震、西日本豪雨等の被害状況について、グループで調べ学習をし、その時の課題についてまとめている。 次回以降に向けて、今回の災害時における避難所運営の体験を踏まえて災害時の心構え、対応について考える。
配慮事項・留意事項準備用品・事項・他		避難所運営（HUG）カードゲーム 模造紙・ペン・A4用紙
参考文献など		・西尾祐吾・古川隆司・大塚保信『災害福祉とは何か—生活支援体制の構築に向けて』ミネルヴァ書房, 2010. ・日本住宅会議編『東日本大震災住まいと生活の復興—住宅白書〈2011-2013〉』ドメス出版, 2013. ・設楽順一「東日本大震災、そのとき介護現場はどう動いたか」全国社会福祉協議会『ふれあいケア』11月号, 全国社会福祉協議会, 2011. ・「特集　復興と地域社会—東日本大震災から2年」全国社会福祉協議会『月刊福祉』3月号, 全国社会福祉協議会出版部, 2013. ・「特集　自然災害に備える—東日本大震災から3年介護現場で今備えておくべきこと」全国社会福祉協議会『ふれあいケア』3月号, 全国社会福祉協議会出版部, 2014.

(14) 授業スケジュール（進行）

前回からの経過		前回の授業では、阪神淡路大震災、東日本大震災、熊本地震、西日本豪雨等の被害状況について、グループで調べ学習をし、その時の課題についてまとめている。 災害時の被害の状況・課題について確認し、避難所疑似体験を行う。			
時間配分	教育項目	その項目の意図	学生の学習活動内容と方法	教員による学生の学習活動支援内容	教育援助上の留意事項・備考・準備事項
開始直前	・教材準備 ・グループ編成	・スムーズに疑似体験できる。	・グループに分かれて着座している。	・プロジェクターに座席を案内	教材準備
00分	オリエンテーション	本日の授業目的・流れの理解	・前回の災害時における課題学習がわかる。 ・避難所運営の疑似体験への興味・関心を持つ。	・グループでまとめてもらった課題を発表してもらう。 ・本日の授業目的・流れの説明、授業への関心を促す。	・前回まとめた資料を確認

時間配分	教育項目	その項目の意図	学生の学習活動内容と方法	教員による学生の学習活動支援内容	教育援助上の留意事項・備考・準備事項
20分	ゲームの説明	ゲームの理解	・グループで役割を決める（読み上げる人・記録する人）。 ・模造紙上に避難所のスペースを記入する。 ・受付場所を決める。	ゲームが理解できているか確認する。	
30分	グループワーク開始	役割を意識しながらゲームを遂行する。	・カードを読み上げる人はわかりやすく説明する。 ・カード内容に沿って意見交換する。どの場所に誰を配置するか。物資の置き場所、緊急時の対応について意見交換する。多様性や生活困難状況について理解し、情報指示・共有をする。	・巡視しながら、グループの進行状況を確認しながら適宜助言（カードを1枚ずつ順番通りに読み上げているか、情報共有するための指示は適切か、進行が止まっているグループはないか等）	教材の活用状況を確認
90分	グループワーク終了		・ゲームの終了	終了の合図と休憩	
			休憩		
100分	災害時の避難所運営の課題と対策	・避難所運営する上で困ったことを意見交換する。 ・困った点の洗い出しをして課題を整理する。 ・課題を基に対策を練る。	・グループで運営上困った点の意見交換をする。 ・ワークシートに書き出す・グループで困った点に関する対策を検討する。 ・ワークシートにまとめる。 ・グループで発表者を決める。	・グループワークのねらいを説明する。 ・グループワークの進行状況を確認する。 次の課題を説明する。 進行の流れを説明する。	ワークシート配付
120分	発表する	グループ代表による発表	グループ代表者が発表する。	共通点・異なる内容について整理を促す。	
140分	発表からの振り返り	各自で学びを振り返る。	リアクションペーパーに本日の学びを記入する。	リアクションペーパーに本日の学びを記入するように指示する。	
155分	学びを発表	避難所運営の留意点を再確認する。	避難所運営の留意点について再確認する。	避難運営の難しさ・留意点をまとめるように説明	
180分	次回の予告	服薬管理とリスクマネジメントについて意識してもらう。	服薬管理に関する事故・ヒヤリハットについて考える。	服薬管理に関する事故・ヒヤリハット事例を収集するように促す。	
	まとめ	授業目標が達成できたかを確認する。	各自が作成したリアクションペーパーを提出する。	・リアクションペーパーの提出を指示する。	
終了直後	片づけ	次回の使用時の準備	・使用した教材の片づけ	・教材片づけの指示	教材の片づけ
次回への展開	避難所運営の体験を基にして、養成校周辺の地域防災対策、防災グッズ・マップ作りを行う準備をする。				

(15)「介護の基本」科目としての評価ルーブリック（達成課題への対応）

評価視点 \ 評価基準	特に…できる	標準的…できる	最低限…できる	努力が必要（不合格）
A① 「尊厳の保持」「自立支援」の理解	生活支援との関係性から「尊厳の保持」「自立支援」について、具体的な内容を取りあげ、考察することができる。	生活支援との関係性から「尊厳の保持」「自立支援」について具体的な内容を取りあげて考えをまとめることができる。	生活支援との関係性から「尊厳の保持」「自立支援」について、具体的な内容をいくつか取りあげることができる。	生活支援との関係性から「尊厳の保持」「自立支援」について具体的な内容を取りあげることができない。
A② 介護福祉士の倫理	倫理的判断が必要な場面を取りあげて、適切な対応の仕方を考察することができる。	倫理的判断が必要な場面を取りあげて、考察することができる。	倫理的判断が必要な場面を取りあげることができる。	倫理的判断が必要な場面を取りあげることができない。
B① 介護を必要とする人の特性とその暮らしを理解する	介護を必要とする人の特性を多角的に捉えることができ、その暮らしの場との関連性について考察することができる。	介護を必要とする人の特性を捉えることができ、その暮らしの場について理解することができる。	介護を必要とする人とその暮らしの場について理解することができる。	介護を必要とする人とその暮らしの場について述べることができない。
B② 協働する多職種の機能と役割の理解	地域で暮らす要介護者の事例について、生活課題を明らかにし、フォーマル、インフォーマルな資源を関連付け、考察することができる。	地域で暮らす要介護者の事例から生活課題を明らかにし、フォーマル、インフォーマルな資源を取りあげることができる。	地域で暮らす要介護者の事例について分析して、フォーマル、インフォーマルな資源を取りあげることができる。	地域で暮らす要介護者の事例について、分析することができず、フォーマル、インフォーマルな資源がわからない。
C① 介護実践における安全の確保	リスクマネジメントの必要性について理解し、介護福祉現場の実際の場面から多角的に検討することができる。	リスクマネジメントの必要性について理解し、介護福祉現場の実際の場面を取りあげて安全対策について考えを述べることができる。	リスクマネジメントの必要性や安全対策について具体的に述べることができる。	リスクマネジメントの必要性や安全対策について、具体的に挙げられない。
C② 介護従事者の安全について理解する	介護従事者の健康管理や労働環境の管理の重要性について具体的な介護実践場面から多角的に考察できる。	介護従事者の健康管理や労働環境の管理の重要性について理解できている。	介護従事者の健康管理や労働環境の管理の重要性について、どちらかについては理解できている。	介護従事者の健康管理や労働環境の管理の重要性について、述べることができない。

---

column

生きるための介護

　今の教育課程で介護を学ぶと、「終末期の介護」を学ぶ。この「終末期」のおかげもあり、「介護」とは死に行く人のお世話だと勘違いしている人が少なくない。これは大きな間違いであり、介護は「自立支援介護」「生きるための」介護が基本である。人生の終末までの過程を、衰えていく過程と考えるか、ますます成長し続けて「人生を全うする」と考えるかでは、見える風景も介護の仕方も全く変わってくる。この点は今後の介護を考える上で、重要な岐路となるであろう。

（川廷　宗之）

第3章 「介護」の学習支援

第3節 「コミュニケーション技術」の学習支援方法

1 コミュニケーション技術の概要・考え方

コミュニケーション技術とは介護福祉におけるコミュニケーション技術[1]を意味し、具体的には、①対人援助技術としてのコミュニケーション技術、②介護を必要とする人（以下、対象者）の心身の状況に応じたコミュニケーション技術[2]、③多職種による連携協働のためのコミュニケーション技術が含まれる。特に②は介護福祉士の専門性であり、その根拠はICFの「活動と参加」の「詳細分類と定義」[3]に基づくものである。これは心身の状況に応じたコミュニケーション技術が生活支援技術であることの根拠でもある。

2 コミュニケーション技術の重要性・必要性（なぜ学ぶのか）

当該科目を学習する重要性・必要性とは、コミュニケーション全体の65％あるいは90％以上を占めるという分析[4]がされている非言語コミュニケーションを意図的に使いこなす技術[5]と、生活機能としてのコミュニケーションをアセスメントして支援する技術、そして得られた情報を的確に伝える技術[6]を修得できる点にある。介護福祉におけるコミュニケーション技術とは生活支援技術であり、特に非言語コミュニケーションはその本質が習慣化された日常生活そのものである[7]と言え、コミュニケーション技術と生活支援技術が介護福祉士の専門性の中核を成していることと説明できる。当該科目を担当する教員はその重要性を十分に理解する必要がある。

3 旧課程から新課程へ——変化した点（授業設計への反映）

新課程の中で特に注目すべきは、対象者とその家族が別々のカテゴリーに表記されたことと、実践が伴った能力養成に重点が置かれている点である。前者はコミュニケーション障害を有する対象者の尊厳を保持する[8]ことを意味し、後者は介護サービスの質（介護福祉士の専門性）の向上を意味していると言える。「わかる」から「できる」へと、学生が確実に学習を積み重ね深めていける授業を創るために、担当教員は研鑽を積む[9]必要がある。演習（体験）を中心とした課題達成型の授業を通して学生の欠乏欲求を満たし、学ぶ楽しさを分かち合える授業を設計しよう（表3-3-1）。

---

1) 理性的なメッセージのやり取りを通して円滑な人間関係を築くことを目的としたコミュニケーション技術とは一線を画する。

2) 手話など特殊なコミュニケーション技術が含まれる。

3) 活動と参加の詳細分類に「学習と知識の応用」「一般的な課題と要求」「コミュニケーション」「対人関係」が記されており、つまりはこの定義を基準にアセスメントが実施されなければならないものと考える。

4) R. L. バードウィステルやA. メラビアンの研究による。

5) いかに受け止めて（汲み取って）、いかに反応するかを即興で創る技術。

6) 言葉・文字・数字・図等を駆使して簡潔で解りやすく伝える技術。

7) M. F. ヴァーガス著／石丸正訳『非言語（ノンバーバル）コミュニケーション』（新潮選書, 新潮社, 1987）

8) 未熟な介護福祉士が犯しやすい過ちの1つに、コミュニケーション障害がある対象者の意思決定（対話）を、対象者を飛び越えてその家族に求めてしまうことがある。尊厳が損なわれる瞬間である。

9) 教員の学習成果を披露する授業から、学生が学習の主体となって学習の楽しさと喜びを体感できる授業への転換が不可欠である。

表 3-3-1　新旧教育課程基準

	旧課程	新課程
ねらい	介護を必要とする者の理解や援助的関係、援助的コミュニケーションについて理解するとともに、利用者や利用者家族、あるいは多職種協働におけるコミュニケーション能力を身につけるための学習とする。	対象者との支援関係の構築やチームケアを実践するためのコミュニケーションの意義や技法を学び、介護実践に必要なコミュニケーション能力を養う学習とする。
教育に含むべき事項	①介護におけるコミュニケーションの基本 ②介護場面における利用者・家族とのコミュニケーション ③介護におけるチームのコミュニケーション	①介護を必要とする人とのコミュニケーション ②介護における家族とのコミュニケーション ③障害の特性に応じたコミュニケーション ④介護におけるチームのコミュニケーション
想定される教育内容の例	介護におけるコミュニケーションの意義・目的・役割 利用者・家族との関係づくり 利用者・家族とのコミュニケーションの実際 利用者の状況・状態に応じたコミュニケーションの技法の実際 記録による情報の共有化 報告・会議	1) 介護を必要としている人とのコミュニケーション 2) コミュニケーションの実際 3) 家族とのコミュニケーション 4) 家族とのコミュニケーションの実際 5) 障害特性に応じたコミュニケーションの実際 6) チームコミュニケーションの意義 7) チームコミュニケーションの実際
留意点		本人の置かれている状況を理解し、支援関係の構築や意思決定の支援をするためのコミュニケーションの基本的技術を習得する内容とする。 家族の置かれている状況・場面を理解し、家族への支援やパートナーシップを構築するためのコミュニケーションの基本的な技術を習得する内容とする。 障害の特性に応じたコミュニケーションの基礎的な技術を習得する内容とする。 情報を適切にまとめ、発信するために、介護実践における情報の共有化の意義を理解し、その具体的な方法や情報の管理について理解する内容とする。

4　コミュニケーション技術の学習構造（カリキュラムツリー）

　初めにICFに基づいたアセスメント表を作成することから支援関係構築のための学習が始まる。先修科目である人間関係とコミュニケーションを基盤に、介護福祉士の専門性の中核である生活支援技術としてのコミュニケーション技術を学習する（図3-3-1）。

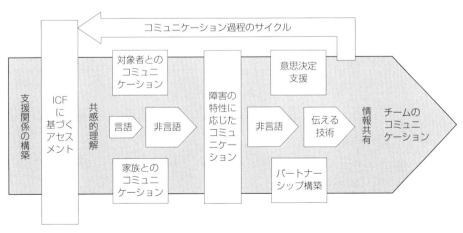

図 3-3-1　「コミュニケーション技術」学習内容構造図
（作図－松田朗）

5 『介護教育方法論』から『介護教育方法の理論と実践』へ

　今回の介護福祉士養成課程の改正では、学生の実践力を高めることが教員の重要な任務であると提示された。「教育を施される者」という役割意識が強い学生を、「自ら学習する者」という意識へと変容を促す役割を教員は与えられたのである。

　ここで勘違いしてはならないのは、「意識の変容を促されているのは学生ではなく、本稿と向き合っている教員（候補生）の貴方である」ということである。介護福祉士の専門性の中核を成すコミュニケーション技術を学生が「実践できる」レベルで修得できるように学習支援すること、創意工夫を持って授業を設計することが課題として提示されたのである。学生が実践力を高めるためには、どんなことをどのように学習する機会を創れば良いのかを柔軟に考えて創作し続けるのは、教員の醍醐味の1つである。

6 介護福祉士養成教員として成長発展への課題

　介護福祉士養成教員は単なる教員ではなく、学生にとっては福祉・医療系専門職の先輩であり、学生が将来像を描くモデルの1つでもある。したがって、介護福祉士養成教員には豊富な実践経験とあくなき研究心（探求心）等が問われるが、当該科目を担当する教員であれば以下の課題を達成できることが期待される。

①伝達し合うこと・分かち合うことができる。
②協力・連携・協働作業ができる。
③批評的・批判的思考ができる。
④創造できる。
⑤ファシリテート[10]できる。
⑥意図的な感情作業[11]ができる。

7 コミュニケーション技術の授業設計（計画）（案）

(1) 授業科目名
　コミュニケーション技術

(2) 授業担当者名

(3) 受講学生に関する留意事項
　コミュニケーション（人間関係形成）に対して苦手意識（抵抗感）を持つ

---

10) グループによる活動が円滑に行われるように支援すること。発言や参加を促したり、話の流れを整理したり、認識の一致を確認したりする行為を用いて、合意形成や相互理解をサポートすることによって協働を促進させる能力(大辞林第3版)。

11) 意図的に自分の感情を誘導し、相手の感情に働きかけて変容を促す作業。非言語コミュニケーション。
参照：A. R. ホックシールド著／石川准・室伏亜希訳『管理される心―感情が商品になるとき』世界思想社, 2000.

学生は少なくない[12]。外国人や社会人経験のある学友との関係性などに配慮し、孤立する学生を作らないように働きかける。

(4) 開講コマ条件
60時間の授業を週1回2コマ連続（4時間換算）×15回授業で設計した。

(5) 開講教室
演習ができるよう机、椅子が移動できる。

(6) 学習目標
① 対象者のコミュニケーション状態を、ICFに基づいてアセスメントできる。
② 介護を必要とする人とその家族に応じたコミュニケーション技法を実践できる。
③ 障害の特性に応じたコミュニケーション技法を実践できる。
④ チームにおけるコミュニケーションとして、記録、報告、連絡、相談、会議、情報管理などにおける技法を実践できる。

(7) 学生の達成課題
① ICFに基づいて対象者のコミュニケーション状態をアセスメントし、課題を箇条書きで設定できる。
② 意思決定支援・パートナーシップの構築について、それぞれの過程での要素を分析抽出し、それを図解できる。
③ 介護を必要とする人とその家族に、コミュニケーション技法[13]を使える。
④ 障害の特性に応じたコミュニケーション技法[14]を使える。
⑤ 観察したもの[15]を文字と数字で伝えることができる。

(8) 学習方法
① 個人あるいはグループで調べる。
② グループあるいは全員で観察・報告する。
③ 個人あるいはグループで創作活動（アートワーク）を行う。
④ グループあるいは全員で討論を行う。

(9) 使用教材
① ○○社「コミュニケーション技術」、△△社「国家試験問題集」など[16]
② 絵画、書、小説、俳句（短歌）、映像（動画）など[17]
③ 折り紙、画用紙、のり、ハサミ、クレパス　など

(10) 学習評価方法―学習評価の基準（単位認定基準）

(11) 学習に関する学生との約束事項（授業に参加するルール）
① 授業の前に、テキストの指定された範囲（授業範囲）を「音読して」くること。
② 共に与え合おう（助け合う・認め合う・教え合う・感謝し合う）。
③ 時間を守ろう。

---

12) 教員は、苦手意識を持つ各学生がどういう理由でそうなっているかを個々の該当学生と共に分析し具体的対応策を作っていく必要がある。

13) 話を聞く技法・感情を察する技法・意欲を引き出す技法・納得と同意を得る技法等。

14) クロックポジション・指文字・文字盤・肯定的なリアクション・リフレーミング・手話・ペーシング等。

15) 直感・五感・第六感等を駆使して受けとめた事柄。

16) ここでは、特定のテキストを指定しないが、「学生が調べる材料として」のテキストはあった方がよい。

17) 授業設計の内容に対応させて、教員が選んでくる。

18) 【参考文献】
・M. F. ヴァーガス著/石丸正訳『非言語（ノンバーバル）コミュニケーション』(新潮選書、新潮社、1987)
・A. H. マズロー著/小口忠彦訳『人間性の心理学―モチベーションとパーソナリティ』(産業能力大学出版部、1987)
・福田一雄『対人関係の言語学―ポライトネスからの眺め』(開拓社、2013)
・吉田輝美『感情労働としての介護労働―介護サービス従事者の感情コントロール技術と精神的支援の方法』(旬報社、2014)
・高尾隆『インプロ教育―即興演劇は創造性を育てるか？』(フィルムアート社、2006)

- A. R. ホックシールド著/石川准・室伏亜希訳『管理される心―感情が商品になるとき』(世界思想社, 2000)
- 障害者福祉研究会編『国際生活機能分類(ICF)―国際障害分類改定版』(中央法規出版, 2002)
- F. P. バイステック著/尾崎新・原田和幸訳『ケースワークの原則―援助関係を形成する技法』(誠信書房, 2006) 他

④動きやすい服装で受講しよう。

⑤間違いを楽しもう。

(12) 授業の質を上げるために―関連文献や、資料など

コミュニケーションに関しては、心理学や社会学や演劇教育や経営関係などの諸科学をベースにしたたくさんの先行研究や文献がある。介護福祉教育でのコミュニケーション教育で重要なことは、まずはコミュニケーションを楽しめるようにすることであり、適切なコミュニケーションの展開ができることであるため、担当教員には、細かな技術だけではなく、深い背景に関しての学習が求められる[18]。

(13) 毎回の授業設計(案)

回	主題	授業目標と達成課題	授業中の学生の学習内容と学習活動	教員による学習支援活動の内容と方法	学習支援上の留意点
1回目	介護実践の基盤としてのコミュニケーションの意義と目的	①授業の概要を理解する。②学生相互理解③「介護実践の基盤としてのコミュニケーションの意義と目的」を解説できる。	①授業概要を聞く、質問する。②ワーク「あなたの家の玄関に飾ってあるものを教えてください」に参加する。③グループワーク。テキストやサイト等を使って必要な情報を収集し解説図を模造紙に描き発表する。	①授業概要を説明する。質問に応答する。②ワークの説明、実施中の学生観察、終了後数名の学生に感想を求める。③グループ割振り、机間巡回。情報活用上のルールを提示する。	資料として使用できるサイトの紹介次回の授業までに音読してくる範囲を伝える(資料を配付する)。
2回目	コミュニケーション技法	①信頼関係の構築の過程を図解できる。②対象者の意向の表出支援として質問の技法が使える。	ロールプレイ①SOLERを使って対象者との関係を築く。②質問の技法を使って対象者の意向の表出を促す。グループワーク:①②それぞれの心理過程を図解する。	グループの割振りグループワークやロールプレイに入る前に、心と身体のウォーミングアップを行う。	次回の授業までに音読してくる範囲を伝える。間違いを楽しむ姿勢を推奨する。
3回目	生活機能としてのコミュニケーション	ICFに基づいてコミュニケーションの状況をアセスメントできる。	どのグループのアセスメント表を採用するか投票で選ぶ。	グループの割振り。ICFのコミュニケーションに関する分類の箇所をコピーして学生全員に配付する。机間巡回。投票用紙の準備。	次回の授業までに音読してくる範囲を伝える。間違いを楽しむ姿勢を推奨する。
4回目	非言語コミュニケーション	非言語コミュニケーションを意図的に使うことができる。	①ワーク:即興演技術のトレーニングに挑む。②振返り:ワークシートに記入する。	即興演技術のレッスン法を事前に学習しワークを組立てる。ファシリテーターとして参加。	次回の授業までに音読してくる範囲を伝える。
5回目	意思決定支援とパートナーシップ	①意思決定支援と②パートナーシップの構築の過程を図で表して解説できる。	グループワーク。テキストや資料、サイト上の情報を活用して過程を図表で表す。発表原稿を作成しグループごとに発表する。	グループの割振り。関連する資料や優良サイト情報を提供する。学生が全員参加できるように机間巡回を行う。	模造紙・クレパス・カラーマジック・のり・ハサミ等の準備

回	主題	授業目標と達成課題	授業中の学生の学習内容と学習活動	教員による学習支援活動の内容と方法	学習支援上の留意点
6回目	対象者へのコミュニケーション	話を聞く・感情を察する・意欲を引き出す・納得と同意を得る技法等が使える。	ワーク「よくみる・よくきく・受け入れる・つたえる・楽しむ」に参加する。コミュニケーションの基本を復習する。	ファシリテーターとしてワークに参加する。学生がワークに参加する際のルールを伝える。	間違いを楽しむ姿勢を推奨する。
7回目	家族へのコミュニケーション	話を聞く・感情を察する・意欲を引き出す・納得と同意を得る技法等が使える。	ロールプレイに参加。演じる役は対象者・そのご家族・介護福祉士・オブザーバー。演じる役のキャラクターを設定する。	学生がワークに参加する際のルールを伝え、キャラクター設定の支援をする。	間違いを楽しむ姿勢を推奨する。
8回目	障害の特性に応じたコミュニケーション① 視覚障害	①アセスメントできる。 ②クロックポジションを使うことができる。 ③言葉による情景描写ができる。	①事例に基づきアセスメント ②ペアワーク：軽食を使って食事介助を行う。（クロックポジション）対象者役の学生はアイマスクを着用する。 ③ペアワーク：眼に映るものを言葉で伝える。	ワークの説明、軽食の用意。アイマスクの用意視覚資料の用意机間巡回	非言語コミュニケーションによる対話に焦点を当てる。
9回目	障害の特性に応じたコミュニケーション② 聴力言語障害・盲ろう	①アセスメントできる。 ②手話ができる。 ③文字盤が使える。 ④言語障害の特徴を知る。 ⑤触手話・指点字等を知る。 ⑥言葉による情景描写	①事例のコミュニケーション状況をアセスメントする。 ②文字盤を製作し対話する。 ③構音障害・失語症の映像資料を鑑賞する。 ④触手話、指点字等の映像資料を鑑賞する。 ⑤手話を使う。 ⑥言葉で情景描写を行う。	事例の用意。教材の用意机間巡回。手話指導講師と協働。	非言語コミュニケーションによる対話に焦点を当てる。以後、毎回の授業で手話を使う。
10回目	障害の特性に応じたコミュニケーション③ 精神障害・発達障害	①アセスメントできる。 ②肯定的な表現を意図的に創れる。 ③否定せず解ろうとする。	①事例のコミュニケーション状況をアセスメントする。 ②ロールプレイ：リフレーミング・アサーション ③即興演技術トレーニングワーク	事例の用意。ファシリテーターとしてワークに参加する。手話指導講師と協働。	非言語コミュニケーションによる対話に焦点を当てる。手話を使う。
11回目	障害の特性に応じたコミュニケーション④ 認知・知的障害	①アセスメントできる。 ②否定せず解ろうとする。 ③具体的な表現活動	①事例のコミュニケーション情況をアセスメントする。 ②③即興演技術トレーニングワーク	事例の用意。ファシリテーターとしてワークに参加する。手話指導講師と協働。	非言語コミュニケーションによる対話に焦点を当てる。手話を使う。
12回目	障害の特性に応じたコミュニケーション⑤ 高次脳機能・難病等	①アセスメントできる。 ②否定せず解ろうとする。 ③文字盤を使う。 ④福祉用具を知る。	①事例のコミュニケーション情況をアセスメントする。 ②即興演技術トレーニングワーク ③文字盤を使う。 ④映像資料の鑑賞。重症心身障害含む。	事例の用意。ファシリテーターとしてワークに参加する。手話指導講師と協働。	非言語コミュニケーションによる対話に焦点を当てる。手話を使う。
13回目	記録の意義、目的、種類について	①報告・連絡・相談の意義と目的を理解でき、具体的な方法が使える。	①事例に基づいてプロセスレコードのトレーニング ②ロールプレイ：言葉による報告・連絡・相談をする。	事例の用意。ファシリテーターとしてワークに参加する。手話指導講師と協働。	非言語コミュニケーションによる対話に焦点を当てる。手話を使う。

回	主題	授業目標と達成課題	授業中の学生の学習内容と学習活動	教員による学習支援活動の内容と方法	学習支援上の留意点
14回目	文字と数字で伝える技術	直感・五感・第六感等を駆使して受けとめた事柄を文字と数字で伝える。	アートワークに参加する。	教材の用意。ファシリテーターとしてワークに参加する。手話指導講師と協働。	非言語コミュニケーションによる対話に焦点を当てる。手話を使う。
15回目	情報共有の意義、目的、説明技法	①共有資料を作成できる。②プレゼンテーションできる。③ICTを活用できる	情報事例に基づいて、PowerPointやKeynote、Googleスライドなどを使って資料を作成し発表する。	事例の用意。ファシリテーターとしてワークに参加する。手話指導講師と協働。	非言語コミュニケーションによる対話に焦点を当てる。手話を使う。

(14) 科目としての評価ルーブリック（達成課題への対応）

評価視点＼評価基準	特に…できる（優）	標準的…できる（良）	最低限…できる（可）	努力が必要（不可）
①ICFに基づいて現状をアセスメントし、課題を設定できる。	右に加え課題を設定できる。	右に加え分析評価できる。	アセスメント表作成に参加貢献した。対象者の現状をアセスメント表に当てはめることができる。	アセスメント表作成に参加していない。
②意思決定支援・パートナーシップの構築それぞれの過程を図解できる。	右に加え全体の構成と流れを図示できる。	右に加え、全体の流れを説明できる。	グループワークに参加貢献できた。それぞれの過程の構成要素を分析できる。	グループワークに参加していない。
③介護を必要とする人とその家族へのコミュニケーション技法が使える。	右に加え、課題達成に向けて行動計画を作成できる。	右に加え、課題が設定できる。	グループワーク・ロールプレイに参加貢献できた。振り返りシートに感想・考察・自己評価が記されている。	グループワーク・ロールプレイに参加していない。
④障害の特性に応じたコミュニケーション技法が使える。	右に加え、課題達成に向けて行動計画を作成できる。	右に加え、課題が設定できる。	グループワーク・ロールプレイに参加貢献できた。振り返りシートに感想・考察・自己評価が記されている。	グループワーク・ロールプレイに参加していない。
⑤観察したものを文字と数字で伝えられる。	右に加え、課題達成に向けて行動計画を作成できる。	右に加え、課題が設定できる。	アートワークに参加貢献できた。振り返りシートに感想・考察・自己評価が記されている。	アートワークに参加していない。

> column

楽しむ力

　学生からのアクション（質問や相談など）に即興でリアクション（対応）することは、教員にとって大きな喜びであり貴重な学びの機会でもある。学生から何らかのアクションが飛び出す直前の一瞬は、例えようのない緊張感に身体中が支配される。学生からのアクションは授業に関するものばかりではなく、学校や日常生活における不安や不満など様々である。一つひとつのアクションに対して意図的に直感的にリアクションを重ねることは、その一瞬一瞬に生まれる息遣いや音（声）・言葉・仕草・感情・気分を共有していくことであり、学生一人ひとりとの関係が創られていく瞬間でもある。1つのルールと無限の可能性によって生まれる関係。心と身体という楽器を用いてのフリーセッションである。

　介護サービスを利用している利用者さんとそのご家族、職場の同僚や部下、上司、チームケアを担うメンバーとの関係性においても、上記と同じことが言える。その瞬間に生まれる「何か」をドキドキ・ワクワクしながら共有する。即興によるリアクションの積み重ねが百人百様の関係性を生む。新たな人間関係が形成される過程であり、既存の関係が深まる過程でもある。喜びと充実感に満ちた楽しい時間。勿論、介護の現場であるからいつも喜楽なことばかりが起こるわけではない。不満や不安、恐怖や不信といったネガティブな感情が生まれる瞬間も沢山ある。しかし誤解を恐れずにあえて言えば、どんなにネガティブな感情が生まれても楽しいのだ。むしろネガティブな感情が生まれるからこそ楽しい。なぜなら、そこには人の心の奥深さ・美しさ・醜さ・厳しさ・脆さ・逞しさ・激しさ・穏やかさ・豊かさ・温かさなどを味わえる瞬間があるから。

　幸福になることは日本国憲法で保障されているが、楽しい時間を得ることは保障されていない。でもご心配なく。楽しい時間とは、すべての人が等しく得ることができる時間だから。ただし条件が2つ。①与えられるのを待っていても楽しい時間は得られないと心得ること。②「～になったらどうしよう」と考えてばかりでは不安が膨れ上がるだけだと心得ること。つまり、①誰か（何か）から「してもらうこと」「与えられる」ことを期待して待たないこと。そして、②リスクを受けいれて行動すること。

「先生は、なぜ今の仕事を続けているのですか？」と、よく学生から質問される。
「楽しいから！」（即答）。

「おもしろき こともなき世を おもしろく …」（高杉晋作）

（松田　朗）

第4節 「生活支援技術」の学習支援方法

1 生活支援技術の概要・考え方

生活＝日々の暮らし[1]とは、一人ひとりの生活習慣や価値観によって築き上げられている。同じ家庭環境で育った兄弟姉妹でも好みやライフスタイルは違う。ましてや、利用者と支援者の暮らし方が違うことは当たり前である。どの暮らし方がよいとか悪いではなく、様々な暮らし方があることが当然である。在宅での暮らしを支援する際はもちろんのこと、施設で暮らす利用者の生活習慣や価値観をどうやったら尊重できるか。支援者は、利用者主体であることを常に意識する必要がある。

2 生活支援技術の重要性・必要性（なぜ学ぶのか）

(1) 介護福祉士の2つの業

「社会福祉士及び介護福祉士法」第2条の2[2]において介護福祉士の業について定めている。

図3-4-1　生活支援技術と介護福祉士の2つの「業」
（作図－太田つぐみ）

(2) ケアの標準化とケアの個別化

利用者一人ひとりに合ったケアをするための視点とともに、ケアの一定の質を保つために、標準的な方法を知っておく必要がある。

①生活の仕方が多様化[3]している。高校を卒業したばかりの18歳の学生が、自分の家族以外の生活習慣や価値観を理解することは難しいだろう。異なった文化・歴史をもつ留学生にとっては、なおさらのことである。まず

---

1)「生活」しているとはどういう内容を指すのだろうか。これについては「新国民生活指標体系（PLI）」がその内容を、以下に見るように、8つの活動領域と4つの生活評価軸として設定している。
〈PLIの8つの活動領域〉
①住む：住居、住環境、近隣社会の治安等の状況
②費やす：収入、支出、資産、消費生活等の状況
③働く：賃金、労働時間、就業機会、労働環境等の状況
④育てる：（自分の子供のための）育児・教育支出、教育施設、進学率等の状況
⑤癒す：医療、保健、福祉サービス等の状況
⑥遊ぶ：休暇、余暇施設、余暇支出等の状況
⑦学ぶ：（成人のための）大学、生涯学習施設、文化的施設、学習時間等の状況
⑧交わる：婚姻、地域交流、社会的活動等の状況

2)（定義）この法律において「介護福祉士」とは、第四十二条第一項の登録を受け、介護福祉士の名称を用いて、専門的知識及び技術をもつて、身体上又は精神上の障害があることにより日常生活を営むのに支障がある者につき心身の状況に応じた介護（喀痰吸引その他のその者が日常生活を営むのに必要な行為であつて、医師の指示の下に行われるもの（厚生労働省令で定めるものに限る。以下「喀痰吸引等」という。）を含む。）を行い、並びにその者及びその介護者に対して介護に関する指導を行うこと（以下「介護等」という。）を業とする者をいう。

3) 第1章第1節参照。

は標準的な生活について学ぶ。

② より生活を合理的、スピーディに管理する方法[4]を学ぶ。

③ 生活そのものを楽しむ方法を学ぶ。おしゃれを楽しみ、食器や彩りにこだわり、清潔プラスαの入浴の仕方等を学ぶ。

④ 効率性が大事な家事的側面と、利用者のペースが大事な身体的・精神的側面のバランスの取り方を学ぶ。

(3) 利用者目線からみた介護福祉士の専門性

新課程での「生活支援技術」のねらい[5]を利用者目線で考え、効率性重視やおもてなしとは違う介護福祉士の専門性を学生に学ばせたい。

表3-4-1 生活支援技術に求められている内容

	効率性重視 (知識・技術は優れている)	おもてなしの心重視 (一流旅館のようなおもてなし)	新課程の「生活支援技術」を実践
家事	・栄養バランスのとれた食事、常に整えられたベッド、現在必要なものだけが置かれた居室	・好みや季節に合ったご馳走、お盆には一輪の花と手書きカード、よい香りがするリネン類、翌朝にはアイロンがかかっている洗濯物	・得意料理を介護職と共に作る、買い物は広告でチェック。 ・シーツはシワなくきれいだが、ベッド周りは私物がたくさん、タンスの上には思い出の品が並んでいる。
身体介護	・決まった時間に提供される入浴・排泄介助 ・隣の利用者と同じ介助の方法	・言う前に開けられるドア、押してくれる車椅子 ・至れり尽くせり	・身の回りのことはできるだけ自分でやる。 ・孫と○○ランドに行きたいから足を使う。 ・「できないこと」ではなく、「できること」「できる可能性」に着目された支援。

3 旧課程から新課程へ──変化した点

新課程では、新たに留意点が設けられた。これは生活支援技術の授業だけではなく、科目間・領域間[6]で関連・重複する教育の内容の整理をすることと、「教育に含むべき事項」の趣旨を明確にすることが理由である。

「ねらい」や「教育内容」の変化でいちばん大きなことは、「福祉用具の意義と活用」が新たに加わったことである（表3-4-2）。

福祉用具[7]とは、介護用具・介護ロボット[8]（ロボット技術の介護利用における重点分野）を含む。福祉用具を利用することで、生活環境の改善、生活圏の拡大、コミュニケーションの獲得、生活レベルの維持・獲得、生活意欲の増大などを得ることができる。

4) 身体介護、家事、経済、居住環境の整備などの手順をチェックする仕方。

5) 尊厳の保持や自立支援、生活の豊かさの観点から、本人主体の生活が継続できるよう、根拠に基づいた介護実践を行うための知識・技術を習得する」としている。
「生活」重視の視点を大切に。
そのためには、「介護保険」対象の介護だけが、専門職としての介護福祉士が対応する「介護」ではないという前提も大切である。

6) 領域とは「人間と社会の理解」「介護」「こころとからだのしくみ」「医療的ケア」。

7) 1993（平成5）年10月1日に、「福祉用具の研究開発及び普及の促進に関する法律」（通称：福祉用具法）によって定義される前までは、福祉機器、介護機器、介護用品、介護用具、日常生活用具、リハビリテーション機器、補装具、テクニカルエイド、補助器具、自助具などと多くの名称で呼ばれてきたが、現在では介護保険法をはじめ「福祉用具」という言葉で定着している。
福祉用具法において、福祉用具とは、「心身の機能が低下し日常生活を営むのに支障のある老人又は心身障害者の①日常生活上の便宜を図るための用具及び②これらの者の機能訓練のための用具並びに③補装具をいう」と定義されている（黒澤貞夫監修『福祉用具専門相談員講習テキスト』日本医療企画, p.3, p.7 より引用）。

表 3-4-2 変更前後の「生活支援技術」の教育内容のねらいと教育に含むべき事項

	旧課程	新課程
ねらい	尊厳の保持の観点から、どのような状態であっても、その人の自立・自律を尊重し、潜在能力を引き出したり、見守ることも含めた適切な介護技術を用いて、安全に援助できる技術や知識について習得する学習とする。	尊厳の保持や自立支援、生活の豊かさの観点から、本人主体の生活が継続できるよう、根拠に基づいた介護実践を行うための知識・技術を習得する学習とする。
教育に含むべき事項	①生活支援 ②自立に向けた居住環境の整備 ③自立に向けた身じたくの介護 ④自立に向けた移動の介護 ⑤自立に向けた食事の介護 ⑥自立に向けた入浴・清潔保持の介護 ⑦自立に向けた排泄の介護 ⑧自立に向けた家事の介護 ⑨自立に向けた睡眠の介護 ⑩終末期の介護	①生活支援の理解 ②自立に向けた居住環境の整備 ③自立に向けた移動の介護 ④自立に向けた身じたくの介護 ⑤自立に向けた食事の介護 ⑥自立に向けた入浴・清潔保持の介護 ⑦自立に向けた排泄の介護 ⑧自立に向けた家事の介護 ⑨休息・睡眠の介護 ⑩人生の最終段階における介護 ⑪福祉用具の意義と活用

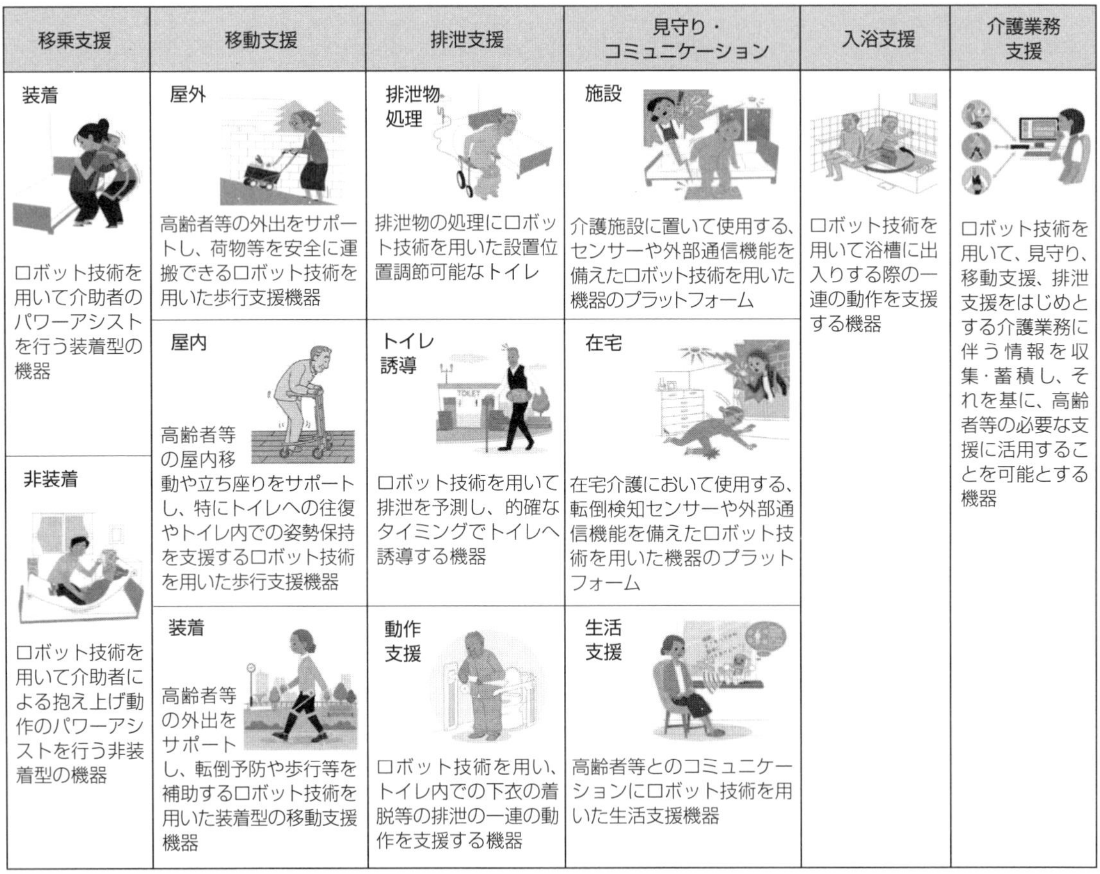

移乗支援	移動支援	排泄支援	見守り・コミュニケーション	入浴支援	介護業務支援
装着 ロボット技術を用いて介助者のパワーアシストを行う装着型の機器	**屋外** 高齢者等の外出をサポートし、荷物等を安全に運搬できるロボット技術を用いた歩行支援機器	**排泄物処理** 排泄物の処理にロボット技術を用いた設置位置調節可能なトイレ	**施設** 介護施設に置いて使用する、センサーや外部通信機能を備えたロボット技術を用いた機器のプラットフォーム	ロボット技術を用いて浴槽に出入りする際の一連の動作を支援する機器	ロボット技術を用いて、見守り、移動支援、排泄支援をはじめとする介護業務に伴う情報を収集・蓄積し、それを基に、高齢者等の必要な支援に活用することを可能とする機器
	屋内 高齢者等の屋内移動や立ち座りをサポートし、特にトイレへの往復やトイレ内での姿勢保持を支援するロボット技術を用いた歩行支援機器	**トイレ誘導** ロボット技術を用いて排泄を予測し、的確なタイミングでトイレへ誘導する機器	**在宅** 在宅介護において使用する、転倒検知センサーや外部通信機能を備えたロボット技術を用いた機器のプラットフォーム		
非装着 ロボット技術を用いて介助者による抱え上げ動作のパワーアシストを行う非装着型の機器	**装着** 高齢者等の外出をサポートし、転倒予防や歩行等を補助するロボット技術を用いた装着型の移動支援機器	**動作支援** ロボット技術を用い、トイレ内での下衣の着脱等の排泄の一連の動作を支援する機器	**生活支援** 高齢者等とのコミュニケーションにロボット技術を用いた生活支援機器		

出典）厚生労働省「介護ロボットの導入・活用支援策のご紹介―介護関係者の皆様向けリーフレット」（令和元年7月19日更新）．

図 3-4-2 介護ロボットの導入・活用―厚生労働省資料

利用する目的には、以下の①〜⑦がある。
①失った身体機能の補完・代償（例：義手・義足、補聴器等）

②日常生活における自立度の向上
③介護負担の軽減・省力化（例：介護用ベッドのハイ・ロー、移動用リフト）
④病気の抑制や事故防止（例：エアマット、認知症老人徘徊感知器、サイドレールカバー、頭部保護帽等）
⑤住宅改修の代用（例：段差解消の工事→工事の必要のないスロープ類やすのこの使用、手すりの取付工事→浴槽用手すりや縦手すりの設置等）
⑥介護労働者の職場環境改善（例：移動用リフト等の導入による腰痛予防）
⑦職業能力開発の促進（例：職業能力開発の世界で使用される福祉用具で、評価測定機器、作業訓練機器、作業機器等）

4 『介護教育方法論』から『介護教育方法の理論と実践』へ（授業設計への反映）

いちばん大きく変更した点は、授業設計である。旧版では単元[9]ごとに組み立てていたものを、利用者像のイメージ[10]に合わせて授業を組み立てた。その授業設計の中で、実践力と福祉用具の活用を旧版より強化している。

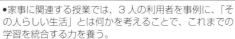

実践力	専門的な知識・技術を、他の人に伝達・指導する力	●家事に関連する授業では、3人の利用者を事例に、「その人らしい生活」とは何かを考えることで、これまでの学習を統合する力を養う。 ●実技の授業では、課題ごとのグループで学んだことを、新しいグループで伝え合うことにより、伝達力の向上、責任感を身につける。
福祉用具の活用	介護ロボットを含め、福祉用具を活用できる力	●さまざまな福祉用具の使い方を学ぶ。 ●事例を用いて、利用者一人ひとりに合った福祉用具の活用方法を学ぶ。

図 3-4-3　授業への展開例

①介護実習の内容に沿った授業の組み立て
　→学校での学びをすぐに現場での実践につなげる。
②アクティブラーニングの強化
　→仲間と活発に意見交換し、試行錯誤しながら課題に取り組む。
③事例ごとにICFシート[11]の記入を行う
　→ICFの視点で考える習慣が身につく。
　→学生が「自分はどの視点に偏りやすいか」を気づく。
④福祉用具の活用の機会を増やす
　→学校内にある器具に限定せず、外部資源[12]を活用することで、介護ロボットなどの使用方法も学ぶ。

---

8) 介護ロボットとは
①ロボットの定義とは、以下3つの要素技術を有する、知能化した機械システム。情報を感知（センサー系）・判断し（知能・制御系）・動作する（駆動系）。このうちロボット技術が応用され利用者の自立支援や介護者の負担の軽減に役立つ介護機器を介護ロボットと呼ぶ。
②「ロボット技術の介護利用における重点分野」厚生労働省と経済産業省は、自立支援による高齢者の生活の質の維持・向上と介護者の負担軽減の両方の実現を図るため、「ロボット技術の介護利用における重点分野」（平成24年11月策定、平成26年2月改訂）を改訂し、新たに1分野（介護業務支援）と5項目を追加した。これまでの5分野8項目と合わせ、6分野13項目が今後の重点分野となる（厚生労働省「介護ロボットの開発・普及の促進」より）。

9) 食事、排泄、移動など。

10) カリキュラムツリー参照。

11) ICFの構成要素の生活機能（心身機能・身体構造、活動、参加）と健康状態と背景因子（環境因子、個人因子）の相互作用の理解に向けたワークシート。

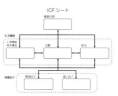

図 3-4-4　ICFシート（例）

12) 福祉機器展、県社協など

5　生活支援技術の学習構造（カリキュラムツリー）

　実習で出会う利用者像のイメージに合わせたカリキュラムとした。「生活支援技術A・B」を学んでから、通所・在宅での実習。「生活支援技術C・D」を学んでから、特養・老健等の施設実習。「生活支援技術E」を学んでから障害者施設やグループホーム、ホスピスなど多様な場所での実習を想定している。「生活支援技術A・B・C・D・E」のなかに、「教育に含むべき事項11項目」を網羅しており、特に「福祉用具」は生活支援技術の授業75コマの授業うち23コマ[13]で取り入れた。

(1) 生活支援技術A

　訪問介護や通所介護等の居宅介護サービスを利用している在宅生活の利用者像をイメージし、授業内容は利用者の生きてきた時代を知る、掃除、洗濯、アイロンがけ、裁縫、食事の環境づくり、口腔体操、福祉用具、高齢者に配慮した住宅、感染予防、ボディメカニクス、車椅子介助、衣服の着脱（座位）、ベッドメイキング、食事介助、口腔ケア、移乗介助、杖歩行介助などの知識や基礎技術

(2) 生活支援技術B

　訪問介護や通所介護等の居宅介護サービスを利用している在宅生活の利用者像をイメージし、授業内容は、感染予防、ボディメカニクス、車椅子介助、衣服の着脱（座位）、ベッドメイキング、食事介助、口腔ケア、移乗介助、杖歩行介助などの知識を活用した具体的技術展開の習得

(3) 生活支援技術C

　特養や老健など施設で生活している利用者像をイメージし、授業内容は、入浴の効果、買い物支援、食品の保存、治療食、排泄に関する知識、睡眠のメカニズム、ターミナルケア・グリーフケア、家計管理、消費者保護制度、体位変換、衣服の着脱（臥床）、シーツ交換（臥床）、入浴介助、清拭・部分浴、排泄介助、終末期ケアなどの知識や基礎技術

(4) 生活支援技術D

　特養や老健など施設で生活している利用者像をイメージし、授業内容は、体位変換、衣服の着脱（臥床）、シーツ交換（臥床）、入浴介助、清拭・部分浴、排泄介助、終末期ケアなどの知識を活用した具体的技術展開の習得

13）生活支援技術A
3,7,9,10,11,12,13回目
生活支援技術B
3,9,11,13回目
生活支援技術C
1,5,9回目
生活支援技術D
1,4,5,9回目
生活支援技術E
1,2,5,12,13回目

表 3-4-3　利用者イメージと授業内容

項目	利用者像のイメージ	授業内容
生活支援技術 A	在宅で生活をしている。訪問介護や通所介護等のサービスを利用している。	利用者の生きてきた時代を知る、掃除、洗濯、アイロンがけ、裁縫、食事の環境づくり、口腔体操、福祉用具、高齢者・障害者に配慮した住宅、感染予防、ボディメカニクス、車椅子介助、衣服の着脱（座位）、ベッドメイキング、食事介助、口腔ケア、移乗介助、杖歩行介助などの知識や基礎技術
生活支援技術 B		感染予防、ボディメカニクス、車椅子介助、衣服の着脱（座位）、ベッドメイキング、食事介助、口腔ケア、移乗介助、杖歩行介助などの知識を活用した具体的技術展開の習得
生活支援技術 C	特養や老健など施設で生活している。	入浴の効果、買い物支援、食品の保存、治療食、排泄に関する知識、睡眠のメカニズム、ターミナルケア・グリーフケア、家計管理、消費者保護制度、体位変換、衣服の着脱（臥床）、シーツ交換（臥床）、入浴介助、清拭・部分浴、排泄介助、終末期ケアなどの知識や基礎技術
生活支援技術 D		体位変換、衣服の着脱（臥床）、シーツ交換（臥床）、入浴介助、清拭・部分浴、排泄介助、終末期ケアなどの知識を活用した具体的技術展開の習得
生活支援技術 E	障害者施設やグループホームで生活している。医療的なケアが必要。	さまざまな障害に応じた介護（視覚障害、聴覚障害、盲ろう、運動障害、内部障害、知的障害、精神障害、発達障害、重症心身障害）の知識を活用した応用発展的技術展開の習得

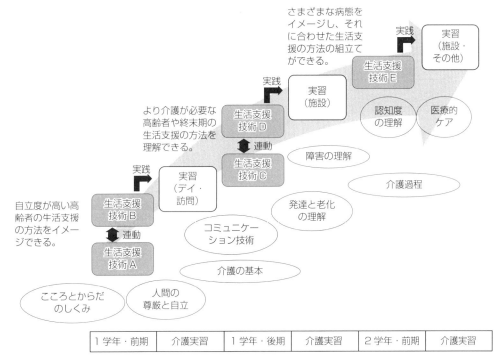

図 3-4-5　「生活支援技術」の学習内容構造図
（作図－太田つぐみ）

(5) 生活支援技術 E

　障害者施設やグループホームで生活している利用者像をイメージし、授業内容は、様々な障害に応じた介護（視覚障害、聴覚障害、盲ろう、運動障害、内部障害、知的障害、精神障害、発達障害、重症心身障害）の知識を活用した応用発展的技術展開の習得

6 介護福祉士養成教員として成長発展への課題

　学生は卒業時に「介護福祉士国家試験合格」「福祉現場での即実践力」が求められる。生活支援技術の授業において、ややもすると教員は「国試に出やすい事項を暗記させる詰め込み授業」や「教員の実体験を基にした介護技術の授業」[14] を行いがちである。しかし本当に目指すべき目標は、「知識を根拠に一人ひとりの利用者に合わせた介護方法を考え、実践する力」である。それには、学生自身が試行錯誤しながらも答えを導き出す[15]「学問としての楽しみ」も重要である。

　また、本書の授業案では、学生自身の行動力・責任力の向上が期待できるジグソー法を取り入れた。

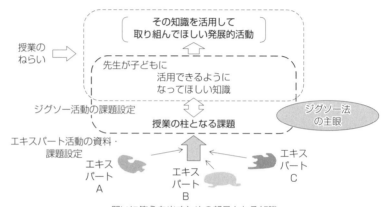

出典）大学発教育支援コンソーシアム推進機構「新しい学びプロジェクト報告会」2011.

図3-4-6　ジグソー法を用いた授業のイメージ

7 生活支援技術の授業設計（計画）（案）

(1) 授業科目名

　生活支援技術（生活支援技術A、生活支援技術B、生活支援技術C、生活支援技術D、生活支援技術E）

(2) 授業担当者名

　授業進行○○○○（1名）、実技補助○○○○1名、計2名

(3) 受講学生に関する留意事項[16]

　生活支援技術B、生活支援技術Dおよび生活支援技術Eは、実技実施時に身体接触があるので、利用者役と介護者役の設定については、同性に設定するなど配慮を行う。

注:

14) 本書ではテキスト使用を想定。介護技術は千差万別であるが、まずは基本を習得するため、「生活支援技術B・D」ではテキスト記載の介護技術を実践する。

15) 小林昭文著『アクティブラーニング入門―アクティブラーニングが授業と生徒を変える』（産業能率大学出版部, 2015）は、生活支援技術の授業でも取り入れやすい。

16) 当該科目に関して特に必要な留意事項のみ記入。
一般的留意事項
①外国人学生への対応
・内容が通じているかを何らかの方法で頻繁に確認する。
・日本人学生の友達ができるように座席等配慮する。
・レポート等ではスマホ翻訳等の活用を認める。
②社会人学び直し学生への対応
・彼らの持っている社会的経験を大切にする（授業中、できるだけそれを活かす）。

（4）開講コマ条件

生活支援技術A：1年（前期）　2コマ連続　木曜日

　人数は、実技時、1つのベッドに対して、学生を6名としている。
（以下、同様とし、詳細は学習方法を参照）

生活支援技術B：1年（前期）　2コマ連続　金曜日

　「生活支援技術A」と連動しているので、翌日などに開講する。

生活支援技術C：1年（後期）　2コマ連続　木曜日

　条件は、「生活支援技術A、B」を修了者が望ましい。

生活支援技術D：1年（後期）　2コマ連続　金曜日

　「生活支援技術C」と連動しているので、翌日などに開講する。

生活支援技術E：2年（前期）　2コマ連続　木曜日

　条件は、応用発展的技術展開の習得のため、「生活支援技術A〜D」の修了者が対象となる。

（5）開講教室

　生活支援技術AおよびC：講義室（状況により、介護実習室および調理室を使用する場合がある）[17]

　生活支援技術B、DおよびE：介護実習室（生活支援技術Eは、状況により、講義室の場合がある）

（6）学習目標

　ねらいは、「尊厳の保持や自立支援、生活の豊かさの観点から、本人主体の生活が継続できるよう、根拠に基づいた介護実践を行うための知識・技術を習得する学習とする」である。

① ICFの視点を用いてアセスメントを行い、生活環境を含めた人物像を把握することができる観察力を習得する。

② 基本的な生活支援の理解に関する知識と具体的な支援方法を学ぶとともに、様々な生活場面において自立の支援の観点から根拠に基づいた介護が実践できる思考力を習得する。

③ 利用者の自立に向けた生活支援のために適した介護計画を立案し、状況に合わせ計画的に技術および福祉用具を選択・活用することができる判断力を習得する。

④ 適切な介護支援技術および介護ロボットを含めた福祉用具を用いて、高齢者および障害者を安全に支援することができる介護実践に必要な基礎知識と技術を習得する。

⑤ 終末期の経過に沿った支援とチームケア・チームアプローチの実践について役割を理解する。

17）実物教材が多数必要な点に留意する。学校の近隣に空き屋とかがある場合は、そういう所をお借りして実習的に授業を行う方が効果的な場合も多い。
2コマ連続授業なので午前中、午後中は全部当該授業で行えるため近隣なら可能。

(7) 学生の達成課題

① ICF の視点を用いてアセスメントを行い、生活環境を含めた人物像を把握することができる[18]。

② 基本的な生活支援の理解に関する知識と具体的な支援方法を学ぶとともに、様々な生活場面において自立の支援の観点から根拠に基づいた介護が実践できる。

③ 利用者の自立した生活の支援のために適した介護計画を立案し、状況に合わせ計画的に技術および福祉用具を選択・活用することができる[19]。

④ 適切な介護支援技術および介護ロボットを含めた福祉用具を用いて、高齢者および障害者を安全に支援することができる。

⑤ 終末期の経過に沿った支援とチームケア・チームアプローチについて役割を実践できる。

(8) 学習方法

授業ではジグソー法を取り入れ、介助手順の正誤にこだわらず、仲間と活発に意見交換し、試行錯誤しながら課題に取り組むことを優先させる。

(9) 使用教材（例示）

テキスト使用：『生活支援技術』（○○社）

18) 利用者の分析だけではなく、まず自己分析を行いグループ討議などを通して分析のバイアスを確認しておくこと。また、WHO には QOL の意識調査用紙（国際共通の調査表）もあるので活用すると分析しやすい。

19) 福祉用具の展示センターの見学などを行って、学校備え付けの物だけではなく最新の用具を体験することも重要である。

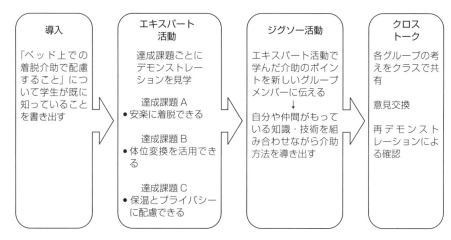

図 3-4-7　実際の授業例「ベッド上での着脱介助」

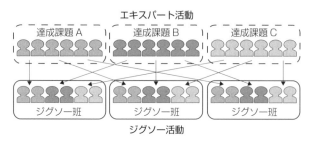

図 3-4-8　エキスパート活動とジグソー活動

(10) 学習評価方法

①生活支援技術 A および C：出席および次項目 11 ①〜③の約束事項に対しての授業態度（20％）、提出物および実技評価（20％）、中間試験（20％）、期末試験（40％）の結果の合計から学校の評価基準に準じて行う。

②中間試験および期末試験は、60 点以上を合格とする。中間試験および期末試験が、59 点以下の場合、希望による再試験を行うことは可能である。

③生活支援技術 A、C：学生が授業ごとに学習日誌を提出し、その内容を評価する。家事の実技が含まれる授業では、学生が作成した標準的な家事のチェックリストの点検を教員が行い、学習日誌とともに評価の対象とする。

④生活支援技術 B、D および E：各生活支援技術に対して、10 項目のチェックシート[20]を作成して評価を行う。生活支援技術 B は、教員が 10 項目全てを作成したチェックシートを使用して評価を行う。生活支援技術 D は、教員が 10 項目中の 4〜6 項目などの一部を作成したチェックシートに対し、学生が残りの部分の項目を作成して、合計で 10 項目を作成したチェックシートを使用して評価を行う。生活支援技術 E は、学生が 10 項目全てを作成したチェックシートを使用して評価を行う。

達成されている項目には「○」、達成ができていない項目には「×」を付け、達成されている項目が、6 項目以下の場合は、不合格または希望によって時間外を使用して再評価となる。

⑤出席および次項目 11 ①〜③の約束事項に対しての授業態度（20％）、尊厳の保持および自立支援の視点を含めた各生活支援技術 10 項目のチェックシート結果（20％）、技術試験（30％）、筆記試験（30％）の結果の合計から学校の評価基準に準じて行う。

⑥技術試験および筆記試験は、60 点以上を合格とする。技術試験および筆記試験が、59 点以下の場合、希望による再試験を行うことは可能である。再試験は、60 点以上を合格とするが、最大点数は、60 点として評価される。

⑦評価基準 A：100〜85「単位認定」、B：84〜70「単位認定」、C：69〜60「単位認定」、D：59 以下「単位認定不可」

(11) 学習に関する学生との約束事項（授業に参加するルール）

①調べることを目的としたスマホの使用は OK。ゲーム・SNS など授業と無関係なことで使用した場合は教員預かり。

②グループワーク、振り返りの時間は質問、おしゃべり、立ち歩き自由。分からない学生は「分からない」と手を挙げて、学生同士で教え合う。講義（説明）の時間は 15 分程度にするので、その間は集中する。

③実技の時間は、身だしなみ（髪型・化粧・アクセサリー・実習着・上履き・爪）を整えてから実習室に入る。

20）各支援のチェックシートについては、支援実施前の挨拶、健康状態の確認、支援内容の事前説明と同意も含めて作成すると、よりよい。
下記、「ボディメカニクス」の 10 項目のチェックシート（例）
1. 事前に介護者の立ち位置、物品の置き場所、ベッドの高さなどの確認を行いましたか（環境整備）。
2. 支持基底面積を適切な広さに合わせ、広げてとることができましたか（安定を図る）。
3. 対象（利用者）に出来る限り近づくことができましたか（お互いの重心を近づける）。
4. 上腕筋、大腿筋、腹筋、背筋などの大きな筋群を使いましたか（大きな力の活用による負担の軽減）。
5. 水平に手前の方向に引く力を活用して移動ができましたか（重心の高さが変わらず、重力の影響を受けにくい）。
6. 対象（利用者）を小さくまとめることができましたか（基底面積を小さく、摩擦を少なくする）。
7. 膝を曲げて重心を低くし、骨盤を安定させることができましたか（姿勢の安定、下肢筋力活用が容易）。
8. 足先を動作の方向に向けることができましたか（重心移動の容易、姿勢の安定）。
9. てこの原理を応用することができましたか（力点・支点・作用点、小さな力で大きな力を引き出す）。
10. ボディメカニクスを活用し、自然な身体の動きを妨げないで動作ができましたか。

④実技の組立ての時間は、正誤はともかく「自分だったらこうする」「○○ができたのは、こういう理由ではないか」と仮説を立てることを重視する。

(12) 毎回の授業設計（案）

1) 生活支援技術Aの授業設計（案）

開講コマ条件を参照。生活支援技術Bとの関係に注意する。

回	主題	授業目標と達成課題	授業中の学生の学習内容と学習活動	教員による学習支援活動の内容と方法	学習支援上の留意点
1回目	スタンダードプリコーション（標準予防策）	①感染成立の連鎖を図解化できる。 ②手洗いができる。	①普段通りに手洗い ②手洗いチェッカーで自分の手の汚れを知る。 ③感染成立の連鎖の図解化（グループ） ④スタンダードプリコーションの具体策を調べる、発表（グループ）	①手洗いチェッカーの説明 ②感染成立の連鎖の説明 ③スタンダードプリコーションの説明、8つの具体策を提示	授業のおわりに、生活支援技術Bワークシートの事前課題を記入する（※次回以降同様）。
	ボディメカニクス	①骨・関節・筋肉の動きを図解化できる。 ②ボディメカニクス活用例を挙げられる。	①骨・関節・筋肉の動きを図解し、矢印で表すことができる。 ②ボディメカニクス8原則の例を考える、発表（グループ）	①図を用いて、骨・関節・筋肉のはたらきの説明 ②ボディメカニクス8原則の説明	
2回目	生活とは何か	①昭和時代と現在の生活の違いを書き出すことができる。 ②3人の利用者の生活をイメージできる。 ③ICFシートに3人の利用者の情報を書き込むことができる。	①昭和時代の映像等から、現在の生活との違いを書き出し、模造紙にまとめる（グループ）。 ②3人の利用者情報をICFシートに書き込む。 さらに利用者の情報を足し発表（グループ） ③クラス全体で3人の利用者像を共有する。	①昭和時代を映像・画像で紹介 ②ICFシートの説明 ③3人の利用者像（Aさん・Bさん・Cさん）の説明 ④学生が書きこんだICFシートを用いてICFの視点を生活支援に活かすことの意義を説明	事例説明の中で「生活支援の考え方」を含める。 アサインメント：ごみ分別カレンダーを持ってくる。
3回目	掃除・ごみ捨て	①ごみを分別できる。 ②利用者自身がごみを分別できる工夫ができる。 ③他職種との連携の視点をもつことができる。 ④さまざまな掃除用具を使える。	①自分が住む地域のごみ分別表を作成する。 ②Aさんがごみを分別しやすい方法を考える、発表（グループ） ③他職種と連携するためにどのような働きかけができるか考える。 ④標準的な掃除のチェックリストを作成する（※次回以降同様） ⑤チェックリストを見ながら、実習室を掃除	①ごみ分別の説明 ②生活の変化（ごみの溜め込み）への気付きと対応、他職種との連携を説明 ③一人暮らしの認知症高齢者Aさんの事例説明 ④Aさんが家事に参加しやすい介護の工夫の提示 ⑤掃除用具の説明	事例説明の中で「家事をすることの意義と目的」「介護福祉士が担う生活支援の考え方」「認知機能が低下している人の介助と留意点」を含める。
	車椅子の手入れ	①車椅子の手入れができる。 ②シーティングの考え方を知る。	①車椅子を広げる、たたむ、動かす。 ②車椅子のタイヤに空気を入れる。 ③Bさん（学生をモデル）に合わせてフットサポートを調節する。 ④車椅子の安全チェックリストを作成する。 ⑤車椅子の掃除と点検をする。	①車椅子で生活しているBさんの事例説明 ②車椅子の各部名称と機能の説明 ③デモ「車椅子の広げ方・たたみ方・動かし方」 ④車椅子の手入れ法を説明	事例説明の中で「福祉用具の活用方法（シーティング）」「運動機能が低下している人の介助の留意点」を含める。 アサインメント：ウールの衣類を持ってくる。
	洗濯	①繊維の種類に合った洗剤を選べる ②しみ抜きができる。	①布地の種類、洗剤・漂白剤の効果を調べる（グループ）。	①様々な布地、洗剤・漂白剤を提示 ②デモ「しみ抜き」	事例説明の中で「本人への説明・同意、準備、実施・評価の

回	主題	授業目標と達成課題	授業中の学生の学習内容と学習活動	教員による学習支援活動の内容と方法	学習支援上の留意点
4回目		③洗濯機（全自動・二槽式）、乾燥機が使える。 ④セーターを手洗いできる。 ⑤本人に根拠に基づく説明ができる。	②繊維の種類とそれに合った洗剤を表にする。 ③しみ抜きを実践する。 ④洗濯機・乾燥機を使ってウールのセーターを洗う。 ⑤ウール製品を手洗い。 ⑥セーターの洗濯をためらうCさんに対しての声かけを考える（グループ）。	③洗濯機・乾燥機の使い方の説明 ④「繊維製品の取扱い絵表示」の説明 ⑤ウールのセーターを大切にしているCさんの事例説明 ⑥デモ「手洗いの洗濯」	説明」を含める。 準備するしみの種類 ①しょうゆ、ソース、コーヒー、ジュース ②血液 ③ドレッシング、カレー ④口紅、クレヨン
5回目	衣類・寝具の管理	①アイロンがけができる。 ②シーツをたたむことができる。 ③衣類をたたむことができる。	①シーツのアイロンがけ ②シーツをたたむ。 ③洋服と和服をたたみ、タンスにしまう。	①デモ「アイロンがけ」 ②デモ「シーツをたたむ」「洋服をたたむ」「和服をたたむ」	アサインメント:実習着用ズボンを持ってくる。
6回目	裁縫	①ボタンつけができる。 ②ズボンの裾上げができる。	①ボタンつけ ②自分に合わせて、実習着のズボンの裾上げをする。	①デモ「ボタンつけ」 ②デモ「まつり縫い」	
7回目	高齢者の衣服（事例検討）	①さまざまな衣服の洗濯方法を導き出すことができる。 ②好みや着やすさを考えた衣服を選ぶことができる。 ③福祉用具の活用ができる。	①Aさんの衣類の洗濯を支援する方法を考える、発表（グループ） ②Bさんに適した衣服のデザインを考え模造紙にまとめる(グループ) ③自助具を活用し、自分で衣服の着脱をする。	②一人暮らしの認知症高齢者Aさんの事例説明 ②車椅子で生活しているBさんの事例説明 ③身じたくに有効な福祉用具の説明	事例説明の中で「身じたくの意義と目的」「運動機能が低下している人の身じたくの介助の留意点」を含める。 中間試験の範囲を説明
8回目	中間試験	①第1〜7回の授業の振り返りができる。	①練習問題を解く。 ②クラス内で教え合う。 ③中間試験実施 ④自己採点し、振り返り	①練習問題を配付 ②中間テスト問題を配付 ③中間テスト解答解説を配付、説明	振り返りの時間は、質問・おしゃべり・立ち歩き自由
9回目	食事の意義と目的	①食事に適切な姿勢の介助ができる。 ②「おいしく食べる」ための工夫（福祉用具の活用・環境整備）ができる。	①「おいしく食べる」ことを支える介護のために配慮することを考える。 ②食事の環境（人・物・空間）整備について考える（グループ）。	①食事の意義と目的の講義 ②食事の姿勢の説明 ③食事のための福祉用具の説明	①の講義の中に「誤嚥、窒息、脱水等の対応」「食事の環境整備」「食事における多職種連携」を含める。
10回目	口腔の清潔	①口腔ケアの目的を説明できる。 ②口腔体操の説明・実践ができる。	①誤嚥性肺炎がおこる原因をまとめる。 ②口腔体操の実践（グループ） ③唾液腺マッサージの実践（2人1組）	①誤嚥性肺炎の説明（映像） ②口腔ケアの方法の説明 ③デモ「口腔体操」 ④唾液腺マッサージの説明	②の説明の中に「本人への説明・同意、準備、実施・評価の重要性」「福祉用具の活用」を含める。
11回目	福祉用具の活用	①代表的な福祉用具を使える。 ②最新のロボット技術を含めた介護への活用を知る。	①さまざまな福祉用具の特徴と使い方をまとめる。 ②福祉用具を使う。 ③国が力を入れている介護ロボットの活用分野を知る。	①福祉用具の説明（特殊寝台、手動車椅子、電動車椅子、杖、歩行器、歩行車） ②モジュール型車椅子を例にフィッティングの説明 ③スライドで介護ロボットの説明	①の説明の中に、「福祉用具の意義と目的」「福祉用具の制度」を含める。 アサインメント：自宅の間取りを測る。
12回目	高齢者・障害者の住まい① 介護付きホームの見学	①実際の介護付きホームを訪問し、高齢者に適した住宅をイメージできる。 ②住宅内の事故が起きやすい箇所を説明できる。	①自分の家と介護付きホームの違いを数値化する。 ②介護付きホームで生活している高齢者に、住宅内の危険性の話を聞	①福祉用具が活用できるための環境整備、高齢者に配慮した住宅各所のサイズの説明 ②家庭内での転倒・転落事故の事例説明	訪問前に「住まいの役割」「日本住宅の特徴」「集団生活における環境整備の工夫と留意点」の説明

回	主題	授業目標と達成課題	授業中の学生の学習内容と学習活動	教員による学習支援活動の内容と方法	学習支援上の留意点
12回目		③転倒・転落防止のための工夫を考えることができる。 ④生活を支える福祉用具を知る。	く。 ③ホーム内で使われている福祉用具を探す。 ④見学で学んだことをまとめる。	⑥福祉用具利用時のリスクマネジメントの説明 ⑦ホーム内を見学する際の留意点を説明	
13回目	高齢者・障害者の住まい②	①車椅子で生活する人の住宅の改修箇所を本人の視点で説明できる。 ②介護ロボットを含めた福祉用具をどの場面で使用できるか考えることができる。	①車椅子で生活するBさんが何をしたいか等Bさんの自己表現について考える。 ②Bさんの自宅を想定し、物品の移動をする。 ③車椅子を使い、廊下、トイレ、洗面所、台所、玄関をどのように住宅改修したらよいかまとめる。 ④図面にまとめ、発表	①居住環境整備の視点について講義 ②2回目の授業で作成したBさんのICFシートを再確認させる。 ④車椅子で生活するBさんの住宅間取り図の説明 ⑤教室内をBさんの自宅と想定し、物品の移動を指示	①の講義の中に「住宅改修、住宅のバリアフリー、ユニバーサルデザイン」「火災や地震その他の災害に対する備え」「運動機能が低下している人の環境整備の留意点」を含める。
14回目	振り返り	①第13回までの授業の振り返りができる。	①練習問題を解く。 ②クラス内で教え合う。	①練習問題・解答解説を配付	期末試験の説明
15回目	期末試験	①筆記試験で60点以上をめざす。	①生活支援技術Aの全ての項目に関する筆記試験を受ける。	①生活支援技術Aの全項目に関する筆記試験を行う。	60点以上を合格とし、59点以下の場合は、学校の規定に合わせ、不合格または再試験

2）生活支援技術Bの授業設計（案）

開講コマ条件を参照。生活支援技術Aとの関係に注意する。

毎回、生活支援技術Aの授業の中で作成した、ワークシート（事前課題）を活用する。

授業後、ワークシート（事前課題）を点検し、コメントを入れる。

生活支援技術Aの授業の中で一度説明を受けた内容は、基本的に理解はできているので、実施が可能であるかの確認を中心とする。

利用者役と介助者役の実践を行った場合は、専用のレポート用紙に感想や意見を記入する。

各介助時は、利用者役、介助者役および客観的に、適切な介助が実践されているかを確認する役に分かれ、交代で全ての役割を行う。

教員が10項目全てを作成したチェックシートの説明と目標達成の最終確認を行う。

達成されている項目が、6項目以下の場合は、不合格または希望によって時間外を使用して再評価を行う。

回	主題	授業目標と達成課題	授業中の学生の学習内容と学習活動	教員による学習支援活動の内容と方法	学習支援上の留意点
1回目	ガイダンス 感染予防	①実習室の使用方法を理解し、以後の授業に臨むことができる。 ②感染症の生活上の予防法として「手洗い・うがい」が実践できる。 ③感染症の感染経路、予防、スタンダードプリコーション、衛生管理、マスク・グローブの付け方、外し方が実践できる。	①実習室の使用方法の確認と実践 ②生活支援技術Aの授業の中で、作成したワークシート（事前課題）を使用開始。以下、毎回の授業開始時に実施 ③「手洗い・うがい」の実践 ④感染症の感染経路、予防、スタンダードプリコーション、マスク・グローブの付け方、外し方の実践 ⑤ワークシートの点検および10項目のチェックシートにて、目標達成の最終確認。以下、毎回の授業開始時に実施	①実習室の使用方法のプリントを配付し、実技時のグループ編成を含めて説明する。 ②生活支援技術Aの授業の中で、作成したワークシートの再確認を実施 以下、毎回の授業開始時に実施 ③生活支援技術Aの授業の中で一度説明を受けた内容は、生活支援技術Aの中で説明を受けていることを改めて告げる。 以下、毎回の授業時、生活支援技術Aの中で説明を受けた内容は改めて告げる。 「手洗い」に関しては、基本的な手順が画像や書類による確認がなく	①実習室の使用法プリントには「授業開始前注意事項」として、実習着への着替えと身だしなみ（服装、靴、頭髪、爪、時計やアクセサリー、化粧や髭、手洗いとうがいを含めた清潔、予防着を含めたエプロン、名札、筆記用具）、物品の位置と使用方法、物品の片付け方法について記入する。 ※物品の片付けに関しては、元通りにならない場合が多いので、戻す場所に明記すると共に画像を使用し、物

回	主題	授業目標と達成課題	授業中の学生の学習内容と学習活動	教員による学習支援活動の内容と方法	学習支援上の留意点
1回目				ても実践できているかを確認し、できていない場合は、修正 ④実習室内を安全区域と危険区域に分け、状況に合わせて、感染症の感染経路、予防、スタンダードプリコーション、マスク・グローブの付け方、外し方が実践できているかを確認し、できていない場合は、修正 ⑤ワークシートの点検および10項目のチェックシートを使用し、目標達成の最終確認を実施。以下、毎回の授業開始時に実施	品の向きも含めて表示しておくとよい。 ②実技時のグループ編成について、性別や体格などの考慮を行い、期間を決めて固定設定しても良いが、学生間の相性も考慮して毎回設定してもよい。
2回目	ボディメカニクス	①人体各部の名称を専門用語で言うことができる。 ②関節の動きと呼び方を専門用語で言うことができる。 ③ボディメカニクスの8項目が実践できる。	①人体の部位の名称を専門用語で言う。 ②全身骨格模型を使用して、名称と位置の確認を実施 ③人体図および骨格のプリントの記入 ④関節の動きの呼び方を専門用語で言い、実際に動かす。 ⑤関節の動きと呼び方のプリントの記入 ⑥ボディメカニクスの8項目を実践 ⑦ボディメカニクスの8項目の確認プリントの記入	①人体模型を使用。部位を1か所、指で差し示して、学生を指名し、名称を確認。1か所を確認したら別の部位を指し示して、別の学生を指名し、名称を確認。以下、全員に対して部位を変えながら順番で実施。 ②人体の全身骨格について、全身骨格模型を使用して、名称と位置の確認を実施 ③人体図および骨格のプリントを配付し、最終確認 ④自分自身の身体を使用する。 1か所の関節を動かし、学生を指名して、呼び方を確認。確認後、全身骨格模型を使用して、関節の動きの再確認を繰り返し実施。 ⑤関節の動きと呼び方のプリントを配付し、最終確認 ⑥ボディメカニクスの8項目について、身体を動かして確認 ⑦ボディメカニクスの8項目の確認プリントを配付し、最終確認	①人体図および骨格のプリントは、人体の全面と背面を表示。各部位が空欄になっている物を用意する ※全ての名称において、漢字で記入できることが望ましいが、現時点では「ひらがな」でも記入ができていればよい。期末試験などで最終的に漢字記入を確認。以下、漢字を使用した記入プリントがあった場合は、その時点では漢字で記入ができなくてもよいし、最終的には期末試験などで確認をする。 「10項目のチェックシート(例)」(表下参照)
3回目	車椅子介助	①車椅子の基本構造と各部の名称を説明することができる。 ②車椅子の点検ができる。 ③車椅子の広げ方・たたみ方の操作ができる。 ④車椅子体験:自走における車椅子の平地、坂	①指名された学生は、教員が指で差し示した車椅子の構造の一部を名称で言う。または、指名された学生は、教員が言った車椅子の構造の一部の名称を指で差し示す。	①車椅子の基本構造と各部名称について、車椅子の構造の一部を指で差し示し各学生に名称の確認を実施 ②車椅子の点検について、前日の生活支援技術Aで受けた説明に合	①車椅子の基本構造の各部名称項目 ②車椅子の点検について、確認項目 1. タイヤ表面の減り具合 2. タイヤ空気圧 3. エアバルブの確認

回	主題	授業目標と達成課題	授業中の学生の学習内容と学習活動	教員による学習支援活動の内容と方法	学習支援上の留意点
3回目		道、不整地、段差の体験を行い、利用者の気持ちに共感ができる。 ⑤車椅子体験：室内・室外での車椅子の介助（シーティング含む）および利用者役を体験することで利用者の気持ちに共感ができる。	②車椅子の点検の実践 ③車椅子の広げ方・たたみ方操作方法の実践 ④車椅子体験：自走における車椅子の平地、坂道、不整地、段差の体験 ⑤車椅子体験：利用者役介助者役および客観的に、適切な介助が実践されているかを確認する役に分かれ、交代で車椅子の平地、坂道、不整地、段差、階段の移動、外出の説明を受け、実践 以下、介助実践時は利用者役、介助者役および客観的に、適切な介助が実践されているかを確認する役に分かれ、交代で全ての役割を実施。 ⑤配付されたレポート用紙に利用者役と介助役の感想および意見を記入 以下、全ての実技時に同様のレポートを実施	わせ、用意された、実際に整備不良である車椅子を使用可能にするための工具を準備し整備する。 ③車椅子の広げ方・たたみ方操作方法が適切に実践されているかを確認 ④車椅子体験：自走における車椅子の平地、坂道、不整地、段差の体験実施時の安全確認 ⑤利用者役と介助役の感想および意見を記入するレポート用紙を配付 以下、全ての実技時に同様のレポートを実施	4. ブレーキの利き具合 5. ブレーキ・シューの減り具合 6. ネジ、ボルトおよびナットの緩みがないかを確認 7. 介護職員が、実際にシートに座るなどして、安全確認をしてから利用者に使用する。 ③車椅子体験：自走および介助における安全確認項目 1. フットサポートを下げた状態での乗降 2. スピード超過 3. 急停止 4. 接触 ※状況によって、けが人がでる場合がある。遊び感覚やふざけた行為が出始めるので、特に注意する。
4回目	整容（洗面、スキンケア、整髪、髭の手入れ、爪・耳の手入れ）、化粧の意義と目的	①整容（洗面、スキンケア、整髪、髭の手入れ、爪・耳の手入れ）、化粧および更衣の方法（自立度の高い利用者への介助の視点：前開き衣類・かぶり衣類）および脱健着患の基本的な介助が実践できる。	①自立度の高い利用者の身じたくにおける衣服の着脱の実践	①自立度の高い利用者の見守りに重点をおいた着脱介助の視点および脱健着患の基本的な介助ができているかを確認し、できていない場合は修正	①着脱介助における確認項目 1. 部屋の温度確認 2. 介助者役の手の温度 3. 麻痺がある場合、安全確保のための麻痺側への立ち位置 4. 麻痺がある場合、脱健着患
5回目	身じたくの意義と目的 （一部介助の場合）	①身じたくにおける衣服の着脱の方法（一部介助の視点：前開き衣類・かぶり衣類）および脱健着患の基本的な一部介助が実践できる。	①自立の支援を含めた、一部介助の実践	①一部介助の視点として、自立の支援を含めて介助を行っているかを確認し、できていない場合は修正	①着脱介助における確認項目 上記、4項目に加え 1. 麻痺の程度 2. 可動域 3. 残存能力の把握 ※ベッド上での着脱介助は「生活支援技術D」で実施
6回目	ベッドメイキング①	①適切な寝具の選択ができる。 ②シーツのたたみ方・広げ方・三角コーナーを作ることができている。 ③ベッドメイキングの基本姿勢に、ボディメカニクスを活用ができている。	①自分自身で考え、適切な寝具の選択の実践 ②シーツのたたみ方・広げ方・三角コーナーの作り方の実践 ③二人一組でボディメカニクスを活用したベッドメイキングの実践 客観的に、適切なボディメカニクスを活用したベッドメイキングが実践されているかを	①当日の説明は一切せずに、ベッドメイキングに必要な準備の指示をする。 学生が自分自身で考え準備した寝具について、必要および適切な寝具の選択ができているかを確認し、できていない場合は修正 物品を置く位置および向きも確認し、できて	①物品の置かれている位置は、近過ぎて動作の妨げになっていないか、または遠過ぎて身体に負担のある位置になっていないか、作業環境に適しているかを確認 ②物品の置く向きは、使用時に再度

回	主題	授業目標と達成課題	授業中の学生の学習内容と学習活動	教員による学習支援活動の内容と方法	学習支援上の留意点
6回目			確認する役は、全体的に確認できる様に、動作に合わせて、位置を変えて確認 二人一組でベッドメイキングの実践している学生達の妨げにならない立ち位置を選択し移動	いない場合は修正 ②シーツのたたみ方・広げ方・三角コーナーの作り方の手順書を配付　デモンストレーション。 ③二人一組でベッドメイキングを実施時のベッドメイキングの手順書を配付 ベッドメイキングのための確認事項と共に、ボディメカニクスの活用方法を含めて、ベッドメイキングのデモンストレーション ベッドメイキング時、ボディメカニクスを活用しているかを確認し、できていない場合は修正	向きの確認が必要になるなど、不要な動作が含まれない様に最小限の動作で実践可能な向きで置く。 ②三角コーナーの作り方においては、最終的に、精度は実技試験で確認するため、現時点では、精度は問わず、手順ができていればよい。 ③二人一組でベッドメイキングを実施時のベッドメイキングの留意点 1. ベッド頭側、右サイドの担当者とベッド頭側、左サイドの担当者の二人一組で実施 2. ベッド頭側、右サイドの担当者をリーダーとして実施 3. 両名がそれぞれの役割に徹する ④ボディメカニクスの応用に伴う確認事項 ※左右向きの違いに対応が困難な場合が多い。
7回目	ベッドメイキング②	①ベッドメイキングの技術を習得できる。	①一人でボディメカニクスを活用したベッドメイキングの実践　客観的に確認する役と自己点検を実施者に分かれて実施	①三角コーナーの作り方の精度向上を含めた、ベッドメイキングの技術習得できているかを確認	①授業開始の時点で、次回にベッドメイキングを含めた実技試験実施の説明 ※ベッド上に利用者が臥床した状態でのシーツ交換は「生活支援技術D」で実施
8回目	中間テスト	①ベッドメイキングを含めた、ベッドの安全確認と使用方法の実技試験	①実技試験を受ける前は、交代で練習 ②実技試験を受ける。 ③実技試験修了者は、自己点検レポート作成 以下、実技試験実施時は同様の動きになる。	①試験前後で学生の待機場所を別々に設定し、試験前の待機場所には、練習可能な設備を用意 ②試験後の待機場所に、自己点検レポートを用意 ③実技試験チェックシートにて評価。 以下、実技試験時は同様に実施。	①実技試験の手順は、分刻みのスケジュールなので、事前に受験者の順番と移動時間および実技試験前後の待機場所の指示の一覧を作成して、実技試験の待機場所に掲示。 以下、実技試験時は同様に実施。
9回目	食事	①テーブルと椅子での食事の際の誤嚥、窒息予防の姿勢を取ることができる。	①テーブルと椅子での食事の際の誤嚥、窒息予防の姿勢を実践 ②利用者の状態に応じた	①テーブルと椅子での食事の際のテーブルセッティングを指示。食事の際の誤嚥、窒息予防	①テーブルと椅子での食事を実施時のテーブルセッティング

回	主題	授業目標と達成課題	授業中の学生の学習内容と学習活動	教員による学習支援活動の内容と方法	学習支援上の留意点
9回目		②利用者の状態に応じた食事の介護の実践として、ベッド上での食事の介助ができる。 ③嚥下障害を考慮した食事体験を行い、利用者の気持ちに共感ができる。 ④利用者に合わせた、食事に使う自助具・家事に使う自助具の選択と使い方を理解し、使い方を説明することができる。	食事として、ベッド上での食事の介助方法の実践 ③嚥下障害を考慮した特殊形態の食事の体験を実践 ④利用者に合わせた、食事に使う自助具・家事に使う自助具の選択と使い方の実践	の姿勢を含めて、テーブルセッティングを実施できているかを確認 ②ベッド上での食事の介助の際のセッティングの指示。利用者の状態に応じたセッティングができているかを確認。 ③嚥下障害を考慮した特殊形態の食事を準備する。水分はトロミを付ける。 ④食事に使う自助具・家事に使う自助具を複数用意する。各グループに対し、違った内容の事例を提示。利用者に合わせた選択と使用ができているかを確認。	※車椅子使用の利用者の場合、椅子への移動の実施が望ましいが、困難な場合は、フットサポートを上げ、足の裏が接地する高さに設定するとよい。 ②ベッド上での食事の際のセッティング 1. 誤嚥防止のため、ベッド上でも顎を引き、食事ができる様にギャッジアップして頭の高さを調整 2. ベッド全体の高さは、介助者が車椅子に座り、介助がしやすい高さに調整 3. 介助者が座る位置は、利用者の表情が確認可能な位置に調整 ③自助具使用の感想や意見を記入するレポートについて、新しい自助具の提案など、イラストを使用しての記入も可能とする。
10回目	口腔ケア	①座位・臥位の違いを含め、複数の方法で、口腔ケアを実践することができる。 ②義歯の装着・清掃保管の実践ができる。	①各口腔ケアの準備を実践 ②義歯の清掃保管の方法の実践	①複数の口腔ケアの準備を指示。準備ができているかを確認。 ②義歯の装着・清掃保管の方法のデモンストレーション	①口腔ケアの留意点 1. 自立性 2. 安全性 3. 有効性 4. 普遍性 5. 経済性 ③義歯の装着 1. 全部床義歯は、上から装着し、下から外す。 2. 保管は、乾燥を防ぐために専用ケース内に水を入れておく。
11回目	福祉用具の活用	①生活を支える福祉機器 ②福祉機器利用時のリスクとリスクマネジメント ③今後の福祉機器の広がり	①福祉機器を含めた福祉用具と現行のICTやAIの福祉への応用思考 ②福祉機器を含めた福祉用具導入時と現行のICTやAIの福祉への応用時のリスクマネジメント ③今後の福祉機器の広がりを含めた技術者との連携による共同開発へ	①福祉機器の理解と現行の一般技術、ICTやAIの福祉への応用、不便を改善する思考法に関するスライド使用 ②リスクマネジメントを含めてスライド使用 ③技術者との福祉機器共同開発への参加の必要性を含めてスライド使用	①福祉への応用が可能と考えられる現行の一般技術、ICTやAI 1. インターカム 2. インターネット地図 3. AIコミュニケーション技術 ②導入時・応用時のリスクマネジメント留意点

回	主題	授業目標と達成課題	授業中の学生の学習内容と学習活動	教員による学習支援活動の内容と方法	学習支援上の留意点
			の参加		③福祉機器開発のための技術者との連携
12回目	移乗	①自立度が高い、片麻痺の方の起居動作、端座位～立位～車椅子への移乗への原理原則を理解し、車椅子への移乗動作を支援することができる。②多くの介助を必要とする場合、ボディメカニクスを活用して移乗動作を、より自然な動きで支援することができる。	①自立度が高い、片麻痺の方の端座位～立位～車椅子への移乗動作の支援を実践 ②多くの介助を必要とする場合に対し、ボディメカニクスを活用して、移乗動作を、より自然な動きで支援を実践	①自立度が高い、片麻痺の方の端座位～立位～車椅子への移乗動作と支援方法のデモンストレーション ②多くの介助を必要とする場合のボディメカニクスを活用した介助方法のデモンストレーション	①授業開始の時点で、14回目に、端座位～立位～車椅子への移乗介助を含めた実技試験実施を説明 ②端座位～立位～車椅子への留意点
13回目	杖歩行・歩行器	①歩行のために必要な福祉用具の選択と使用時の事前準備・道具の確認ができる。②室内・室外での歩行の介助（杖歩行含む）、平地、段差、階段の二動作および三動作の杖歩行の介助ができる。	①歩行のために必要な福祉用具の選択と使用時の事前準備・道具の選択と使い方の実践 1.手すり 2.歩行器 3.T字杖 4.ロフストランド・クラッチ 5.多点杖・ウォーカーケイン 6.シルバーカー(歩行車) ②平地、段差、階段の二動作および三動作の杖歩行の介助方法の説明を受け、実践	④歩行のために必要な福祉用具を複数用意する。各グループに対し、違った内容の事例を提示する。利用者に合わせた選択と使い方ができているかを確認し、できていない場合は修正。②平地、段差、階段の二動作および三動作の杖歩行の介助方法のデモンストレーション	①歩行に使用する福祉用具 ②杖歩行の動作と介助位置
14回目	実技試験	①起居動作、端座位～立位～車椅子への移乗介助を含めた、車椅子の安全確認と使用方法の実技試験	①実技試験を受ける。	①実技試験チェックシートにて評価	①安全性を重視する。
15回目	期末試験	①筆記試験	①筆記試験を受ける。	①筆記試験の監督を実施	①基本的に漢字での記入を実施。「ひらがな」での記入は減点対象とする。

3）生活支援技術Ｃの授業設計（案）
　開講コマ条件を参照。生活支援技術Ｄとの関係に注意する。

回	主題	授業目標と達成課題	授業中の学生の学習内容と学習活動	教員による学習支援活動の内容と方法	学習支援上の留意点
1回目	入浴の効果、用具	①入浴の効果を7つ挙げることができる。②入浴中の事故防止の留意点を5つ挙げることができる。③事例を読み、「健康状態」「生活機能」「背景因子」について観察すべきポイントを挙げることができる。	①入浴の効果を図解化できる。②入浴中に起こりやすい事故と予防法を疾病ごとにまとめる。③事例Ｃさんの入浴介助をする際の観察ポイントを「健康状態」「生活機能」「背景因子」ごとに3つ挙げる（グループ）。	①入浴・清潔の意義と目的の講義 ②入浴の効果の説明 ③入浴時に起こりやすい事故と対応の説明 ④気持ちよい入浴のポイント説明 ⑤福祉用具の活用と環境整備の説明 ⑥入浴中に転倒した経験のあるＣさんの事例説明	③の講義の中に「感染症への対応」も含める。

第3章　「介護」の学習支援　137

回	主題	授業目標と達成課題	授業中の学生の学習内容と学習活動	教員による学習支援活動の内容と方法	学習支援上の留意点
2回目	買い物	①買い物支援の方法を選ぶことができる。②利用者に聞き取りをしながら買い物リストを作成できる。③買い物および金銭のやりとりができる。⑤買い物の記録ができる。	（全てグループ）①買い物支援のポイントを参考に、Cさんに買い物リストの聞き取りをする。②買い物リスト作成し、買い物代金を受け取る。③スーパーに買い物に行く。④学校に戻り、Cさんと購入品の確認をし、記録を残す。	①買い物支援のポイント説明 ②家庭生活の必需品を買ってきてほしいCさんの事例説明 ③ロールプレイングでCさん役を演じる ④買い物代金を学生に渡す。⑤学生と共にスーパーに行く。	事前準備：近隣のスーパーに学生が買い物に行くことを伝え、協力を得ておくアサインメント：10種類の食品の消費期限・賞味期限を調べる（1回目授業で告示）。
3回目	食品の保存	①消費期限と賞味期限の違いを説明できる。②常温、冷蔵、冷凍に分けて食品を保存できる。③電子レンジを使って冷凍した食品を解凍できる。	①各自が持ち寄った食品の消費期限・賞味期限を、種類別にまとめる（グループ）。②食品ごとの保存方法を図解化する。③電子レンジを使って食品を解凍する。	①食品、調理器具を扱う際の衛生管理を説明 ②消費期限と賞味期限の説明 ③食品の種類ごとの保存方法の説明 ④冷凍した食品を解凍する際の留意点の説明	
4回目	疾患と食事	①糖尿病・腎臓病と食事の関連付けができる。②咀嚼・嚥下が困難な人に配慮する調理方法を説明できる。③「食事を楽しむ」重要性を説明できる。	①糖尿病食・腎臓病食の調理のポイントをまとめる。②咀嚼・嚥下が困難な人に配慮するポイントを5つ挙げる。③「楽しい食事の演出とは」をテーマに班員と意見交換する（グループ）。	①食事に配慮が必要な主な疾患（糖尿病・腎臓病）の説明 ②調理方法に配慮が必要な障害（咀嚼・嚥下困難）の説明 ③楽しい食事の演出とは何か？をテーマに学生に問う。	
5回目	治療食の献立作成	①糖尿病・腎臓病に適した献立を作成できる。②咀嚼・嚥下に配慮した調理方法を考えることができる。③利用者と共に調理する支援方法を考えることができる。	（全てグループ）①班ごとにA・Bどちらの事例にするか決める。②利用者と共に調理すると想定し、「できること」「支援が必要なこと」をアセスメントする。③A（B）さんに合わせた献立作成をする。	①事例説明 ・肉が食べたいAさん（認知症・糖尿病・咀嚼困難） ・食欲がないBさん（片麻痺・腎臓病・嚥下困難） ②調理の際に便利な福祉用具の活用方法の提示	事前に班分けをしておく（調理経験の有無を考慮）
6回目	献立に合わせた買い物	①第2回授業での学びを活かし、献立に合わせた買い物ができる。	（全てグループ）①献立に合わせた買い物リストの作成 ②スーパーに買い物に行く。	①調理室の使用方法の説明 ②買い物代金を学生に渡す。③精算	6・7回目を連続した授業ができるように他科目と調整しておく。
7回目	調理実習	①第5回授業で作成した献立を調理できる。	①調理形態に留意しながら調理できる。②片づけ ③自分たちの班のPRをする（発表）。④試食 ⑤クロストーク	①火の取り扱い、包丁の扱いができているか確認 ②困っている学生がいたらアドバイス	中間試験の説明
8回目	中間試験	①第1～7回の授業の振り返りができる。	①練習問題を解く。②クラス内で教え合う。③中間試験実施。④自己採点し振り返り。	①練習問題を配付 ②中間テスト問題を配付 ③中間テスト解答解説を配付、説明	振り返りの時間は、質問・おしゃべり・立ち歩き自由
9回目	排泄	①排泄介助される人の立場に立ち、配慮すべきことを考える。②対象者に合わせた福祉用具をイメージできる。	①対象者ごとに適した排泄用具を選択できる。②排泄介助をされる人の立場になり、気兼ねしない排泄を支えるため	①排泄の意義の目的の講義 ②福祉用具の種類と活用方法を説明 ③排泄介助の留意点を説	

回	主題	授業目標と達成課題	授業中の学生の学習内容と学習活動	教員による学習支援活動の内容と方法	学習支援上の留意点
9回目		③便秘・下痢の際の対応ができる。	に、どのような点を配慮すべきか挙げる。 ②便秘・下痢の際の対応策を表にまとめる。	明 ④排泄障害（便秘・下痢）への対応説明	
10回目	休息・睡眠	①質の良い睡眠の要素を具体的に挙げることができる。 ②睡眠障害に応じた対応策を説明できる。	①レム睡眠とノンレム睡眠の特徴をまとめる。 ②睡眠障害の症状と原因を表にまとめる。 ③「安眠のための介護」をテーマに意見交換する（グループ）。 ④睡眠障害に応じた睡眠薬の特徴をまとめる。	①休息・睡眠の意義の目的の講義 ②睡眠のメカニズム、不眠等と対応の説明 ③安眠のための介護とは？をテーマに学生に問いかける。 ④グループワークの中をみて必要であればヒントの提示 ④睡眠薬の説明	安眠のための要素「安楽な姿勢」「寝具の選択と整え」「リラクゼーションの工夫」「安眠を促す方法」等
11回目	ターミナルケア・グリーフケア ゲストスピーカーによる特別講義	①ゲストスピーカーによる体験談を聞き、ターミナルケアの追体験ができる。	①ゲストスピーカー2名の体験談を聞いた後、ゲストスピーカーを交えて意見交換する。 ②ゲストスピーカーに感謝の意を込めて手紙を書く。	①ゲストスピーカーの紹介 ・在宅で家族を看取ったSさん ・死のその日まで「その人らしい生活」を施設全体で支援した小規模多機能型住宅の管理者Kさん ②特別講義のあと、意見交換の場作り ③学生にお礼の手紙を書くよう促す。	ゲストスピーカーを招く（講義のテーマ「人生の最終段階にケアを行う意味」）。 アサインメント：自分の家族の1ヶ月の家計簿またはメモを持参
12回目	家庭経営、家計の管理	①高齢者世帯の収支の状況データと自分の家族の収支を比較し、高齢者の生活をイメージできる。	①家計に関する語句を学生同士で説明し合う（2人1組）。 ②実際の高齢者の生態収支と自分の家族の収支を比較し、高齢者の生活をイメージする。	①家庭経営、家計管理に関する語句の説明 ②高齢者世帯の収支の状況データを説明 ③実際の高齢者の世帯収支と自分の家族の収支を比較させる。	
13回目	消費者被害と消費者保護制度	①悪徳商法の手口と予防策を説明できる。 ②クーリング・オフ制度について説明できる。	①スマホを使い、実際の悪徳商法の手口について調べる、クラスで共有 ②悪徳商法から高齢者を守る方法を考える（グループ）。 ③クーリング・オフの対象となる取引を表にまとめる。	①消費者被害（悪徳商法）の説明 ②クーリング・オフ制度の説明	
14回目	振り返り	①第13回までの授業の振り返りができる。	①練習問題を解く。 ②クラスメイト同士で教え合う。	①練習問題・解答解説を配付	期末試験の説明
15回目	期末試験	①筆記試験で60点以上をめざす。	①生活支援技術Cの全ての項目に関する筆記試験を受ける。	①生活支援技術Cの全項目に関する筆記試験を行う。	60点以上を合格とし、59点以下の場合は、学校の規定に合わせ、不合格または再試験とする。

4）生活支援技術Dの授業設計（案）

開講コマ条件を参照。生活支援技術Cとの関係に注意する。

毎回、生活支援技術Cの授業の中で作成したワークシート（事前課題）を活用する。授業後、ワークシート（事前課題）を点検し、コメントを入れる。

生活支援技術Cの授業の中で一度説明を受けた内容は、基本的に理解はできているので、実施が可能であるかの確認を中心とする。

利用者役と介助者役の実践を行った場合は、専用のレポート用紙に感想や意見を記入する。

各介助時は、利用者役、介助者役および客観的に、適切な介助が実践されているかを確認する役に分かれ、交代で全ての役割を行う。

教員が10項目の中の一部を作成したチェックシートに、学生が残りの部分を作成したチェックシートの説明と目標達成の最終確認を行う。

達成されている項目が、6項目以下の場合は、不合格または希望によって時間外を使用して再評価を行う。

回	主題	授業目標と達成課題	授業中の学生の学習内容と学習活動	教員による学習支援活動の内容と方法	学習支援上の留意点
1回目	体位変換	①ベッド上、上方移動・水平移動ができる。②仰臥位〜側臥位および側臥位〜仰臥位の変換の一部介助と全介助ができる。	①ベッド上、上方移動・水平移動方法の実践。スライディングシートの活用 ②仰臥位〜側臥位および側臥位〜仰臥位の変換の一部介助と全介助の実践	①ベッド上、上方移動・水平移動方法のデモンストレーション ②仰臥位〜側臥位および側臥位〜仰臥位の変換の一部介助と全介助の支援方法のデモンストレーション	①ベッド上、上方移動・水平移動方法の留意点 ②体位変換時の留意点
2回目	身じたくの意義と目的（全介助の場合）	①ベッド上、臥床した状態で、全介助での衣類交換ができる。	①ベッド上、臥床した状態で、全介助での衣類交換の実践 1. 麻痺がない場合：前開きの上着・かぶりの上着 2. 片麻痺がある場合：前開きの上着・かぶりの上着	①ベッド上、臥床した状態で、全介助での衣類交換の方法のデモンストレーション	①ベッド上、臥床した状態で、全介助のパターン
3回目	臥床でのシーツ交換	①臥床者のいる状況でのシーツ交換ができる。	①臥床者のいる状況でのシーツ交換方法の説明を受け、実践 1. 利用者に負担・不安がないようにする。 2. 振動を抑え、ほこりを立てない。	①授業開始の時点で、7回目に臥床者のいる状況でシーツ交換を含めた実技試験の内容を説明 ②臥床者のいる状況でのシーツ交換の方法のデモンストレーション	②臥床者のいる状況でのシーツ交換の留意点
4回目	入浴①（個浴）	①清潔保持のための道具・用具・入浴設備の選択と使用および使用方法の説明ができる。②爽快感・安楽を与える個別浴槽での入浴の方法の説明と入浴・シャワー浴の介助ができる。	①清潔保持のための道具・用具・入浴設備の選択方法と使用の実践 1. 入浴用椅子 2. 浴槽用手すり 3. 浴槽内椅子 4. 入浴台 ②入浴・シャワー浴介助の実践 個別浴槽（片麻痺） 1. 健側が浴槽側にする 2. 浴槽に入る：健側→患側 3. 浴槽から出る：患側→健側	①清潔保持のための道具・用具・入浴設備の選択と使用方法のデモンストレーション ②爽快感・安楽を与える個別浴槽での入浴の方法および入浴・シャワー浴介助のデモンストレーション	①清潔保持のための道具・用具・入浴設備
5回目	入浴②（特殊浴）	①特殊浴槽体験を通じて、利用者の気持ちに共感ができる。②特殊浴槽を使用し、介助ができる。	①特殊浴槽の体験 1. 室温・湯温調整 2. 事故防止 3. スケジュールの掲示 ②特殊浴槽を使用した介助方法の実践	①特殊浴槽の使用方法を含めた手順書を配付し、デモンストレーション	①特殊浴槽の体験の留意点 ※利用者の気持ちの共感体験であることを忘れる場合がある。
6回目	清拭・部分浴（手、足、陰部等）	①部分清拭・全身清拭の一部介助および全介助ができる。②部分浴（手、足、陰部等）、ベッド上での洗	①部分清拭・全身清拭の一部介助および全介助の実践 ②手浴・足浴・ベッド上での洗髪の一部介助お	①部分清拭・全身清拭の一部介助および全介助のデモンストレーション ②手浴・足浴・ベッド上	①部分清拭・全身清拭の留意点 ②手浴・足浴・ベッド上での洗髪の留意点

回	主題	授業目標と達成課題	授業中の学生の学習内容と学習活動	教員による学習支援活動の内容と方法	学習支援上の留意点
6回目		髪の一部介助および全介助ができる。	よび全介助の実践 1. 室温・湯温調整 2. 気化熱 3. 洗髪時、ケリーパッド使用方法	での洗髪の一部介助および全介助のデモンストレーション	
7回目	実技テスト	①ベッド上、全介助での着替えと臥床者のいる状況でシーツ交換	①実技試験を受ける。	①実技試験チェックシートにて評価	①尊厳の保持と安全確保を重視する。
8回目	中間テスト	①生活支援技術Dの1〜6回目の項目に関する筆記試験	①筆記試験を受ける。	①筆記試験の監督を行う。	①基本的に漢字での記入。「ひらがな」の場合は減点
9回目	排泄（ポータブルトイレ）	①ポータブルトイレの種類と特徴を理解し、適した選択および使用方法の説明ができる。 ②紙パンツタイプ、尿とりパットの種類と特徴を理解し、適した選択と使用方法の説明および交換介助ができる。 ③ポータブルトイレを含めたトイレ介助ができる。	①ポータブルトイレの種類と特徴を理解し、適した選択方法および使用方法実践 ②紙パンツタイプ、尿とりパットの種類と特徴の説明を受け、適した選択と使用方法の説明および交換介助方法の実践 ③ポータブルトイレを含めたトイレ介助の実践	①ポータブルトイレを各種用意。各グループに対し、違った内容の事例を提示。利用者に合わせた選択と使い方ができているかを確認。 ②ポータブルトイレおよび紙パンツタイプ、尿とりパットを各種用意。各グループに対し、違った内容の事例を提示。 ③ポータブルトイレを含めたトイレ介助のデモンストレーション	①ポータブルトイレ種類 ②紙パンツタイプ、尿とりパット種類 ③ポータブルトイレを含めたトイレ介助の留意点
10回目	排泄（オムツ）①	①テープ式紙オムツの装着・交換ができる。 ②自己導尿を行う人への介助の留意点とパウチの排泄物処理への留意点	①テープ式紙オムツの装着・交換の実践 1. プライバシーの保護 2. 上下のテープの向き 3. ギャザーの位置の確認 ②自己導尿を行う人への介助とパウチの排泄物処理の実践	①オムツ交換の実技試験の内容を説明。テープ式紙オムツの装着・交換のデモンストレーション。 ②自己導尿を行う人への介助とパウチの排泄物処理の介助のデモンストレーション	①テープ式紙オムツの装着・交換時の留意点 ②自己導尿を行う人への介助とパウチの排泄物処理
11回目	排泄（オムツ）②	①布タイプのオムツの装着・交換ができる。	①布タイプのオムツの装着・交換の実践。1. 布オムツとカバーが分離しているので、交換時の位置合わせが複雑化する。	①布タイプのオムツの装着・交換のデモンストレーション	①布式オムツの装着・交換時の留意点
12回目	睡眠、安楽な体位	①側臥位・仰臥位を含めた、安楽な体位を保持し、褥瘡予防の介助ができる。	①側臥位・仰臥位を含めた、安楽な体位を保持し、褥瘡予防の介助の実践 1. 圧迫 2. 湿潤 3. 摩擦 4. 低栄養	①側臥位・仰臥位を含めた、安楽な体位を保持した、褥瘡の予防介助のデモンストレーション	①褥瘡に関する留意点
13回目	人生の最終段階・和式寝間着	①終末期の利用者の気持ちに共感ができ、気持ちに添った配慮を含めた介助ができる。 ②チームケア・チームアプローチの実践について役割を理解する。 ③全介助での和式寝間着の着脱ができる。	①本を読み、死生観を考える。 レポート記入。 ②終末期の前提としてのチームケア・チームアプローチの実践について役割を理解 ③全介助での和式寝間着の着脱の実践 1. 襟を右下にして合わせ	①終末期の利用者理解として、本を使用して死生観を考える演習の説明。 レポート用紙配付。 ②終末期の前提としてのチームケア・チームアプローチの実践についてスライド使用 ③全介助での和式寝間着	①ヨシタケシンスケ『このあとどうしちゃおう』（ブロンズ新社）の本を使用 ②終末期の観察のポイント、苦痛緩和、臨終時の対応、グリーフケア ③和式寝間着の留意

回	主題	授業目標と達成課題	授業中の学生の学習内容と学習活動	教員による学習支援活動の内容と方法	学習支援上の留意点
			る。 2. 紐を横向きに結ぶ。	の着脱方法	点
14回目	実技試験	①ベッド上、全介助によるオムツ交換	①実技試験を受ける。	①実技試験チェックシートにて評価	①尊厳の保持と安全確保を重視する。
15回目	期末試験	②生活支援技術Dの9〜13回目の項目に関する筆記試験	①筆記試験を受ける。	①筆記試験の監督を行う。	

5) 生活支援技術Eの授業設計（案）

回	主題	授業目標と達成課題	授業中の学生の学習内容と学習活動	教員による学習支援活動の内容と方法	学習支援上の留意点
1回目	視覚障害に応じた介護	①視覚障害者の生活上の不便さを説明できる。 ②先天性視覚障害者と中途視覚障害者とで違った配慮ができる。 ③視覚障害者の歩行（移動）支援ができる。	①映像を見て、視覚障害者の食事の工夫、衣服の工夫、お金の見分け方、便利なアプリの活用方法を知る。 ②アイマスクをつけて学校の周囲を歩くことで、視覚障害の怖さ、不便さを体験する（2人1組）。 ③歩行支援時のチェックリストを作成する。 ④歩行支援する（2人1組）。	①映像を使って視覚障害者の生活の様子を紹介 ②先天性視覚障害者と中途視覚障害者の説明 ③福祉用具やスマホアプリの活用方法の説明 ④2人1組になるように指示 ⑤歩行支援時の留意点を説明 ⑥デモ「視覚障害者の歩行の支援」	アイマスクを使用。アイマスクをしている学生に危険がないように、補助の職員をつける。
2回目	聴覚障害に応じた介護	①補聴器の使い方を説明できる。 ②聴覚障害者に合わせたコミュニケーション方法をとれる。 ③言語障害（運動性失語・感覚性失語）に合わせたコミュニケーションの工夫ができる。	①補聴器を触り、使い方を学ぶ。 ②手話、指文字、筆談、空書、口話、読話を使ってコミュニケーションを図る（2人1組）。 ③運動性失語・感覚性失語のそれぞれの特徴と支援方法をまとめる。 ④絵、写真、短文を使ってコミュニケーションを図る（2人1組）。	①映像を使って聴覚障害者の生活風景を紹介 ①補聴器の種類と特徴を説明 ②デモ「手話、指文字、筆談、空書、口話、読話」 ③言語障害（運動性失語・感覚性失語）に合わせたコミュニケーション方法を説明	
3回目	盲ろうに応じた介護	①盲ろう者の生活をイメージできる。 ②盲ろう者とコミュニケーションを図る工夫ができる。 ③盲ろう者の歩行（移動）支援ができる。	①アイマスクとイヤホンを装着し、光と音がない世界を体験する。 ②ネーム・サイン、オブジェクト・キュー、手書き文字を使ってコミュニケーションを図る（2人1組）。 ③利用者役の学生に、自己紹介、予定を伝え、歩行支援する。	①映像を使って盲ろう者の生活風景を紹介 ②ネーム・サイン、オブジェクト・キュー、手書き文字の説明 ③歩行（移動）支援の際の留意点を説明	アイマスクとイヤホン（音楽を流す）を使用。利用者役の学生に危険がないように、補助の職員をつける。
4回目	実技試験① 視覚障害者の歩行（移動）支援	①視覚障害者の歩行（移動）支援ができる。	①視覚障害者の歩行（移動）支援の際のチェックリストを作成する（グループ→全体）。 ②自分たちで作成したチェックリストを頭に入れ、視覚障害者の歩行（移動）支援をする。 ③実技試験後、教員と共に振り返り	①視覚障害者の歩行（移動）支援の際のチェックリストを学生に作らせる。 ②学生が作成したチェックリストをもとにできている内容を確認	

回	主題	授業目標と達成課題	授業中の学生の学習内容と学習活動	教員による学習支援活動の内容と方法	学習支援上の留意点
5回目	運動障害に応じた介護	①運動障害のある人の移乗介助ができる。②運動障害に応じた福祉用具を活用した支援ができる。	①スライディングボードを使って、できるだけ本人の力で移乗できるように介助する。②さまざまな自助具を使い、その特性をまとめる（グループ）。	①映像を通して運動障害のある人の生活を紹介②ノーリフティングポリシーの説明②デモ「スライディングボードを使った直角移乗法」②さまざまな自助具の説明	
6回目	内部障害に応じた介護①	①内部障害がある人の生活支援する際の留意点を説明できる。②医療職に利用者の状態を報告できる力を身につける。	①内部障害がある人の生活支援をする際の留意点を、障害ごとにまとめる。②ロールプレイング「医療職に利用者の状態を報告する」	①内部障害（心臓機能、腎機能、呼吸機能、膀胱・直腸機能、肝臓機能）の説明②医療職との連携の必要性を説明③医療職に報告する際のポイントを説明	
7回目	内部障害に応じた介護②	①点滴ルートに異常がないことを確認できる。②点滴中の着衣の交換ができる。	①点滴ルートに異常がないことを確認するチェックリストを作成する。②点滴バッグが常に針刺し部より高い位置にくるように留意しながら、点滴ごと着衣の交換をする。	①内部障害のある人の着脱介助の留意点の説明②点滴による治療が数日間続く事例の説明③点滴ルートの説明④デモ「点滴中の着衣交換」	
8回目	実技試験②点滴中の着衣の交換	①点滴中の着衣の交換ができる。	①点滴中の着衣の交換の際のチェックリストを作成する（グループ→全体）。②自分たちで作成したチェックリストを頭に入れ、点滴中の着衣の交換をする。③実技試験後、教員と共に振り返り	①点滴中の着衣の交換の際のチェックリストを学生に作らせる②学生が作成したチェックリストをもとにできている内容を確認	
9回目	知的障害に応じた介護	①知的障害者一人ひとりに合わせた支援の方法を、意見交換しながら導き出すことができる。	①事例Sさんに対してどのような支援をしたらよいか意見交換する（グループ）。②意見交換した案をもとに、Sさんが自己決定できる工夫をまとめる（発表）。	①知的障害者に対する介護の視点について説明②コミュニケーションカードの説明③就労移行支援の訓練を受けているSさんの事例説明	
10回目	精神障害に応じた介護	①精神疾患ごとの特性を説明できる。②事例を通して、統合失調症の人の生活支援の方法を導き出すことができる。	①映像から精神疾患を持つ人の生活をイメージする。②事例Nさんの生活支援（食事、服薬、排泄、睡眠、清潔、家事）について意見交換する（グループ）。	①映像をもとに統合失調症、うつ病、双極性障害の特性を説明②長期入院から退院したNさん（統合失調症）の事例紹介	
11回目	発達障害に応じた介護 ゲストスピーカーによる特別講義	①発達障害児の特性を説明できる。②発達障害児一人ひとりに合ったコミュニケーションの工夫ができる。	①ゲストスピーカーの体験談を聞いた後、ゲストスピーカーを交えて意見交換する。②ゲストスピーカーのアドバイスをもとにサポートブックの作成する、発表	①ゲストスピーカーの紹介（発達障害児を育てている保護者）②特別講義のあと、意見交換の場作り③サポートブックの説明	ゲストスピーカーを招く。

回	主題	授業目標と達成課題	授業中の学生の学習内容と学習活動	教員による学習支援活動の内容と方法	学習支援上の留意点
12回目	重症心身障害に応じた介護	①スライディングボードを使って移乗介助できる（全介助）。②リフトを使って起居・移乗介助ができる（全介助）。	①映像を通して重症心身障害者をイメージする。②スライディングボードを使った移乗介助、リフトを使った起居・移乗介助のチェックリストを作成する。③交替で実践する。	①映像を通してOさん（四肢麻痺・知的障害）の事例紹介 ②福祉用具の活用方法の説明 ③デモ「スライディングボードを使った移乗介助」「リフトを使った起居・移乗介助」	
13回目	実技試験③リフトを使った起居・移乗介助（全介助）	①リフトを使って全介助で起居・移乗介助ができる。	①リフトを使った起居・移乗介助の際のチェックリストを作成する（グループ→全体）。②自分たちで作成したチェックリストを頭に入れ、リフトを使った起居・移乗介助を行う。③実技試験後、教員と共に振り返り	①リフトを使った起居・移乗介助の際のチェックリストを学生に作らせる。②学生が作成したチェックリストをもとにできている内容を確認 ③実技試験後、学生と共に振り返り	
14回目	振り返り	①第13回までの授業の振り返りができる。	①練習問題を解く。②クラスメイト同士で教え合う。	①練習問題・解答解説を配付	期末試験の説明
15回目	期末試験	①筆記試験で60点以上をめざす。	①生活支援技術Eの全ての項目に関する筆記試験を受ける。	①生活支援技術Eの全ての項目に関する筆記試験を行う。	60点以上を合格とし、59点以下の場合は、学校の規定に合わせ、不合格または再試験とする。

(13) 科目としての評価ルーブリック（達成課題への対応）

評価視点 \ 評価基準	特に…できる	標準的…できる	最低限…できる	努力が必要（不合格）
A ICFの視点を生活支援に活かすことの意義	右に加えて、および人物の全体像を把握することができる。	健康状態の確認を含めたICFシートを活用してアセスメントすることができる。	健康状態の確認を含めたICFシートを部分的に活用してアセスメントすることができる。	健康状態の確認を含めたICFシートを活用したアセスメントができない。
B 生活支援の理解	基本的なチェックシートの10項目を根拠に基づいて作成できる。	基本的なチェックシートの10項目の内容の根拠が理解できる。	基本的なチェックシートの10項目の内容は理解できる。	基本的なチェックシートの10項目の内容が理解できない。
C 自立に向けた介護	基本的なチェックシートの9～10項目の支援が実施できる。	基本的なチェックシートの7～8項目の支援が実施できる。	基本的なチェックシートの6項目の支援が実施できる。	基本的なチェックシートの6項目の支援が実施できない。
D 利用者の状態に応じた介護と福祉用具の活用	応用的なチェックシートの9～10項目の支援が実施できる。	応用的なチェックシートの7～8項目の支援が実施できる。	応用的なチェックシートの6項目の支援が実施できる。	応用的なチェックシートの6項目の支援が実施できない。
E 終末期とチーム連携	終末期のチェックシートの9～10項目の支援が実施できる。	終末期のチェックシートの7～8項目の支援が実施できる。	終末期のチェックシートの6項目の支援が実施できる。	終末期のチェックシートの6項目の支援が実施できない。

第5節 「介護過程」の学習支援方法

1 「介護過程」の概要・考え方

(1)「介護過程」の枠組み（概念的整理）

「介護過程」とは、「利用者の望む生活を実現するために、介護職がその専門的知識・技術ならびに固有の価値に基づき、利用者と協働のもと、意図的に支援するための思考と実践の過程」[1]である。

そのために介護職は、利用者や利用者を取り巻く環境について情報を収集し、それらの情報を統合することで、課題（ニーズ）を抽出し、必要な介護計画を立案し実行したうえで評価し、再アセスメントへとつながる、一連のプロセスを行う。

1) 出典：川廷宗之・永野淳子編『アクティブラーニングで学ぶ介護過程ワークブック』株式会社みらい、2016、p.12.

(2)「介護過程」の内容、他概念との区別

以上のことからイメージされる「介護過程」とは、利用者が望む生活を実現するために、介護職がその専門的な知識・技術ならびに固有の価値に基づき、利用者と協働のもと、意図的に支援するための思考と実践の過程である。

図3-5-1 介護過程の展開
（作図-川廷宗之）

介護過程のプロセスは、①アセスメント（インテーク〔波長合わせ〕、情報収集）→②介護診断（問題点の整理〔解釈・関連付け・統合化〕、課題の明確化、介護目標の設定〔本人の同意の確認〕）→③介護計画立案（5W1H）（いつ、どこで、誰が、何を、どういう方法〔頻度・用具・行為〕）→④実施（サービスの実行・記録・分析・申し送り〔毎日（日々）の記録と毎日の評価〕）→⑤評価（目標に対応した一定の期間ごとの評価〔短期目標・長期目標〕）→⑥再アセスメントという一連のプロセスで繰り返される[2]。

また、介護職が立案する個別援助計画（介護計画）は、介護支援専門員（以下ケアマネジャー）がケアマネジメントを展開し立案するケアプランと連動しているが、個別援助計画書と、ケアプランは別の物である[3]。

2) 介護過程の展開は、利用者が当該目標を達成し、介護を必要としなくなった時（自立）や、介護サービスの利用終了時、利用者が亡くなった時は終結する。

3) 高齢者施設では、個別援助計画書とケアプランが同一視されている現状も見られるが、本来、ケアマネジャーが立案するケアプランが、生活全体に対し社会資源を活用し、計画するものであるのに対し、介護職が立案する個別援助計画書は、介護福祉サービスの内容について、さらに詳しく記載された計画となる。

2 「介護過程」の重要性・必要性（なぜ学ぶのか）

(1)「介護過程」はなぜ必要か

　介護の現場では、これまで利用者一人ひとりの個別性やニーズよりも、施設の日課や業務が優先され、経験則に基づいた介護が行われる傾向があった。しかし、経験則による介護は、介護職員によってバラバラな介護が行われる可能性がある[4]。

　そのことで、利用者が本来持っていた力を活用できず、自立への支援が行われない場合や、危険な状態になることも考えられる[5]。

(2)「介護過程」はなぜ重要か

　「介護過程」を展開することで、利用者一人ひとりの希望（ニーズ）を実現し、QOL（生活の質）を向上することで、利用者の生きる意欲や楽しみの提供につながる。

　その上で、介護という仕事の独自性を示し、専門職としてのレベルを高め、社会的に認知されていくためには、今以上の専門性の向上が必要であり、介護過程を展開していくことは、介護職の専門性の向上に有効である。

3 旧課程から新課程へ──変化した点（授業設計への反映）

　新たな「求められる介護福祉士像」では、新たに、「専門職として自律的に介護過程の展開ができる」と記載された。

　また、「領域の目的と教育内容等」では、旧（現行）の「他の科目で学習した知識や技術を統合して、介護過程を展開し、介護計画を立案し、適切な介護サービスの提供ができる能力を養う学習とする」から「本人の望む生活の実現に向けて、生活課題の分析を行い、根拠に基づく介護実践を伴う課題解決の思考過程を習得する学習とする」に変更された。領域「介護」の中では「各領域で学んだ知識と技術を統合し、介護実践に必要な観察力・判断力及び思考力を養う」とされ、教育に含むべき事項として、「本人の望む生活の実現に向けて、生活課題の分析を行い、根拠に基づく介護実践を伴う課題解決の思考過程を習得する学習とする」とされた。

　留意点として、①「介護過程の意義と基礎的理解」では「介護実践における介護過程の意義の理解をふまえ、介護過程を展開するための一連のプロセスと着眼点を理解する」、②「介護過程とチームアプローチ」では「介護サービス計画や協働する他の専門職のケア計画と個別介護計画との関係性、チームとして介護過程を展開することの意義や方法を理解する内容とする」、③

---

4) 例えば、右麻痺の高齢者がベッドに端座位で座っていた場面。
「介護職Aさんは、車椅子を高齢者の右側にセッティングし、別の介護職Bさんは、車椅子を左側にセッティングした。」
実際の介護場面では、往々にして行われている。つまり、なぜその介助を行うのか、根拠に基づいた介護を意識しなければ、その時々、介護者によって違った対応や介護が行われる可能性がある。

5) 4)の右麻痺の高齢者の場合、左手足の機能は障害されておらず、立位が可能であれば、車椅子を健側の左側につけることで、介護職が見守りを行えば、自力で移動ができると考えられる。

「介護過程の展開の理解」では「個別の事例を通じて、対象者の状態や状況に応じた介護過程の展開につながる内容とする」と記載された。

以上のことから、新課程では、利用者の個別性に応じた、利用者本人の望む生活の実現（利用者本位）に向けて、介護実践を重視した、課題解決の思考過程を学習することの重要性が掲げられ、より実践的な介護過程の展開が求められている。

旧課程では、「他の科目で学んだ事を統合し、介護サービスの提供につなげる」というねらいであったが、新課程では、その目的を（利用者）「本人の望む生活の実現」とし、「介護実践」を重要視しながらも、思考過程を修得することをねらいとしている（表3-5-1）。

表3-5-1 変更前後の「介護過程」の教育内容のねらいと教育に含むべき事項

	旧課程	新課程
ねらい	他の科目で学習した知識や技術を統合して、介護過程を展開し、介護計画を立案し、適切な介護サービスの提供ができる能力を養う学習とする。	**本人の望む生活の実現に向けて、生活課題の分析を行い、根拠に基づく介護実践を伴う課題解決の思考過程を修得する学習とする。**
教育に含むべき事項	①介護過程の意義 ②介護過程の展開 ③介護過程の実践的展開 ④介護過程とチームアプローチ	①介護過程の意義と基礎的理解 ②介護過程とチームアプローチ ③介護過程の展開理解

4 『介護教育方法論』から『介護教育方法の理論と実践』へ

『介護教育方法論』では「介護過程」の思考過程を支えるための教材の開発と具体例について詳しく述べている。また「医学モデル」の視点から「社会モデル」の視点へのシフトについて示唆している。

授業計画案では、講義を中心に演習においては、ロールプレイを多く取り入れていた。

今回改訂された『介護教育方法の理論と実践』では、アクティブラーニングを多く取り入れ、できる限り講義形式を取らないよう配慮している。

また学生自身が主体になり、グループワークを通じて、自ら「介護過程の定義」や「情報収集に必要な分類項目」、「評価基準」を考え、作成していくプロセスを取り入れている。また、新課程のねらいにあったように、「介護実践」を重要視し、演習にさまざまな利用者に応じた事例を取り入れると共に、実際に実習で立案した「介護過程」を用い、事例検討やカンファレンスを通じて、振り返り、フィードバックを行うことで深い学びにつなげている。

5 「介護過程」の学習構造（カリキュラムツリー）

「介護過程」は、それぞれの領域の科目を基礎としながら、それらを結び付けて応用し、介護総合演習や介護実習を通して、実際の利用者つまり、個別の事例を通じて、利用者の状態や状況に応じたチームとしての介護過程を実践していく過程である（図3-5-2）。

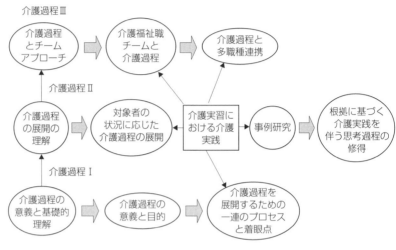

図3-5-2 介護過程の学習構造図
（作図－吉田志保）

6 介護福祉士養成教員として成長発展への課題

実務経験が豊富な介護教員には、様々な情報から介護過程を展開し、自分の頭の中で対象の利用者像を作り、課題を抽出し、計画を立案することができる方が多い。しかし、実務経験がほとんどない学生や、実務経験があっても、根拠に基づいた思考過程をマスターしていない介護職員にとっては、頭の中に利用者の姿を浮かべることが難しいのと同時に、それを文章で他者にわかる形で伝えることが困難である。介護教員として、学生や受講生達に介護過程について教授する場合には、こうした状況を踏まえて、利用者の像や実際の場面が想定できるよう、視覚・聴覚など五感を用いる教材（例えば写真や、視覚教材など）を活用する必要がある。

また実際に介護教員自身が、事例について「介護過程」を展開し、現実の動きを言語化し、文章におこしてみることで、どのような言葉による説明によって学生に伝えればよいのかを体験的に理解することにつながると考える[6]。

6)【参考文献】
- 川廷宗之・永野淳子編『アクティブラーニングで学ぶ介護過程ワークブック』株式会社みらい, 2016.
- 介護福祉士養成講座編集委員会編『介護過程』新・介護福祉士養成講座9, 第3版, 中央法規出版, 2015.
- 石野郁子『介護過程』最新介護福祉全書7, 第3版, メヂカルフレンド社, 2014.
- 澤田信子・石井享子・鈴木知佐子『介護過程』介護福祉士養成テキストブック8, ミネルヴァ書房, 2009.
- 黒澤貞夫・峯尾武己編『介護過程の展開―基礎的理解と実践演習』介護福祉士養成テキスト12, 建帛社, 2008.

7 「介護過程Ⅰ、Ⅱ、Ⅲ」の授業設計（計画）（案）

(1) 授業科目名
「介護過程Ⅰ」、「介護過程Ⅱ」、「介護過程Ⅲ」

(2) 授業担当者名
○○○○

(3) 受講学生に関する留意事項
18歳新卒学生については、学生の性格に配慮し、リーダーシップがとれる学生を各グループに適切に配置する。

グループワークの際は、1グループ6〜7名とし、男女、18歳新卒学生と社会人学生、外国人留学生をバランスよく配置する。

(4) 開講コマ条件
原則として週1回2コマ連続（180分）授業として、150時間の授業を、37.5回（介護過程Ⅰ・15回、介護過程Ⅱ・15回、介護過程Ⅲ・7.5回）に分けて行う。

先修条件：1年前期課目を修了すること。

(5) 開講教室
グループワークを行うため、机が移動式の教室を使用。

(6) 学習目標

1) 介護過程Ⅰ—15回
①各領域で学んだ知識と技術を統合し、介護過程の意義・目的について基礎的に理解する。
②介護実践に必要な観察力・判断力および思考過程を理解する。
③利用者の望む生活の実現のために必要な情報（アセスメント）とは何かを、学生が主体となって自ら考える。

2) 介護過程Ⅱ—15回
①本人の望む生活の実現に向けて、生活課題の分析を行い、根拠に基づく介護実践を伴う課題解決の思考過程（アセスメント、介護診断、計画の立案）を習得する。
②介護過程の展開を理解し、個別の事例を通じて実践に必要な技術の確認や社会資源の活用、道具の準備などを行い、利用者の状態や状況に応じた介護過程の展開を行う。

3) 介護過程Ⅲ—8回
①介護過程の総まとめとして、介護過程を理解し、実践に基づいた展開を行う。
②チームアプローチ（多職種連携）での介護過程展開について理解し、介護

福祉士として必要な意見を伝えることができる。

③介護過程の評価基準を作成した上で、実行した個別援助計画について評価を行う。

(7) 学生の達成課題

1) 介護過程Ⅰ

①介護過程の意義と目的について自分の言葉で説明ができる。

②ICFの資料を使って、情報収集に必要な分類項目を作成できる。

③介護過程に必要な、PDCAなどの思考過程について理解する。

2) 介護過程Ⅱ

①個別援助計画の立案に向けて、根拠に基づいた課題の抽出および目標（アセスメント、介護診断）を立案できる。

②5W1Hを踏まえた、介護計画を立案できる。

③実習を通して、実践に必要な技術の確認や社会資源の活用、道具の準備などを行い、利用者の状態や状況に応じた根拠に基づいた介護過程の展開ができる。

3) 介護過程Ⅲ

①実践での介護過程の展開を振り返り、必要なスキル[7]を身につける。

②多職種連携でのチームとしての介護過程の展開について、介護福祉士として必要な意見[8]を言うことができる。

③介護過程の評価基準を作成したうえで、実行した個別援助計画や介護行動について評価を行うことができる。

④介護福祉士国家試験対策として、介護過程に関する問題を理解し回答することができる。

(8) 学習方法

①調べ学習など予習を重視し、アクティブラーニングを活用し主体的に授業に参加する方式をとる。

②事例や、ロールプレイ、グループによる討議や発表など、必要なポイントを確認しつつ学生参加型の授業を中心に行う。

(9) 使用教材（例示）

授業計画例で使用のテキスト　川廷宗之・永野淳子編『アクティブラーニングで学ぶ介護過程ワークブック』株式会社みらい，2016.[9] 他

(10) 学習評価方法

①出席（リアクションペーパーの提出）（30点）

②課題提出（50点）（ルーブリックによる評価視点各10点を想定）

③グループワーク・発表への貢献度（20点）（グループワークでの発言状況を机間巡回で確認し、積極的に参加している場合は加点する）

---

7) 介護に関する専門的知識・技術や、根拠に基づいた思考過程

8) 例）「普段であれば朝起きて新聞を読むことを習慣としている利用者が、ここ数日は、新聞を渡しても読もうとせず、口数も減っている。また食欲も低下し食事も半分以上残している。本人より「さみしい、生きていても仕方がない」という言動も見られる。以前は家族が週に1度は面会に来ていたが、ここ1か月位は、面会にきていない。そのため、本人のさみしい気持ちを受け止め、話を聞くと共に、家族へのアプローチや本人が好きな活動を行い、意欲を引き出す支援を行う必要があるのではないか」と、介護の視点から提案する。

9) テキストは大切であるが、全面的に頼るのではなく様々なテキストを比較しながら活用することが望ましい。

(11) 学習に関する学生との約束事項（授業に参加するルール）

①事前に指定された予習課題は必ず取り組んでくること。

②演習には積極的に参加する。

③授業に関係のない物は出さない。

④授業中の飲食は禁止とする。

(12)「介護過程Ⅰ」毎回の授業設計（案）

回	主題	授業目標と達成課題	授業中の学生の学習内容と学習活動	教員による学習支援活動の内容と方法	学習支援上の留意点
	単元	介護過程の意義と目的の理解			
1回目	日常生活から介護過程を考える。	①日常の場面で介護過程と共通する展開が無意識に行われていることを理解する。②介護過程を理解するために旅行計画を作る。	①集合レク「そーれ集合」教員の拍手を合図にグループを作る。②「海外旅行」に行く場合について、事前準備から観光、お土産などについてグループで考え、ワークシートに旅行計画を記入する。③グループごとにクラスで発表する。	①拍手でグループを作る（6-7人）。②「海外旅行」に行く場合について、必要な準備や旅行計画をグループで立案③机間巡回。④グループで考えた旅行計画をクラスで順番に発表するように促す。	ワークシート配付（アサインメント提示）次回使用する事例を読み、大切な情報だと思う所にアンダーラインを引いておく。
2回目	介護実践における介護過程の意義と目的を理解する。	①介護過程の意義と目的を理解する。②根拠に基づく介護実践、個別ケアについて理解する。③課題解決思考（科学的思考）について理解する。	①前回のグループ②事例を読む。③介護職員がバラバラな介護を行ったらについて、感じたことを個人でワークシートにまとめる。④グループで共有し、話し合う。⑤グループごとにクラスで発表する。	①グループで事例を読むように伝える。②感じた事を個人でワークシートにまとめるよう伝える。③グループで話し合うよう伝える。④机間巡回⑤意見を出し合い、クラスで発表するよう伝える。	テキスト、pp.16-18参照
3回目	自立を支援するための介護とは何か	①利用者の状態の把握や、持っている力について考える。②残存能力を活用することの必要性について学ぶ。	①困りごとを描いたイラストを見る。②個人作業でイラストを見てワークシートに記入③グループになるため移動する。④2回目-④～⑤と同じ	①利用者が持っている力や本人の思い、活用する事の必要性を個人作業でワークシートに記入②6-7人のグループになるよう伝える。③2回目-④～⑤と同じ	利用者と利用者の困りごとを描いたイラストを配付する。
4回目	介護過程のプロセスとケアマネジメントとの関係および着眼点の理解	①介護過程のプロセスを理解する。②介護過程とケアマネジメントとの関係と着眼点について理解する。③場面を観察し、情報収集ができる。④必要な情報を理解できる。	①配付例を参照する。②介護過程とケアマネジメントの関係について学ぶ。③個人で情報を収集しワークシート記入④グループになるため、移動する。⑤2回目-④～⑤と同じ⑥介護過程との関係を学ぶ。	①事例を用い各プロセスについて説明②個別援助計画とケアマネジャーが立案するケアプランは連動することを説明③機内で情報収集④6-7人のグループを作るよう伝える。⑤2回目-④～⑤と同じ⑥介護過程との関係、違いを説明する。	「ヘルプマン1巻」くさか里樹、イブニングKC沢田さんの事例を使用（アサインメント提示）個別援助計画とケアプランについて、A4 1枚（1200字程度）にまとめる（第6回に提出）。
	単元	介護過程に必要な情報の種類			
	客観的情報の理解（事実の伝達）	①観察した事実について、他者に伝わるように記載する。	①写真を見て、気が付いたことをワークシートに記載する。	①個人作業でワークシートに記入②6-7人のグループ	写真を配付テキスト、pp.28-32参照

回	主題	授業目標と達成課題	授業中の学生の学習内容と学習活動	教員による学習支援活動の内容と方法	学習支援上の留意点
5回目		②アセスメントの枠組みやプロセスを理解する。 ③意図的な情報収集（情報の種類、情報の方法、留意点）を理解する。	②グループに移動 ③グループ内で意見を共有し意見をまとめる。 ④観察した内容を、家族に報告するため、グループで連絡帳に記載する。 ⑤クラスで連絡帳の内容を発表する。	③グループ内で情報を共有する。 ④机間巡回 ⑤観察した内容を事実に基づき家族宛の連絡帳に記入 ⑥グループごとに発表 ⑦まとめ	
6回目	主観的情報の理解（利用者の話しを聴く）	①利用者の話を共感的に、聴くことができる。 ②「コミュニケーション技術」で学んだ内容を介護過程で実践する。	①話しやすいテーマを選ぶ。 ②２人組で役割を交換して、話し手、聞き手となる（5分間）。 ③話し終わったら、ワークシートに感想を記入する。 ④２人で感想を共有する。	①テーマを提示 例）私の子供時代、今はまっていることなど ②２人組を作り、話をする。 ③ワークシートに感想を記載 ④感想を共有する。 ⑤どのような感想が出たかを聞く。	第４回で提出したアサインメントのレポートを回収する。
単元	アセスメント情報を収集するために				
7回目	アセスメントのための高齢者理解①	①高齢者が生きてきた時代背景を理解する。 ②情報収集した本人の想いや、環境を理解する。	① DVD「ALWAYS 三丁目の夕日」を鑑賞する。 ② DVDを見ながら、気になる点はメモしておく。	①高齢者の生きてきた時代背景について簡単に説明する。 ② DVD「ALWAYS 三丁目の夕日」を鑑賞する。	DVD『ALWAYS 三丁目の夕日』
8回目	アセスメントのための高齢者理解②	①「社会の理解」で学んできた、利用者のジェノグラム、エコマップを作成できる。 ②高齢者がどのような時代で生活してきたのかを知る。 ③昭和30年代、高度成長期にはどのような価値観であったのかを考える。	① DVDを見て、内容の問いや感想を用紙に個人で記入する。 ② DVDを見て、ワークシートに登場人物「鈴木一平」のジェノグラムやエコマップを個人で記入する。 ③グループになるため、移動する。 ④グループで共有し、当時の価値観についてどのようなものであったかを意見交換しまとめる。 ⑤クラス内で発表	①内容の問い 例）昭和30年当時、「三種の神器」と呼ばれた家電製品は何か ②ワークシートにジェノグラム、エコマップや感想を個人で記載する。 ③グループになり当時の価値観について意見交換する。 ④２回目-④〜⑤と同じ ⑤アサインメントを提示する。	用紙を配付 アサインメント「昭和30年代の出来事」を調べ、レポート用紙A4判2枚にまとめる（第11回に提出）。
9回目	アセスメントのための情報収集①	①高齢者を取り巻く環境を理解する。 ②映画を観察し、在宅で生活する、認知症高齢者の情報を収集する。	① DVD『折り梅』を鑑賞する。その際、主人公「政子さん」について、メモを取りながら鑑賞する。 ②映画を観察し、在宅で生活する認知症高齢者の情報を収集する。 ③ワークシートに情報を個人で記入する。	① DVD『折り梅』を鑑賞し、主人公「政子さん」について、(1)家族との関係、(2)取り巻く環境、(3)本人の情報をメモし、鑑賞する（DVDは雨の中、主人公が港をさまよい家族に発見された場面で停止する）。 ②ワークシート記入	DVD『折り梅』参照
10回目	アセスメントのための情報収集②	①在宅の利用者の介護過程を展開する。 ②観察した事実から、介護過程を展開する。 ③「通所介護計画書」立案のために必要な情報	①通所介護サービスについて学ぶ。 ②グループになるため移動する。 ③個人で記入したワークシートをグループで共	①主人公が通所介護サービスを利用すると伝える。 ②通所介護サービスについて説明する。 ③前回のワークシートを	DVD『折り梅』参照。

回	主題	授業目標と達成課題	授業中の学生の学習内容と学習活動	教員による学習支援活動の内容と方法	学習支援上の留意点
10回目		収集ができる。	有する。 ④アセスメントにおけるICFの項目について説明を受ける。 ⑤情報をICFの項目に分類し、記入する。	用い、グループで情報を共有する。 ④ICFの項目について説明する。 ⑤情報をICF目に分類する。	
11回目	アセスメントのための情報収集③	①高齢者に必要な情報について理解する。 ②足りない情報については、他者から情報を得て、情報をプラスすることができる。	①前回のグループになるため移動する。 ②必要な情報をグループで話し合い、ワークシートに記入する。 ③グループごとに、クラスで発表する。 ④DVD『折り梅』の続きを鑑賞する。 ⑤他グループの発表やDVDの続きを見て情報収集項目を修正	①ICFの視点からグループで必要な情報について、ワークシートに記入 ②2回目-④〜⑤と同じ。 ③DVD『折り梅』の続きを流す。 ④他グループの発表や、DVDの続きを見て、情報収集項目を修正する。	8回に提示したアサインメントのレポートを回収 DVD『折り梅』参照
12回目	アセスメントのための情報収集④	①役柄になりきり、ロールプレイを行うことができる。 ②本人、家族とのコミュニケーションから必要な情報を収集する。	①前回グループ ②グループ内で、田山さん、家族、介護者、観察者を決める。 ③田山さん・家族役の学生は教員から必要な情報を口頭と紙ベースでもらい確認 ④ロールプレイ実施 ⑤他の学生は、田山さん・家族役の学生とのコミュニケーションから情報を集め、情報収集項目に記入する。	①「田山さんの事例」を説明する。 ②グループごとに田山さん、家族、介護者の学生を決める。 ③田山さん・家族役の学生を別室に呼び、情報を伝える（用紙は他の学生に見せない）。 ④ロールプレイを開始するよう伝える。 ⑤ワークシート記入	テキスト、pp.75-78参照 （アサインメント提示） 介護過程において、ロールプレイを活用する意義と効果について、A4レポート2枚にまとめる（第14回に提出）。
13回目	アセスメントのための情報収集⑤	①利用者のマイナス面にのみ、着目するのではなく、本人が持っているプラス面の力に着目することができる。 ②施設での事例について、介護過程を展開し、情報収集を行う。	①前回のワークシートを用意する。 ②施設で生活するため利用者ができること、難しいこと、本人、家族の希望を個人でワークシートに記載する。 ③情報と情報の関連付けについて学ぶ。 ④情報と情報を関連付けしワークシートに個人で記載 ⑤グループになる。 ⑥2回目-④〜⑤と同じ	①ワークシートに記載するよう伝える。 ②情報の関連付けについて説明する。 ③学生に情報と情報を関連付けし、ワークシートに記載するよう伝える。 ④前回のグループになるよう伝える。 ⑤グループで内容を共有 ⑥2回目-④〜⑤と同じ	テキスト、pp.75-78参照
14回目	アセスメントのための情報収集⑥	①関連付けした情報を、各領域で学んだ知識と技術を用い統合できる。 ②根拠に基づいた、課題とニーズの明確化（情報の解釈、分析、統合、課題の抽出）ができる。 ③課題の優先順位が理解できる。	①マズローの欲求階層説と、利用者のよりよい生活のために必要な解決すべき課題について学ぶ。 ②グループになる。 ③情報から解決すべき課題をワークシートに記入 ④2回目-④〜⑤と同じ	①マズローの欲求階層説について説明 ②利用者のよりよい生活に必要な解決すべき課題を説明 ③情報から解決すべき課題をワークシートに記入 ④マズローの欲求階層説を参考に課題の優先順位を記入 ⑤2回目-④〜⑤と同じ	テキスト、pp.75-78参照 第12回に提示したレポートを回収
	実習での介護過程の展開とまとめ	①実習での介護過程の実践的展開の方法につい	①実習Ⅰでの、介護過程の展開（実践）につい	①実習Ⅰでの介護過程の展開（アセスメントま	実習での介護過程を展開するうえでの注

回	主題	授業目標と達成課題	授業中の学生の学習内容と学習活動	教員による学習支援活動の内容と方法	学習支援上の留意点
15回目		て理解する。 ②個別の事例を通して、対象者の状態や状況に応じた介護過程の展開が理解できる。	て説明を受ける。 ②実習で使用するアセスメントシートを見て、記入方法について説明を受ける。 ③介護過程Ⅰのまとめを行い、学んだことや、感想、実習での介護過程の展開（アセスメント）について意気込みを用紙記入	で）を説明（情報収集、解釈・関連付け・統合化、課題の抽出、優先順位） ②実習で使用するアセスメントシートの記入方法を説明 ③学んだこと、感想、実習での介護過程の展開について意気込みを記入 ④まとめ	意事項（利用者とのコミュニケーションの重要性等）

(13)「介護過程Ⅱ」毎回の授業設計（案）

回	主題	授業目標と達成課題	授業中の学生の学習内容と学習活動	教員による学習支援活動の内容と方法	学習支援上の留意点
単元	個別援助計画の立案に向けて				
1回目	個別援助計画の立案に向けて①	①計画立案に向けて、(目標、成果、達成時期の設定)を理解する。	①目標について学ぶ。 ②事例を使って、長期目標と短期目標、達成時期について個人で考える。 ③グループになるため移動する。 ④グループ内で、自分の立案した目標を発表する。 ⑤他者と自分が立案した目標との違いを、ワークシートに記入	①本人主体の目標とは何か、長期目標、短期目標を説明 ②事例の長期目標、短期目標を個人でワークシートに記入 ③グループになる。 ④机間巡回 ⑤グループで共有し自分との違いをワークシートに記入	テキスト、pp.87-90参照
2回目	個別援助計画の立案に向けて②	① 5W1Hについて理解する。 ②個別援助計画の立案に向けて、内容（具体策）を考えることができる。	① 5W1Hについて学ぶ。 ②個人で事例を用い個別援助計画をワークシートに記入する。 ③グループになるため移動する。 ④立案した個別援助計画をグループ内で共有しあう。 ⑤ 5W1Hを踏まえ、具体的に記述されているかを、確認する。	① 5W1Hについて説明する。 ②個人で事例を用い、5W1Hを踏まえた個別援助計画を立案するため、ワークシートに記入する。 ③グループ（6-7人）になり、自分が立案した個別援助計画を共有する。 ④机間巡回	レジュメ配付。テキスト、pp.91-94参照
単元	対象者の状態・状況に応じた介護過程の展開				
3回目	事例による介護過程の展開、事例検討(利用者の状況・状態に応じた介護過程の展開①)	①独居利用者の在宅生活の継続に向けた事例で介護過程を展開できる。 ②認知症高齢者の事例について理解できる。 ③利用者を取り巻く状況や環境の事実から、個別援助計画を立案できる。	①事例の重要な所にアンダーライン。 ②会話からわかった情報を、ワークシートに個人で記入する。 ③ワークシートに事例から分かった情報を個人で記入する。 ④グループになるため移動する（6-7人）。 ⑤グループで話し合い、本人と家族の希望、課題の抽出、優先順位をワークシートに記入する。	①事例にアンダーラインを引きながら、概況を理解する。 ②会話からわかった情報について、ワークシートに個人で記入。 ③事例からわかった情報を個人で記入 ④グループワークを行い、本人、家族の希望、課題の抽出、優先順位をワークシートに記入 ⑤机間巡回	テキスト、pp.109-116参照

回	主題	授業目標と達成課題	授業中の学生の学習内容と学習活動	教員による学習支援活動の内容と方法	学習支援上の留意点
4回目	事例による介護過程の展開、事例検討（利用者の状況・状態に応じた介護過程の展開②）	①独居利用者の在宅生活の継続に向けた事例で介護過程を展開できる。②利用者を取り巻く状況や環境の事実から、個別援助計画を立案できる。	①前回のグループになり、ワークシートに長期目標と短期目標、内容（具体的な方法）担当者、頻度を記入②グループごとにクラス内で個別援助計画について発表する。③他のグループの発表を聞き、取り入れたほうがよいと思う内容については、自分のグループに発表終了後、取り入れて修正する。	②前回のワークシートに長期目標、短期目標、内容（具体的な方法）担当者、頻度を記入③机間巡回④グループごとに立案した個別援助計画をクラスで発表する。⑤発表を聞きメモをする。⑥終了後、自分のグループの計画を必要に応じて修正するよう伝える。	テキスト、pp.109-116 参照（アサインメント提示）次回使用する事例を読み、大切な情報だと思う所にアンダーラインを引いておく。
5回目	個別援助計画の実施	①個別援助計画の実施し、留意点、経過記録について理解する。②個別援助計画を実施するために必要な視点を理解する。②チームで介護方法を共有するための記録について理解する。	①事例を読む。②前回のグループになるため移動する。③配役を決め、介護者役の学生は、声掛けについてワークシートに事前に記入する。④ロールプレイで、立案した計画を実行する。⑤観察者役の学生は、様子をメモする。⑥グループで、実行したプランについて、カンファレンスを行い、ワークシートに記入する。⑦記入した内容をクラス内に発表する。	①事例を個人で読むよう伝える。②前回のグループになるよう伝える。③ロールプレイを行うよう伝える。④カンファレンスを行い気づいたことをワークシートに記入する。⑤2回目-④〜⑤と同じ	テキスト、pp.95-99 参照
6回目	計画の実施と評価、まとめ	①個別援助計画の実施した場合における予測されるリスクについて、考えることができる。②評価（評価の意義、評価の視点、再アセスメント、修正）について理解し、実施できる。	①前回のグループになる。②立案した個別援助計画書を実施した場合に予測できるリスクを考える。③計画を実施した後の評価を行う。	①第4回の授業で修正した個別援助計画書を実施した場合の予測されるリスクについてグループで考え、ワークシートに記載する。②予測されるリスクを考慮しながら、計画実施の評価を行うよう伝える。	（アサインメント提示）介護過程とリスクマネジメントについてA4 2枚にまとめる。第8回に提出。
7回目	介護過程の展開を支える考え方の理解と、実習Ⅱでの介護過程の展開についての説明	①介護過程の展開を支える考え方（セルフケア理論、ニーズ論、ICFの視点、ストレングスの視点、ナラティブアプローチ等）について理解する。②実習での介護過程の実践的展開の方法について、理解することができる。	①介護過程の展開を支える考え方について学ぶ。②実習での介護過程の展開について説明を聞く。③実習での介護過程の実践的展開について、意気込みを用紙に記入する。	①介護過程の展開を支える考え方の用語が記載された用紙を配付し学生に記入するよう指示した後、説明する。②実習Ⅱでの、介護過程の展開の方法について説明する。③実習で使用する個別援助計画書のシートを配付する。④実習Ⅱでは、介護過程を展開し、根拠に基づいた個別援助計画の立案、実施、評価まで行うことを伝える。	用語について、最初に学生が意味を用紙に記入した後、教員が説明する。

回	主題	授業目標と達成課題	授業中の学生の学習内容と学習活動	教員による学習支援活動の内容と方法	学習支援上の留意点
単元		実践での介護過程の展開			
8回目	実践での介護過程の展開①	①実習Ⅱ-①での介護過程の実践から学んだ事を言語化できる。②「実習での介護過程の実践から学んだ事」をブレインストーミング、KJ法を用いて他者に伝えることができる。	①ブレインストーミングとKJ法について説明を受ける。②グループになるため移動する。③「実習での介護過程の実践から学んだ事」をブレインストーミングの手法で出す。④模造紙に、KJ法を用いて、実習で学んだ事を書きだす。	①ブレインストーミング、KJ法の説明②「実習での介護過程の展開から学んだ事」について、グループでブレインストーミングおよびKJ法を使ってまとめていくよう伝える。③6〜7人のグループになる。④机間巡回	実習での事例については、個人情報が特定されないように留意する。第6回に提示したレポートを回収する。
9回目	実践での介護過程の展開②	①他者にプレゼンテーションを行い、伝えることができる。②他者の話を聞き、介護過程の実践について考え深めることができる。	①クラスで司会、タイムキーパーを前半、後半各1名ずつ選ぶ。②前回グループで作成した模造紙を用い、グループで順番に発表を行う(1班:20分×6班、質疑応答含む)。③他のグループの発表の際、質問事項や、感想についてメモを取りながら聞く。	①司会等を選び、グループで順番に発表するよう促す。②各グループの発表が終了した際、コメントする。③全体の発表が終わった際、今回の実習での介護過程の実践で学んだ事を振り返り、コメントする。④次回(10回)に提出するアサインメントを提示	(アサインメント提示)実習で行った、介護過程の展開を完成させ、グループメンバー人数分+教員分をコピー
10回目	実践での介護過程の展開③	①実習Ⅱ-①での介護過程の展開について振り返りができる。②利用者の情報収集について他者に説明することができる。	①グループを作るため移動する。②グループ内で、実習での介護過程の展開について発表し共有する(質疑応答を入れて、1人20分)。③次回のアサインメントについて説明を受ける。	①実習Ⅱ-①で学生が実践した介護過程の展開について、グループ内で発表し、共有する。②6〜7人のグループを作る。③机間巡回④アサインメント提示	(アサインメント提示)質疑応答を受けて、再アセスメントし記入(第11回に提出)
11回目	実践での介護過程の展開④	①利用者の情報から再アセスメントを行うことができる。②根拠に基づいた課題の抽出について説明することができる。	①グループになるため移動する。②アサインメントのシートを用い、グループ内で発表する(質疑応答を含めて1人15分)。その際、修正の根拠を示す。	①アセスメントシートを用いグループワークを行う。②机間巡回③グループで事例を1例選ぶ。②選んだ事例についてグループで、再アセスメントを行い、発表	第10回で提示した、アサインメントを回収する。
単元		実践での個別援助計画の立案と再アセスメント			
12回目	実践での個別援助計画の立案①	①アセスメントから課題を抽出することができる。	①前回のグループになるよう移動する。②グループとして、1名の事例を選び、グループとしての課題の抽出を行う。③2回目-④〜⑤と同じ	①前回のグループになるよう伝える。①グループで1つの事例を選び、再アセスメントし、課題の抽出を行いアセスメントシートに記入する。③2回目-④〜⑤と同じ	
13回目	実践での個別援助計画の立案②	①実習でのアセスメント実践から、根拠に基づいた個別援助計画の立	①前回のグループになるため移動する。②前回の課題から、グ	①前回抽出した課題から、グループで個別援助計画を作成	(次回アサインメントの提示)次回までに、各自、

回	主題	授業目標と達成課題	授業中の学生の学習内容と学習活動	教員による学習支援活動の内容と方法	学習支援上の留意点
13回目		案ができる。 ②5W1Hを踏まえた、個別援助計画の立案ができる。	グループで短期目標、長期目標、内容（具体的な方法）、担当者、頻度を用紙に記載 ③完成した個別援助計画書を提出する。 ④教員がコピーしている間に次回の司会とタイムキーパー、発表順を決めておく。 ⑤グループの個別援助計画書のコピーを教員から受け取り、次回までに熟読し、質問を考えてくる。	②5W1Hを踏まえて短期目標、長期目標、内容（具体的な方法）担当者、頻度を用紙に記載する。 ③グループのアセスメントシート、個別援助計画書は、教員がコピーし、本日配付する。 ④コピーした個別援助計画書を学生に配付し次回までに、各自、熟読し質問を考えてくる。	各グループのアセスメントシート、個別援助計画書を熟読し、質問を考えてくる。
14回目	実践での個別援助計画の立案③	①立案した個別援助計画を他者に説明することができる。 ②他者が立案した個別援助計画について、疑問点に気が付くことができる。	①グループになるために移動する。 ②司会・タイムキーパーが前に出て発表会を進行する。 ③交代でグループの発表を行う。聞いている学生は、事前に考えた質問と、発表を聞いて浮かんだ質問について確認する。 ④カンファレンス形式で質疑応答に答える。1班20分	①前回のグループになるよう伝える。 ②事前に決めた、司会・タイムキーパーに発表会を進行するよう伝える。 ③発表会の最中は、随時、感想を伝える。 ④最後にまとめのコメントを行う。	全員が発表について、質問できるように、メモを取りながら聞くこと
15回目	実践での介護過程のまとめ	①多職種連携での介護過程の展開について理解できる。 ②実践での介護過程を振り返り、「介護福祉士に期待される役割」について考える。	①グループになる。 ②自分達が立案した個別援助計画について、前回の発表の際、出された疑問や質問を踏まえて、評価をワークシートに記入 ③介護過程を展開し、多職種連携を行う際、「介護福祉士として、求められる役割は何か」をグループで話し合う。 ④クラス内でグループごとに出た意見を発表する。	①前回のグループになるよう伝える。 ②立案した個別援助計画について、前回出された疑問や質問を踏まえて評価を行い、ワークシートに記入する。 ③介護過程を展開し、多職種連携での「介護福祉士として、求められる役割は何か」を話し合う。 ④2回目-④〜⑤と同じ ⑤まとめ	

（14）「介護過程Ⅲ」毎回の授業設計（案）

回	主題	授業目標と達成課題	授業中の学生の学習内容と学習活動	教員による学習支援活動の内容と方法	学習支援上の留意点
単元		実践での介護過程の展開を振り返る			
1回目	実習における事例報告、事例研究（実践での介護過程の展開の振り返り①）	①実習Ⅱ-②での介護過程の展開について、振り返りができる。 ②実習Ⅱ-②での介護過程の展開について、事例報告書が作成できる。	①実習Ⅱ-②での介護過程の展開を振り返る。 ②個人で事例報告書をまとめる。	①個人で事例報告書をまとめる。 ②机間巡回	テキスト、pp.172-177参照
2回目	実習における事例報告、事例研究（実践での介護過程の展開	①実習Ⅱ-②での介護過程の展開について振り返りができる。	①前回に引き続き、個人で事例報告書をまとめる。	①前回に引き続き、個人で事例報告書をまとめるように伝える。	（アサインメント提示） 事例報告書をコピー

第3章　「介護」の学習支援　157

回	主題	授業目標と達成課題	授業中の学生の学習内容と学習活動	教員による学習支援活動の内容と方法	学習支援上の留意点
2回目	の振り返り②)	②実習Ⅱ-②での介護過程の展開について、事例報告書が作成できる。		②机間巡回 ③アサインメント提示	し準備
単元	チームとしての介護過程の展開と実習事例発表会				
3回目	実習事例発表会①	①介護福祉職がチームとして介護過程を展開する意義と目的を理解する。 ②実習で展開した介護過程を発表する。	①チームとしての介護過程について考える。 ②グループ内で、作成した事例報告書のコピーを配付する。 ③グループ内で、事例および介護過程の展開実践について発表 ④発表を聞きグループで意見を出し合い、内容を検討する。	①介護福祉職がチームとして介護過程を展開する意義と目的を説明する。 ②グループ内で事例および介護過程の展開実践について発表し、共有するよう伝える。 ③机間巡回	前回のアサインメントを提出する。
4回目	チームアプローチと介護過程の展開①	①多職種連携とカンファレンスの意義と目的を理解する。 ②カンファレンスを行い、チームアプローチとしての介護過程の展開が行える。 ③介護サービス計画（ケアプラン）と訪問介護計画、サービス等利用計画と個別援助計画の関係を理解する。	①多職種連携とカンファレンスの意義と目的について考える。 ②グループに移動 ③1例を選ぶ。 ④選んだ事例をクラス内で発表 ⑤発表した事例の役割（主治医、看護師、ホームヘルパー、ケアマネ、介護福祉士、利用者、家族）を決め、カンファレンス実施 ⑥介護サービス計画とその他の計画をメモを取りながら比較	①多職種連携とカンファレンスの意義と目的について説明する。 ②グループで発表する1例を選び、クラス内で発表する。 ③発表した事例について、役割を決め、クラス内でカンファレンスを行いつつ、メモをとるよう伝える。	学生が役割のロールプレイが演じられるように、事前に職種の役割を伝え、イメージをもてるよう支援する。
5回目	チームとしての介護過程の展開②	①カンファレンスの結果を文章で記録できる。 ②介護過程の展開を振り返り、残された課題について考えることができる。	①個人でメモからワークシートに記録する。 ②前回のグループになるため移動する。グループで残された課題について検討する。	①前回のカンファレンス結果について個人でワークシートに記録 ②2回目-④〜⑤と同じ	
単元	介護過程の評価基準を作る				
6回目	介護過程の評価基準作成	①介護過程の評価基準を作成できる。 ②作成した評価基準を用いて評価を行うことができる。	①前回のグループになるよう移動する。 ②ブレインストーミングを行い、カンファレンスを行った事例の評価基準について出し合う。 ③KJ法を用い、評価基準をワークシートに記入する。 ④グループごとにできあがった評価基準をクラスで発表する。	①前回のグループでの事例について、ブレインストーミングを用い評価基準を出し合う。 ②出し合った中から、KJ法を使い、評価基準を作成し、ワークシートに記入するよう伝える。 ③2回目-④〜⑤と同じ	ブレインストーミングでは、他者の意見に対し肯定的に捉えフィードバックする。
単元	介護過程と国家試験対策				
7回目	国家試験対策①	過去5年分の介護過程の国家試験問題について理解する。	①過去5年間の介護過程の国家試験問題について話を聞く。 ②過去の国家試験問題を解く。	①過去5年間の介護過程の国家試験問題について、傾向と対策を伝える。 ②実際に、過去の国家試	（アサインメントの提示）次回までに、間違った問題は、正答に直してくる（第8回に提示）。

回	主題	授業目標と達成課題	授業中の学生の学習内容と学習活動	教員による学習支援活動の内容と方法	学習支援上の留意点
7回目			③正解を聞き、間違った問題については、正答に直す（その際、テキスト等参照してもよい）。 ④配付された解答を確認する。	験問題を解く。 ③正解を伝え、間違った問題については、各自で正答に直し、記入する。 ④解答を配付する。	
8回目	介護福祉士としての介護過程の展開とは	①介護福祉士としての介護過程の展開の意義を理解できる。 ②専門職としての介護福祉士観について考えることができる。	①ワークシートに、専門職である介護福祉士にとっての介護過程と介護福祉士観について考え、ワークシートに記入する。 ②介護過程Ⅲを振り返り感想を記入する。 ③2回目-④〜⑤と同じ	①実習での介護過程の展開実践を通して、専門職である介護福祉士にとっての介護過程と介護福祉士観について考え、ワークシートに記載。 ②2回目-④〜⑤と同じ	第7回で提示したアサインメントについて回収する。

（15）科目としての評価ルーブリック（達成課題への対応）

　根拠に基づいた介護過程の展開ができ、多職種協働でのグループ討議の中で介護福祉士として必要な自分の意見を伝えることができることを評価基準とする。

評価視点＼評価基準	特に…できる	標準的…できる	最低限…できる	努力が必要（不合格）
A 情報収集	ICFの視点にプラスして自分なりの視点で必要な分類項目が作成できる。	ICFの視点から必要な分類項目が作成できる。	ICFの視点から、分類項目を作成したが、不十分である。	ICFの視点から、分類項目を作成できない。
B 介護過程の意義と目的の理解	介護過程の意義と目的について自分の言葉で説明ができる。	介護過程の意義と目的について、説明ができる。	介護過程の意義と目的について、説明したが、不十分である。	介護過程の意義と目的について説明ができない。
C 根拠に基づいた介護過程の展開	根拠に基づいた課題の抽出および目標の設定ができ、内容も適切である。	根拠に基づいた課題の抽出および目標の設定ができるが、どちらかが不十分である。	根拠に基づいた課題の抽出および目標の設定ができるが、どちらも不十分である。	根拠に基づいた課題の抽出および目標の設定ができない。
D 多職種連携での意見交換	自分の意見を伝え、他者と意見交換し、よりよい意見を導くことができる。	自分の意見を伝え、他者の意見を聞くことができる。	他者の意見を聞くことができたが、自分の意見は伝えることができなかった。	自分の意見も、他者の意見も聞くことはできなかった。
E 介護過程の評価	介護過程の評価基準を作成し、実践での個別援助計画について根拠に基づいた適切な評価ができ、それを踏まえ再アセスメントを行う事ができる。	介護過程の評価基準を作成し、実践での個別援助計画について根拠に基づいた評価を行えるが、再アセスメントは不十分である。	介護過程の評価基準を作成し、実践での個別援助計画について評価を行ったが、根拠に基づいていない。	介護過程の評価基準を作成し、評価を行うことができない。

第6節 「介護総合演習」の学習支援方法

1 介護総合演習科目の重要性・必要性（なぜ学ぶのか）

　介護総合演習科目の重要性・必要性とは、学生が「自分らしく活き活きと愉快に、介護福祉士として働き続けることができる心の拠りどころ」が養成されることであり、その過程を自分でできるようになることであろう。
　この科目のねらい[1]には、「①介護実践に必要な知識や技術の統合を行う」ことと「②介護観を形成し、専門職としての態度を養う」ことと記されている。専門職職業人としての内なる拠り所といえる「介護福祉観」を創成することは介護福祉士としての行動規範・判断基準を自らの内に創成すること、つまり自律的行動力を修得することを意味している。

2 介護総合演習の科目としての特殊性と、学習援助方法の特徴

　介護福祉の専門的な知識と技術の統合と介護福祉観の養成を果たすためには、各領域で学習したものを整理し、個々の学生の学習状況[2]を意識したカリキュラム編成を考えていく必要がある。介護総合演習を担当する教員は、常に他の科目との連絡調整を図ることと、学生の精神面を含む生活状況の把握[3]を怠ってはならない。そのために、この科目を担当する教員は、専任教員であることが望ましい。ただし、単元によっては、非常勤講師を依頼して授業展開したほうが効果的なものもある。例えば、「介護福祉士のモデル像として卒業生に講話を頼む」「実習施設の職員に介護実習に臨むための心がまえを講義してもらう」などが挙げられるだろう[4]。
　介護総合演習に関しては、1名の教員だけでなく、介護実習の巡回を担当する教員全員がオムニバス形式などで関わることが望ましい。介護実習との連動性を図ることもさることながら、学生の学習状況を把握することに繋がるからである。

3 旧課程から新課程へ──変化した点

　旧課程においては、科目の目的が「実習の教育効果を上げるため」と一義的であったが、新課程ではその内容が多義的になった。その中でも注目すべき点は、「介護（福祉）観の[5] 形成」である。介護福祉士としてのアイデンティ

---

[1] 出典：第13回社会保障審議会福祉部会福祉人材確保専門委員会「介護福祉士養成課程における教育内容の見直し」参考資料「介護福祉士養成課程のカリキュラム（案）」平成30年2月15日

[2] 各科目の習熟度や心理面の状況（課題）など。日頃から学生のポートフォリオを整備しておくことが求められる。

[3] 実習に行くためには、よいコンディションを自分で創りだしていけるように支援していく必要がある場合が少なくない。

[4] 身近な介護福祉士像、卒業生の卒後教育の一環、実習施設との連携の強化にもつながる。

[5] 「教育に含むべき事項」では「介護観」となっているが、法律や資格名称は「介護福祉士」なのだから、本来は「介護福祉観」とすべきであろう。

ティの確立をねらいに掲げたことで、各領域の学習時にも介護福祉士の専門性や存在意義に強く意識を向けられるようになることが見込め、個々の学生の内側に行動規範・判断基準としての"拠りどころ"が形成されることは、社会的な責任を果たしていくための基盤形成につながり、介護福祉職域における中核的な存在にふさわしい行動の源泉になるものと考える。また、科学的探求も見逃せない課題である。実践科学である介護福祉は日頃の実践を通して仮説を立て、実践を通して証明していくプロセスを繰り返す。介護福祉士の養成が始まって30年が経ち、これまで積み重ねてきた様々な実践を多くの介護現場で活かすためにも、実践経験を科学的根拠に基づいて論理的に書き記す能力を磨くこと（科学的探求・研究活動）は、その価値を一層高めるものと考える（表3-6-1）。

表3-6-1　変更前後の「介護総合演習」の教育内容のねらいと教育に含むべき事項

	旧課程	新課程
時間	120時間	120時間
ねらい	実習の教育効果を上げるため、介護実習の前の介護技術の確認や施設等のオリエンテーション、実習後の事例報告会または実習期間中に学生等が養成施設等において学習する日を計画的に設けるなど、実習に必要な知識や技術、介護過程の展開の能力等について、個別の学習到達状況に応じた総合的な学習とする。介護総合演習については、実習と組み合わせての学習とする。	介護実践に必要な知識や技術の統合を行うとともに介護観を形成し、専門職としての態度を養う学習とする。
教育に含むべき事項		①知識と技術の統合 ②介護実践の科学的探求
想定される教育内容の例		1) 介護総合演習の意義、目的 2) 実習に関する基礎知識 3) 実習の振り返り 4) 介護実践の研究
留意点		・実習の教育効果を上げるため、事前に実習施設についての理解を深めるとともに、各領域で学んだ知識と技術を統合し、介護実践につながる内容とする。 ・実習を振り返り、介護の知識や技術を実践と結びつけて統合、深化させるとともに、自己の課題を明確にし専門職としての態度を養う内容とする。 ・質の高い介護実践やエビデンスの構築につながる実践研究の意義とその方法を理解する内容とする。

4 『介護教育方法論』から『介護教育方法の理論と実践』へ

　この科目が陥りやすいものとしては、介護実習記録を書くための授業展開になるということである。介護実習において、記録を書くということは、エビデンスの構築、実践の検証に役立つ。しかし、この科目のねらいは、「介護実践に必要な知識や技術の統合を行うとともに、介護福祉観を形成し、専門職としての態度を養う学習とする」となっている。つまり、実習記録だけが、介護実習を乗り越えるためだけのツールではないことは明らかである。また、実習記録は単に行動記録を書けばよいのではなく、そこにどういう情報を読みとれるか、分析できるかが学習課題となる。科学的に介護過程の展開が実

践できる、まず記録等を素材として分析できる能力を養えるように支援していく必要がある。そのためには、教員自身が学習方法を単一化することなく、様々な角度からの授業設計を試みることが望ましい。学生が理解できる理論や方法は、その学生によって違う。学生の潜在的なものも含めたいくつかの能力に働きかける演習を取り入れて、柔軟な視点・思考・解釈・表現等が引き出され養成される創造性豊かな時間を演出することで学生の実践力、挑戦力が修得されるものと考える。

5　介護総合演習科目の学習構造図

　介護総合演習は介護実習に向けての総合科目であり、各科目との相互関係が課題になるので、カリキュラムツリーとしては、下記のようになる。この授業では、他の科目との連携が非常に重要になる。

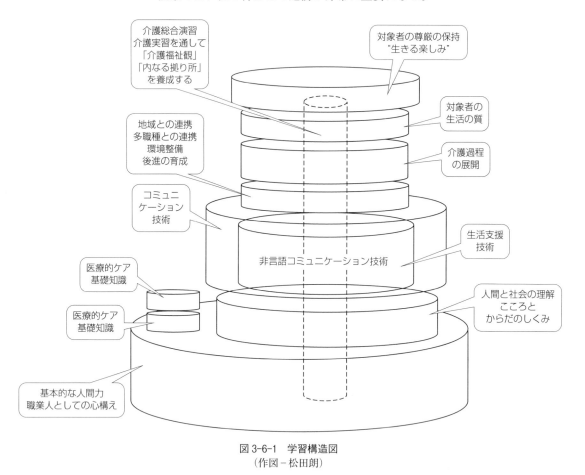

図 3-6-1　学習構造図
（作図－松田朗）

6 介護実習と介護総合演習科目の関係

今回の介護総合演習は、表3-6-2に示すような（81日間／480時間）[6] 介護実習の展開を想定したものとして構成する。

[6] 基準では450時間。内容上の配慮から30時間増を想定している（本章第7節参照）。

表3-6-2 介護総合演習および介護実習計画表（案）2年制

	時期	実習施設・事業等	日数	達成目標・主な内容	留意事項
予備実習	1年前期	介護総合演習Ⅰ- ① 4h ② 4h		①学習課題の確認・実習課題の確認 ②予備実習準備	課題は十分に理解する
		地域包括支援センター 高齢者支援センター 障害者支援センター 等	3日 15H	・地域で自立した生活を営んでいる元気な高齢者・障がい者の生活の実状を記録して報告発表できる。 ・地域包括ケアシステムを念頭に、地域の社会資源の実状を記録して報告発表できる。	強引な取材にならないように留意
		介護総合演習Ⅰ- ③ 4h ④ 4h ⑤ 4h ⑥ 4h		③予備実習まとめ ④達成課題の理解度と達成状況を確認し自己評価する。 ⑤各授業の進行状況と学習修得状況を自己評価する。 ⑥実習①の準備	学生は心身の状況を確認する
介護実習Ⅰ	1年生夏休み①	〈実習①〉 訪問介護 通所介護 グループホーム 小規模多機能型施設 等	15日 90H	・実習担当職員への聞き取りと対象者と対話、観察を通して、 　1)要介護状態にある方の日常生活や生活環境、疾病・障害等を記録して報告できる。 　2)家族との関わりや家族支援の留意点を整理し、記録して報告できる。 　3)介護職の業務の流れを図式化して報告できる。 　4)提供されている介護サービスの必要性とその根拠を、ICFを使って解説できる。 ・実習担当職員の仲介支援のもと、利用者と積極的にコミュニケーションを図れる。 ・実習担当職員の支援のもと、基本的な生活支援技術を使える。 ・実習日誌・介護記録等の記録物が作成できる。 ・目標を達成するための計画的な取組みができるように工程表を作成できる。 ・マナーや職務規定を守れる。 ・実習担当職員への聞き取りと対象者との対話、観察、事前学習を通して、 　1)他職種の役割を整理記録して報告できる。 　2)多様な施設・事業所の役割を整理記録して報告できる。	強引な取材にならないように留意 骨粗鬆症・関節拘縮等の変性、（可動域）、皮膚状態
		介護総合演習Ⅰ- ⑦ a2h ⑦ b2h ⑧ 2h 介護総合演習Ⅱ- ① 2h ② 4h		Ⅰ ⑦a 帰校日　課題達成状況確認 ⑦b 帰校日　課題達成状況確認 ⑧実習①まとめ Ⅱ ①実習①まとめ　課題達成状況確認 　課題達成目標の再設定 ②実習②準備　課題達成目標の再設定	学生は心身の状況を確認する
	1年生夏休み②	障害者支援施設	10日 60	・様々な利用者の障がい像・生活像を報告発表できる。 ・障害の特性に応じたコミュニケーションを図れる。 ・障害特性や利用者ニーズに応じた生活支援技術を習得する。 ・自らが行う実践内容をわかりやすく対象者に説明でき同意を得ることができる。 ・福祉用具や福祉機器を活用できる。 ・チーム内の各職種の役割と関係を、エコマップを作って説明できる。	強引な取材にならないように留意 骨粗鬆症・関節拘縮等の変性、皮膚状態

	時期	実習施設・事業等	日数	達成目標・主な内容	留意事項
介護実習Ⅱ		介護総合演習Ⅱ- ③ 4h ④ 4h ⑤ 4h ⑥ 4h		Ⅱ ③実習②帰校日　課題達成状況の確認 ④実習②振り返り・まとめ 　課題達成状況の確認 ⑤学生一人ひとりの介護総合演習と介護自習それぞれの課題の達成状況を整理し、次期実習に向けて課題の再設定を行う。 ⑥実習の準備	学生は心身の状況を確認する
	春休み実習	介護付有料老人ホーム等	20日 120H	・基本的な生活支援技術が使える。 ・対象者の心身状況に適った生活支援技術が使える。 ・介護計画書(PDCA)が読み解ける。 ・実習担当職員への聞き取りと対象者とのコミュニケーション、観察、事前学習を通して、 　1) 関係職種それぞれの役割と関係を、エコマップを作って説明できる。 　2) 地域における施設・事業所の役割を図式化して説明できる。 　3) 地域の特性をPRできる。	強引な取材にならないように留意 骨粗鬆症・関節拘縮等の変性、(可動域)、皮膚状態
		介護総合演習Ⅱ- ⑦a2h ⑦b2h ⑧2h 介護総合演習Ⅲ- ①4h ②4h ③4h ④4h		Ⅱ ⑦a 帰校日　課題達成状況確認 ⑦b 帰校日　課題達成状況確認 ⑧帰校日　課題達成状況確認 Ⅲ ①実習まとめ ②各科目の進行状況と学生の学習修得状況を確認する ③課題と達成目標の再設定 ④追加実習準備	学生は心身の状況を確認する
	追加実習 2年前期	地域包括支援センター 高齢者支援センター 障害者支援センター　等	3日 15H	予備実習で訪問した地域に訪問月に1日（4時間）全5回実施。 馴染みの関係の創成・維持できる。 地域の現状をアセスメントできる。 コミュニケーション技術の課題である会議・討議・討論に参加できる。	介護福祉の専門職として人脈を創ることを自覚する
		介護総合演習Ⅲ- ⑤4h ⑥4h ⑦4h ⑧2h 介護総合演習Ⅳ- ①2h		Ⅲ ⑤追加実習まとめ ⑥課題達成状況の確認 ⑦各科目の進行状況と学習修得状況の確認と自己評価の実施 ⑧実習準備 Ⅳ ①実習準備	
	2年生夏休み	特別養護老人ホーム等	30日 180H	・基本的な生活支援技術が使える。 ・対象者の心身の状況に適った生活支援技術が使える。 ・対象者の心身の状況に適った生活支援技術を創造できる。 ・介護計画書(PDCA)を読み解き業務の指示書が書ける。 ・定められた記録物の作成ができる。 ・実習担当職員への聞き取りと対象者とのコミュニケーション、観察を通して、現在実施されているサービスを評価できる。 ・評価に基づいて再アセスメントして改善案を提示できる。 ・改善案に基づいた新たな行動計画を作成し、実習担当職員の支援のもと実施できる。 ・取り扱う情報の適切な管理取り扱いができる。 ・実習担当職員への聞き取りと対象者とのコミュニケーション、観察、事前学習を通して、 　1) 関係職種それぞれの役割と関係性を、エコマップを作って説明できる。	

時期	実習施設・事業等	日数	達成目標・主な内容	留意事項
			2) 施設・事業所の地域での役割を、図式化して説明できる。 3) 地域の特性をPRできる。 ・対象者の生活と地域の実情との関係性を考察し、報告発表できる。	
	介護総合演習Ⅳ- ② 4h ③ 4h ④ 4h ⑤ 4h ⑥ 4h ⑦ 4h ⑧ 4h		Ⅳ ② 帰校日　課題達成状況の確認 ③ 帰校日　課題達成状況の確認 ④ 帰校日　課題達成状況の確認 ⑤ 帰校日　課題達成状況の確認 ⑥ 実習まとめ、課題達成状況の自己評価 ⑦ 各科目の関連付けと影響、介護実践の研究 ⑧ 総まとめ、介護福祉観の形成	学生は心身の状況を確認する
介護実習　合計 81 日　480H　　　介護演習　120 時間					

7　介護総合演習科目の授業設計（計画）（案）

(1) 授業科目名
介護総合演習Ⅰ・Ⅱ・Ⅲ・Ⅳ（各30時間）

(2) 授業担当者
○○○○

(3) 受講学生に関する留意事項
内容について、わからない時は、授業中、オフィスアワー、メールなどで質問するように伝える。実習を行う場の方言など[7]でわからないこともあるため、授業に取りいれる工夫をする。

履修者は授業時に、パソコンを持参[8]するように伝える。

(4) 開講時間（コマ）条件[9]
介護総合演習の120時間を1回の180分授業（スクールアワー4時間）を30回（1年15回・2年15回）として行うという前提で、授業設計（案）を構成している。内容は全ての科目と連動する。

7) 標準的な日本語との対照表を作成して配付してもよい。

8) 課題やデータを共有化するため。持っていない学生には、学内で使われているPCをその時間（予習復習に必要な時間を含む）だけ貸与する。

9) この授業は実習と組み合わせになっているので、不定期の開講になる場合も多い。しかし、できるだけ時間割上に一定の時間を確保し、開講しない週は課題等をこなすように指導することが望ましい。

授業科目名	関連科目（できれば履修終了もしくは並行して開講していると望ましい科目）
介護実習Ⅰ～Ⅱ	人間の尊厳と自立、人間関係とコミュニケーション（人間関係の形成とコミュニケーション）、社会の理解（社会と生活のしくみ、地域共生社会の実現に向けた制度や施策）、介護の基本、コミュニケーション技術、生活支援技術（生活支援の理解、自立に向けた居住環境の整備、移動の介護、身じたくの介護、食事の介護、入浴・清潔保持の介護、排泄の介護、家事の介護、福祉用具の意義と活用）
介護実習Ⅱ～Ⅳ	上記に加え、人間関係とコミュニケーション（チームマネジメント）、社会の理解（社会保障制度、高齢者福祉と介護保険制度、障害者福祉と障害者保健福祉制度、介護実践に関連する諸制度）、生活支援技術（休息・睡眠の介護、人生の最終段階における介護）、介護過程、医療的ケア

(5) 開講教室
デジタル教材が使用できる演習室、介護実習室

(6) 学習目標
各実習種別に応じて、

①介護総合演習の全課程を把握し、当該科目の目的を明確に表した上で学生一人ひとりが自分の特性に応じた具体的な目標を設定[10]するために、授業で学んだ事柄を整理し、介護実習に向けて自分はどのような事前学習をしておく必要があり、どのような課題を掲げて介護実習に臨むのかをプレゼンテーションできる。

②学生が介護福祉士としての価値観である介護福祉観を形成できるように、その基盤となる学生自身の価値観を自覚した上で（自己覚知）、学生一人ひとりが目指す介護福祉士の理想像を具体的に表現できる。

③各実習段階において、学生一人ひとりが介護福祉士としてふさわしいと思う態度や行動を実践し、その結果生じる様々な反応を吟味して再度実践する行為を繰り返す準備ができる（介護過程の展開ができる）。

(7) 学生の達成課題

①地域で暮らす（普通の）人[11]の生活を調査・分析し考察を報告できる。

②他の科目で習ったことをどのように活かし、その結果何が生じたかを記録し報告できる。

③実習施設の概要・役割・地域との関係性などを調査し、その結果を図式化して報告できる。

④紙上やデータからだけでなく、観察や関わりから対象者のニーズをアセスメント（必要な分析を含む）ができ、介護過程の展開をどのようにまわすことができるかを資料に基づいて報告できる。

⑤実習で得たこと、課題となったこと、課題を達成するためにどのような取組み（計画し挑戦）をするかをプレゼンテーションできる。

⑥「介護福祉士」[12]としての自分は「対象者に対し何をする人か」を自ら考え、その内容に基づいた行動指針および行動計画を掲げることができる。

(8) 学習方法

①毎回の授業のコマシラバス（レジュメ等）は、授業開始前日までにサーバー内[13]で掲示する（プリントが必要な学生は、各自でプリントする）。

②記録、提出物や報告書類は、基本的にPCでの作成、ネットを経由しての提出とする（外部に漏れないような対応が必要）。

③課題、小テストに関しては、次の授業開始時にフィードバックする。

④難しい用語などはコマシラバスに注釈を入れ、やさしい日本語になるように配慮する（必要に応じて事前に意味を自分で調べるように指導する）。

⑤学生自身が学び取ったことを自分で記録し、発表し、意見交換を行うなどの学生参加型の授業が中心となる。学生が自分自身の学習をそれぞれポートフォリオにまとめられるように支援する。

⑥施設見学や地域に出向くなど、学内外で取り組む体験を重視する学習課題

---

10) 予備実習段階はともかく、次の段階からは自分なりの課題設定は重要。また、予備実習で課題を発見するような学習支援が行われることも必要である。

11) 高齢者を想定することが望ましい。が、今後の介護予防なども考えて、介護予防視点からの分析を行うのであれば、普通の生活者の生活分析でも差し支えない。

12) 専門職としての、また、1人の人間としての「介護福祉士」を意識できるように支援する。「介護福祉」とは「何か」ではない点に留意が必要である。

13) 学校によってネット環境が異なるが、一般的な社会ではもう紙でやり取りする時代は終わっている。全部データで保管し、それをスマホやタブレットで操作するのが当たり前という社会システムへの対応が求められる。

や授業を含む。

(9) 使用教材

①テキストは使用しない[14]。コマシラバスや関連資料を配付する。

②学内の介護実習の手引き（要綱）

③参考文献：介護福祉士養成用に出版された文献（特に介護総合演習、介護過程）

④その他、介護総合演習の学習に必要な物品など

(10) 学習評価方法

　(7)の達成課題の①から④までは、授業中に提出するレポート課題によって、⑤は「事例研究発表会」でのレジュメや発表によって、⑥は授業終了後提出するレポート課題によって、それぞれ節の終わりに掲げるルーブリック表に当てはめて評価する[15]。

(11) 学習に参加する学生との約束事項（授業に参加するルール）

①事前に配付するコマシラバスに、テーマごとに予習および復習のポイントが記載されているので、それを参考に予習・復習をする（所要時間は1時間程度を標準[16]とする）。

②他の科目を学習するときに介護実習でどう活かせるかを意識する。

③グループワークや発表を行うので、他の学生とのコミュニケーションを深め、そこから自分は何を学び取るのか、常に考える（その内容を相手をほめる形で発言できるように準備する）。

④理解できなかった部分は授業中の質問が望ましいが、できなかった場合は授業後やオフィスアワーを利用して質問する。

⑤提出物の多い授業になるので、提出期限を守る。

(12) 教員が授業の質を上げるために―関連領域や資料・材料など

①実習で学生が実際に学ぶ内容と、介護総合演習での学習内容で食い違いが出ないように、各授業科目担当者や、実習先のスタッフとの連携を密にする。

②現場の介護実践の発展に常に対応できるように、介護関係の研究誌や雑誌には常に目を通しておくこと。

③常に他の科目の進度をチェックし、教員間でも科目間連携をとるように配慮しながら、授業を展開する。特にオムニバス[17]で行うときは、役割分担を事前に行う。

④介護過程の展開に使用する事例など、実践での展開事例を授業で活用できるように作成しておくこと（介護過程の教員との連携）。

⑤実習指導者会議などで指導者から挙げられた課題がある場合は、対応を考える授業の中で取り入れる（介護実習の教員との連携）。

---

14) 実習準備で使うテキストがあれば、その一部を使う場合もある。

15) 「(7) 学生の達成課題」に対応する。節末のルーブリック参照。標準的には45点以上がS評価、39点以上がA評価、33点以上がB評価、27点以上がC評価、26点以下がD評価（不合格・再履修）となる。

16) もちろん学生の力量によってかかる時間は異なる。時間の問題ではないが、一応の目安を示しておく事は必要である。

17) 内容を小分けにして、それぞれの内容を分担して展開すること。

⑥3年間隔程度で定期的に自分の授業実践に関する実践報告、または研究報告を行うこと。

(13) 毎回の授業設計（案）

1) 介護総合演習Ⅰ―開講時期　1年前期：180分授業×7.5回（換算30時間相当）

回	主題	授業目標と達成課題	授業中の学生の学習内容と学習活動	教員による学習支援活動の内容と方法	学習支援上の留意点
単元1	予備実習事前準備・事後指導 実習①：事前準備・中間指導・事後指導 各科目の知識と技術、体験との統合 介護観の形成				
1回目	学習課題 実習課題	学習課題の理解・実習課題の理解と目標を設定できる。	・学生同士でグループワークを行い、疑問点を教員に質問する。 ・課題達成に向けた目標設定をする。	・グループワークを支援し、学生の質問に答える。 ・課題をスモールステップ化し目標設定の支援をする。	
2回目	予備実習の準備	地域包括支援センター・高齢者支援センター・障害者支援センターでの実習の準備ができる。	・地域包括支援センター・高齢者支援センター・障害者支援センターでの実習内容の再確認をする。 ・事前学習で得た施設概要等の資料や必要な物品を確認する。	・地域包括支援センター・高齢者支援センター・障害者支援センター実習での重要事項の確認と行動管理の指導を行う。	・学生の心身の状態を確認し、状況によっては個人面談を行う
3回目	予備実習のふり返りまとめ	地域包括支援センター・高齢者支援センター・障害者支援センターでの実習をまとめられる。	・グループワークで感想と反省、地域包括支援センター・高齢者支援センター・障害者支援センターでの実習を行った感想と成果、新たに見つかった課題を発表する。	・グループワークを支援し、課題達成状況や反省点、新たな課題発見の助けになるような視点に気づける働きかけ、学生の疑問点等を聴取し回答する。	・学生の心身の状態を確認し、状況によっては個人面談を行う
4回目	予備実習の評価	予備実習の達成課題の理解度と達成状況を確認し自己評価できる。	・評価ルーブリックの疑問点を教員に質問する。 ・グループワーク：自己評価のシェアをする。 ・既成の視点以外の視点に気づくことができ、ネガティブな状況から可能性が見出せる。	・評価ルーブリックの使い方を学生に説明し質問に答える。 ・自己評価の支援。 ・グループワーク支援、学生がネガティブな評価に偏らないように複数の視点への気づきを促す。	・実習報告書の提出
5回目	各科目との連携	各科目授業の進行状況と学習修得状況を自己評価できる。	・各科目の理解度と習熟度、介護総合演習と介護実習の課題達成状況を照らし合わせて自己評価する。 ・課題達成のための目標を再設定する。	・学生が客観的な視点で自らの評価ができるよう支援する。 ・課題達成のための行動分析を支援する。	
6回目	実習①の準備	訪問介護・通所介護・グループホーム・小規模多機能型施設での実習を準備できる。	・訪問介護・通所介護・グループホーム・小規模多機能型施設での実習内容の再確認をする。 ・実習の準備、事前学習で得た施設概要等の資料や必要な物品を確認する。	・実習先、実習課題、事前学習資料、必要な物品等の確認、学生を支援する。 ・不安な気持ちを吐き出せるように働きかける。	・学生の心身の状態を確認し、状況によっては個人面談を行う

回	主題	授業目標と達成課題	授業中の学生の学習内容と学習活動	教員による学習支援活動の内容と方法	学習支援上の留意点
7回目	帰校日a 帰校日b	・達成状況を確認できる。 ・心身の状態を把握できる。 ・目標の再設定ができる。	・評価ルーブリックを使って中間自己評価をする。 ・不安や不満、体調不良等を書き出して整理する。 ・グループワーク：上記をシェアしお互いに努力を讃えて助言し合う。 ・目標の再設定が必要な場合は行う。	・評価ルーブリックの使い方の再説明など自己評価を支援する。 ・不安や不満や体調不良を表出しやすくなるように場の空気をつくってグループワークを支援する。 ・スモールステップで目標の再設定作業を支援する。	・学生の心身の状態を確認し、状況によっては個人面談を行う
8回目	実習①の振り返りまとめ	・課題達成状況の確認ができる。 ・第1段階実習①の総括ができる。	・評価ルーブリックを使って自己評価をする。 ・グループワーク：自己評価をシェアする、健闘を讃え合う。 ・次回の実習と各科目授業への課題を発見する。	・評価ルーブリックの使い方の支援。 ・視点を動かして評価のシェアができるようにグループワークの支援をする。	・実習報告書を提出する

2) 介護総合演習Ⅱ―開講時期　1年後期：180分授業×7.5回（換算30時間相当）

回	主題	授業目標と達成課題	授業中の学生の学習内容と学習活動	教員による学習支援活動の内容と方法	学習支援上の留意点
単元2	実習①：事後指導 実習②：事前・中間・事後指導 各科目の知識と技術、体験との統合 介護観の形成				
1回目	実習① 振り返りまとめ・評価	実習の振り返りができる。	・学生同士でグループワークを行い、疑問点を教員に質問する。 ・訪問介護、通所介護、グループホーム、小規模多機能型施設のそれぞれの特徴と関係性をグループワークでまとめる。	・グループワークを行い、学生の疑問点を聴取し、回答する。	・実習報告書の提出
2回目	実習②に向けて	障害者支援施設での実習準備ができる。	・障害者支援施設実習の再確認をする。	・障害者支援施設実習への指導を行う。	
3回目	実習②帰校日	実習前半の振り返りができる。 課題の確認と再設定ができる。	・グループワークで感想と反省、障害者支援施設等の実習を行った感想を発表する。 ・残りの実習の課題を整理再設定する。	・グループワークを行い、学生の疑問点を聴取し、回答する。 ・学生が複数の視点から目標を見直せるよう支援する。	・学生の心身の状態を確認し、状況によっては個人面談を行う
4回目	実習②のまとめ	障害者支援施設での実習の振り返りと総括ができる。	・障害者支援施設実習の感想・気づき、また各施設の地域での役割等をグループでシェアして体験レポートを、図表等を用いてまとめる。	・学生一人ひとりの体験やアイデアが活かされるようにグループワークを支援する。	・実習報告書の提出
5回目	課題達成状況等の把握	介護総合演習と介護実習の課題達成状況を把握できる。	・介護総合演習と介護実習の課題達成状況を評価ルーブリックに照らし合わせて自己評価する。	・学生が客観的な視点で自らの評価ができるよう支援する。 ・評価ルーブリックの使い方を解説する。	・介護福祉士としてのアイデンティティを考える（レポート提出）

回	主題	授業目標と達成課題	授業中の学生の学習内容と学習活動	教員による学習支援活動の内容と方法	学習支援上の留意点
6回目	実習準備	介護付き有料老人ホームでの実習準備ができる。	・介護付き有料老人ホーム等での実習の再確認をする。 ・実習の準備をする。	・学生一人ひとりの課題と心身の状況を確認する。	
7回目	実習帰校日①②	介護付き有料老人ホームでの実習の振り返りができる。	・介護付き有料老人ホーム実習の感想を学生同士でグループワークを行い、疑問点を教員に質問する。 ・介護実習課題と介護総合演習課題の確認と再設定する。	・グループワークを行い、学生の疑問点を聴取し、回答する。 ・課題確認と再設定の支援をする。	・学生の心身の状態を確認し、状況によっては個人面談を行う
8回目	帰校日③	介護付き有料老人ホームでの実習の振り返りができる。	・介護付き有料老人ホーム実習の感想を学生同士でグループワークを行い、疑問点を教員に質問する。 ・介護実習課題と介護総合演習課題の確認と再設定する。	・グループワークを行い、学生の疑問点を聴取し、回答する。 ・課題確認と再設定の支援をする。	・学生の心身の状態を確認し、状況によっては個人面談を行う

3)介護総合演習Ⅲ―開講時期　2年前期：180分授業×7.5回（換算30時間相当）

回	主題	授業目標と達成課題	授業中の学生の学習内容と学習活動	教員による学習支援活動の内容と方法	学習支援上の留意点
単元3	実習：事後指導 追加実習：事前・中間・事後指導 各科目の知識と技術、体験との統合 介護観の形成　介護実践の研究				
1回目	実習のまとめ	介護付き有料老人ホームでの実習をまとめられる。	・介護総合演習と介護実習の課題達成状況を評価ルーブリックに照らし合わせて自己評価する。 ・グループワーク：自己評価したものをシェアし、実習での努力を讃え、認め合い助言し合う。	・希望する学生との対話を通して自己評価の支援をする。 ・認め合い助言し合うために必要となる批評的な考え方ができるように学生に問いを投げかけてグループワークを支援。	・実習報告書提出
2回目	各科目の進行状況と学生の学習修得状況	各科目授業の進行状況と学習修得状況を自己評価できる。	・各科目の理解度と習熟度、介護総合演習と介護実習の課題達成状況を照らし合わせて自己評価する。 ・課題達成のための目標を再設定する。	・学生が客観的な視点で自らの評価ができるよう支援する。 ・課題達成のための行動分析を支援する。	・自己評価の内容によっては個人面談を行う
3回目	課題と達成目標の再設定	総合演習と実習の課題を再設定できる	・自己評価と仲間からの助言などから総合演習と実習課題達成のための目標をスモールステップで再設定できる。 ・介護観を考える。	・いくつかの視点から現状を捉えられるように働きかける。 ・質問に答える。 ・介護福祉観について学生に問いかける。	・各科目の授業と実習を通して、興味を持ったこと（深く知りたいこと）をレポート用紙に整理する
4回目	追加実習の準備	予備実習でお世話になった地域包括支援センター・高齢者支援センター・障害者支援センターでの再実習を準備できる	・予備実習時の実習日誌や報告書に目を通す。 ・課題を設定する。 ・目標を設定する。 ・グループワーク：設定した課題と目標をシェ	・大き過ぎる目標や到達課題を設定しないように、現実的で具体的な設定を促す。 ・批評的思考が否定的思考にならないように学	

回	主題	授業目標と達成課題	授業中の学生の学習内容と学習活動	教員による学習支援活動の内容と方法	学習支援上の留意点
4回目			アして批判的な思考で仲間に質問する、仲間からの質問に答える。	生たちの言動には注意深く向き合う。	
5回目	追加実習のまとめ	追加実習の振り返りまとめができる。	・評価ルーブリックを使って追加実習を自己評価する。 ・グループワーク：地域との関わりについて感じたこと、考えたこと、やってみたいことなどをシェアする。	・評価の視点が偏らないように自己評価の支援をする。 ・介護福祉士の地域活動に対して様々な考えやアイデアが出るようにグループワークを支援する。	
6回目	介護総合演習・介護実習の課題達成状況	介護総合演習・介護実習の課題達成状況を評価できる。	・評価ルーブリックを使って介護総合演習・介護実習の課題達成状況を自己評価する。 ・グループワーク：自己評価した内容をシェアして批評する。	・学生からの質問に答える。	
7回目	各科目の進行状況と学習修得状況	各科目の進行状況と学習修得状況の確認と実習での体験を関連づけることができる。	・実習の成果や実習での出来事と各科目の学習内容とを関連づける。 ・グループワーク：各学生が関連づけた事柄をシェアする。 ・介護観を考える。 ・グループワーク：介護観を考える、意見交換する。	・学生からの質問に答える。 ・各科目の復習を自主学習として行うよう促す。	
8回目	実習の準備	実習準備ができる。	・実習課題を再度確認し再設定し、それに合わせて目標を再設定する。 ・グループワーク：設定した課題と目標をシェアして批判的な思考で仲間に質問する、仲間からの質問に答える。	・スモールステップで目標設定できるように支援する。 ・学生からの質問に答える。	・これまでの実習日誌や報告書に目を通してくる

4）介護総合演習Ⅳ―開講時期　2年後期：180分授業×7.5回（換算30時間相当）

回	主題	授業目標と達成課題	授業中の学生の学習内容と学習活動	教員による学習支援活動の内容と方法	学習支援上の留意点
単元4	実習：事前・中間・事後指導 各科目の知識と技術、体験との統合 介護観の形成 介護実践の研究					
1回目	第3段階実習の準備	特別養護老人ホームでの実習準備ができる。 記録物の作成ができる。 事例研究発表会の意義を伝えられる。	・特別養護老人ホーム等での実習の再確認をする。 ・必要な物品、資料、確認しておきたい技術など実習の準備をする。 ・記録物作成上の疑問をなくす。 ・事例研究発表会の意義と目的をまとめる。	・学生からの質問に答える。 ・学生の心身の状況を確認する。 （この2点は毎回実施） ・記録作成上の質問に応える。 ・事例研究発表会の意義を解説する。	・希望する学生には個人面談を行う

回	主題	授業目標と達成課題	授業中の学生の学習内容と学習活動	教員による学習支援活動の内容と方法	学習支援上の留意点
2回目	帰校日①	実習の課題達成状況を確認できる。 目標設定の見直しができる。 心身の状況を把握できる（第4回目まで同じ）。	・グループワーク：実習の感想、不満や不安、喜びや悲しみなどシェアする。 ・評価ルーブリックを使って達成状況を自己評価する。 ・目標を再設定する（この3項は、第4回目まで毎回行う）。 ・グループワーク：再設定した目標をシェアして批評する。 ・事例研究のテーマを設定する。	・研究法の基礎的な進め方の解説（学びたいテーマ、調べたいテーマ）先行研究資料の確認、研究倫理の確認。	・希望する学生には個人面談を行う
3回目	帰校日②	事例研究発表会の準備ができる。	・グループワーク：再設定した目標をシェアして批評する。 ・事例研究発表の意義と工程を理解する。準備を進める。	・事例研究発表会の意義と準備工程や発表資料のまとめ方を説明する。	・希望する学生には個人面談を行う
4回目	帰校日③	発表用の事例に関し、基本的な情報をそろえる。	・グループワーク：再設定した目標をシェアして批評する。	・発表原稿の作成を指導する。事例に関しては施設名も個人名も匿名とする様に指導する。	・希望する学生には個人面談を行う
5回目	帰校日④	課題達成状況を確認できる。 発表事例の内容分析に取り掛かる。 事例研究発表会の準備ができる。	・グループワーク：実習の感想、不満や不安、喜びや悲しみなどシェアする。 ・評価ルーブリックを使って達成状況を自己評価する。 ・事例研究発表会で発表するために、自分の介護方法を、文献を使用し検証する。	・学生担当事例の介護過程の実践の中で自分が関わったものが何を根拠としたのか、参考にしたケアの方法などを文献を使って検討し考察するよう指導する。	・希望する学生には個人面談を行う
6回目	実習のまとめ 事例研究発表会	特別養護老人ホームでの実習の振り返りができる。 課題達成状況の自己評価ができる。 事例研究発表会の準備ができる。	・介護総合演習と介護実習の課題達成状況を評価ルーブリックに照らし合わせて自己評価する。 ・グループワーク：事例研究発表会の準備をする。 ・調べ学習を行い、教員から指導を受ける。 ・発表原稿を作成する。 ・PowerPointを作成する。	・発表方法はレジュメ、PowerPoint、口頭で行うように指導する。	・実習報告書の提出
7回目	事例研究発表会	・実習で担当した対象者の介護過程の実践的展開を事例研究した結果を発表できる。	・発表を行い、他の学生の学びもあわせて知る。 ・対象者の望む生活とは何かを考える。	・実習で自己の知識や技術を実践とむすびつけることができたかを発表から把握する。 ・各領域の知識技術が統合された成果の1つがこの発表会であることを伝える。	・事例研究発表会資料の提出をする

回	主題	授業目標と達成課題	授業中の学生の学習内容と学習活動	教員による学習支援活動の内容と方法	学習支援上の留意点
8回目	介護総合支援・介護実習の総括	これまでの学習への取組みと学習内容を総括できる。 介護観の形成を発表できる。	・評価ルーブリックを使い課題達成度を評価する。 ・事例研究発表会をふりかえる。 ・学生一人ひとりの介護観をプレゼンテーションする。	・学生からの質問に答える。 ・学生に質問する。	

8　科目としての評価ルーブリック（達成課題への対応）

評価視点＼評価基準	特に…できる 8点	標準的…できる 6点	最低限…できる 4点	努力が必要 （不合格）1点
A．地域で暮らす人の生活を調査・分析し考察を記録し報告できる。	右に加え、記録し報告できる	右に加え、考察できる	調査できる 整理できる 分析できる	調査できない 整理できる
B．他の科目で習ったことをどの様に活かし、その結果何が生じたかを記録し報告できる。	右に加え、記録し報告できる	右に加え、何が生じたか気づくことができる	学習したことをどの様に活かしたか報告できる	学習したことを活かせない
C．実習施設の概要・役割・地域との関係性などを調査し、その結果を図式化して報告できる。	右に加え、それらを図式化して報告できる	右に加え、地域との関係性を報告できる	概要と役割が報告できる	概要または役割どちらかの報告ができる
D．紙上やデータ、観察や関わりから対象者のアセスメントができ、介護過程の展開（C→A→P→D）を記録に基づいて報告できる。	右に加え、介護過程の展開（C→A→P→Dを記録に基づいて報告できる	右に加え、介護過程の展開を報告できる	紙上やデータ、観察や関わりからアセスメントできる	紙上やデータからアセスメントできる
E．実習で担当した対象者の介護過程の実践的展開を事例研究した結果を発表できる。	①+②+③+④研究発表し他の学生の発表を聴いた上で、対象者の望む生活とは何かをまとめて記すことができる	①+②+③調べ学習を行い、研究発表原稿を作成できる	①+②自分の介護方法を、文献を使用して検証できる	①学生自身にとって事例研究発表会の意義をプレゼンできる
F．介護福祉士とは「どういう人か」を自ら考え、その「どういう人か」に基づいた行動指針を文字で伝えられる。	右に加え、行動指針を文字で伝えられる	右に加え、考えた結果に基づいて行動できる	介護福祉士とは「どういう人」かを考え、文字で伝えることができる	介護福祉士とは「どういう人か」を考えられない

「努力が必要」レポート類が提出されれば1点。未提出は0点。

第7節　「介護実習」の学習支援方法—学生の学びと教員・職員による支援方法

1　介護実習科目の概要・考え方

「介護福祉士実習の手引き」[1]によると、介護福祉士を目指す個々の学生にとっての「介護実習」は、専門職としての技術や能力等を確かなものとしていくための極めて重要なプロセスであり、専門的知識や技術を体験学習のなかで統合させていく貴重な場であると記されている。つまり、介護実習とは「知っている・解る」といった授業での知識から、「できる」という実行へと次元を越える、異次元をつなぐ架け橋であり、専門職職業人としての未来の自分を思い描く、今日と明日をつなぐ輝かしい将来に向けての架け橋なのである。

2　介護実習科目の重要性・必要性（なぜ学ぶのか）

(1) 体験学習の重要性[2]

実習を目前に控えた学生の表情からは、「期待に胸を膨らませているワクワク感」というよりは「不安で胸が押し潰されそうな息苦しさ」を感じ取ることが圧倒的に多い。社会人経験のない学生[3]にとって、実習とはボランティアでもアルバイトでもない「得体の知れない体験」のような、社会人経験のある学生にとってはこれまで培ってきた職業体験を封印し「謙虚に学習に臨む姿勢が問われる修行」のような……。いずれにしても自分が介護福祉士にふさわしい人間なのかどうかという「評価（他者・自己評価）にさらされる体験」と無意識に受けとめている学生が多いのではないだろうか。「間違えてはいけない」「失敗してはいけない」「迷惑をかけてはいけない」といった囚われ（過度に「期待に応えなければならない」という心構え）が、学生たちの目の輝きを奪っている。長期に渡り統制的支配的な教育[4]を施され、対人関係にあまり自信が持てなくなっている結果である。

体験学習である介護実習科目の重要性・必要性は大きく2つあると考える。第1は、上記の「囚われ」から学生を解放し、介護が「楽しい」と感じられる心理状態になれることにある。体験学習においては「間違えること」「失敗すること」「迷惑をかけること」「期待に応えられないこと」などは全て貴重な学習体験であり、むしろ否定されるべきこと[5]ではない。学内での座学と演習から得たわずかばかりの知識と技術と、知れば知るほど膨らむ不安を頼りに学生は実習に臨むのである。実習に送り出す教員と実習を受け入れる職員の双方には、「大丈夫！いっぱい間違えて、たくさん失敗して、いくらでも

---

[1] 出典：日本介護福祉士会編『現場に役立つ介護福祉士の実習の手引き—指導者・教員共通』環境新聞社，2006.

[2] 本書「図1-2-4」参照（p.36）。

[3] 日本人学生だけではなく、諸外国からの留学生を含む。

[4] 統制とは一定の計画・意図に従って取り締まること。支配とはある者が自分の意志・命令で相手の行為やあり方を規定・束縛すること。家庭での親と子の関係や学校での教師と児童・生徒との関係を表した言葉。周囲からのどのように見られるかという評価に敏感な学生からの相談を受けていると、学生の言動の背景に親や教師との偏った関係性が浮かび上がる。

[5] 取り返しのつかない間違いや失敗によって生じる、対象者やそのご家族が被る多大なる迷惑は避けなければならない。介護福祉士を取得し介護の仕事を望む学生にとっては、立ち直ることができないほどの致命傷になりうるからである。ここで許容しているのは学習を深めるのに効果が見込まれる小さな失敗である。もちろん事故を起こさないような、個々の学生に対して実習段階にふさわしい必要最低限の知識と技術の先修と実習課題への配慮は不可欠である。

迷惑をかけていいんだよ。何があっても支えるからね」という態度で臨んでいただきたい。

「実習を楽しんでね」という言葉を教員が学生に投げかける光景を目にすることがあるが、こんな無責任な声かけはない。楽しむ術を知っている者[6]にとっては気の利いた一言になるかも知れないが、その術を知らない学生にとっては「はぁ？　ナニイッテルノ!?」となりかねない。

ここで重要なのが、楽しみ方を教えるとともに、それなら「できるかも知れない」と自分に可能性を感じられることである。そして、よい結果が出た時には喜びを分かち合い、悪い結果が出た時には悔しさを分かち合える仲間や支援者がいることである。

(2) 実務の専門職としての養成

人は他者からの期待に応えたいという欲求（A.H.マズロー）[7]を持っている。重要な他者であればなおさら強い欲求が生じる。社会に馴染んでいく過程において、他者からの期待に応えて認めてもらうというやり取りは、その人をかたち創る上でとても重要な行為である。この一連の行為を「役割取得」（G.H.ミード）[8]というが、介護実習とはまさに介護福祉士という社会的な役割を取得するための行為であり、「役割取得」を通して介護福祉分野における専門職業人としての行動指針となる価値観（介護福祉観）[9]とそれに基づく判断基準が創成される極めて重要な行為なのである。自分の内側に専門職業人としての「拠り所（自らに由る）」が創られることで、実務者にふさわしい心と身体の構えが創られる。また、感情労働者[10]である介護福祉士にとって、「存在としてのわたし」と「役割としての私」との関係を築く上で、内なる拠り所としての介護福祉観が創成されているか否かはその関係性に多大な影響を与える。「役割としての私」が「存在としてのわたし」の心身のエネルギーを食い潰す関係に陥るのか、「役割としての私」の内側で「存在としてのわたし」が活き活きと愉快に振舞う関係になるのか。介護実習科目の重要性・必要性の第2の理由がここにある。

新しい「介護福祉士養成カリキュラム（案）」[11]では、介護実習とは職業人としての人間形成の場であり、介護福祉教育の統合的な場であり、学内における教育との相補的な役割を担う場であるという従来からの基本姿勢を踏まえた上で以下の学習課題を新設し、役割取得を目指すものと定めている。
①地域における様々な場において対象者の生活を理解し、本人や家族とのコミュニケーションや生活支援を行う基礎的能力を習得する学習とする。
②本人の望む生活の実現に向けて、多職種との協働の中で、介護過程を実践する能力を養う学習をする。

---

6) スポーツが気軽に楽しめるのは、プレイヤーが自らの判断でリスクに飛び込むことができるからであると考える。結果を恐れず果敢に自らチャレンジすることができるから、その過程（ハラハラ、ドキドキを感じながらプレイに集中している）を楽しいと感じるのである。

7) アメリカ合衆国の心理学者。心の健康についての心理学である人間性心理学の生みの親。人間の欲求階層を主張したことでよく知られている。

8) アメリカ合衆国の社会心理学者、哲学者、思想史家。

9) 介護福祉士の言動の判断基準となる価値観。介護福祉士の精神的な拠り所。

10) 感情労働とは、自分の感情管理によって他者の感情に働きかける仕事であり、感情労働を行う人は自分の感情を誘発したり抑圧したりしながら、相手の中に適切な精神状態を作り出すように働きかけることを意味する（A.R.ホックシールド）。

11) 介護を必要とする人の生活の個別性に対応するために、生活の多様性や社会との関わりを理解するとしている。

(3) 未来ある職業としての可能性の確認

現在、地域づくりは地域包括ケアシステムの構築[12]を中心に進められている。この取組み、一見すると高齢者福祉を中心とした地域づくりのように市民の目には映るかもしれないが、実際には地域に暮らす全ての人が抱える「生活のし辛さ」を市民の協働を基盤に軽減・解消できる地域社会の創成を意味している。その中心に介護が位置付けられているのである。介護福祉士の支援の対象は高齢者だけではない。子どもからお年寄りまで生活支援を必要とするすべての市民が対象なのである。つまり介護福祉士とは、これからの地域社会において根幹をなす専門職であると言える。

体験学習である介護実習とは、地域包括ケアシステムの実際を肌で感じ取る機会であり、介護の現場で働く職員が将来に向けてどのような夢や希望を抱いて働いているかを直接体験する機会[13]でもあると言える。その姿に学生は自分を重ね、将来像を思い描くであろう。

3　旧課程から新課程へ

(1) 実習に関連する全体的な変化

介護施設内における生活支援技術の実践力養成に偏った実習から、介護施設を含めた地域において介護過程を展開する実践力やそのために必要となる他職種（多職種）との連携・協働する実践力を養成する実習へと大きく舵が切られている。介護福祉士に対して地域包括ケアシステムにおける中核的な存在となる[14]ことへの自覚を促す意味も込められていよう。

地域における関連職種との緊密な連携を実現させることは、それまで介護領域の外側で生じていたことを、介護領域の内側の出来事として関連付けて考えなければならないことを意味しており、そこで生じる一つひとつの多種多様な事例に対して主体的に関与できる能力を養成し発揮して欲しいという期待が読み取れる。

(2) 実習科目としての変化

介護実習で「体験するべき」と判断された項目が倍増している。旧課程では主に生活支援技術の実践と介護過程の模擬展開を中心に介護実習が計画されてきたが、新課程（案）では生活支援技術の実践に加えて、「実践を通した介護過程の展開」「実践を通した多職種連携」「対象者の生活と地域との関わり」「地域拠点としての施設・事業所の役割」の4つが具体的に掲げられた。今回のカリキュラム内容の変化は、机上で論ずるだけでは望む学習効果は期待できないことと、臨地実習による学習体験を積み重ねることこそが実践力

---

[12]「日本は、諸外国に例をみないスピードで高齢化が進行しています。65歳以上の人口は、現在3,000万人を超えており（国民の約4人に1人）、2042年の約3,900万人でピークを迎え、その後も、75歳以上の人口割合は増加し続けることが予想されています。このような状況の中、団塊の世代（約800万人）が75歳以上となる2025年以降は、国民の医療や介護の需要が、さらに増加することが見込まれています。このため、厚生労働省においては、2025（令和6）年を目途に、高齢者の尊厳の保持と自立生活の支援の目的のもとで、可能な限り住み慣れた地域で、自分らしい暮らしを人生の最期まで続けることができるよう、地域の包括的な支援・サービス提供体制（地域包括ケアシステム）の構築を推進しています。」（厚生労働省ウェブサイトより）

[13] 日本で介護福祉を学び資格を取得して働いている多様な外国の人たちが思い描く夢や希望に直接触れることができる貴重な機会でもある。

[14] 現任の介護福祉士に対する学び直しが大きな課題である。

養成には欠かせないということをストレートに表現している（表3-7-1）。

表3-7-1　新旧教育課程比較表

	旧課程	新課程
時間数	450時間	450時間
ねらい	①個々の生活リズムや個性を理解するという観点から様々な生活の場において個別ケアを理解し、利用者・家族とのコミュニケーションの実践、介護技術の確認、他職種協働や関係機関との連携を通じてチームの一員としての介護福祉士の役割について理解する学習とする。 ②個別ケアを行うために個々の生活リズムや個性を理解し、利用者の課題を明確にするための利用者ごとの介護計画の作成、実施後の評価やこれを踏まえた計画の修正といった介護過程を展開し、他科目で学習した知識や技術を統合して、具体的な介護サービスの提供の基本となる実践力を習得する学習とする。	地域における様々な場において、対象者の生活を理解し、本人や家族とのコミュニケーションや生活支援を行う基礎的能力を習得する学習とする。 本人の望む生活の実現に向けて、多職種との協働の中で、介護過程を実践する能力を養う学習とする。
教育に含むべき事項		①介護過程の実践的展開 ②多職種協働の実践 ③地域における生活支援の実践
想定される教育内容の例		1) 実践を通した介護過程の展開 2) 実践を通した多職種連携 3) 対象者の生活と地域との関わり 4) 地域拠点としての施設・事業所の役割
留意点		介護過程の展開を通して対象者を理解し、本人主体の生活と自立を支援するための介護過程を実践的に学ぶ内容とする。 多職種との協働の中で、介護福祉士としての役割を理解するとともに、サービス担当者会議やケースカンファレンス等を通じて、多職種連携やチームケアを体験的に学ぶ内容とする。

(3) 実態としての変化

1) 中核的職員としての介護福祉士

2018（平成30）年度に新設された「介護に関する入門的研修」[15]と「生活援助従事者研修」[16]は、これまで一律に扱われてきた介護職員の職務を階層化することで介護に携わる者の裾野を拡げ、介護の仕事に就くためのハードルを下げて多様な人達の参入を促進することを視野に入れて導入された。これにより職務の階層化に応じた資格の階層化が図られ、介護福祉士には中核的職員というステイタスが付与された。今回の教育内容とカリキュラムの見直し[17]は、介護福祉士を介護職のチームにおけるリーダーとして育成するために行われたとも言える。介護に従事する者の裾野が拡がることで全体としてその頂点がより高く押し上げられる効果を期待している人は少なくないであろう。すでに浸透している介護職員処遇改善加算と呼応して、介護の仕事がより働きやすくやり甲斐のある仕事になっていくことを期待したい。

15) 介護に関する入門的研修（以下「入門的研修」という）は、これまで介護との関わりがなかった者など、介護未経験者が介護に関する基本的な知識を身につけるとともに、介護の業務に携わる上で知っておくべき基本的な技術を学ぶことができるよう研修を実施し、介護分野への参入のきっかけを作るとともに、介護の業務に携わる上での不安を払拭することにより、多様な人材の参入を促進するために行うものである（厚生労働省）。

2) 実習受け入れ施設が置かれている条件

新課程における実習施設の要件[18]は、実習施設・事業等（Ⅰ）と実習施設・事業等（Ⅱ）の2つに区分され、実習指導者の資格についても同様に要件が定められている。

多くの施設が慢性的な人手不足に悩まされている中、実習指導者の資格を有する中堅〜ベテラン職員が不足あるいは確保できていない実習受け入れ施設では、十分な支援体制で学生を迎え入れることができず、学生に対して不適切な、あるいは間違った実習支援が行われることも考えられる。無資格者[19]が実習担当者になる施設や事業者は特に注意を要する。いずれにしても不適切な実習支援により学生が被る精神的身体的な負担は大きく、学習意欲や就業意欲の減退につながりかねない。実習先を選定する際には、実習施設の要件を満たしているかどうかの確認は必須である。

4 介護実習科目の学習構造

(1) カリキュラムポリシー

介護福祉士が研鑽を重ねる最大の目的は、対象者の「生きる楽しみ」を保障する尊厳を守ることである。この尊厳は、毎日の生活の質[20]が維持され、さらによりよくなるという希望を対象者が抱けることによって保たれると考える。

介護福祉士の資格を取得するために養成課程[21]で修了しなければならない科目の学習を通して、学生の内側には介護福祉士としての判断基準が徐々に創られていく。この判断基準は、基盤となる基本的な人間力[22]と職業人としての心構えに、主に学内で学習する科学的な基礎理論と基礎技術、そして介護現場での実践体験学習等を積み重ね、触媒である介護総合演習によって結合され、相互作用が働くことで創成されていく。それらはさらに学習と実践を継続することで反芻され、内なる拠り所である介護福祉観が涵養されていき、やがて介護福祉士の精神的な支柱となる。この循環が介護福祉士の質を高め、対象者の「生きる楽しみ」を支え続ける原動力になるのである。

介護福祉士にとって最も重要な専門性は、対象者の生活を科学的な根拠に基づいて柔軟に支える手段である介護過程の展開を支える、コミュニケーション技術と生活支援技術にある。この両者の関係は「生活支援技術＝非言語コミュニケーション技術」と表すことができ、両者が完全に一致して全体の要になっていることが特徴である。また感情労働者である介護福祉士にとって非言語コミュニケーション技術（＝生活支援技術）とは、その役割を演じる上で最も重要な技術であることも意味している。

---

16)「平成30年度介護報酬改定に関する審議報告」（平成29年12月18日）において、訪問介護員の養成については「訪問介護事業所における更なる人材確保の必要性を踏まえ、介護福祉士等は身体介護を中心に担うこととし、生活援助中心型については、人材の裾野を広げて担い手を確保しつつ、質を確保するため、現在の訪問介護員の要件である130時間以上の研修は求めないが、生活援助中心型のサービスに必要な知識等に対応した研修を修了した者が担うこととする」とされたところであり、これを踏まえ介護保険法施行規則（平成11年厚生省令第36号）を改正し、新たに生活援助従事者研修課程を創設することとしている。（厚生労働省）

17) 出典：厚生労働省「介護人材に求められる機能の明確化とキャリアパスの実現に向けて（概要）」平成29年10月4日社会保障審議会福祉部会福祉人材確保専門委員会

18)【介護実習Ⅰの実施施設要件】
介護保険法その他の関係法令に基づく基準を満たす施設又は事業であって、介護福祉士の資格を有する者又は介護職員として3年以上の実務経験を有する者が実習指導者であることとする。
【介護実習Ⅱの実施施設要件】
・介護福祉士の資格を取得後3年以上の実務経験を有する者であって、かつ実習指導者を養成するために行う講習会であって厚生労働大臣が定める基準を満たすものとしてあらかじめ厚生労働大臣に届け出られたもの（以下「実習指導者講習会」）

(2) カリキュラムツリー

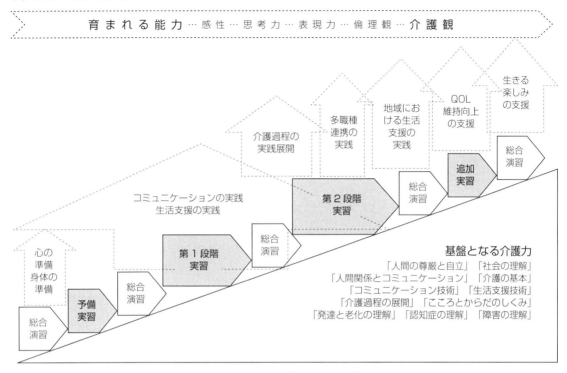

図 3-7-1 実習の学習構造図（作図 − 松田朗）

(3) 介護実習の履修段階

　介護実習Ⅰ・Ⅱの前後に、予備実習を入れるなどの工夫はあり得るが、基本は、この介護実習ⅠとⅡである。実際問題としては、もうすこし細かい段階や内容に分けて行う場合もある。が、科目設定という意味では、この2科目設定が分かりやすいであろう（表 3-7-2）。

表 3-7-2　実習段階と履修科目の関係整理表

履修段階	履修内容
介護実習Ⅰ	利用者の生活の場である多様な介護現場において、利用者理解を中心とし、これに併せて利用者・家族との関わりを通じたコミュニケーションの実践、多職種協働の実践、介護技術の確認等を行うことに重点を置く。
介護実習Ⅱ	1つの施設・事業所等において一定期間以上継続して実習を行い、利用者毎の介護計画の作成、実施後の評価や、これを踏まえた計画の修正といった一連の介護過程の実践に重点を置く。

(4) 予備実習

　介護実習Ⅰの第一段階実習の前に、地域包括支援センター・高齢者支援センター・障害者支援センター等を通して、地域で自立した生活を送っている元気な高齢者や障害者の元を訪れて日常生活に帯同し、活き活きと暮らしている方々の生活を取材して報告発表する。この体験の目的は、高齢者や障害

という）を修了した者が実習指導者であること。
・実習における指導マニュアルを整備するとともに、実習指導者を中核とした実習の指導の体制が確保されるよう、介護実習施設等における介護職員（常勤の介護職員とする）の人数に対する介護福祉士の人数の割合が3割以上であること。
・介護サービス提供のためのマニュアル等が整備され、活用されていること。
・介護サービス提供の過程に関する諸記録が適切に整備されていること。
・介護職員に対する教育、研修等が経過卯的に実施されていること。

19）介護福祉士の資格を取得後3年以上の実務経験を有していない者。あるいは実習指導者講習会を受けていない者。またはその両方に該当する者。

者との関わりを経験したことがない（少ない）学生や、言葉に不安を抱える外国人留学生が、いきなり要介護者のもとを訪れて実習課題としての「会話」に取り組まなければならないことに対する配慮として、学生が対象者との楽しいお喋りを体験することと、当該地域にはどのような社会資源があり、そこではどのような人たちがどのように関わり合っているのかという実情を取材[23]し、地域活動を実践している人たちと顔見知りになり、地域に入りやすくするためである。

予備実習は、介護実習を平易な内容から段階的に難易度を上げていくことで学生への心理的負担を軽くし、学生が介護の現場に立つことを楽しめるようになってもらうための1つの仕掛けでもある。また予備実習は介護現場における実習ではないので、必修単元としてカリキュラムの中に位置付けることは難しいと思う[24]が、対人関係形成に不安や課題を抱える学生にとっては、必修単元と同等に位置付けた方がよいものと考える。学生には、介護を生涯の仕事として"活き活きと愉快"に続けてもらいたいと願う。

(5) 追加実習

実習Ⅰ・Ⅱ修了後等に各実習で築いた地域の方々との顔馴染みの関係を枯らさないために、これまでの学生自身の地域への関わりを振り返り、地域に暮らす市民としてのあるべき姿と現状とのギャップを課題とし、学生が日常的にその課題に取り組むことで、地域の一員となれるよう、実習の機会を継続して設ける必要がある。この追加実習の目的は地域の一員となり、地域に入っていくことである。

地域に入り、地域活動を担えるようになったところで、新たな課題に目を向けていく。例えば、地域で暮らす認知症の方の元を訪れて日常生活に帯同し、関連職種や民生委員等と連携してその方の暮らしを評価して課題を抽出することで、認知症者支援の実践力を磨くといった取組みが可能となる。実習時期は、長期休暇外定期開講が理想[25]である。追加実習も必修単元ではないが、必修単元と同等の位置付けにしている理由は、予備実習の解説で既述した通りである。

このように、予備実習、追加実習と実践力を高めるための実習を設定しようとするならば、介護実習科目の総時間数450時間はあまりに短く、実習の効果を高めるためにも大幅に時間を増やす必要があると考える。

(6) 実習の実施方法──実習時期

介護実習が、いつ・どこで・どのくらいの期間・どのように行われるかによって、学習効果や学生への心身の負担度合いが異なる。以下に介護実習の3つの実施パターンを記し、そのメリット・デメリットの検討表を示してお

---

20) 日々の生活に対して、その当事者の主観でどのくらい満足できているかによって左右される。勿論当事者の主観だけではなく、周囲の者（家族や支援者等）が行う客観的な評価も含めたいくつかの視点で計る。

21) 介護福祉士を養成する専修学校においては2年間、大学では4年間

22) 社会を構成し運営するとともに、自立した一人の人間として力強く生きていくための総合的な力。次のような要素を総合的にバランスよく高めることが、人間力を高めることと定義。
①知的能力的要素：基礎学力（主に学校教育を通じて修得される基礎的な知的能力）」、「専門的な知識・ノウハウ」を持ち、自らそれを継続的に高めていく力。また、それらの上に応用力として構築される「論理的思考力」、「創造力」など。
②社会・対人関係力的要素：「コミュニケーションスキル」、「リーダーシップ」、「公共心」、「規範意識」や「他者を尊重し切磋琢磨しながらお互いを高めあう力」など。
③自己制御的要素：上記の要素を十分に発揮するための「意欲」、「忍耐力」や「自分らしい生き方や成功を追求する力」など。
（内閣府「人間力戦略研究会報告書」平成15年4月）

23) 大まかな現在の状況を調査する。

24) 介護総合演習との連携によって実現させていく方法も視野に入れたい。

25) 顔馴染みの関係を維持するためにも、可能であれば週に1回。最低でも月に1回は実施したい。

く（表3-7-3）。

表3-7-3 実習方法によるメリットとデメリット

	長期休暇集中開講 夏休み・冬休み・春休み期間に集中開講	長期休暇外集中開講 授業期間中集中開講	長期休暇外通年開講 授業期間中に定期開講
メリット	1年前期にそれぞれの領域の基本的な部分を履修し、介護実習Ⅰ-1に取り組むことができる。 実習が長期休暇中なので、他の科目のカリキュラム調整が行いやすい。 段階的な学習が行いやすい。	授業期間中に実習が行われるので学生への支援が行いやすい。 授業の進捗状況と実習内容との組み合わせが作りやすい。	授業と実習とを連動させることができるので、学習効果が高まる。 実習中に生じるトラブルや、学生の心身変調に対処しやすい。 定期的に長期に渡って実習が行われるので、対象者の状態の変化や実習先施設等の時間を追った変化を知ることができる。
デメリット	長期休暇中に実習を行うため、通常の授業科目と連動させにくい。特に介護総合演習との連動の不備は学生への心理的な負担と共に、学習効果に悪影響を及ぼす。 学生の心身に何か生じた時や、実習現場でトラブルが生じた時などに、直ちに適切な対処ができない。	他学部や学科との共通授業がある場合、授業を欠席しなければならないため、学生への精神的負担が増大する場合がある。	定期的に長期に渡って介護の現場に立つので、職員さんから労働戦力として扱われてしまう。（実習指導者がしっかりしていないと段階的学習が行われにくくなる。）

5　介護実習における学生の学習

(1) 実習生の日々の学び

　介護実習は、実習生が専門職業人としての学校で学んだ内容や理想像と現実とのギャップを痛感させられる機会である。また、自分は介護福祉士にふさわしい存在なのか（向いているのか）どうかを深く考えて落ち込む実習生もいる。介護実習は実習生に心理的精神的負担を強いる機会でもあると同時に、心理的に大きく成長発達する機会であるともいえる。ここでは介護実習における日々の学びを「心理的な課題を達成する貴重な機会」と位置付けて、実習記録（日誌）の一部として「実習体験こころの記録」を残すことを提案したい。

　まずは各実習段階で設定されている実習課題に基づいて各実習生が事前に個別の学習課題を設定し、具体的な到達目標を設定する。次に、例えばスマートフォンやタブレットなどに作業データ管理用のアプリケーションをダウンロードして、「実習体験こころの記録」専用のデータ管理環境を整える。管理されるデータは、

①学習課題に基づいたその日その日の具体的な学習目標

②実習中に実際に生じた出来事

③その出来事に対して自分の中に生じた感情

④その出来事の時系列的内容の要素、前後の状況変化などの分析素材（考えた事柄の内容）

⑤その結果選択した行動
⑥その行動が招いた結果
⑦学習目標（理想）と⑥（現実）とのギャップ

等である。

この取組みの際に注意するべき事柄は、以下の通りである。

①目標の設定は事前に一括して行ってもよいが、実習の進行状況や体験内容によってその日その時にかなった目標設定に作り直してもよい。計画のための学習ではなく、その日その時の活き活きとした実習体験を積むための目標設定であることを忘れてはならない。

②実習中はデータ入力ができない場合が多いので手書きのメモを活用し、データ入力は休憩時間等に行う[26]。

③あまり深く考え込まずに、ありのままの事実・気になったこと・閃いたこと・心に残っているキーワードなどを入力する。

④実習体験記録には、公式な実習日誌や実習計画書に書けないことや書きにくいこともある。このような内容は別に自分用に記録することで、自己覚知とストレスマネジメント[27]に役立てることができる。

⑤その日その日の目標の設定方法は、前日の実習が終わるまでに実習担当職員に相談し、客観的な視点も交えて設定することを推奨する。その際、実習中に抱え込んだ精神的な負担なども担当職員に伝えられるとよい。どのような負担を抱えているか[28]を担当職員と共有しておくことは、実習生の心の健康を維持し、実習に対する意欲を維持していくためにもとても大切なことである。

(2) 実習目標・実習計画（PDCA）[29]

養成校の年間実習計画策定の指針となる厚生労働省ガイドライン[30]を踏まえて、以下の項目ごとに実習目標を設定する。

1）実習目標

①コミュニケーション技術：講義、演習等で学んだ知識に基づいて支援の対象者との人間的な関わりを深め、対象者が有する障害に応じ、対象者が求めている介護の需要に関する理解力、判断力を養う。また記録の仕方について学び、チームの一員として介護を遂行する能力を養う。

②生活支援技術：日常生活支援に関する介護技術能力を即戦力として確かなものにするのと同時に、各種の住設備機器や福祉用具の知識と活用能力を養う。

③介護過程の展開：養成校の教員と実習担当職員の支援を受けながら、実践を通して利用者のニーズに合わせたPDCAサイクルを展開できる。

26）使い慣れている人はスマートフォン等に記録させてもよい。状況によっては撮影もありえる。ただし、情報管理については極めて厳重な管理を求める。

27）ストレスによって心身に悪影響が及ばないように対策を行うこと。不満や不安、恐怖に感じている事柄を言葉や文字にして自由に吐き出すことは、有効な対策となる。

28）自己一致できていないことが"悩み"を生むことを、カール・ロジャーズは指摘している。

29）PDCAを最初から廻そうとすると、P（Plan・計画）から始まるので、目標設定があいまいになりやすい点に留意が必要である。単に介護理論上の目標設定を行うのではなく、充分に利用者の望む目標を確認した上でPDCAに取り組むことが必要である。

30）「平成19年度社会福祉士及び介護福祉士養成課程における教育内容等の見直しについて（厚生労働省）」に記載。

④多職種連携協働：サービス担当者会議やケースカンファレンスに参加して、多職種連携やチームケアを実践し、理解を深める。

⑤地域における生活支援：要介護高齢者・障害者（児）等に対する在宅サービス提供全般における介護職務を実践し、理解を深める。

2）実習計画

表 3-7-4　実習計画表（試案）　　介護実習　2 年制（81 日間／480 時間）

	時期	実習施設・事業等	日数	達成目標	留意事項
予備実習	1年前期	地域包括支援センター 高齢者支援センター 障害者支援センター等	3日 15H	地域で自立した生活を営んでいる元気な高齢者・障害者の生活の実状を記録して報告発表できる。 地域包括ケアシステムを念頭に、地域の社会資源の実状を記録して報告発表できる。	強引な取材にならないように留意
追加実習	2年後期	地域包括支援センター 高齢者支援センター 障害者支援センター 訪問介護・通所介護 グループホーム 小規模多機能型施設等 身体障害者養護施設 重症心身障害者施設 知的障害者更生施設等 介護付有料老人ホーム 特別養護老人ホーム等	3日 15H	予備実習で訪問した地域における馴染みの関係の維持・創生ができる。 地域の現状をアセスメントし、課題が抽出できる。 ※以下から個々の学生が選択する。 A) 未達成の実習課題に再度挑戦し課題を達成できる。 B) スクラップ・アンド・ビルド（事業場における新たなサービスや技術等、地域における新たなサービスや役割等を創造するためのプレゼンテーションができる）	介護福祉の専門職として人脈を創ることを自覚する
介護実習Ⅰ	1年生夏休み①	〈第1段階実習①〉 訪問介護 通所介護 グループホーム 小規模多機能型施設等	15日 90H	実習担当職員への聞き取りと対象者と対話、観察を通して、 1) 要介護状態にある方の日常生活や生活環境、疾病・障害等を記録して報告できる。 2) 家族との関わりや家族支援の留意点を整理し、記録して報告できる。 3) 介護職の業務の流れを図式化して報告できる。 4) 提供されている介護サービスの必要性とその根拠を、ICFを使って解説できる。 実習担当職員の仲介支援のもと、利用者と積極的にコミュニケーションを図れる。 実習担当職員の支援のもと、基本的な生活支援技術を使える。 実習日誌・介護記録等の記録物が作成できる。 目標を達成するための計画的な取組みができるように工程表を作成できる。 マナーや職務規定を守れる。 実習担当職員への聞き取りと利用者との対話、観察、事前学習を通して、 1) 他職種の役割を整理記録し報告できる。 2) 多様な施設・事業所の役割を整理記録し報告できる。	強引な取材にならないように留意 骨粗鬆症・関節拘縮等の変性、（可動域）、皮膚状態
	1年生夏休み②	〈第1段階実習②〉 身体障害者養護施設 重症心身障害者施設 知的障害者更生施設等	10日 60H	様々な利用者の障害像・生活像を報告発表できる。 障害の特性に応じたコミュニケーションを図れる。 障害特性や利用者ニーズに応じた生活支援技術を習得する。 自らが行う実践内容をわかりやすく利用者に説明でき同意を得ることができる。 福祉用具や福祉機器を使用できる。 チーム内各職種の役割と関係を、エコマップを作って説明できる。	強引な取材にならないように留意 骨粗鬆症・関節拘縮等の変性、（可動域）、皮膚状態
	1年生後期			基本的な生活支援技術が使える。 利用者の心身の状況に適った生活支援技術が使える。 介護計画書（PDCA）に基づき、業務の指示書を理解できる。 定められた記録物が作成できる。	強引な取材にならないように留意 骨粗鬆症・関

時期	実習施設・事業等	日数	達成目標	留意事項
介護実習Ⅱ / 1年生後期	〈第2段階実習〉 介護付き有料老人ホーム等	20日 120H	実習担当職員への聞き取りと利用者とのコミュニケーション、観察を通して、現在実施されているサービスを評価できる。 取り扱う情報の適切な管理取扱いができる。 実習担当職員への聞き取りと利用者とのコミュニケーション、観察、事前学習を通して、①関係職種それぞれの役割と関係性を、エコマップを作って説明できる。②施設・事業所の地域での役割を、図式化して説明できる。③地域の特性をPRできる。 利用者の生活と地域の実情を報告発表できる。	節拘縮等の変性、(可動域)、皮膚状態
2年生夏休み	〈第3段階実習〉 特別養護老人ホーム等	30日 180H	基本的な生活支援技術が使える。 利用者の心身の状況に適った生活支援技術が使える。 介護計画書（PDCA）を読み解き、業務の指示書を理解できる。 実習担当職員への聞き取りと利用者とのコミュニケーション、観察を通して、現在実施されているサービスを評価できる。 評価に基づいて再アセスメントして改善案を提示できる。 改善案に基づいた新たな行動計画を作成し、実習担当職員の支援のもと実施できる。 取り扱う情報の適切な管理取扱いができる。 実習担当職員への聞き取りと利用者とのコミュニケーション、観察、事前学習を通して、①関係職種それぞれの役割と関係性を、エコマップを作って説明できる。②施設・事業所の地域での役割を、図式化して説明できる。③地域の特性をPRできる。 利用者の生活と地域の実情との関係性を考察し、報告発表できる。	
介護実習　合計81日　480H				

（3）実習記録

　介護実習で実習記録[31]を書く目的は、①利用者への介護の実施記録を残す（説明責任を果たす）、②学生自身の成長のための資料、③実習指導者や教員による指導資料、④職務管理上の記録等が挙げられる。実習記録は「実習日誌」として単なる学生の学習記録の様に扱われているが、上記①や④の目的にあるように、公的な記録[32]でもある点に留意が必要である。

　したがって、実習記録（日誌）のフォーマットなども、上記目的に合わせて準備する必要がある。特に①は、通常、一定の内容に関して、5W1H（誰が、何時、何所で、何を、何故、どうした）を基準に記録を書くのだが、実習先によって求める内容が異なるので、実習先と充分に協議する必要がある。②③に関しては、いわゆる日誌的な内容もあり得るが、単なる行動記録や感想ではなく、特定のテーマで5W1Hと考察をまとめる習慣をつけて置く方が、専門職養成の実習としては望ましい。なお、教員としては実習先実習指導者と共に実習を管理する立場（一定の範囲で実習生の行う介護や、職場の一員としての行動）にあり、その意味で④に関しては、一般的な介護記録がどういう意味を持つのか[33]についても考察しておくことが望ましい。

31）「実習生の日々の学び」参照（pp.181-182）。

32）実習生も利用者から見れば、介護者である。特に実習生が単独で動く場合（基本的にはあってはならないのだが、実際問題としてはあり得る）等に関しては、万一、苦情や事故があった場合などは、この記録が唯一の行動証明になる点（介護者が自分を守るために必要な場合もある）に、特に注目しておく必要がある。

33）佐藤豊道は、①利用者のQOLを高めるため、②介護福祉士がより適切なサービスを提供できるため、③機関の管理のため、④現任研修のため、⑤スーパーヴィジョンのため、⑥調査研究のため、

なお、実習日誌のデータ化を促し、記載作業を手書きから音声、キーボードまたはタッチパネル入力に変えることで実習日誌作成を行うことは重要である。この最大のメリットは、学生の実習指導を学内の担当教員が即日で行える[34]ことである。また、データ化することで協働連携の質を高め、紙を使用することで生じるデメリット[35]も解消できるであろう。この取組みは、学生・養成校教員・実習担当職員のIT・ICT・IOT関連の製品やサービスを活用する知識と技術の習得に役立ち、多職種協働連携のツールとして有益である。もちろんデータの取扱いには十分な注意が必要とされるが、情報管理という視点では、どのような媒体を活用するにしても、相応の取組みは重要な課題である。

(4) 予備実習段階での学び

　学生は予備実習を通して、支援の対象となる世代や地域の暮らしぶりを知ることとなり、生活習慣や文化などを理解するきっかけとなることが考えられる。この体験は、第1段階の実習に入った際に、会話の"引き出し"として活用できることから、学生が抱く対人関係形成への不安の軽減に役立つ。また、新卒者であれば学校を中心とした人間関係ではない特別な人間関係形成[36]が実習の課題となり、外国人留学生であれば異文化間における特別な人間関係の形成が課題となる。実習の舞台となる介護（介護予防）の現場での人間関係は複雑で目に見えない関係性（疾病や障害を含む）がたくさん含まれる独特な空気であり、社会人経験がある者であっても困惑することは否めない環境である。そのような環境に、少し専門的な知識を聞きかじった程度の、社会的経験が乏しい学生が参入したら、どのような精神状態になるかに十分配慮する必要がある。

　第1段階実習に設定されるハードルは平易なもの[37]の方が学習意欲や就業意欲の向上につながるものと考える。それゆえに、予備実習において、そのハードルの高さを平易であると感じられるような体験学習を設定することが、学生にとって学習効果の高い愉快な経験を積み重ねることができる実習に繋がるものと考える（予備実習を行えない場合は第1段階の最初に、このような段階を組み込む必要がある）。

(5) 実習の各段階での学習目標（達成課題）[38]

　実習は、学内で学んだ知識や技術の内容を、臨地（現場）実習として実際に使ってみて、内容を確認し、自分の中に定着させていく過程である。そのためには、確認すべき項目をリスト化しておく必要がある。そのリストを例示したのが、以下の表である。

---

⑦新たな「介護」を創造するため、⑧介護福祉全般の向上のため、と8つを記録の目的として挙げている。佐藤豊道『介護福祉のための記録15講』中央法規出版, 1998, pp. 9-13参照。

34) 学生はタブレット等で作成した実習日誌を実習先に送付するのと同時に、そのまま教員に送ることが可能である。電子データで送られてくるので担当教員はそれを読んでその日のうちにはなんらかのコメントを送ることが可能である。
　また、このような電子データは様々なツールを活用しての分析も可能になり、個々の学生の状態の対応した実習指導が可能となる。

35) 最大のデメリットは保管に場所をとることであろう。持ち運びに不便でもある。

36) 個人の尊厳の保持・自立支援を目的とした支援関係を意味する。

37) 学生自身が「やればできそうだ」「頑張ればできそうだ」と、自分に期待できるものを意味する。

38) 介護福祉士養成課程のカリキュラム（案）を踏まえて、ICFの考え方を基準に、学習目標と課題設定を行った。

この表は、「介護」領域での学びを基本に構成しており、各内容を基本10項目で構成してある。全部で120項目である。学生が、これを480時間の実習でこなしていくには1項目あたり4時間程度で修得していく必要がある。1日の実習ではほぼ2項目となるため、実習指導者[39]にとっては、1日の2項目の指導となって、大変わかりやすい指導システムともいえる。

なお、各項目の性質に対応して、それぞれの実習段階に対応させてあるが、何を体験できたかを点検していく意味もあるので、必ずしも段階に対応しない場合もある。また、①～⑩の番号を振ってあるが、これは項目整理上の番号であり学習ステップ等を示しているわけではない。

またこの表は、実習の評価にも用いられることを想定している（次項参照）。

[39] 実習項目が明確であるので、実習指導者もそれぞれ得意な部分から指導できるといったメリットもある。

1) 実習の各領域共通の段階ごとの学習目標と達成課題

履修段階	実習段階	領域共通の段階ごとの学習目標と達成課題
介護実習Ⅰ	予備実習	①楽しい会話、愉快なお喋りができる。
	第1段階実習	②ICFを活用して利用者の現状を把握することができる（残存機能の評価：観察力と記録力）。
介護実習Ⅱ	第2段階実習	③利用者の意思を確かめ、希望に応じた介護・介助ができる。 ④利用者に対する十分な説明と同意（自己決定の尊重）のもと、介護・介助ができる。 ⑤福祉用具の選定ができる。
	第3段階実習	⑥福祉用具の活用と管理ができる。 ⑦ケアカンファレンス等で意見交換ができる。 ⑧学生自身の地域への関わりを振り返り、市民としてのあるべき姿と現状とのギャップを課題とし、学生が日常的に課題に取り組むことができる。 ⑨地域活動（地域会議・防災避難訓練・季節のイベントなど）へ出席できる。 ⑩地域活動に出席し、介護福祉士としての知識と技術を活かすことができる。
	追加実習	予備実習で訪問した地域における馴染みの関係の維持・創生ができる。 地域の現状をアセスメントし、課題が抽出できる。 ※以下は個々の学生が選択する。 A）未達成の実習課題に再度挑戦し、課題を達成できる。 B）スクラップ・アンド・ビルド。（事業場における新たなサービスや技術等、あるいは地域における新たなサービスや役割等を創造するためのプレゼンテーションができる）

2) 各段階の目標と達成課題

①コミュニケーション技術

実習段階	学習目標と達成課題
予備実習	地域に暮らす高齢者・障害者（児）・そのご家族等との関わりを創る。また同様に、地域で働く方（介護・福祉・医療・保健等）との関わりを創る。 ①挨拶ができ、自己紹介（氏名・所属・実習の目標・介護福祉に対する思いなど）ができる。 ②知り合った方の顔・氏名・所属等を覚えることができる。
第1段階	③自分の価値観（物事を評価判断する基準）や感情表出の傾向（表情・態度・仕草など）に注意を向けられる。 ④相手の価値観（物事を評価判断する基準）や感情表出の傾向（表情・態度・仕草など）を感じ推察できる。 ⑤コミュニケーションの基本技術（傾聴・受容・共感など）を意図的に使える。 ⑥利用者との対話の内容（話の内容・自分の内面に生じたこと・利用者の内面に生じたこと）を記録に残せる。
第2段階	⑦コミュニケーション障害のある方と会話ができる。 ⑧意思決定を支援する技術・動機づけを促し意欲を引き出す技術等を意図的に使って、「十分な説明と同意」を実践できる。 ⑨生活支援技術の提供と利用者との対話の過程を記録に残し、報告できる。

実習段階	学習目標と達成課題
第3段階	⑩サービス担当者会議・ケアカンファレンス・地域ケア会議等に参加し質疑応答ができる。
追加実習 （選択）	A）未達成の課題に再度挑戦し、達成することができる。 B）スクラップ・アンド・ビルド。（自分の考え・行動に対して十分な説明ができ、対立する考え・行動に対して冷静で積極的な討論ができる）

②生活支援技術

食事の介護・介助

実習段階	学習目標と達成課題
予備実習	①食習慣や食べ物の好き嫌い、こだわり（品数・調理方法・味付け・食器など）、癖（食べる順番）などを知る。食べ物（食事）にまつわるエピソードを集める。
第1段階	②ICFの基準を活用して、疾病や障害、環境の変化による食生活への影響（食事制限や福祉用具活用など）を念頭において介護・介助の補助ができる。
第2段階	③意思確認と説明と同意を前提に、安心・安楽な姿勢の保持と義歯の着脱介助ができる。 ④意思確認と説明と同意を前提に、普通食・きざみ食の食事介護・介助ができる。 ⑤意思確認と説明と同意を前提に、ペースト状・流動食の食事介護・介助ができる。 ⑥むせ込み・誤嚥の予防（声かけ・観察・姿勢保持など）ができる。
第3段階	⑦意思確認と説明と同意を前提に、臥床している方の食事介護・介助ができる。 ⑧意思確認と説明と同意を前提に、咀嚼・嚥下が困難な方の食事介護・介助ができる。 ⑨疾患や障害に応じた食事介護・介助ができる（以下のいずれか1つ以上：麻痺や関節拘縮のある方・視覚障害の方・聴覚障害の方・盲ろうの方・失語症・構音障害の方・全身性の障害の方・難病の方・障害のある乳幼児等）。 ⑩経鼻経管栄養・胃ろう（腸ろう）の方、または終末期の方の食事介護・介助の補助ができる。
追加実習	A）未達成の実習課題に再度挑戦し、課題を達成できる。 B）スクラップ・アンド・ビルド。（補助用具など、新たな介護・介助方法の提案ができる）

排泄の介護・介助

実習段階	学習目標と達成課題
予備実習	①排泄時に不便に感じていることや困りごとなどの不満や不安を知り、排泄習慣やこだわり、癖などを知る。
第1段階	②ICFの基準を活用して、服薬や障害、環境の変化による排泄への影響（回数や量・リズムなど）を念頭において介護・介助の補助ができる。
第2段階	③意思確認と説明と同意を前提に、羞恥心に配慮した排泄環境を整えることができる。 ④意思確認と説明と同意を前提に、立位でのズボンやパンツの上げ下ろしの介護・介助ができる。 ⑤意思確認と説明と同意を前提に、パンツタイプのオムツ、尿取パットなどを使って排泄への不安を軽減できる。 ⑥意思確認と説明と同意を前提に、尿器・ポータブルトイレなどの福祉用具を使って排泄介護・介助ができる。 ⑦意思確認と説明と同意を前提に、テープ式オムツの交換ができ、陰部の清潔を保つことができる。 ⑧テープ式オムツと尿取りパット等を併用して排泄の量や形状に対処することができる。
第3段階	⑨意思確認と説明と同意を前提に、排泄が困難な状況に応じた介護・介助ができる（以下のいずれか1つ以上：麻痺や関節拘縮や骨粗鬆症による骨折の危険性が高い方・全身性の障害や難病の方）。 ⑩導尿や人工肛門の方、または終末期の方の排泄介護・介助の補助ができる。
追加実習 （選択）	A）未達成の実習課題に再度挑戦し、課題を達成できる。 B）スクラップ・アンド・ビルド。（「おむつ外し」など、新たな介護・介助方法の提案ができる）

更衣と整容の介護・介助

実習段階	学習目標と達成課題
予備実習	①色の好みや好きなブランド、ヘアスタイルやメイクなどお洒落と身だしなみへのこだわりを知る。
第1段階	②ICFの基準を活用して、身体構造や心身の機能低下、環境の変化による被服（帽子・上着・下着・靴下・手袋など身体を覆う物すべて）を着替えることへの影響を念頭において介護・介助の補助ができる。 ③ICFの基準を活用して、身体構造や心身の機能低下、環境の変化による身だしなみ（洗顔・歯磨き・整髪・爪切り・耳かき・ひげそりなど）への影響を念頭において介護・介助の補助ができる。
第2段階	④意思確認と説明と同意を前提に、季節や目的を考慮した上で被服を着替える介護・介助ができる。 ⑤④を踏まえ、利用者の好みや美意識を反映した介護・介助ができる。 ⑥④を踏まえ、麻痺や拘縮のある方の被服を着替える介護・介助ができる。 ⑦④を踏まえ、麻痺や拘縮のある方に適切な被服等の選択や工夫応用（被服のお直し業者利用の提案など）ができる。
第3段階	被服の着替えや身だしなみを整えることが困難な状況にある利用者の介護・介助ができる。 ⑧意思確認と説明と同意を前提に、全身性の障害と難病の方の被服を着替える介護・介助ができる。 ⑨意思確認と説明と同意を前提に、全身性の障害と難病の方の身だしなみを整える介護・介助ができる。 ⑩終末期の方の被服の着替えと身だしなみを整える介護・介助の補助ができる。
追加実習 （選択）	A）未達成の実習課題に再度挑戦し、課題を達成できる。 B）スクラップ・アンド・ビルド。（お化粧など、新たな介護・介助方法の提案ができる）

入浴と清潔保持の介護・介助

実習段階	学習目標と達成課題
予備実習	①お風呂に入る習慣やこだわり（回数や時間・お湯の量や温度・換気など）や清潔に対する考え方などを知る。
第1段階	②ICFの基準を活用して、身体構造や心身の機能低下、環境の変化による入浴・シャワー浴・洗髪への影響を念頭において介護・介助の補助ができる。 ③ICFの基準を活用して、身体構造や心身の機能低下、環境の変化による清潔保持（清拭・洗浄・部分浴など）への影響を念頭において介護・介助の補助ができる。
第2段階	④意思確認と説明と同意を前提に、季節に応じた入浴・シャワー浴・洗髪の介護・介助ができる。 ⑤④を踏まえ、皮膚や頭髪、爪などの清潔保持の介護・介助ができる。 ⑥④を踏まえ、清潔保持に関する配慮（羞恥心・室温など）ができ、清潔な状態が維持できる。 ⑦④を踏まえ、麻痺や拘縮がある方への入浴・シャワー浴・洗髪の介護・介助ができる。
第3段階	⑧④を踏まえ、入浴・シャワー浴・洗髪が困難な状況にある利用者の介護・介助ができる。（以下のいずれか1つ以上：全身性の障害の方・難病の方） ⑨④を踏まえ、清潔保持が困難な状況にある利用者の介護・介助ができる（同上）。 ⑩終末期の方の入浴・シャワー浴・洗髪と、清潔保持の介護・介助の補助ができる。
追加実習 （選択）	A）未達成の実習課題に再度挑戦し、課題を達成できる。 B）スクラップ・アンド・ビルド。（シャワー浴の日数増など、新たな介護・介助方法の提案ができる）

口腔清潔の介護・介助

実習段階	学習目標と達成課題
予備実習	①口腔の清潔（歯・歯茎・舌・上顎など）に関する習慣、こだわり（用具の色・形・硬さなど）、癖（磨き方など）を知る。
第1段階	②ICFの基準を活用して、身体構造や心身の機能低下による口腔の清潔（歯・歯茎・舌・上顎など）への影響を念頭において、介護・介助の補助ができる。
第2段階	③いつどの用具や関連薬剤を使うかの意思確認を前提に、口腔の清潔（歯・歯茎・舌・上顎など）介護・介助ができる。 ④③を踏まえ、口臭への対処・清潔用具や関連薬剤の管理・義歯の着脱・洗浄・管理ができる。 ⑤③を踏まえ、心身の状況に応じた口腔清潔介護・介助ができる（以下のいずれか1つ以上：視覚障害の方・聴覚障害の方・盲ろうの方・障害のある乳幼児）。 ⑥③を踏まえ、心身の状況に応じた口臭への対処・清潔用具や関連薬剤の管理・義歯の着脱・洗浄・管理ができる。 ⑦③を踏まえ、麻痺や拘縮のある方の口腔の清潔介護・介助ができる。

実習段階	学習目標と達成課題
第2段階	⑧③を踏まえ、麻痺や拘縮のある方の口臭への対処・清潔用具や関連薬剤の管理・義歯の着脱・洗浄・管理ができる。
第3段階	⑨③を踏まえ、口腔の清潔が困難な状況にある方の介護・介助ができる（以下のいずれか1つ以上：全身性の障害の方・難病の方）。 ⑩終末期の方の口腔の清潔介護・介助の補助ができる。
追加実習（選択）	A）未達成の実習課題に再度挑戦し、課題を達成できる。 B）スクラップ・アンド・ビルド。（入歯安定剤の工夫など、新たな介護・介助方法の提案ができる）

移動と移乗の介護・介助

実習段階	学習目標と達成課題
予備実習	①日頃スポーツを楽しんだり、運動を心がけていたりする習慣があるかを知る。起き上がりや動き出しの動作をする際に困っていることはないかを知る。
第1段階	②ICFの基準を活用して、身体構造や心身の機能低下、環境の変化による移動と移乗への影響を念頭において介護・介助の補助ができる。
第2段階	③意思確認と説明と同意を前提に、基本動作（挙上・起き上がり）の介護・介助ができる。 ④意思確認と説明と同意を前提に、基本動作（立ち上がり・歩行・着座）の介護・介助ができる。 ⑤意思確認と説明と同意を前提に、基本動作（またぎ・階段昇降）の介護・介助ができる。 ⑥意思確認と説明と同意を前提に、視覚障害・聴覚障害・盲ろうの方の移動と移乗の介護・介助ができる。
第3段階	移動・移乗が困難な状況にある方の介助ができる。 ⑦意思確認と説明と同意を前提に、麻痺・拘縮のある方の移動と移乗の介護・介助ができる。 ⑧意思確認と説明と同意を前提に、両下肢に疾病や障害のある方の移動と移乗の介護・介助ができる。 ⑨意思確認と説明と同意を前提に、全身性の障害・難病の方の移動と移乗の介護・介助ができる。 ⑩終末期の方の移動と移乗の介護・介助の補助ができる。
追加実習（選択）	A）未達成の実習課題に再度挑戦し、課題を達成できる。 B）スクラップ・アンド・ビルド。（オーダーメイド車椅子など、新たな介護・介助方法の提案ができる）

家事援助（掃除・洗濯）

実習段階	学習目標と達成課題
予備実習	①掃除や洗濯に関する習慣やこだわり（やり方・干し方・たたみ方・用具や洗剤の使い方・好みの商品など）を知る。
第1段階	②ICFの基準を活用して、身体構造や心身の機能低下、環境の変化（日当たり・風通しなど）による掃除・洗濯への影響を念頭において援助の補助ができる。 ③ICFの基準を活用して、残存機能を活かした援助の補助ができる。
第2段階	④所持品や部屋のレイアウトなど、利用者の趣味嗜好と価値観を知る。 ⑤意思確認と説明と同意を前提に、掃除の援助（適切な用具や物品を使い、利用者と協働すること）ができる。 ⑥意思確認と説明と同意を前提に、洗濯の援助（適切な物品を使い、協働して干す・畳む・片付けること）ができる。 ⑦心身の状況に応じた⑤⑥ができる。
第3段階	⑧意思確認と説明と同意を前提に、掃除や洗濯の際に所持品等の破損や汚染を予防するための配慮ができる。 ⑨意思確認と説明と同意を前提に、掃除や洗濯の際に所持品等の破損や汚染を予防するための管理ができる。 ⑩意思確認と説明と同意を前提に、所持品等の修繕援助（ボタンつけやゴムや紐を取り替えるなど）ができる。
追加実習	A）未達成の実習課題に再度挑戦し、課題を達成できる。 B）スクラップ・アンド・ビルド。（利用者が掃除しやすい物の配置など、新たな援助方法の提案ができる）

③介護過程の展開

実習段階	学習目標と達成課題
予備実習	①地域に暮らす高齢者・障害者（児）・そのご家族等が日頃の生活で満足していることや不満に感じていること、不安や恐怖を感じていることなどを知り、知ったことを記録する。
第1段階	②利用者の生活機能と環境因子を観察し、記録できる。

実習段階	学習目標と達成課題
第2段階	③対象者の現在（最新）の介護計画書に基づいて、実行している事柄を把握し整理する。 ④現状を評価し、再アセスメントを行い記録する。評価項目が不十分であれば項目を設定する。 ⑤介護・介助目標の再設定を行う。
第3段階	⑥新たな計画を立案する。 ⑦実習指導者が、新たに立案された計画の内容（目標設定・実施手順・留意事項など）が適切であるかを確認する。 ⑧実習指導者の許可の下、新たに立案作成された介護計画書の内容を説明し、利用者の同意を得る。 ⑨新たな介護計画書に基づいた介護・介助を実践する。 ⑩モニタリングを行い、介護計画の再考調整を行う。PDCAサイクルを振り返る。
追加実習	A）未達成の実習課題に再度挑戦し、課題を達成できる。

④多職種連携協働

実習段階	学習目標と達成課題
予備実習	①地域で働く方（介護・福祉・医療・保健等）との関わりを知る。 ②当該地域の地域包括支援センター、高齢者支援センター、障害者支援センター、保健センター、社会福祉協議会等について取材ができる。 ③各関連職種の活動とそれぞれとの関わり方の現状を記録する。
第1段階	④施設、および在宅実習先での他職種の方々の、介護の現場での関わり方を取材し関係性を記録（可視化：エコマップ作成）する。
第2段階	⑤施設実習において、関連職種との情報共有やカンファレンスへの参加等の実務に立ち会う。 ⑥実務の報告書を作成し考察をまとめる。
第3段階	⑦地域ケア会議の運営基準（厚生労働省）を精読する。 ⑧当該地域の地域ケア会議の日程を調べて見学する。 ⑨当該地域の地域ケア会議に出席し、討議討論に参加する。 ⑩地域ケア会議の報告書を作成して考察をまとめる。
追加実習	A）未達成の実習課題に再度挑戦し、課題を達成できる。

⑤地域における生活支援

実習段階	学習目標と達成課題
予備実習	①地域に暮らす高齢者・障害者（児）・そのご家族等との関わりを知る。
第1段階	②雑談（観察）を通して利用者の様子（心身の状態や暮らしぶり）を知ることができる。 ③観察したことを記録し、報告できる。
第2段階	④施設と近隣地域との関わり方を調べてエコマップを作成できる。 ⑤施設が行っている地域活動に参加し、その内容を記録・報告できる。 ⑥施設が行っている地域活動に参加し、近隣住民と交流できる。
第3段階	⑦入居者（入所者）と近隣住民との関係を記録し、報告できる。 ⑧近隣住民に当該施設との関わりを尋ね、その内容を記録し報告できる。 ⑨近隣住民に当該施設に望むことを尋ね、その内容を記録し報告できる。 ⑩当該施設の地域活動会議に参加し、その内容を記録・報告できる。
追加実習（選択）	A）未達成の実習課題に再度挑戦し、課題を達成できる。 B）スクラップ・アンド・ビルド。（新たな地域活動の提案ができる）

(6) 実習評価

1）計画的体験と、学生自身による自己評価

　　実習生は、この表に基づいて、実習指導者などと相談しながら、各項目の実習に実習指導者の指導の下でチャレンジ（計画的に取り組む）し、数人以

上の複数の利用者への介護実践を行う。実習指導者らの助言も聞きつつ、自分なりにできたかどうかを自己評価する。実習生はその自己評価結果で「できる」と考えた場合は、実習指導者に判定をお願いする。

2) 実習担当教員や実習指導者による判定

申し出を受けた実習指導者は、実習生に関わる複数のスタッフによる確認[40]をへて、自分と実習（巡回）指導担当教員によって当該項目の「できる（できた）」を認定する。認定を受けた内容に関しては、表3-7-5に示すような「実習評価集計表」に達成した項目の番号と認定者（2人）の名前を記入する。このシステムでは、1週間（5日）間で10項目程度の学習を行うので、実習巡回教員は巡回の都度5〜10項目の確認指導が必要になる。

表 3-7-5 実習認定項目表

	1年生前期 4月〜9月	1年生後期 10月〜3月	2年生前期 4月〜9月	2年生後期 10月〜12月	認定項目数小計
共通の達成課題					
コミュニケーション技術					
食事介助					
排泄介助					
更衣・整容介助					
入浴介助					
口腔の清潔介助					
移動移乗介助					
家事援助					
介護過程の展開					
多職種連携協働					
地域での生活支援					

※例として、様々な時期の実習が予測されるので半期ずつにしてあるが、時間の区切りは色々と考えられる。

なお、この場合、それぞれの項目について「実践ができる」と認定するかどうかについては一定の基準[41]が示されるべきであろう。しかし、本書では、それぞれの学校が授業でどこまで指導しているのか（学内では「できる」とみなしたか）といった個別的要素も関わってくるので、また、「実習（巡回）指導担当教員〜学生〜実習指導者（複数）」間で、判定に関して協議が行われることで評価協働体制ができ、それが、実習指導内容や体制の改善につながっていけばよいので、ここでは特定の例示を示さず、その実習生に関わる実習（巡回指導）指導担当教員や実習指導者の判断にゆだねる[42]。

3) 実習修了判定

このようにして個別項目の認定をうけて、実習指導の最終判定に結び付けていくのであるが、此処では、各内容項目（12の内容項目のそれぞれ）の10

---

[40] 利用者のプライバシーに配慮が必要であるが、この部分は実習中の動画撮影などによって代替させる可能性がある。その方が客観性を保てるといった要素も考慮することが望ましい。また、実習指導者が多忙な場合、動画撮影の方法は（手すきの利用者さんに手伝っていただくなど）色々と工夫があり得るので、負担を軽減するという意味もある。

[41] 将来においては、これらの項目の標準化や、個別の判定基準のルーブリック作成の研究が進められるべきである。

[42]「できる」「できない」は、状況にもよるし利用者にもよるのだが、よほど特別な事情でもない限り、「できる」のは「できる」であろう。自転車に乗れるかどうかの判定みたいなものと考えればよいであろうから、認定基準が大きく変わるというのは想定しにくい。

項に対し、以下のような基準で、それぞれの内容項目の修了判定を行うことを想定している。

	S：特にできる（5点）	A：良くできる（4点）	B：標準的にできる（3点）	C：最低限できる（2点）	D：この部分のみ（再履修）
各評価項目	9項目以上達成できている。	8項目まで達成できている。	7項目まで達成できている。	6項目まで達成できている。	5項目以下しか達成できていない。

※いずれも10項目中の数。

「介護実習」科目全体の判定としては、この方法では12の内容項目の内、1つでもD評価があれば不合格とし、その内容項目は再履修して、認定数を6項目以上に増やしてくるように求めることを想定している。その上で、全体の加算点数が36点以上（最高点60点×60％・全部がB以上と同等）を合格ラインとして想定しているので、そのラインに達しない場合も、再履修をして、認定項目を増やしてくることを求めることを想定している[43]。

介護実習の単位取得の最終的判定や成績に関しては、この判定の他のレポートなどの要素を加えることもありだろう。しかし、「介護」の仕事は下手をすると利用者の命を左右しかねない仕事[44]であり、知識も大変重要だが適切な技術がないと、極めて危険な仕事である。その意味では「できる」か「できないか」は実習場面で一番よく現れるので、実習における評価は明確であらざるを得ない。

4）個別項目の達成状況判定に関する試案

将来の課題として、それぞれの項目において修得状況の判定を行う場合は、ある課題を出してそれに対応できたかどうかを判定するという方法もあり得るであろう。その試案としては以下のような事例が考えられる。

≪「多職種連携協働」の達成課題（例）≫
①厚生労働省による地域ケア会議運営基準を精読し事前学習を行った上で、当該地域ケア会議の開催日を調べて参加する。
②会議参加者に挨拶をして、顔と名前や役割を覚える（馴染みの関係）。
③会議で発言できる・質問に答えられる・討論できる（いずれか1つでも可）。
④会議の報告書を作成して考察をまとめて提出する。

	A：特にできる	B：標準的にできる	C：最低限できる	D：努力が必要
多職種連携・協働	会議に参加した。事前学習を行った。馴染みの関係が維持できる見通しができた。会議で質疑応答に参加できた会議で討論ができた。関連報告と考察がまとめられる。	会議に参加した。事前学習を行った。馴染みの関係ができた。会議で質疑応答に参加できた。関連報告と考察がまとめられる。	会議に参加した。事前学習を行った。馴染みの関係ができた。関連報告がまとめられた。	会議に参加した。

※評価ルーブリック

---

43) 全部がC以上であれば36点以上になるため、どの内容項目で設定が多くても差し支えない。

44) 利用者の命を左右するということは、それを行ってしまった介護福祉士の人生にも多大なマイナスの影響を与えることになる。卒業生にそういう思いをさせたくないというのは、教員としては当然の願いであろう。

(7) 社会人としての職務上の留意事項[45]（学生が守るべき約束ごと）

　実習での学びの最後に、実習は単に学習の延長ではなく、社会人としての生活の練習[46]でもある点について確認しておく。

1) 進んで行った方がよいこと

①時間を厳守する。5分前行動を心がける。介護の現場はチームケアが基本。遅刻する者が1人でもいると、全体の業務の進行に影響が及ぶ。何より信頼関係を築き維持していくことの妨げになる。また、訪問介護は訪問時間が契約内容に含まれるため、時間を守れないことは即ち契約違反となる。誠実義務に背くことであり、信用失墜行為に該当する行為でもある。

②スマートフォンや携帯電話を、許可なく実習現場に持ち込まない。公的な時間が私的な時間に様変わりすることが多いため業務に支障をきたす。ただし、スマートフォンやタブレットは業務上必要となることがあるので、事前確認が必須。

2) 報告・連絡・相談の仕方

①やむを得ない理由により遅刻・早退・欠席する場合は、速やかに事業所・学校に連絡する。

②記録の作成・提出は、指定された方法を守る。データとして処理する際に指定された方法が守られてないと作業に支障が生じ、望む成果が得られなくなる。

③相談したいことがあるときは、相談を持ちかけたい相手の都合を考慮し、事前に相談受諾の可否と相談日時を決めておく必要がある。

3) 職場の人間関係

　気持ちよい挨拶をする。相手の機嫌をとる前に、まずは自分の気分を整えて気持ちよい挨拶を相手にプレゼントすることから良好な人間関係が始まる。

6　実習指導　教員・職員としての成長発展への課題

(1) 実習指導における学生と指導者（教員・職員）の関係

1) 教員・職員と学生との関係を変えていく必要性

　学生が学習に対して自主的・積極的に臨める、つまり学生が学習の中心にある環境を整えるためには、教員・職員には「教育者・指導者」という視点に「支援者」という視点を加えた関係への転換（価値転換）[47]が求められる。例えば、これまで主流であった教員・職員が持ち得ている知識と技術、経験等を教員・職員の都合で一方的に学生に教え伝えるという教授方法[48]は、学習の主導権（中心）が教員・職員にあるため、学生の自発性・積極性・能動性を引き出し活かす方法ではなく、現在の学生にとっては至極退屈で時に理

---

45) 経済産業省などが紹介している『社会人基礎力』などもあるが、その前提となる公共心（必ず周りの人に気を遣う等）、倫理観（人権を尊重する、ルールを守る等）、身の回りの自立（時間管理、立ち位置の管理、行動の自立、言葉遣い等）などに関しても一定の学習が必要な場合がある。

46) 職業教育は教養教育とは違い、職業につくことを前提とした教育である。言い換えれば、学生はお客様ではなく実習生として客をもてなす側に立場が変わるという点を教員も自覚して、支援していく必要がある。

47) ニーチェの用語。従来のキリスト教の道徳的価値を否定し、今までとは別の価値観に変えようとする態度・思想を意味する。

48) 学生の間違いを指摘し、正解を教え込む。

不尽な方法と受け止められてしまうのである。では両者の関係はどのような関係に変えればよいのか。1つの試案として左記に目指すべき学生と教員・職員との関係性を図示した（図3-7-2）。

49）第1章第1節「図1-1-6」参照（p.20）。

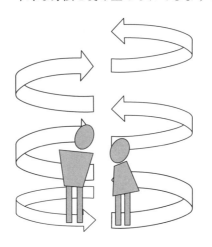

共に歩みながらより良くなっていく支援関係

図3-7-2　目指すべき学生と教員・職員との関係性
（作図－松田朗）

教員・職員が引き上げたり押し上げたりする上下の固定化された関係[49]ではなく、まず学生が掲げる目的を共有した上で、支援者である教員・職員は個々の学生の動きに合わせながら意図的に学生との位置（距離）を調整し、協働関係を保ちながら螺旋階段を目的地に向けて共に歩んでいく。共に学びあう協働学習のパートナー兼サポーターという関係性を築くのである[50]。ちなみに、この関係性は支援の対象者と支援者である介護福祉士との関係性に置き換えることができる。

50）共に介護の未来を創っていく仲間同志という感覚が重要である。

　螺旋階段は、上から見ると同じところをくるくると回って同じ行動を繰り返しているだけのように見えるが、横から見るとその立ち位置が変わっていくのがわかる。螺旋とは習慣であり、よい習慣であれば立ち位置は上がっていく（好循環）し、悪い習慣であれば下がっていく（悪循環）。学生と教員・職員との関係とは、個々の学生の目的を共有した上でより好ましい学習習慣（循環）を創り維持する関係であると考える。

2) 学生の学習活動が基本

　「人に何かを教えることはできない。自ら気づく手助けができるだけだ」とはガリレオ・ガリレイ[51]の言葉である。教員・職員は、学生に何かを教えるのではなく、学生が自ら学び気づく手助けができる支援者に徹すること。教員自身が学生の自主的能動的な学習を妨げる心理的障害要因になっていないかを常に振り返り、チェックすること。これらの事柄を自覚して吟味することが学生の学習活動を支え[52]、学生が介護実習を通して「介護の現場に立てる自信が持てるようになった」「介護福祉士になりたい」「介護を自分の一生の仕事にしたい」「この実習場所で働きたい」と思えるような実習環境創りにつながるものと考える。

51）イタリアの物理学者、天文学者、哲学者。その業績から天文学の父と称された。

52）教員自身が介護者としてのモデルとしての後姿を見せていくことは必要である。その意味でも実務家教員として教育に携わりつつも、業務で現場実践を続けていることも重要である。

3) 実習指導者の資格（無資格者による活動）

　介護実習Ⅰにおいては、「介護福祉士の資格を有する者又は介護職員として3年以上の実務経験を有する者が実習指導者であることとする」と定められ、介護実習Ⅱにおいては、「介護福祉士の資格を取得後3年以上の実務経験

を有する者であって、かつ実習指導者を養成するために行う講習会であって厚生労働大臣が定める基準を満たすものとしてあらかじめ厚生労働大臣に届け出られたもの（以下「実習指導者講習会」という）を修了した者が実習指導者であること」と定められている。学生の学習意欲や就業意欲、専門職業人としての夢や希望の芽を枯らさないためにも、学生が体験する学習の質への責任を最優先に考えたい。この姿勢は、介護福祉士に課せられている誠実義務であり、この姿勢に反する行為は信用失墜行為であると認識すべきである。

4）実習担当職員による学生理解の重要性

現在、専修学校等で介護を学ぶ学生の背景は、①高校卒業直後に入学する新卒者、②外国人留学生、③社会人経験のある"学び直し"希望者（社会人学生）の3つの要素に分けることができる。このうち、本章冒頭の「介護実習科目の重要性・必要性」の中で触れたが、①と③については対人関係に自信が持てない学生が増えていることが特徴として挙げられ、②についても言葉と文化の違いによる誤解や偏見、無理解などにより対人関係への不安を誘発している事例が目立つようになってきている。個々の学生を肯定的に受けとめ、学生の気持ち（感情）と向き合い、学生に無理強いすることなく学習意欲や就業意欲、或いは挑戦する勇気を引き出すにはどのように働きかければ良いのかを考えることは、養成校の教員同様、実習担当職員も考慮しなければならない課題となっている[53]。

実習担当職員には、学生を焦らせないゆとりと、学生が表出する様々な言動を肯定的に価値あるものとして受け止める技術を持って学生と向き合えることが求められており、この姿勢は実習の成果に大きく影響すると同時に、働きやすい職場としての評価にも影響を及ぼすものと考えられる。

5）養成校教員と実習担当職員の連携

①信頼できるサポーターでありモデルである

介護実習に臨む学生を支援するのは養成校教員であり実習担当職員である。この両者がしっかりと連携して学生をサポート（支援）しなければ、学生は「授業での知識」から「介護の現場での実行」へと次元を超えることができず、その狭間を彷徨い続けることになりかねない。結果として介護福祉士としての未来の自分を描くことができず、自信を失い、それまで抱いていた介護福祉士（介護職）への憧れと希望は一気にしぼんで色褪せてしまいかねない[54]。学生をこのような事態に陥らせないために教員と職員が常に意識して心がけなければならないことは、教員・職員とは学生にとって何があっても最後まで学生の学習活動を支える信頼できるサポーターであり続けると同時に、信頼できる介護福祉士のモデルであり続けるということである。学生が「もし

53）学ぶべき内容も増えただでさえ教授活動は困難になっているのに、学ぶ学生自体も様々な困難をかかえており、教員としての取組みのレベルが上がってきている。そのために、教員・指導者としてどうすれば、学生と共に前向きな実習指導を展開できるか、常に学ぶ必要がある。

54）大変残念であるが実習に行った段階で介護職になるのを止めてしまう学生も少なくないという現実もある。

も私が利用者や利用者の家族だったら、先生や職員さんのような人に介護してもらいたい」と思っていただけるような、介護福祉士としてキラッと輝く魅力を持つことが大切なのである。

②実習巡回支援計画

　学生の自主的積極的な姿勢の涵養を支援する一環として、実習担当教員による実習巡回支援の計画作成に学生が参画することを提案したい[55]。教員や職員に何かをしてもらう（与えられる）ことを待つのではなく、自分が望むことは自ら働きかけて成果をあげる体験ができる機会を創るのである。教員と職員の協働連携を学生が支援し、やり遂げる体験（成功体験）を積ませることがこの取組みの目的である。

　学生が行う働きかけの手順を以下に記す。

ⅰ）実習計画と照らし合わせ、実習が始まる前に実習担当教員とおおよその日程調整を済ませておく。

ⅱ）実習先で行われる実習前のオリエンテーションの際に、実習巡回支援のおよその日程を担当職員に伝え、承諾を得ておく。細かな日程調整は、巡回予定日の１週間前を目処に行う。

ⅲ）巡回支援当日までに、教員や職員に伝えたいことをまとめておく。

ⅳ）次回の巡回支援の日程の確認をしておく。

③実習場面における利用者さん（実習指導者でもある利用者）

　実習生を受け入れてくださる利用者さんは、介護実習の対象者であると同時に、わが身を持って献身的にご指導いただける学習支援者でもあると言える。学生の未熟な働きかけ（支援）に対して、温かく学生を支え励ましてくださる行為の一つひとつに、実習担当職員との関係の厚さと学生に対する期待の大きさ、また学習支援という役割を授かったことに対する意気込み（喜び）を感じ取ることができる。良い介護実習とは、そこに関わる皆の気持ちに張りが出て、顔が上向き視線の先に未来を描く機会でもある。

(2) 実習指導の進め方

1）実習目標・実習計画への学習支援

　介護実習の目標と計画立案の学習支援にあたり以下の事柄に留意したい。「第２節－5.実習の各段階での学習目標（達成課題）」を参考にして目標設定をするわけだが、常に目標の先にある介護の目的（何のために）を明確に意識しておくことが大切である。目の前の目標に囚われてまた、自分や関係者だけに囚われて視野を狭くしてはいけない。但し、目標を達成するために具体的な行動目標を設定して実習計画を作成する際には、実習環境を考慮した上で「(5) 実習の各段階の学習目標」で示しているように具体的に何をどう

55）現在の実習巡回指導は、教員と実習指導者の都合で決まっていて、内容を含め学生の希望を考慮する体制にはなっていない例が多い。

するかに焦点を絞ること（スモールステップ）[56]は賢明であり、推奨したい。

2）実務指導・技術指導

　介護が一人ひとりに対する支援であるように、学生一人ひとりの現状に適った指導を心がけることが学習支援となる。全ての学生を一律に教育指導しようと試みれば、その姿勢に疑問や不信、不満を抱く学生は少なくないであろう。個々の学生に適った指導支援計画を当該学生とともに作成し、その内容を実習開始前に当該学生と合意した上で共有しておくことが条件となる。そのためにも養成校の教員と実習担当職員との連携は欠かすことができない。

3）実習指導時の教材（実務資料・マニュアル等）

　実習指導時には、実習生を受け入れてくださる利用者の承諾を得た上で当該利用者の介護計画書、介護・介助の手順書、介護記録、事故防止や感染予防のマニュアル等の介護に必要な情報（現物）を個人情報に配慮した形で予め開示していただき、その情報に基づいた学習が行われることで学生の不安や緊張が軽減されると共に、より現実に即した実践的な学習体験を積むことが可能となる[57]。また目の前で展開されていく実務や技術への読解力が補われるという利点もあり、学生の理解度習熟度が高まる。なお、個人情報を読み解く際には実習担当職員の学習支援を受けられることが望ましい。

4）個別実習支援の進め方

　まずは、職員や利用者と仲よくなって実習意欲（学習意欲）や就業意欲が維持され少しでも向上するような実習支援を心がけることを念頭に置かなければならない。その上で、学生が掲げた学習目標（理想）と課題達成のために行った行動の結果（現実）とのギャップに注視し、課題にチャレンジしたことへの賞賛とその結果への労いを忘れないことと、どちらにも肯定的な意味付けをして次のチャレンジへの動機付けが成されるように働きかけることがとても重要となる。

　この取組みの際に注意するべき事柄は、①目標の設定は実習の進行状況や個々の学生の体験内容によってその日その時に適った目標設定をすること。計画のための学習ではなく、その日その時の活き活きとした学習体験を積むための目標設定であることを忘れてはならない。②その日その日の目標の設定方法は、前日の実習が終わるまでに当該学生の考えや希望を汲み取り、実習指導者としての客観的な視点も交えて学生に設定を促すことが望ましい。その際、実習中に学生が抱え込んだ精神的な負担なども丁寧に聴きとることも必要である。理想と現実のギャップを学生と共有しておくことは、学生の心の健康を維持し[58]、実習に対する意欲を維持していくためにも欠かすことはできない。

---

[56] スモールステップの原理の基本思想は、「学習内容を小さな単位（スモールステップ）に分割して、小刻みに一つひとつ段階を踏んで体験した方が、学習効果が高い」というもの。

[57] 学生（実習生）が利用者に自己紹介をするのを受けて、利用者が個別に学生に自己紹介をしていただくことで、個人情報を確認する方法もある。但し、この場合、利用者の自己認知力に配慮が必要となる。

[58]「自己一致」（カール・ロジャーズ）を参照。

(3) 実習指導における留意事項

1) 実習は学習の一環[59]

　実習指導者は実習生を現場の戦力とせず、実習目的に合わせて職場に配置し指導（学習支援）する義務があると心得ておくべきであり、また全ての学生が自信を持てるような学習支援（ファシリテーション）[60]を行える能力が、実習指導者には求められていることも併記しておきたい。

2) 計画的な指導の重要性

　介護実習は、平易な内容から難易な内容へと各段階を踏んで実施されていく。実習指導有資格者の在籍が条件となっている介護実習Ⅱを行う施設や事業者は、計画的な指導の重要性を自覚していると思われるが、介護実習Ⅰを行う施設や事業者は有資格者[61]の在籍が条件となっておらず、無資格者でも実習を担当できるため、各実習段階に応じた計画的な実習を行えない可能性が考えられる。もしもこのような実習先が学生を受け入れた場合、未履修項目や科目、未体験の生活支援技術などを実習の現場で知り、あるいは体験を強要されることで、学生は介護の現場と実習指導担当職員に対して、不安や恐怖、不信や不満を抱き、学習意欲や就業意欲を著しく損ない、結果として介護福祉士として社会貢献していく夢を諦めることにもなりかねない。したがって、有資格の実習担当職員がいない施設機関への配属には特別の配慮が必要である。実習指導担当職員は、計画的な実習指導（学習支援）の重要性を深く考え、一人ひとりの学生の実情に応じた介護実習を、養成校の教員と緊密に連携しながら実施しなければならない。このような配慮が教員と職員の間で成されることにより、学生にとって介護実習（体験学習）は楽しい体験となり、学習意欲や就業意欲の維持向上に良い影響を及ぼす。

3) 一般的留意事項

　実習担当職員が、実習生との関わりにおいて留意する事柄を以下に記す。

①どのような場合（状況）においても、実習生が安心して自由に考えや気持ちを表出できるように配慮することを心がける（基本的にはどんなことでもまずよい所を探してほめる。威圧的な言動、馴れ馴れしい言動を慎む）。

②実習生を支配（コントロール）しようとしてはいけない。

③個々の実習生によって、教員・職員の態度（心理的な距離、物理的な距離、言葉遣い、仕草など）を変えてはいけない。どの実習生に対しても、どの実習生から見ても、実習生との関係性は同じ印象を持たれるように、実習生に対しては意図的に振る舞い、意図的に働きかけること。

④実習生の反応を受けとめながら、実習担当職員自身の言動を自覚して吟味し、不適切な言動等があれば直ちに認めて訂正し、適切な言動を示すこと（セクハラ・パワハラ・差別等の根絶）。

---

[59] ドイツなどでは、実習を学習と同時に半ば業務とみなして賃金を支払うといった制度もあるが、日本における「介護実習」は、学生の学習が中心である。

[60] ファシリテーションとは、集団活動がスムーズに進み、目的とする成果が上がるように集団を支援することを意味する。質問や意見を投げかけることにより参加者の意見を引き出したり、論点を整理して次の行動を促したりする。

[61] 実務経験3年以上の介護福祉士で実習指導者講習会を受講修了している者。

⑤実習生が抱える、不安や恐怖などのネガティブな感情を受け止める時は、特に丁寧かつ慎重に。一般論などを安易に持ち出すような陳腐な働きかけをしてはいけない。実習生を「正そうとせず解ろう」[62]と心がけること。

⑥実習生に守って欲しいと願うルール等があるときには、たとえ常識的なことと思えても、事前に丁寧な説明をした上で「同意を得る」こと。ルールを守れなかった時のペナルティを課す場合にも、事前に実習生が納得できるように説明し、不明な点の有無を確認した後に必ず「同意を得る」こと。

⑦実習生に、彼らの言動の修正を求めるときには感情的になってはいけない。冷静に事実を指摘してその影響を説明する。さらにその影響によってどの様な事柄が生じたかを素直に伝えること。どのように修正改善することが望ましいのかを具体的に伝えること。常識に頼らない。

⑧実習生の個人情報の扱いには十分に注意し、配慮を怠らないこと。

[62] 来談者中心療法（カール・ロジャーズ）の基本的な考え方

(4) 実習指導における新たな課題
1) 外国人学生の学習と実習指導

外国人学生の学習と実習支援を考える時に、配慮しなければならないことは、日本語の習熟度、宗教上の戒律、食文化、経済的な問題、住居、など多岐に渡る。

第1の課題。まずは外国人学生が安心して学生生活を送れるようにその環境を整えること。このような課題に養成校の教員が片手間に携わることほど無謀なことはない。外国人学生にとっても教員にとっても疲弊と不満が膨れ上がることは容易に想像できる。外国人学生専任のソーシャルワーカーを配置などを考慮するべきである。養成校と実習施設や事業者の双方に配置するのが理想であるが養成校だけでもよい。目的は外国人学生を孤立させない環境をつくること。所在がわからなくなったり、触法行為[63]に及ばないように、人と場のネットワークをつくることである。学習活動に集中できる環境が整わずして、学習効果を高めることはできないものと考える。

第2の課題。環境を整えると同時に、その重要な環境因子でもある教員と職員の心構えを更新する。外国人学生は日本語が上手く使えないだけであり、母国語で学べば相応の成果をあげる能力を潜在的に有しているものと心得ておく必要があると考える。そして学習支援の対象である以上、対象者の尊厳が損なわれないように注意を払うことは必須である。そのためには携帯型翻訳機の活用も認めるべきであろう。授業や実習中に使うのではなく、学校や実習先で行われる個別面談（寄校日や実習巡回）の際などに使用することで、個別面談の時は日本語を使うストレスから学生を解放して、母国語で存分に語っていただく。学生の素顔を垣間見ることができる貴重な時間になるであろう。

[63] 法に違反すること。法に触れること。

2）障害を持つ学生の学習と実習指導

外国人学生同様、どのような障害があっても入学した以上は学生が安心して学習できる環境を整えることが、第1の課題となろう。教員と職員の心構えの更新が第2の課題。合理的配慮[64]とはハード面も大切だが、個人的にはソフト面でその質が問われるものと考える。教員と職員が障害に対する基礎的な知識（障害特性と個人が持つ傾向）を理解することがまず達成しなければならない課題であろう。「知っているつもり」「配慮しているつもり」では通用しないと心得たい。具体的な行動指針（判断基準）を明確にして行動に落とし込む努力が求められる。第1の課題に戻るが、学習支援体制をどのように創り上げるか。限られた者による支援ではすぐに立ち行かなくなってしまう。持続可能な支援体制を創るためにも、学内にキーとなる者を配置する必要があると考える。やはりソーシャルワーカーが適任だろう。孤立させるような事態に陥らないようにネットワークをつくり、当事者が望む環境を整えていくことが学習と実習支援の課題達成につながるものと考える。

3）社会人学生の学習と実習指導

社会人学生の学習と実習支援の課題は、世代の違う若い人や外国人の学生と同じ学びのステージに立てるかどうかではないだろうか。自分よりも年齢が若く社会人としての経験も浅い、自分よりも社会経験が未熟な教員や職員の指示に従わなければならないような環境で、謙虚に実習に臨むことができるかどうかである。

逆に教員や職員は、学生に対する態度を今一度見直す必要がある。指導者という立場で学生に対して横柄な態度をとってきてはいなかったか。指導する者（教える側）と指導される者（教えてもらう側）といった固定化された役割（主従関係）を強要してこなかったか。学生に対して年齢や性別、人種、病気や障害の有無により接し方（態度）を変えてこなかったか。じっくりと思い返してみて、もしも不適切な態度に思い当たる節があるようなら、直ちに改めなければならない。教員や職員は指導者である前に介護福祉士であることを忘れてはならない。

（5）実習指導教員・実習指導者としての学びと成長

以上述べてきたように、実習指導教員としても、実習指導者としても様々な課題がある。実習指導教員としては授業の傍ら、実習指導者としては実務の傍ら、多忙な中での実習指導となる。これを余計な手間と考えたら、せっかくの自分の成長の機会を失うことになる。

1）実習指導における実習指導教員や自習指導者の学び

実習指導における実習指導教員や自習指導者の学びは、いくつかある。

---

[64] 1. 障害者の権利に関する条約における「合理的配慮」
(1)障害者の権利に関する条約「第二十四条教育」においては、教育についての障害者の権利を認め、この権利を差別なしに、かつ、機会の均等を基礎として実現するため、障害者を包容する教育制度（inclusive education system）等を確保することとし、その権利の実現に当たり確保するものの一つとして、「個人に必要とされる合理的配慮が提供されること。」を位置付けている。
(2)同条約「第二条定義」においては、「合理的配慮」とは、「障害者が他の者との平等を基礎として全ての人権及び基本的自由を享有し、又は行使することを確保するための必要かつ適当な変更及び調整であって、特定の場合において必要とされるものであり、かつ、均衡を失した又は過度の負担を課さないものをいう。」と定義されている。
2.「合理的配慮」の提供として考えられる事項
(1)障害のある児童生徒等に対する教育を小・中学校で行う場合には、「合理的配慮」として以下のことが考えられる。
(ア)教員、支援員等の確保
(イ)施設・設備の整備
(ウ)個別の教育支援計画や個別の指導計画に対応した柔軟な教育課程の編成や教材等の配慮
(2)「合理的配慮」について条約にいう、「均衡を失した又は過度の負担を課さないもの」についての考慮事項としてどのようなものが考えられるか（例えば、児童生徒一人ひとりの障害の状態および教育的ニーズ、学校の状況、地域の状況、体制面、財政等）。

第1点は、介護分野の中で発展途上にある人達の、フレッシュであるがゆえに出やすい新しい介護に対する考え方や感覚や技術から学べることである[65]。特に外国人や、他の仕事を経験してきている社会人再学習組からは、学ぶヒントがたくさん出ていることが多い。典型的なものでは、特に若い人からICT機器の扱い方や活用の仕方を学ぶなど、学ぶことはたくさんあるのではないだろうか。

　第2点は、彼らが、介護のどういう場面で困難に陥るのかを知ることができることである。実習生が適切な学習を進められないのは、介護業務のどこかに無理があるか、仲間内で暗黙知になっていて意識化されていないノウハウによる介護が行われているということである。どちらにせよ、それらを意識化（言語化）し、対応の仕方を整理すれば、すべての介護職員がより仕事をスムースに展開できるようになる。

　第3点は、実習指導教員は第2点とも絡んで、臨床研究のテーマが発見できやすいという点である。単なる問題解決にとどまらず、困難となっている内容を深く掘り下げていくことで、介護に新たな視点や法則を導き出せるかもしれない[66]。こういう研究テーマ発見の機会に恵まれるのは、実習巡回をする介護教員にとっての特権ともいえる。この問題解決への取組みは、研究という自己実現をしやすい活動への導入であり、充実感の大きな活動になる。もちろん、実習指導者は、教員よりも頻繁にこういうテーマにぶつかっており、それを自習指導教員らとも協力しながら研究していくのは、実習生指導においても、職場でのエキスパートとしての役割を担う上で、とても役立つ。

　第4は、介護教員はどんどん進む現場の介護実践から、また、実習指導者は介護教員や学生から新しい介護理論等を学ぶことができる。今後は、時代の流れがどんどん早くなっていく傾向が強いので、この相互の学びは大きな意味を持ってくるだろう。

2）専門職としての日ごろからの学びと研究

　介護教員や実習指導者は、介護業界の中でその専門性のレベルにおいて中核的な役割を持つ人である。したがって、日々研鑽に励まないと、そのポジションを保てない。最近の実務家教員[67]に関する資料でも、その実務経験による優位性の有効期間は5年程度とされている。いずれにせよ、日々学んでいないと5年で力量的に教員であったり、エキスパートであり続けられないということであろう。

　その意味で、自己研鑽の方法は2つある。1つは、関連資料に目を通して、日々の教育や介護の現場での活動の役立てることである。もう1つは、介護に関する研究に参加することである。自分で研究を行うのもよいが、研究の客観性や規模等を考えると、研究チームに参加する方が取り組みやすいであろう。

65）実習生の話を集中して真剣に聞いていると、微妙な違いを含めて、自分にはなかった観点や見方が出てきて、そういう考えもあるなと気が付き、さらにそういう対話の中で自分の考えが明確になっていく場合もあるだろう。

66）介護という分野が成立してからまだ30年。介護分野には残されている研究テーマはたくさんある。研究が進んでいないため、介護業務が標準化されていない。介護実践の研究が進めば、実践は自ずから一定の技術水準などに収斂していくだろう。

67）専門職大学に関する関連資料等では、実務家教員の実務経験年数や、実務から離れてからの有効期間を5年程度と想定している。教員と実務を両方並行して行っている場合は、制限はない（クロスアポイントメント制度など）。

【参考文献】
・日本介護福祉士会編『介護実習指導者テキスト』全国社会福祉協議会，2009（改訂版，2015）．
・日本介護福祉士会ウェブサイト「介護実習指導のためのガイドライン」2019年3月．
・川廷宗之・高橋流里子・藤林慶子編『相談援助実習』MINERVA社会福祉士養成テキストブック7，ミネルヴァ書房，2009．
・佐藤豊道『介護福祉のための記録15講』中央法規出版，1998．

column

高齢者の力を再認識しよう

　ある授業でのひとコマ…。「1年間にどのくらいの高齢者が、自宅での転倒を経験していると思うか」という問いに、学生は「3割、いや5割…」と答える。「9.5％（対象は60歳以上）」という調査結果[1]を示すと、驚きの声が上がった。次に学生に、「この1年間に転んだことがあるか」と聞いたところ、約2割の学生があると答え、笑いが起こった。学生たちは、高齢者は転倒しやすいと思っている。もちろん、要支援・要介護高齢者は、転倒リスクが高まることへの理解は必要ではある。他にも、高齢になると肉を食べなくなる、高齢者は時代劇が好き、新しい物にはチャレンジしないなどと、思っている人は多い。高齢者に対して持っているイメージと、実際とのギャップを知ることは必要である。

　2013（平成25）年[2]に35～64歳の人を対象に行われた意識調査では、高齢者に対するイメージは、「心身がおとろえ、健康面での不安が大きい」（74.8％）が最も多く、次いで、「収入が少なく、経済的な不安が大きい」（46.5％）、「経験や知恵が豊かである」（34.3％）、「時間にしばられず、好きなことに取り組める」（31.7％）などが続いている。一方、「ボランティアや地域の活動で、社会に貢献している」は、7.1％と少なかった。高齢者の知恵については、姥捨て山伝説でいくつかの例が語られている。現在は多世代交流の取組みにより、子どもたちや子育てをしている母親などとの触れ合いの場で、高齢者の知識や経験が活かされている。高齢者の体験談や生活の中の工夫例などから、学ぶことは多い。また、子育てに悩む母親や居場所のない子どもたちにとって、高齢者の存在が精神的な支えになっていることも少なくない。

　病院やレストランで順番を待っている間、親しそうに談笑している高齢者たちを目にする。知人同士かと思うと、今日初めて会ったという。生い立ちや家族の話など、多くの個人情報を初対面で、お互いに話している。天候の話から始まり、お互いの健康状態、家族など、話題は尽きない。そして、いつの間にか、お互いの家を行ったり来たりする関係になっていることも少なくない。もちろん個人差や地域性はあるだろうが…。

　このように高齢者は物怖じしないし、お互いの共通点や話題の見つけ方が上手なのである。若者たちが苦手な、自己開示を活用しながら関係性を築き、傾聴や受容・共感というコミュニケーション技術を自然に使いこなしている。多世代交流の場では、人とのコミュニケーションのとり方や、人間関係の築き方などを学ぶことができる。

　高齢者は様々な経験をし、そこで得た多くの知識や技術、そして意欲を持っている。高齢者が持っている力を再認識することが必要であり、それによって高齢者・年齢を重ねることに対するイメージが、肯定的に変わっていくことを期待している。

注）
1) 内閣府「平成22年度　高齢者の住宅と生活環境に関する意識調査」（平成23年3月）.
2) 内閣府「平成25年度　高齢期に向けた『備え』に関する意識調査」（平成26年3月）.

（森　千佐子）

第4章
「こころとからだのしくみ」の学習支援

第1節　「こころとからだのしくみ」領域での学習課題と学習支援

　領域「こころとからだのしくみ」は、領域「人間と社会」(240時間)と共に、領域「介護」(1,260時間)および領域「医療的ケア」(50時間以上)の基礎となるものである。教育内容(科目)は、「こころとからだのしくみ」(120時間)、「発達と老化の理解」(60時間)、「認知症の理解」(60時間)、「障害の理解」(60時間)で構成されている。この章では、各科目の重要性や枠組み、授業設計などについて検討する。

1　領域としての教育目標

　今回の介護福祉士養成課程における教育内容の見直しでは、見直しの観点として「①チームマネジメント能力を養うための教育内容の拡充」「②対象者の生活を地域で支えるための実践力の向上」「③介護過程の実践力の向上」「④認知症ケアの実践力の向上」「⑤介護と医療の連携を踏まえた実践力の向上」の5点が挙げられている。

　領域「こころとからだのしくみ」の目的は、表4-1-1のように変更された。領域「介護」をバックアップする領域として、介護実践に必要である知識という位置付けは変わらない。その中で、介護実践に必要な根拠となる内容の理解とされ、社会的側面を含めた知識の習得が求められている。単に医学的知識を養うのではなく、生活を支援するという観点・視点が強調されていると読み取れる。

　また、「医療職と連携[1]し、地域での自立した生活を継続するために、必要とされる支援についての基礎的な知識を養う」とも記載されている。さらに、認知症や障害のある人の機能が生活に及ぼす影響を理解し、本人と家族が地域で自立した生活を継続するために、介護福祉士には修得した知識を生活支援に結びつけるアセスメント能力が求められていると考えられる。

[1] 医療職との連携において、介護福祉士は対象者に関する情報を的確に収集して関係者に提供し、生活支援の観点から意見を述べることが必要である。そのために心身機能や障害、疾病について理解し、対象者の生活につなげて考察できる力をもっていることが重要であると考える。

表4-1-1 領域「こころとからだのしくみ」の目的

旧課程	新課程
1. 介護実践に必要な知識という観点から、からだとこころのしくみについての知識を養う。 2. 増大している認知症や知的障害、精神障害、発達障害等の分野で必要とされる心理的社会的なケアについての基礎的な知識を養う。	1. 介護実践に必要な根拠となる、心身の構造や機能及び発達段階とその課題について理解し、対象者の生活を支援するという観点から、身体的・心理的・社会的側面を統合的に捉えるための知識を身につける。 2. 認知症や障害のある人の生活を支えるという視点から、医療職と連携し支援を行うための、心身の機能及び関連する障害や疾病の基礎的な知識を身につける。 3. 認知症や障害のある人の心身の機能が生活に及ぼす影響について理解し、本人と家族が地域で自立した生活を継続するために必要とされる心理・社会的な支援について基礎的な知識を養う。

2 教育内容

領域「こころとからだのしくみ」の教育内容（科目）[2]としては、現行と同様に「こころとからだのしくみ」（120時間）、「発達と老化の理解」（60時間）、「認知症の理解」（60時間）、「障害の理解」（60時間）であり、時間数も変更されていない。各教育内容のねらいおよび内容は、巻末資料のとおりである。

見直しの観点のうち、領域「こころとからだのしくみ」においては、④認知症ケアの実践力の向上の観点からは、「認知症の理解」の教育に含むべき事項に、これまでの医学的側面からの認知症の理解に加え、心理的側面の理解が、生活支援を行うための根拠となる知識を理解する内容として追加された。医学的知識に加え、心理的側面の基礎的理解は、「障害の理解」においても記されている。さらに、認知症に伴う生活への影響と認知症ケアが追加された。認知症の原因となる疾患や心理面を理解し、対象者本人の想いや家族の状況も含めてアセスメントし、認知症の人への支援および家族の支援ができる能力が求められている。

また、⑤介護と医療の連携を踏まえた実践力の向上の観点では、「こころとからだのしくみ」の教育に含むべき事項が、「こころとからだのしくみⅠ（人体の構造や機能を理解するための基礎的な知識）」と「こころとからだのしくみⅡ（生活支援の場面に応じた心身への影響）」に大別された。さらに、「発達と老化の理解」の教育に含むべき事項の「人間の成長と発達」に、ライフサイクルの各期の基礎的な理解が挙げられている。そして、これらの医学的な基礎知識を根拠とし、多職種や多機関と連携しながら、生活支援を行える力が必要とされている。このことは、観点の①であるチームマネジメント能力にもつながっていくと考えられる。

2) 教育内容を深めるためには、以下のような資料を参考にされるとよいであろう。
①調査データの活用：『生活のしづらさなどに関する調査（厚生労働省）』『高齢者の健康に関する意識調査（内閣府）』『認知症の人の行方不明や徘徊、自動車運転にかかわる実態調査（公益社団法人認知症の人と家族の会）』等
②図表やDVD等の教材活用：各科目の授業設計参照
③教育方法・評価に関する文献：岡本浄実・野田由佳里「介護福祉養成教育におけるルーブリック活用に関する考察」日本介護福祉教育学会編『介護福祉教育』No.42, 中央法規出版, 2017, pp.44-52、市原浩美・川廷宗之「演劇的手法を用いた授業実践の教育的有効性を認識するための予備的研究」大妻女子大学人間生活文化研究所『人間生活文化研究』No.24, 2014, pp.96-100.等

3 教育内容全体の構造

　図4-1-1に見るように、領域「こころとからだのしくみ」は、領域「介護」をバックアップする位置付けがされている。教育内容の「こころとからだのしくみ」の教育に含むべき事項は、「介護」の教育内容の1つである「生活支援技術」の教育に含むべき事項に対応[3]しており、「医療的ケア」の基礎知識としても不可欠な内容である。また、「発達と老化の理解」におけるライフサイクル各期の特徴や主な疾病の基礎知識ともなる。「障害の理解」、「認知症の理解」の内容は、「コミュニケーション技術」の内容の1つである障害の特性に応じたコミュニケーションとつながる。

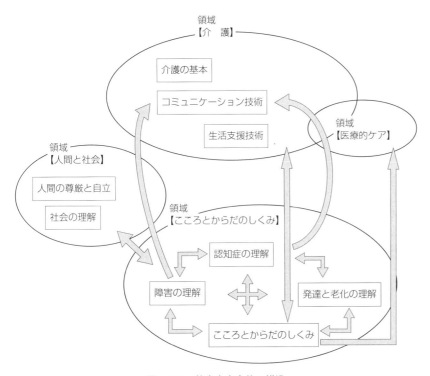

図4-1-1　教育内容全体の構造

　領域「人間と社会」との関係を考えると、「社会の理解」で学ぶ社会保障や高齢者福祉、障害者福祉および地域共生社会などについて理解することは、障害者や高齢者、認知症の人に対する支援を考える上で不可欠である。また、「人間の尊厳と自立」の内容は、障害者や高齢者、認知症の人たちに対するこれまでの偏見や人権侵害について知り、そして今後どうあるべきかを考える基礎となる。

　領域「こころとからだのしくみ」の4つの教育内容は、それぞれに関連が深いといえる[4][5]。

---

3) 生活支援を行うにあたっては、対象となる人の状態を把握するための観察力と必要な支援について判断する力が必要である。そのため、人体の構造と機能を全体的に捉え理解する必要がある。その上で、生活支援の各場面において、心身の機能低下や障害が生活に及ぼす影響について理解することは、移動、食事、排泄等の生活支援を根拠を持って行うことにつながるものである。

4) 例えば、「こころとからだのしくみ」で記憶のしくみについて学習し、「発達と老化の理解」で加齢に伴う認知機能の変化や、老年期に多い疾患の1つとして認知症について学ぶ。そして、「認知症の理解」において、認知症の原因疾患とその症状を詳細に学習する。また、認知症で生じる様々な症状と、「障害の理解」で学習する精神疾患・障害の症状との共通点や相違点を整理して理解することが必要である。

5) 各教育内容の進度を意識し学生の既習知識の確認をしながら、授業を進めることが重要である。順序性としては、「こころとからだのしくみ」を先修し、その後に「発達と老化の理解」「障害の理解」を学習し、「認知症の理解」へと進めることが望ましいと考える。

4　教育方法の工夫

　領域「こころとからだのしくみ」の教育内容は、介護実践の根拠となり、家族や地域も含めた生活支援のために必要な基礎的知識である。そのため、生活支援との関連を意識して教育することが重要である。疑似体験や自分自身の身体構造・機能やこころの動きを観察することなどにより、体感的に理解することが重要である。また、介護福祉士以外の職種から話を聴くことで、多職種連携・協働の実際をより具体的に知ることができる。その他、調べて発表する体験や学生同士のディスカッション（視聴覚教材や事例検討）などを取り入れることで、自発的な学習への取組みが期待できるであろう。

5　教育者としての学び

　領域「こころとからだのしくみ」は、介護福祉士が生活者である要介護者等を支援する際に理解しておくべきことを学ぶ、いわば基礎的知識を習得する科目である。それゆえ授業は、教員からの既存知識の解説にとどまりがちになる可能性がある。しかし学生は、自身のこころとからだのしくみや発達については、体験・体感していることであり、学習する内容と結び付けることが比較的容易である。体験・体感を具体的な知識につなげることは、学生自身の調べ学習や、問題解決学習として馴染みやすく、アクティブラーニングに向いていると考えられる。

　また、加齢や老化、認知症[6)][7)]や障害に関しては、当事者と接することで具体的なイメージにつながり、理解を深めることができると考えられる。しかし、その際には、老化や障害による不自由さや困難さなどのマイナス面のみでなく、保有能力や可能性なども理解し、考えられる体験にすることが必要である。そのためには、教員自身が高齢者や障害児・者との関わりを多く持ち、多側面から理解を深めることが求められる。自身の高齢者や障害児・者等に対する考え方を見つめ直しながら、教育にあたることが重要である。接触体験の持ち方が、学生の捉え方に影響を及ぼすことを理解し、学生の反応を捉えながら教授方法を考えることが、教育者としての成長につながると考える。

　さらに、学生の具体的な体験・体感を知識として蓄積していく過程で、学生が学ぶ楽しさを得られれば、さらに知りたいという学習意欲が湧き、自発的な学びにつながるはずである。"させられている"課題にならないよう、学生のレディネスやその都度の反応や学び、成長を捉えながら、学生とともに学ぶ姿勢が大切である。そして、教員自身が、常に新たな知識の習得を心がけ、教育内容・方法を工夫し、学び続けることが重要であろう。

6）認知症の人に対し、個別的な生活支援を行うためには、当事者の視点から考えることが必要である。そのためには、疾患や症状に関する知識のみでなく、本人の思いを理解することが不可欠である。

7）認知症の症状が日常生活に及ぼす影響を理解した上で、本人を主体とした個別性に応じた生活支援および家族への支援を含めた認知症ケアを実践する力が求められている。

第2節 「こころとからだのしくみ」の学習支援方法

1 「こころとからだのしくみ」は「なぜ」必要か——当該科目の重要性

　2017（平成29）年12月に発表された新しいバージョンの「求められる介護福祉士像」によれば、「③身体的な支援だけでなく、心理的・社会的支援も展開できる」「④介護ニーズの複雑化・多様化・高度化に対応し、本人や家族等のエンパワメントを重視した支援ができる」や「⑤ QOL（生活の質）の維持・向上の視点を持って、介護予防からリハビリテーション、看取りまで、対象者の状態の変化に対応できる」など介護福祉士には、「心と身体」のしくみを踏まえた総合的取組みが期待されている。

　したがって、第1の重要性は介護の総合性の確認である。「心と身体」[1]を考える時に、「心と身体（と社会的支援）」は一体として「快適な生活の支援」に基づく「生活の質」に影響してくる[2]ことを確認しておくことである。特に「生活」は様々な要素からなる総合的営みであるので、介護は特に生活に大きく影響する社会的支援（条件）も踏まえて、かつ個別の介護事項だけに対応する[3]だけではなく総合的な支援が求められる。

　第2の重要性は、介護の個別性の確認である。図4-2-1（p.40参照）のようにその人なりの「快適な生活（いきがい）」はそれぞれ異なるので、その1つの基本となる心や体の状態の快適性についても、一人ひとり異なってくる[4]。特に、その人なりの機能低下や障害が生活に及ぼす影響について理解していないと、誤った介護をすることにもなりかねない。

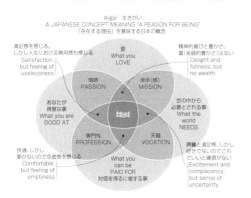

図4-2-1 「生きがい」の要素分解図

　第3の重要性は障害（病気）内容の確認である。第2とも関係するが高齢者は慢性病を抱えている人が多い。その障害や病気が生活に与える影響は様々である。その内容を把握した上で、それを生活上での制約[5]と捉えないで、その利用者の快適な生活内容を実現できるように工夫することが求められる。

　第4の重要性は、根拠を示せる科学的な介護である。第1〜3に見るように、介護の実践は多様な対象者の特性を踏まえた上で、画一的な介護の実践ではなく介護福祉士が自ら考え判断する総合的な介護を行うことが求められる。

1）「心」と「身体」を別々に理解するのではなく、それぞれが1つの要素として相互に関係しあいながら生活が成り立っていくという視点が大切である。特に高齢者は「病は気から」という言い方が通用しやすい傾向もある点を意識している必要がある。

2）例えば、身体的条件が同じでも、自宅で自分がやりたいことに取り組んでいる人と、施設であまりやりたくないプログラムに参加している人では、心の状態はかなり違ってくる。

3）例えば、移動の介助はその移動の目的（誰かに会うために外出するのか、散歩か、食事室までの移動か）によって配慮の内容が異なってくる。

4）誤解を恐れずに言えば、疾病状態にあるとしても、その回復よりも快適な生活を支援する「介護」は、基本的に疾病状態からの回復を期待する「看護」とはこの点で異なる側面がある。

5）利用者に何らかの障害があると、すべてできないものとして介護してしまう場面を見るが、自分でできること、やりたいことを実現させていく介護であることが大切である。

6）フレイルとは「加齢とともに心身の活力（運動機能や認知機能等）が低下し、複数の慢性疾患の併存などの影響もあり、生活機能が障害され、心身の脆弱性が出現した状態であるが、一方で適切な介入・支援により、生活機能の維持向上が可能な状態像」のことである。
出典）鈴木隆雄「後期高齢者の保健事業のあり方に関する研究」厚生労働科学研究費補助金（長寿科学総合研究事業）総括研究報告書，2016.

7）健康寿命とは、WHOが2000（平成12）年に「日常的・継続的な医療・介護に依存しないで、自分の心身で生命維持し、自立した生活ができる生存期間のこと」と定義した。

特に、今回の改正では学習のねらいに「介護を必要とする人の生活支援を行うため、介護実践の根拠となる人間の心理、人体の構造や機能を理解する学習とする」とに記されており、「なぜ、その介護をするのか（しないのか）」を説明できることが必要である。特に、介護福祉士が考え判断する基準（ものさし）と判断の根拠（エビデンス）として学んでおく必要がある。

第5の重要性は、自立支援や介護予防などの新たなニーズへの対応である。特に介護予防などに関しては、フレイル[6]の予防や健康寿命[7]の視点においても重要である。また、人生の最終段階である終末期に関しても、介護の立場からの社会的支援を踏まえての、死の概念理解や、終末期から危篤時、臨終までの身体機能の変化を理解し、医療職との連携などにも配慮する必要がある。

2　旧課程から新課程へ─変化した点（授業設計への反映）

表4-2-1　「こころとからだのしくみ」新旧教育課程比較表

	旧課程	新課程
ねらい	介護実践の根拠となる、人体の構造や機能及び介護サービスの提供における安全への留意点や心理的側面への配慮について理解する学習とする。	介護を必要とする人の生活支援を行うため、介護実践の根拠となる人間の心理、人体の構造や機能を理解する学習とする。
教育に含むべき事項	①こころのしくみの理解 ②からだのしくみの理解 ③身じたくに関連したこころとからだのしくみ ④移動に関連したこころとからだのしくみ ⑤食事に関連したこころとからだのしくみ ⑥入浴・清潔保持に関連したこころとからだのしくみ ⑦排泄に関連したこころとからだのしくみ ⑧睡眠に関連したこころとからだのしくみ ⑨死にゆく人のこころとからだのしくみ	こころとからだのしくみⅠ ①こころのしくみの理解 ②からだのしくみの理解 こころとからだのしくみⅡ ③移動に関連したこころとからだのしくみ ④身じたくに関連したこころとからだのしくみ ⑤食事に関連したこころとからだのしくみ ⑥入浴・清潔保持に関連したこころとからだのしくみ ⑦排泄に関連したこころとからだのしくみ ⑧休息・睡眠に関連したこころとからだのしくみ ⑨人生の最終段階のケアに関連したこころとからだのしくみ
留意点		介護実践に必要な観察力、判断力の基盤となる人間の心理、人体の構造と機能の基礎的な知識を理解する内容とする。 生活支援を行う際に必要となる基礎的な知識として、生活支援の場面に応じた、こころとからだのしくみ及び機能低下や障害が生活に及ぼす影響について理解する内容とする。 人生の最終段階にある人と家族を支援するため、終末期の心身の変化が生活に及ぼす影響について学び、生活支援を行うために必要となる基礎的な知識を理解する内容とする。

表4-2-1からも明らかなように、旧課程における当該科目では支援の対象者の心と身体を理解するための"道具"として独立した表現になっていたものが、新課程では支援の対象者を理解するための"道具"をどのように役立て

るかが明示されている。つまり、授業を設計する際には他の関連科目との関係性を含め、さらには対象者の生活全般[8]（生きる全体像）を捉えるICFを用いて生活機能をアセスメントすることも視野に入れた設計が求められていると解釈することができる。また、カリキュラムの構成がⅠとⅡに分けられたことで、基礎的な知識としての心と身体の全体像を修得した後、目的別に心と身体のしくみを関連付けて学習できるだろう。一般論としての心の作用と一般的で基礎的な生活動作から、目的を持った個別の行為に関連する心と身体の作用へと学習を展開させるねらいが汲み取れる。

3 『介護教育方法論』から『介護教育方法の理論と実践』へ

前回の改正をベースとして考えられていた『介護教育方法論』は、かなり個々の知識詰め込み型教育[9]であった。しかし、知識詰め込み型教育があまり有効ではないことは、様々な研究で立証されている。とすればできるだけ現場での実践を踏まえて学ぶ必要がある。その意味で、現在の介護福祉現場での要介護者の心身に関係する課題を、養成校と現場の双方で共有[10]できる教育内容の整備が必要であり、そのような問題解決学習こそが、介護の仕事の魅力にもつながるものともいえよう。言い換えれば、「こころとからだ」の授業設計では、"道具の使い方"が修得でき、さらには"道具の魅力"を感じられるようでなければ学生の実践力を養う[11]ことはできない。

4 「こころとからだのしくみ」の枠組み—概念的整理

「こころとからだのしくみ」は、「こころのしくみの理解」「からだのしくみの理解」「移動、身じたく、食事、入浴・清潔保持、排泄、休息・睡眠、人生の段階に関連したこころとからだの仕組み」で構成されている。授業内容を構造化すると図4-2-2[12]のようになる。横軸は時間、誕生から死までを表している。縦軸は自分の生活を自分の意思で創るチャレンジができているのかどうか主観的生活満足度を表している。点線の三角形は人体の成長・成熟・老化を経て死への道程を表しており、太線の三角形は生涯発達を続ける人の心の完成形への道程を表している。

生活機能低下や生活環境の変化[13]が、生命・生活・人生の質にどのような影響を及ぼし、それによって対象者が抱える不安・不満・不快が、どのような支援（働きかけ）が計画的に実施されることによって安心・満足・快気へと変容を遂げるのか。介護の実践に必要な観察力・思考力・判断力等の基盤となる基礎的な知識を修得する科目である。

---

8)「生活」の捉え方の枠組みについては第1章1節（pp.3-6）参照。

9) 当時はやむを得ない事情があったにせよ、知識詰め込み型の教育は、実践現場ではあまり役立っていないようである。学ぶ内容も大切だが、学び方を学生たちの自発的な学習意欲を発揮させるような実践的な学び方に変えていく必要がある。

10)「介護教育方法の理論と実践」とは、産学間の緊密な連携体制を構築することが必須となる。

11) 今回のカリキュラム改正では学生の実践力強化が謳われ、教員の役割が「学生に教える」から「学生の学習を支援する」に方向転換が図られている。教員の授業設計能力がますます問われることとなったといえる。

12) 人生の早期に介護・介助が必要になった場合は、「獲得できる」「関係を創る」「適応（防衛）できる」ことを支援できる知識と技術がより重要になり、人生の中期以降に介護・介助が必要になった場合には、「孤立」「不適応」「喪失」を自らの意思と勇気を持って乗り越えていくことを支援できる知識と技術が重要になる。

13) ICFにおける、身体構造・心身機能、活動と参加と環境因子を意味している。

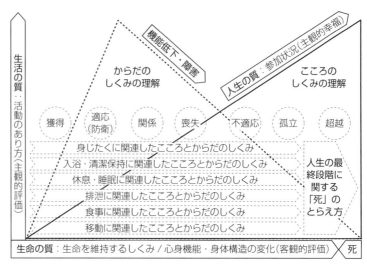

図4-2-2 「こころとからだのしくみ」学習内容構造図
(作図－松田朗)

5 介護福祉士としてのレベル—発達への課題

　地域包括ケアシステムのもと、介護福祉士に寄せられる期待はますます高まっており、団塊の世代[14]が後期高齢者となることで予測される介護福祉に対するニーズの高度化と多様化への対応が求められている。特に、社会学的・心理学的・医学的な視点を踏まえた、一人ひとりの心と身体の状態や状況を的確に把握してニーズの発掘ができる観察力や洞察力が必要となる。さらに、それに対し、心と身体の可能性（潜在能力）を見出して意欲を引き出し、行動に結び付ける介護を創造できる必要がある。そのためには、終末期の問題を含め、諸要因を調整していく力量や、PDCAサイクルを理解し実践できる課題解決能力が必要になる。

6 介護福祉士養成教員として成長発展への課題

　上記のような介護福祉士を養成していくためには、この科目の担当教員は、かなり多領域にわたっての総合的な情報収集や、現場での介護課題について精通している必要がある。そのためには、当然のことながら現場での解決課題を収集するとともに、関連する分野の新たな科学研究の成果を修得[15]しておく必要がある。そのように考えるならば、担当教員としての研鑽の課題は多い[16]。

14）第1次ベビーブームが起きた時期（1947〔昭和22〕～1949〔昭和24〕年）に生まれた世代のこと。全共闘世代とも言われている。
出典）松村明編『大辞林』第3版，三省堂，2006．

15）ネット上の情報やTV等で流される情報には信憑性の疑わしいものも含まれるが、要介護者や家族はこれらの情報を持っている場合が多いので、介護教員としてはこの程度の情報やそれに対する見解を持っているのは最低条件である。

16）【参考文献】
・坂井建雄・橋本尚詞『ぜんぶわかる人体解剖図—系統別・部位別にわかりやすくビジュアル解説』成美堂出版，2010．
・石川幹人『人は感情によって進化した—人類を生き残らせた心の仕組み』ディスカヴァー携書，ディスカヴァー・トゥエンティワン，2011．
・櫻井武『「こころ」はいかにして生まれるのか—最新脳科学で解き明かす「情動」』ブルーバックス，講談社，2018．
・DVD『NHKスペシャル 驚異の小宇宙 人体Ⅱ 脳と心』NHKエンタープライズ，2008．

7　こころとからだのしくみの授業設計（計画）（案）

(1) 授業科目名
こころとからだのしくみ

(2) 授業担当者
○○○○

(3) 開講時間（コマ）条件
120時間科目。1回2コマ連続（4時間換算）で30回の授業で構成している。

(4) 開講教室
プロジェクター、PC、DVD視聴機器、移動可能な机と椅子

(5) 学習目標
①介護を必要とする人の生活支援を行うため、介護実践の根拠となる人間の心理、人体の構造と機能を理解する。

②対象を理解するうえで大切な、運動学、生理学、心理学をもとに加齢や様々な疾患でもたらされる生活障害はどのようなメカニズムで生じるのかについて学習する。

③基礎的な知識を踏まえ、多様な対象理解のために、観察力、思考力、創造力を深めていく。

(6) 学生の達成課題
①健康を阻害する要因について、ICFに基づき事例を用いて解説できる。

②人間の基本的な欲求を、事例（言動）を用いて解説できる。

③自己概念に影響する要因について事例（自分）を用いて解説できる。

④意欲と動機付け[17]のしくみを、事例（行動変容）を用いて解説できる。

⑤自我防衛機制（適応規制）のしくみを、事例を用いて解説できる。

⑥人体の構造と機能を、3つの事例（動作の異なる3つの日常生活行為）を用いて解説できる（介護に必要な解剖生理学：①脳・神経系、骨格系・筋系、皮膚・感覚器系、血液・循環器系、呼吸器系、消化器系、腎・泌尿器系、内分泌・代謝系、免疫系、生殖器系、免疫系）。

⑦人体の構造と機能を、3つの機能低下（障害含む）の事例（動作の異なる3つの日常生活行為）を用いて解説できる。

⑧人生の最終段階にある人と家族の支援を、事例を用いて解説することができる。

(7) 学習方法―学生主体・アクティブラーニング
①テキストおよび資料を用いた調べ学習

②知識や基礎的概念の理解と定着のためのワーク

③グループワーク（学生の生活年齢、性質を踏まえ編成）

---

17) 最近の研究報告では、今後100歳以上生きるのが当たり前になるかもしれない時代が予測されている。その意味で、人々が自分の人生の想定として考えているよりも、はるかに長命になる可能性が高いことが自明となっている。したがって要介護者には、「お迎えを待つ」のではなく、改めてどう「生きる」かを考えていただく必要もある。

(8) 教材

①関係各出版社から、介護福祉士養成授業用のテキストが出版されているので、その中から最も授業内容に近いテキストを指定[18]する。

②介護福祉士国家試験受験用の資料

(9) 参考図書[19]

① A.H.マスロー著/上田吉一訳『完全なる人間—魂のめざすもの［第2版］』誠信書房, 1998.

②安田陸男『「老い」と暮らす』岩波書店, 1998.

③養老孟司『からだを読む』ちくま新書, 筑摩書房, 2002.

④玉先生著/大和田潔監修『のほほん解剖生理学』永岡書店, 2016.

⑤横地千仭・J.W.Rohen & E.L.Weinreb『カラーアトラス 人体—解剖と機能［第4版］』医学書院, 2013.

(10) 学習評価方法

「(6) 学生の達成課題」のうち、①④⑥⑦⑧は事例に基づいて作成された考察レポートを、②③⑤はプロセスレコードを用いて検証し作成された考察レポートを、節末の「科目としての評価ルーブリック」に当てはめて評価する。A評価→特にできる・B評価→標準的にできる・C評価→最低限できる・D評価→努力が必要（不合格）。

(11) 学習に参加する学生との約束事項（授業に参加するルール）

①「こころとからだのしくみ」の学びにあたっては、自分自身の「心」や「身体」やその「しくみ」と照らし合わせて考え、教員の解説が自分の「心」や「身体」にうまく当てはまらない場合はすぐに質問すること。

②この科目の授業内容は、ネットで調べられる内容が多いので、どんどん調べて、教員の解説と違っていたら質問[20]すること。

③学んだ内容は、まず使う[21]ように心がけること。使っていれば自然に覚えてしまう。したがって、授業中は、学んだ内容をどう使うか考えること。

④この授業では、グループでの発表や討議があるので、キチンと発言できるように、常に（発言用のメモを創るなど）準備しておくこと（そのためにも授業外ワーク（アサインメント）は必ず取り組んでくること）。

(12) 教員が授業の質を上げるために—関連領域や資料・材料など

①「発達と老化の理解」「医療的ケアⅠ」のシラバスを確認する（進度等）。

②授業内ワークや授業外ワーク（課題）[22]の取組み状況と理解度を随時把握する。

＊授業方法に関する留意事項

①各回授業時の学生の様子を観察（参加度）、質疑に留意する。

②リアクションペーパーは各回配付し、次週回に必ずコメントする。

---

18) 活用できるテキストがない場合には、解決を要する場面を描いた答えが書いてない事例集などを提供する方法もある。答えに関しては、学生たちが自ら調べて作成するという前提である（もちろん教科書的テキストを参考にしてもかまわない）。

19) ①②③について初回から第3回目までに読んでおくこと。④⑤については、第10回目～第13回目にて行う各器官のデッサン（ワークシート）において活用する。

20) ネット情報の方が新しい場合もあるし、ネット情報が誤っている場合もある。いずれにせよ授業終了後は、ネットを使うことになるので、ネット情報の扱い方を心得ておくこと。

21) 自分自身の生活（改善？）に役立てる。

22) 1回3時間の授業として計画されているので、学生の主体的関わりなしには、授業が成立しにくい。その意味で、授業外ワーク（アサインメント）の発表などを授業内で活用していく授業展開はとても重要である。

(13) 学習内容―単元・毎回の授業設計

（以下、G＝「グループ」）

回	主題	授業目標と達成課題	授業中の学生の学習内容と学習活動	教員による学習支援活動の内容と方法	学習支援上の留意点
1回目	オリエンテーション 健康観	①こころのしくみを学ぶ授業の位置付け ②健康観の定義を理解し、健康とは何か	・「当該科目」を学ぶ目的を理解する。・自己紹介 ・友達作り ・自身の健康観について考察、生活の質と健康寿命について記述し、Gで意見交換	・ワークへの取組みの目的と意義の説明 ・健康観の定義についての説明 ・G編成2人組	・個人情報とプライバシーに配慮する ・課題用ワークシート用紙の配付と取組み方法・次回使用ワークシートを事前に配付
2回目	高齢者の生活史から、こころとからだの変化	①援助に影響する要因としての欲求について ②歴史的背景と生活環境から生涯発達との関連で自己概念の形成を整理できる。	・基本的欲求と社会的欲求の整理を踏まえ、「自己実現」について考察し記述する。・興味のある人物についてのライフヒストリーを調べ、自己概念の形成について考える。	・基本的欲求、社会的欲求についての説明 ・G編成2人組 ・消極的なGには教員が介入する。	・リアクションペーパーの配付と回収 ・Gで意見交換、他者の意見を傾聴し、自身の考えを内観する。
3回目	自己実現と人間の尊厳	①乳幼児期、児童期の自己概念の発達から援助のあり方 ②自己実現の目標について	・自己概念に影響する要因（自己実現など）について考察する。・自立への意欲と自己概念の関係の理解を踏まえ、Gで意見を交換。	・G編成4人組（以下編成人数は同じ）・メンバーは適宜変更	（講評と返却、各回実施）学生の発言状況、性質を考慮しG編成をする。
4回目	こころとからだの連携	①身体の調子と心の状態の相互関係 ②社会的環境の身体や心への影響	・学生自身の成育歴の中での、心と身体の相互影響を確認する。・高齢障害者の心と体の相互関係	・プライバシーを確保しつつ情報交換から法則を見つけるよう支援	心理的描写等の多い文学（小説・詩・など）の活用もあり得る。
5回目	感情・情動・性格	①人間理解の概略を理解し、性格とは何かについて ②「感情とともにある人生・人間」を理解し、感情（情動・気分・情緒）とは何か	・気質、人格、性格の違いについて考察する。・人間の感情のしくみと種類（自律神経、内分泌系との関連を含む）、感情と意欲の動機付けについて考察する。・自己覚知と自己分析、Gで意見交換	・気質、人格、性格と感情のしくみについての説明	自己覚知に関する議論では、プライバシーと学生の情緒変化を注意深く観察し、必要に応じて対応する。
6回目	欲求・動機 認知と知覚	①欲求と動機付けの諸理論について理解し、介護援助場面での利用者の葛藤や欲求不満について ②感覚・知覚・認知についての特徴を知り、「人間」（利用者）の精神活動についての多様性を踏まえる。	・人間の欲求と欲求不満について考える。・生きがいと自己実現について考察し、Gで意見交換。多様性を理解する。	・人間の欲求、生きがいについての説明 ・誰かの体験と重ねることができる。・人はどのような生きがいを感じるのか問う。	開示の情緒的不安や負担を配慮する。
7回目	学習・記憶・想像・創造・共感	①学習と記憶、知能・創造性・思考のメカニズムについて整理し、「人間」（利用者）の精神活動についての特徴を、援助行動との関係 ②共感の重要性について	・思考、学習、記憶のしくみ・記憶の種類と段階の特徴 ・他者理解と共感、共感的理解の方法についてG討論を通じ意見を交換し意見の違いを覚知する。	・G編成4人組 ・ありのままを見つめるとは、認知的共感、情動的共感、共感と共感的理解の違いについて問う。	

第4章 「こころとからだのしくみ」の学習支援　213

回	主題	授業目標と達成課題	授業中の学生の学習内容と学習活動	教員による学習支援活動の内容と方法	学習支援上の留意点
8回目	人間関係とストレス	①対人関係と他者への影響についてイメージできる。 ②ストレスが心身に及ぼす影響について	・ストレスとストレッサーについて ・フラストレーションと適応障害について整理する。 ・自身のストレスポイントと解決方法について考え、事例を挙げGで意見交換	・G編成4人組 ・人はどのようなときにフラストレーションを感じるのか、その解消方法は何かについて問う。	
9回目	生命とは何かを考える	①生命の維持・ホメオスタシス（恒常性）のしくみ ②生命活動を表す基礎的情報（バイタルサイン）観察の視点について	・バイタルサインについての評価および観察視点（体温、脈拍、呼吸、血圧、意識）について整理する。 ・各年代や対象の違いによるバイタルサインの変化と観察方法	・G編成2人組 ・安静時と運動時の変化 ・学生の様子観察 ・測定方法の確認	・測定時の注意点についての理解を踏まえ、自身で測定する。
10回目	身体の基本・神経と骨格・筋肉	①人体の構造（神経系）について ②人体の構造（骨・筋肉系）について	・脳、神経系の機能と構造を、模型の観察およびデッサンを行う。 ・骨、筋肉、関節の構造と機能について整理する。	・人体模型と視聴覚映像の活用と各器官のデッサン ・学生の様子観察	・資料を活用できているか？教材忘れがいないかの確認や声かけ（次週以降も同様）
11回目	周りを知るシステム「感覚器」	①人体の構造（感覚器系：視覚器・平衡聴器・嗅覚器・味覚器・皮膚感覚器）について	・感覚器の機能と構造を模型の観察およびデッサンを行う。 ・感覚器の役割とQOLについて考える。	・人体模型と視聴覚映像の活用・各器官のデッサン ・学生の様子観察	人体模型
12回目	日々の暮らしと身体の営み	①人体の構造（呼吸器系） ②人体の構造（消化器系） ③人体の構造（泌尿器・生殖器系）	・呼吸系の構造と機能を模型および消化器系の構造と機能を模型の観察およびデッサン ・代謝の機能と役割について	・人体模型と視聴覚映像の活用と各器官のデッサン・自身の排泄サイクルを振り返る。	・教室からラウンジまでの往復歩行前後での呼吸数の測定
13回目	血液の働き	①人体の構造（循環器系・内分泌系）について ②肺循環と体循環、血液のしくみについて	・循環器系の構造と機能を模型の観察およびデッサンを行い整理する。 ・内分泌代謝系の機能と役割について整理する。	・人体模型と視聴覚映像の活用と各器官のデッサン	人体模型
14回目	病気や障害とボディメカニクス	①病気や障害とボディメカニクス ②ボディメカニクス、関節可動域と関節運動について整理できる。	・特定疾病とボディメカニクスの関係・ボディメカニクスと関節可動域、関節運動について整理する。 ・関節可動域、関節運動の実践	・特定疾病との関係 ・模型の活用と各器官・関節可動域、関節運動の実演	・病気の特徴 ・人体模型と視聴覚映像
15回目	病気や障害とこころ	①病気や障害が「こころとからだ」にどう影響（問題化）するか。 ②この影響（問題）にはどう活用するか、対応方法は。	・様々な情報源から事例を収集する。 ・その事例を学んだ内容を使って分析する。 ・対応方法を考える⇒G討議	・事例の適否について助言 ・分析、対応に関して助言	学生中心に展開
16回目	こころとからだ・まとめ	人体の構造と各器官のまとめ 学習到達度の確認レポート作成	心と身体の関係および人体の構造の機能についてのまとめ	レポート課題の出題	学生達成課題①〜⑤の評価

回	主題	授業目標と達成課題	授業中の学生の学習内容と学習活動	教員による学習支援活動の内容と方法	学習支援上の留意点
17回目	機能低下・障害	機能低下・障害がもたらす生活への影響について考え、本講義を学ぶ意義について	・自分にとっての「老い」「機能低下」「障害」について整理する。 ・Gで意見交換。他者の意見を傾聴し自分の意見を内観する。	・G構成2人組 ・50年後の自分の姿や生活を想像し記述を促す。	
18回目	友人・家族との暮らし	①友人や家族との暮らしで、求められるものは何か ②身だしなみ、整容、おしゃれ	・一緒に活動したいステキな高齢障害者の身だしなみや整容 ・友人や家族を意識する暮らし	・人生を楽しく生きるためにどうすればよいのかを示唆	お化粧法があってもよい。
19回目	身じたくに関連したこころとからだ	①心身の機能低下を理解し、身じたくに及ぼす影響 ②感染予防を理解 ③眼の機能低下、爪・毛髪・口腔等の老化による変化	・心身機能の活性化のための身じたくや整容、清潔保持（身じたく）について ・自身の身じたく（おしゃれ）と清潔保持行動	・身じたく、清潔保持の重要性、快不快感覚について、視力や視覚の機能低下の影響	以下最終回まで4人のGで活動する。
20回目	外出・活動・仕事などのための移動	①移動が必要になる状態の想定 ②目的ごとの移動の内容分析 ③目的ごとの移動の介護時の配慮事項の整理	・自身の日常生活における「移動」の日常と手段について振り返る。 ・機能低下が及ぼす移動への影響と生活の質についてGで意見交換	・現在の自分や家族の移動手段、50年後の移動手段や環境について問う。	
21回目	移動に関連したこころとからだ	①心身の機能低下を理解し移動行為に及ぼす影響・移動行為の生理的意味 ②機能低下と活動低下の移動行為の関連に ③褥瘡の原因と分類、および予防法	・生活居住圏内における、バリアフリーの状況や移動手段の成功例を調べ、理想像について考える。 ・移動の阻害要因の調べ、褥瘡予防について考察し、Gで意見交換	・現在居住している地域の交通網やバリアフリーの状況について問う。	
22回目	仲間との食事・会話を楽しむ	①食事を単なる栄養摂取ではなく、会食として楽しむ方法 ②会食を楽しめる仲間づくり。話題の提供、演出（記念日会食など）	・「食欲」に影響する環境、心理的要因を分析し、食する楽しみの実現について考察し、Gで意見交換 ・楽しめる会食への環境づくり	・楽しい食事の進め方を考えるよう示唆 ・具体的な緩急づくりを考えさせる。	・学生自身の1日、1週間の食事内容、食行動を振り返る。
23回目	食事に関するこころとからだ	①食することの意義と生理的意味 ②心身の機能低下と、食事に及ぼす影響 ③嚥下障害に影響する脳血管障害や原疾患について	・身体をつくる栄養素と健康を促す食生活について考える。 ・食べるしくみ、メカニズム観察視点 ・嚥下障害のメカニズムと起因する疾病の理解。 ・食行動への諸影響	・精神機能の低下による身体機能の低下（加齢、疾病、障害）について考えさせる。	・誤嚥を引き起こしやすい状況や疾病（認知症、うつ病、心身症）についてを含む。
24回目	入浴に関するこころとからだ	①清潔保持の生理的意味、皮膚の構造と生理的機能、 ②心身の機能低下を理解し、清潔保持に及ぼす影響 ③疾病をもつ利用者の身体的影響と清潔保持に及ぼす影響について	入浴が及ぼす身体的負担と生理的反応や、清潔保持と心理的爽快感 ・皮膚の汚れや発汗、不感蒸泄のメカニズムをまとめる。 ・ICFのセルフケアの視点に基づき、清潔保持について考え、その対応について	・清潔保持の意義、皮膚の構造と汚れについての説明 ・なぜ心身の機能低下が清潔保持に影響するのか？を問う。	・学生自身の清潔保持行動についての生活記録 ・精神機能・身体機能の低下（加齢や疾病）が及ぼす影響

回	主題	授業目標と達成課題	授業中の学生の学習内容と学習活動	教員による学習支援活動の内容と方法	学習支援上の留意点
25回目	排泄に関するこころとからだ	①排泄の生理的意味、心身の機能低下をと排泄の関係 ②下痢・便秘および尿の異常と尿路感染症について ③排泄現象の異常に気付く観察視とその対応	• 尿と便の生成と性状、量、回数の生理的なしくみと異常症状について • 排泄の異常に気付く観察視点、生理的な排泄に及ぼす予測される影響や症状（下痢、腹痛、血便）やその対応について	• 生理機能と排泄の意義排泄の異常と尿路感染症の発生機序について • 排泄の異常と疾病や症状の観察視点と項目	介護福祉士としての対応について問う。
26回目	充実した日中活動の内容と介護	①日中の充実した生活・活動の支援の内容と方法 ②趣味活動、仕事、学習などにおける介護内容	• 心理的要因と疾病による睡眠障害の関連についてまとめ、快眠のための工夫について考え、その対応についてGで意見交換	• ストレスと睡眠、疾病と自律神経系と睡眠との関係について問う。	利用者に即したレクリエーション活動や充実した日中活動を考える。
27回目	睡眠に関するこころとからだ	①睡眠の生理的意味、心身の機能低下の睡眠に及ぼす影響 ②睡眠障害と観察視点について ③疾病に関連する睡眠障害	• 睡眠に関連した器官としくみについて理解しまとめる。 • 睡眠障害をもたらす疾病について理解しまとめる。	• 睡眠の役割と体内時計、概日リズムについての説明	• 自身の1週間の睡眠日記をつけて振り返る。
28回目	人生の計画実行とこころとからだ	①要介護者自身のよる人生の計画とその実行への理解と受け止め方 ②上記に関する介護の在り方 ③一般的倫理に反する計画への対応	• 要介護者の人生の計画や展望に関する聞き取り（諦めない人生） • 上記への支援計画としてのケア・プラン	• 残された人生でどう社会貢献をしていくか。 • リビングウィル、意思決定支援（ACP）の事例紹介	• 人生120歳時代の到来（予測していない人生をどう生きるか）
29回目	人生の最終段階でのこころとからだ	①社会的関係の喪失としての死 ②死に対する心理プロセスを理解し受容・死にゆく人の心身の変化 ③人生の最終段階の特徴理解と医療・家族との連携	• 死の概念「社会的な離別、生物学的な死、法律的な死（脳死）、臨床的な死」 • 死に関する「機能的変化」「生理的変化」「死の三徴候」について • 死生観と終末期の過ごし方とグリーフケア、利用者および残された家族の死への不安や受容過程	• 死の概念、終末期、危篤時、臨終機の観察ポイント • 死後の身体の変化、死後の処置、死亡診断書、他職種との連携	「死」は本人だけの問題ではない。孤老の場合も何らかの社会的影響がある。その対応に関する連携も必要
30回目	他職種との連携、まとめ	医療職と介護職との連携の重要性とチームケアについて考察できる。	• 人生の最終段階における医療職と介護職の役割について理解する。 • 終末期における他職種との連携について考え、Gで意見交換		学生達成課題⑥〜⑧の評価

7　科目としての評価ルーブリック（達成課題への対応）

評価視点＼評価基準	特に…できる	標準的…できる	最低限…できる	努力が必要（不合格）
①健康を阻害する要因について ICF に基づき事例を用いて解説できる。	右のほかに、健康を阻害する要因を解説できる。	右のほかに、各要素間の関係性を読み取れる。	ICF を使える。事例分析できる。	ICF を使えない。
②人間の基本的な欲求を、事例（言動）を用いて解説できる。	右のほかに、自分の言動の動機と人間の基本的欲求を関連付けて解説できる。	右のほかに、自分の言動の動機を見立てられる。	自分の言動を振り返ることができる。	自分の言動を振り返ることができない。
③自己概念に影響する要因について事例を用いて解説できる。	右のほかに現実の言動と理想像とのギャップから自己概念に影響を及ぼす要因を解説できる	右のほかに、自分の言動と自分の理想像とを比較できる。	自分の言動を振り返ることができる。	自分の言動を振り返ることができない。
④意欲と動機付けのしくみを、事例（行動変容）を用いて解説できる。	右のほかに、行動変容を促すための働きかけを、意欲と動機を用いて解説できる。	右のほかに、意欲と動機と行動を関連付けられる。	意欲と動機を関連付けられる。	意欲と動機を関連付けられない。
⑤自我防衛機制（適応規制）のしくみを、事例（行動）を用いて解説できる	右のほかに、自分の言動の動機を自我防衛機制に基づいて解説できる。	右のほかに、自分の言動の動機を見立てることができる。	自分の言動を振り返ることができる。	自分の言動を振り返ることができない。
⑥人体の構造と機能を、3 つの事例（動作の異なる 3 つの日常生活行為）を用いて解説できる。	右のほかに、日常生活行為を用いて人体の構造と機能の解説ができる。	右のほかに、日常生活行為における心身の動きを見立てることができる。	人間の基本動作の分析ができる。	人間の基本動作の分析ができない。
⑦人体の構造と機能を、3 つの機能低下（障碍含む）の事例（動作の異なる 3 つの日常生活行為）を用いて解説できる。	右のほかに、障がいを有する人の日常生活行為を用いて人体の構造と機能の解説ができる。	右のほかに、障がいを有する人の日常生活行為における心身の動きを見立てることができる。	障がいを有する人の基本動作の分析ができる。	障がいを有する人の基本動作の分析ができない。
⑧人生の最終段階にある人と家族の支援を、事例を用いて解説することができる。	右のほかに、対象者とそのご家族への具体的な支援を解説することができる。	右のほかに、対象者とご家族の現状におけるニーズを見立てることができる。	人生の最終段階にある人とその家族の心身の状態を見立てることができる。	人生の最終段階にある人とその家族の心身の状態を見立てることができない。

第3節 「発達と老化の理解」の学習支援方法

1 「発達と老化の理解」の重要性（なぜ学ぶのか）

　日本の総人口は2005（平成17）年に戦後初めて減少した後、2008（平成20）年にピークとなり、2011（平成23）年以降は継続して減少している。一方、65歳以上の高齢者人口は、1950（昭和25）年以降、一貫して増加しており、2018（平成30）年10月1日現在、3,558万人で高齢化率は28.1％である。今後も高齢者人口は増加傾向が続き、2042年に3,935万人でピークを迎え、その後は減少に転じると推計されている[1]。このように高齢者人口、特に75歳以上の後期高齢者人口が急速に増大している状況[2]において、介護ニーズは確実に高まっている。

　人間は誕生してから死に至るまでに、成長・発達、成熟、老化の過程を経るため、高齢者を支援する場合において、老年期に至るまでの過程を理解していることが必要である。また、介護福祉士がサービスを提供する対象は高齢者だけとは限らないため、成長や発達に関する知識を持ち、ライフサイクル各期の特徴や疾病について理解することが求められる。

　介護福祉士を目指す学生たちは、高齢者とのふれあい経験が少ない者が多く、高齢者・老年期のイメージがつきにくい[3]と考えられる。老化に伴う心身の機能低下や疾病による日常生活上の困難さ・不自由さを正確に理解し、支援につなげることが重要である。しかし、それのみでなく、維持される機能や可能性にも着目し、対象者の能力を活かしながら、支援できる能力を養うことが必要である。

　さらに、ライフサイクルにおける各発達段階の特徴や発達課題を学習するなかで、個別性についても十分に意識し[4]、多様な考えやライフスタイルを認める姿勢を持つことが重要であると考える。

2 旧課程から新課程へ──変化した点（授業設計への反映）

　旧課程におけるねらいは、「発達の観点からの老化を理解し、老化に関する心理や身体機能の変化の特徴に関する基礎的知識の習得」であり、老年期や高齢者を前提とした内容であった。今回の改正では「ライフサイクルの特徴に応じた生活を支援するために必要な基礎的な知識」を学習することが「ねらい」に記されている。そして、教育に含むべき事項①「人間の成長と発達の基礎的理解」には、人間の成長と発達の基本的な考え方を踏まえ、ライフ

---

1) 総務省人口推計より。

2) 2018年10月1日現在、65～74歳人口1,760万人（構成比13.9％）、75歳以上人口1,798万人（14.2％）。2017年10月1日現在、65～74歳人口1,767万人（13.9％）、75歳以上人口1,748万人（13.8％）。

3) 高齢者施設等でのボランティア体験から、高齢者は介護・支援が必要な人であると捉えている可能性や、高齢者による交通事故や介護問題のニュースなどから、高齢者に対する偏ったイメージを持っていることが考えられる。

4) 現在、ライフスタイルは人それぞれであるため、一人ひとりの生活歴や習慣、価値観、人生観などを理解し、ニーズに対応することが必要である。

サイクルの各期（乳幼児期、学童期、思春期、青年期、成人期、老年期）における身体的・心理的・社会的特徴と発達課題及び特徴的な疾病について理解する内容とすることが、留意点として示されている。老年期に関する理解と支援のみでなく、人間の生涯について理解する必要性が示されたといえる。

また、教育に含むべき事項②「老化に伴うこころとからだの変化と生活」の留意点には、老化に伴う身体的・心理的・社会的な変化や、高齢者に多く見られる疾病と生活への影響、健康の維持・増進を含めた生活を支援するための基礎的な知識を理解する内容とすると記載されている。老化や疾病による機能低下や生活の困難さのみでなく、健康や保有機能の維持・増進というプラス方向への支援の視点も重要である。

3 『介護教育方法論』から『介護教育方法の理論と実践』へ

旧課程からの変更点は、老年期以前の疾病や障害について学習すること、また高齢者の健康の維持・増進の内容が含まれたことである。本科目は講義科目の位置付けになると思われるが、体験やディスカッション、学生が調べて発表する等、学生の主体性を引き出す授業形態が望まれる。

各発達段階におけるライフイベントや発達課題、幼少期における疾病など、学生自身の経験を教材として授業を進めることで、学生の主体性の向上が期待できる。また、高齢者の生活理解や、老化による変化を体感できる工夫[5]をし、学生が感じ取ったことや考えたことを学生同士で共有することが重要である。そして、支援を考える際にはネガティブイメージのみにならないよう、ポジティブな側面についても考えられるような授業づくりが求められる。

5) 疑似体験や高齢者インタビュー、ライフヒストリーの聞き取りなどにより、人生を振り返ってのその人の全体像を理解するなど、実際に高齢者に関わる機会を作ったり、視聴覚教材により、イメージしやすくする。

4 「発達と老化の理解」の学習構造（カリキュラムツリー）

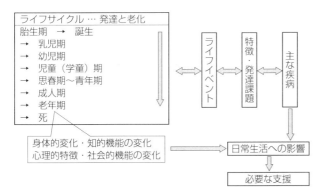

図4-3-1 「発達と老化の理解」の学習構造

5 授業の質を上げるために――関連文献や、資料など

①新しい記事や調査結果等（参考文献）を把握し授業に生かす。

②授業づくりに関する文献

- 安永悟『活動性を高める授業づくり―協同学習のすすめ』医学書院, 2012.
- 杉江修治編『協同学習がつくるアクティブ・ラーニング』明治図書出版, 2016.

③教員自身が高齢者や家族からの聞き取りなどを行い、現状と課題について理解する。当事者に授業に参加してもらうことも検討する。

④学生の成長過程を考え、学生自身の体験を教材とする。

⑤図式化された書籍[6]等を参考に、授業資料を工夫する。

⑥他の授業の進度を確認しながら進める。

6 介護福祉士としてのレベル――発展への課題

(1) 介護福祉士レベル

①ライフサイクル[7]各期の特徴や発達段階を踏まえたうえで、個別性を尊重し、心身機能の状態や疾病・症状等を含めて日常生活状況をアセスメントし、自立に向けた必要な支援を考え実施[8]することができる。

②生活支援の視点から、他職種と情報共有や意見交換をし、利用者および家族の支援について検討[9]することができる。

(2) 発展への課題

①健康の維持・増進や介護予防の視点を持ち、ライフサイクル各期における課題と支援について考察し、実践することができる。

②多職種およびインフォーマルな社会資源を活用し、利用者本人が望む生活を支えることができる。

7 「発達と老化の理解」の授業設計（案）

(1) 授業科目名

発達と老化の理解

(2) 授業担当者名

○○○○

(3) 受講学生に関する留意事項

別項参照。

---

6) 図式化された書籍
- 佐藤達夫監修『新版 からだの地図帳』講談社, 2013.
- 野溝明子『看護師・介護士が知っておきたい高齢者の解剖生理学』秀和システム, 2014.
- 鴨下重彦・柳澤正義監修『こどもの病気の地図帳』講談社, 2002.
- 杉山孝博『イラストでわかる 高齢者のからだと病気』中央法規出版, 2013.
- 山口潔・川野史子・松井秀夫監修『よくわかる高齢者のからだと病気』池田書店, 2016.

7) ライフサイクル（各期） 人間の一生をいくつかの期に分けたものをライフサイクルという。例として、胎生期、乳児期、幼児期、学童期、青年期、成人期、老年期などの分け方がある。

8) 求められる介護福祉士像②③④⑤⑩、高い倫理性の保持に対応（p.2参照）。

9) 求められる介護福祉士像④⑦⑧⑨に対応（p.2参照）。

（4）開講コマ条件
① 原則として週1回2コマ連続（180分）を15回授業とし、計60時間行う。
② 先修条件：「こころとからだのしくみ」の履修を終えていることが望ましい。

（5）開講教室
① 普通教室で、グループワークができるように、席の移動が可能である。
② PCやタブレットを使う授業があるため、Wi-Fi環境が整っている。

（6）学習目標
① 人間のライフサイクル各期の身体的・精神的・社会的特徴や発達課題について学習し、ライフサイクル各期における必要な支援について考察することができる。
② 老化に伴う心身機能[10]の変化が日常生活に及ぼす影響や、高齢者の社会参加について学習し、高齢者に対する偏った見方をせずに、個別性を踏まえた支援について考えるための基礎的な知識を習得できる。
③ ライフサイクル各期における主な疾病について学習し、健康の維持・増進を含め、観察点や支援の際の留意事項を考察することができる。

（7）学生の達成課題
① ライフサイクル各期の特徴および発達課題について、体験や高齢者インタビューの内容と照らし合わせながら、説明することができる。
② 授業での体験を通し、老年期における身体的変化[11]および日常生活における留意点について、専門用語を用いて説明することができる。
③ 老年期における知的機能の変化と心理的特徴[12]および社会的機能[13]の変化について、キーワードを用いて説明でき、日常生活における留意点について考察し述べることができる。
④ ライフサイクル各期に多い疾病・障害について理解し、観察点や健康の維持・増進の視点も含め必要な支援について考察し説明できる。

（8）学習方法
① 疑似体験や自身の体験と理論を照らし合わせたり、調べて発表する、グループでのディスカッション等により、学生自身が考える授業とする。
② 様々な調査結果[14]から、現状を読み取ることができるようにする。
③ 視聴覚教材や事例の提示により、利用者の状態や生活状況をイメージできるようにする。

（9）使用教材（例示）
① テキストとして使用するもの：「発達と老化の理解」○○社
② 授業中に使用する教材リストなど
- 川手泰郎監督／井上千津子・田中由紀子・山田健司監修『疾病・形態別介護ビデオシリーズ第3巻　パーキンソン病編』ピース・クリエイト有限会

10）心身機能の低下
身体の動きや視覚・聴覚などの感覚器、臓器、精神・知能などの機能について、発達を踏まえたうえで、高齢者になっても維持できる機能と低下する機能を具体的に理解することが必要である。

11）身体的変化
白髪や円背（背中が丸くなる）などの外見的な変化の他、骨粗鬆症や筋力低下などの運動器系の変化、咀しゃく、嚥下困難（食物を噛み、飲み込む機能の低下）など内臓機能の変化とそのメカニズムについて、理解すること。

12）心理的特徴
老年期の喪失体験（身体・知的機能の喪失、人間関係や社会的役割の喪失など）による喪失感や自身の老化を自覚する老性自覚の理解が重要となる。

13）社会的機能
家庭・職場・地域における役割や社会的活動、人間関係などの変化を、身体的機能の変化や心理面への影響と関連させて理解することなどが必要である。

14）【調査例】
- 内閣府『高齢者の健康に関する意識調査』
- 内閣府『高齢者の生活と意識に関する国際比較調査』
- 内閣府『高齢者の地域社会への参加に関する意識調査』
- 内閣府『高齢者の日常生活に関する意識調査』
- 内閣府『高齢期に向けた「備え」に関する意識調査』
- 総務省統計局『就業構造基本調査』
- 厚生労働省『患者調査』

社, 2008 (DVD).
- インスタントシニア（高齢者疑似体験）
- 野溝明子『看護師・介護士が知っておきたい高齢者の解剖生理学』秀和システム, 2014.

③参考文献
- パット・ムーア著／木村治美訳『私は三年間老人だった—明日の自分のためにできること』朝日出版社, 2005.
- 佐野洋子『だってだってのおばあさん』新装版, フレーベル館, 2009.

(10) 学習評価方法
① 出席は3分の2以上であること。100点満点とし, 60点以上を合格（単位認定）とする。
② 小テスト：40点
③ 疑似体験レポート、高齢者インタビュー・老年観、疾病調べ：40点
④ 課題学習のグループディスカッションや資料作成への貢献度：20点

(11) 毎回の授業設計（案）
① 小テストを行い、答えの確認と解説を行う。
② 授業で使用する資料は、前の回に配付する。

回	主題	授業目標と達成課題	授業中の学生の学習内容と学習活動	教員による学習支援活動の内容と方法	学習支援上の留意点
単元	人間の成長と発達の基礎的理解				
1回目	・ガイダンス（発達と老化について学ぶ意味など） ・ライフサイクルとライフイベント	①自身の体験から発達について述べることができる。 ②年齢を重ねることに対するイメージや考えを言語化できる。	①科目の構成図とシラバスを見ながら、説明を聞く。 ②ワークシートにライフイベントを記入し、各期の特徴についてグループで話し合い、箇条書きにする。 ③幼少期の大人のイメージ、現在の大人や高齢者のイメージ、自分が年齢を重ねることについて話し合い箇条書きにまとめる。	①授業のガイダンス（本科目を学ぶ意味、課題、ルールなど） ②個人ワークとグループディスカッションの内容について説明 ③グループでの話し合いの状況確認と助言 ④発表のまとめ、補足説明、個別性について説明	次回の授業までに、成長と発達、加齢と老化について調べる。
2回目	・人間の成長と発達 ・加齢と老化 ・発達段階と発達課題	①成長と発達、加齢と老化について説明できる。 ②身体・心理・社会的機能の発達に関する理論について述べることができる。 ③ライフサイクル各期の特徴・発達課題を列挙し、説明できる。	①調べてきた成長と発達、加齢と老化の定義について、グループでまとめ発表 ②教員の説明を聞きながらプリントに記入 ③ライフサイクル各期の特徴および発達課題を話し合い、表に整理して発表	①発表内容を整理 ②発達理論について、具体例を挙げながら説明 ③学生が話し合った内容をもとにまとめる。 ④高齢者インタビューの方法、内容、まとめ方、留意点や配慮を説明。（14回目に提出）	
3回目	・発達段階別の特徴的な疾病や障害①：子どもに多い疾病と生活	①ライフサイクル各期に多い症状や疾病を整理できる。 ②胎生期～学童期に多い	①調査結果からわかることをプリントにまとめる。 ②罹患経験のある疾患に	①死因順位、有訴者率、受療率などの調査結果を提示 ②発表をもとに、子ども	次回の授業の前日までに、各期に多い疾病を分担し調べる（図表やイラストを

回	主題	授業目標と達成課題	授業中の学生の学習内容と学習活動	教員による学習支援活動の内容と方法	学習支援上の留意点
3回目		疾病・障害の特徴を知り、生活への影響について考察できる。	について、グループで話し合い発表 ③教員の説明を聞きながら、プリントに記入。 ④生活への影響について考える。	に多い症状・疾病・障害について補足説明 ③学生に発問しながら、生活への影響について説明	使う）。
4回目	● 発達段階別の特徴的な疾病や障害②：思春期・青年期、成人期に多い疾病と生活	①思春期〜成人期に多い症状・疾病の特徴を整理し、生活への影響について考察できる。 ②必要な観察項目や留意点を列挙できる。	①担当者は調べた内容をグループで発表し、他の学生は発表を聞き、質問しながら、プリントに記入 ②疾病・症状が生活に及ぼす影響、必要な観察点や支援について話し合い発表 ③補足説明を記入	①調べた内容を事前に確認し、加筆・修正等の助言 ②発表内容のまとめと補足説明	次回、小テスト① 次回までに、老年期の定義、老年期の課題について調べる
5回目	● 老年期の基礎的理解①：老年期の定義と発達課題 老年観の変遷	①老年期の定義および老化学説について説明できる。 ②老年観の変遷について理解し、自分の老年観を振り返る。 ③発達課題と今日的課題について考察できる。	※小テスト① ①老年期の定義、今日における課題について調べてきた内容をグループでまとめ、発表 ②高齢者のイメージについて確認（第1回での内容） ③「老」のつく漢字とその意味を調べる。	※小テスト①の答え合わせと解説 ①発表内容を整理 ②老年観の変遷とエイジズムについて説明 ③次回の疑似体験の説明（体験内容と注意事項など）	次回の体験内容について確認しておく。
6回目	● 老年期の基礎的理解②：老年期のシミュレーション	①疑似体験から高齢者の心身の状態をイメージし、日常生活への影響について考察できる。 ②高齢者にとって見やすいポスターなどを制作できる。	①チェックリストをもとに、高齢者疑似体験 ②疑似体験での感想や気づきを共有 ③高齢者にとって見やすいポスターやチラシ等を考えて作る（PC等使用）。 ④制作したデータを提出（コピーを持ち帰り、身近な人に見てもらう）	①体験時の安全確保と体験状況を確認 ②発表内容を整理 ③色の組み合わせや文字の工夫について、必要に応じてヒントを伝える。 ④作成したポスターやチラシをできれば身近な高齢者に見てもらうように話す。	次回、体験チェックリストとレポートを提出
単元	老化に伴うこころとからだの変化と生活				
7回目	● 老化に伴う身体的・心理的・社会的変化と生活①：身体機能の変化と生活への影響	①老化に伴う心身変化の特徴を列挙できる。 ②身体機能の変化と日常生活への影響について考え説明できる（感覚器、運動器、呼吸・循環機能）。	①前回のレポートを提出 ②制作したポスター・チラシ等の発表。白内障体験レンズを使用して見てみる。 ③発表内容について、感想や学びをグループごとに述べる。 ④「こころとからだのしくみ」での学習内容を想起 ⑤図表から読み取れることをプリントにまとめる。 ⑥機能の変化による日常生活への影響について考える。	①制作した物に対する講評、「大活字本」「白黒反転本」の紹介 ②発表のまとめ ③「こころとからだのしくみ」既習知識の想起を促す。 ④疑似体験と関連付けながら、身体機能の変化について説明 ⑤運動、循環・呼吸機能の変化に関する図表を提示 ⑥生活の影響に関する発言を整理	
	● 老化に伴う身体的・心理的・社会的変化と生活②	①身体機能の変化と日常生活への影響について考え説明できる（消化	①「こころとからだのしくみ」での学習内容を想起	①「こころとからだのしくみ」既習知識の想起を促す。	次回、小テスト②

回	主題	授業目標と達成課題	授業中の学生の学習内容と学習活動	教員による学習支援活動の内容と方法	学習支援上の留意点
8回目	:身体機能の変化と生活への影響	機能、腎・泌尿器・生殖機能、免疫機能)。	②身近な高齢者の食生活を考え、プリントに記入。その後、教員の説明を記入 ③日常生活への影響について、グループで考え発表	②消化機能と食事の関係を説明 ③発表内容を活用しながら、身体機能の変化について説明	
9回目	・老化に伴う身体的・心理的・社会的変化と生活③ :知的機能・認知機能	①知的機能の分類とその内容を整理できる。 ②認知機能の変化による日常生活への影響について説明できる。	※小テスト② ①体験をもとに、自身の知的機能について考える。教員の説明をプリントに記入 ②事例を通し、認知機能の変化が日常生活に及ぼす影響について考え、ワークシートに記入	※小テスト②の答え合わせと解説。 ①学生の体験と結び付くように発問しながら、知的機能の変化を説明 ②事例（高齢者の就労や事故など）を挙げ、認知機能の変化について発問しながら説明	
10回目	・老化に伴う身体的・心理的・社会的変化と生活④ :高齢者の心理的理解	①老性自覚や喪失体験を具体的にイメージできる。 ②老いに対する価値観と受容について説明できる。	①自身が年齢を重ねたと実感することがあるかどうか考え、グループで共有 ②老性自覚や喪失体験について、例をもとに考える。 ③老いの受容について整理して、プリントにまとめる。	①学生が挙げた内容を整理しまとめる。 ②老いの受容等の理論について、具体例を挙げて説明	
11回目	・老化に伴う身体的・心理的・社会的変化と生活⑤ :社会的機能の変化	①高齢者の社会参加や社会的機能の変化について説明できる。 ②高齢者の社会参加への必要性と支援について考察できる。	①調査結果から、高齢者の社会参加や役割の意識・状況、課題について読み取る。 ②社会参加の必要性と必要な支援(具体的方法)について、グループで話し合い発表	①就労や社会参加等に関する調査結果のデータを提示し、見方について説明 ②発表内容のまとめ	
単元	高齢者に多い症状・疾患の特徴と生活上の留意点				
12回目	・老年期に多い疾病と生活①	①高齢者の健康課題について、説明できる。 ②老年期に多い症状・疾病の特徴を整理し、生活への影響について考察できる。 ③必要な観察項目や留意点を列挙できる。	①教員の説明を聞き、プリントに記入 ②DVDを視聴し、症状や特徴および生活への影響、観察点、支援についてまとめる。 ③担当者は調べた内容をグループで発表し、他の学生は発表を聞きながら、必要時プリントに記入。不明な点は質問 ④疾患・症状が生活に及ぼす影響、必要な観察点や支援について話し合い、発表	①日本の健康づくり施策と高齢者の健康（サクセスフルエイジング・プロダクティブエイジングなど）について説明 ②DVD「パーキンソン病」を視聴し、課題用紙に記入する内容を説明 ③学生が書いた内容を確認しながらまとめる。 ④発表内容をまとめ、補足説明	
13回目	・老年期に多い疾病と生活②	①老年期に多い症状・疾病の特徴を知り、生活への影響について考察できる。 ②必要な観察項目や留意点を列挙できる。	前回③〜④と同様	①発表内容をまとめ、補足説明	

回	主題	授業目標と達成課題	授業中の学生の学習内容と学習活動	教員による学習支援活動の内容と方法	学習支援上の留意点
単元		高齢者の多面的理解と支援			
14回目	・高齢者の多面的理解	①高齢者インタビューをもとにグループディスカッションし、老年期の特徴と個別性について考察し、述べることができる。②自分の老年観について、授業前と比較し考察できる。	①高齢者インタビューの内容から、共通点や相違点などを整理し発表②学習した理論に当てはめて考察③自身の高齢者イメージについて振り返る。④本日の学習内容を整理して提出	①ポストイットを使用し、内容を整理するよう説明②既習の理論について想起するよう促す。③発表内容のまとめ④5回目の授業での学生が発表した老年観を提示	次回、小テスト③を行う。
15回目	・多職種連携・協働・まとめ	①協働する職種の役割を知り、多職種協働の必要性と方法について整理することができる。	※小テスト③①事例をもとに、各職種の役割、介護福祉士としてどのように支援し、他職種と協働するかを話し合う。②話し合いの内容を発表	※小テスト③の答え合わせと解説①事例の提示と説明②発表内容のまとめ	

(12) 科目としての評価ルーブリック(達成課題への対応)

評価視点＼評価基準	特に…できる	標準的…できる	最低限…できる	努力が必要(不合格)
A ライフサイクル各期の特徴および発達課題	○ライフサイクルの各期の特徴および発達課題について			
	体験や高齢者インタビューの内容を理論に当てはめ、各期の特徴および発達課題を考察し、述べることができる。	各期を列挙すれば、体験やインタビューの内容を理論に当てはめ、特徴および発達課題について述べることができる。	各期を列挙すれば、特徴や発達課題について、説明できる。インタビューと関連させての説明は部分的である。	各期を列挙しても、特徴や発達課題について、部分的にしか説明できない。
B 老年期における身体的変化とそれによる日常生活への影響	○老年期における変化、それによる日常生活への影響について			
	器官別に変化を3つ以上挙げ、影響について具体的に自分の言葉で述べることができる。	器官別に変化を2つ以上挙げ、影響について具体的に述べることができる。	器官別に変化を挙げ、影響について、おおまかに述べることができる。	器官別に変化を列挙しても、影響について、述べることができない。
C 老年期における知的機能の変化と心理的特徴および社会的機能の変化、それによる日常生活への影響	○知的機能の分類、それぞれの変化と日常生活への影響について			
	分類し具体的内容と変化について説明でき、日常生活への影響について考察し、具体的に述べることができる。	分類し内容と変化について説明でき、日常生活への影響について、述べることができる。	分類し変化について説明でき、日常生活への影響についておおまかに述べることができる。	分類を提示しても、その内容や日常生活への影響について述べることができない。
	○心理的特徴および社会的機能の変化について			
	「老性自覚」「喪失体験」「老いの受容」等を用いて説明でき、日常生活への影響や留意点について考察し、具体例を挙げて述べることができる。	「老性自覚」「喪失体験」等を用いて説明でき、日常生活における影響や留意点について述べることができる。	「老性自覚」「喪失体験」等について説明できる。日常生活への影響を提示すれば、留意点について述べることができる。	「老性自覚」「喪失体験」等について、説明することができない。日常生活への影響を提示しても留意点を述べることができない。
D ライフサイクル各期に多い疾病と必要な支援	○ライフサイクル各期に多い疾病と特徴について			
	各期3つ以上挙げ、特徴について具体的に説明することができる。	各期1つ以上挙げ、特徴について具体的に説明することができる。	疾病を提示すれば、特徴について具体的に説明することができる。	疾病を提示しても、特徴について部分的にしか説明できない。
	○介護場面において必要な観察項目と支援について			

評価視点＼評価基準	特に…できる	標準的…できる	最低限…できる	努力が必要（不合格）
	事例を考察して観察項目を5つ以上挙げ、多職種協働を含めた具体策を立て、根拠について述べることができる。	事例を考察して観察項目を5つ以上挙げ、多職種協働を含めた支援の具体策を立てることができる。	事例を考察して観察項目を3つ以上挙げ、具体策を立て、助言によって、多職種協働を含めることができる。	事例から、介護場面において必要な観察項目と支援を具体的に考えることができない。

column

認知症とアロマテラピー

＊認知症がある高齢者と香り

アロマテラピーに使う精油は、種類によって、鎮静作用や免疫賦活作用、抗菌作用等がありますので、目的によって精油を選ぶこともできます。高齢者の中にはビンを鼻に近づけてスーハーと息を吸っても「よくわからない」とおっしゃる方がいらっしゃいます。

＊嗅覚と認知症の関係

鳥取大学の浦上克哉氏は、認知症の方は「物忘れよりも先に、においがわからなくなる」[2]と言っています。そのメカニズムは、アルツハイマー型認知症の原因物質が脳にたまり嗅神経にダメージを与え、近くにある海馬にもダメージが及ぶため、記憶障害が起こるというものです。

しかし、浦上氏は「脳の神経細胞の中で再生可能な数少ない細胞の1つが嗅神経の細胞」[3]とも言い、嗅神経を効果的に刺激することが認知症の予防や改善につながるとし、アロマテラピーを勧めています。

＊認知症へのアロマテラピーの効果

認知症に効果がある精油[4]も研究され、そ れがテレビ番組で紹介されると、アロマテラピーショップに高齢者が押し寄せました。「メジャーなラベンダーの精油が店頭からなくなり、何が起きたのかと驚きました。」とはアロマショップの店員さんの一言です。それだけ、高齢者は認知症予防に対する意識が高いということもいえるのではないでしょうか。

日本では、リラクゼーションやリフレッシュの目的で広まってきたことから、医学的な効果はあまり知られていませんが、終末期医療や産婦人科医療の分野では、エビデンスに沿ったアロマテラピーの活用が進んでいます。今後はもっと福祉施設でも活用ができるのではないかと考えています。

注）
1) 精油（エッセンシャルオイル）とは植物から抽出された天然の芳香成分。
2) 浦上克哉『アロマで予防！認知症―昼と夜のアロマシートつき』主婦の友生活シリーズ, 主婦の友社, 2014, p.18.
3) 浦上克哉『アロマの香りが認知症を予防・改善する』宝島社, 2014, p.12.
4) 浦上克哉『アロマの香りが認知症を予防・改善する』宝島社, 2014, pp.16-18.

（和田　晴美）

第4節 「認知症の理解」の学習支援方法

1 認知症の理解の重要性・必要性（なぜ学ぶのか）

> 1960年代後半。冬の夜に1人の老婆が川に落ち、けがをしてわが家に運び込まれた。焦点が合わず、ブツブツと意味不明のことを言っていた。乱れた髪と青白い顔色、顔から流れる血の色を「怖い」と感じた気持ちとともに、今でも鮮烈に覚えている。周りの大人は「この年寄りは狐に化かされた」と言っていた。おそらく今でいう認知症の高齢者が徘徊し、川に落ちてけがをしたのだろう。時代は高度成長期に入る頃、まだまだ高齢化[1]が進んではいなかった。「狐に化かされた」という言葉は、決して対象を馬鹿にした表現ではなく、温かい思いやりを感じる言葉である。認知症の高齢者は家庭で介護され、この問題を社会が認識してはいなかった。その後高齢化が加速し、高齢者が増える反面、単身世帯や夫婦世帯、核家族の増加により家庭介護力は低下したため、認知症の介護が社会問題として顕在化してきた。認知症はその様々な症状から、専門的な知識を持たない人には、理解しがたいものがあり、介護心中や介護殺人、虐待などの事件を引き起こす要因ともなっている。「狐に化かされた」というような温かな言葉では、もはや済まなくなってきた現実がある。

わが国の認知症高齢者数は2012（平成24）年で462万人と推計され、団塊の世代が75歳以上となる2025年には700万人に増加するとされている。厚生労働省では増加する認知症の人の対策として、2015（平成27）年に認知症施策推進総合戦略（新オレンジプラン）[2]を発表し、容態に応じた適時・適切な医療・介護等の提供など7つの柱[3]が示された。すなわち専門的な知識と技術を持って認知症介護を担う人材の養成が求められたといえるであろう。

こうした流れを受け、社会保障審議会福祉部会福祉人材確保専門委員会の報告書「介護人材に求められる機能の明確化とキャリアパスの実現に向けて」から、養成課程の教育内容の見直しに係る部分について「本人の意思（思い）や地域とのつながりに着目した認知症ケアに対応した学習内容を充実させる」とされ、見直しの観点の1つに「認知症ケアの実践力の向上」が挙げられた。今後も増加することが予測されている認知症の人へのケアを行う人財の実践力をつけること、認知症の理解に関する教育内容の充実が重要である。

2 旧課程から新課程へ──変化した点（授業設計への反映）

今回の改正では、「認知症の理解」の教育に含むべき事項に「認知症の心理的側面の理解」と「認知症ケアの理解」が追加された。したがって、以下のような変更点があると考えられる。

①認知症を医学的側面からのみでなく、心理的側面、社会的側面からも理

---

[1] 1960（昭和35）年の高齢化率は5.7%（総務省国勢調査）、1970（昭和45）年に7.1%となり高齢化が認められた。

[2] 「認知症施策推進5か年計画」（2012年9月公表のオレンジプラン）を改め、2015年1月に策定したもの。「認知症の人の意思が尊重され、できる限り住み慣れた地域のよい環境で自分らしく暮らし続けることができる社会の実現を目指す」ことを基本的考え方としている。

[3] 7つの柱では以下の戦略が掲げられた。
①認知症への理解を深めるための普及・啓発の促進
②認知症の容態に応じた適時・適切な医療・介護等の普及
③若年性認知症施策の強化
④認知症の人の介護者への支援
⑤認知症の人を含む高齢者にやさしい地域づくりの推進
⑥認知症の予防法、診断法、治療法、リハビリテーションモデル、介護モデル等の研究開発及びその成果の普及の推進
⑦認知症の人や家族の視点の重視

解[4]できるような授業が必要である。

認知症の心理的側面や社会的側面を理解することで、生活に影響をきたした認知症の人への利用者側からの理解が深まり、本人を主体としたケアの在り方について考察することができるであろう。

②認知症があっても今までの生活をいかに継続していくか[5]が重要な課題であり、認知症をポジティブに捉え、支援ができる介護の人財を育成する必要がある。

学生は実習の中で認知症の高齢者とふれあい、様々な体験をするが、認知症の人が示す中核症状[6]から派生する行動・心理症状[7]を本人の視点で捉え、アセスメントすることが求められる。認知症を「大変」「困った」というネガティブな捉え方をしては、認知症がある人の可能性を潰してしまう。学生が認知症をポジティブに捉え、その人の可能性を活かした将来像を描くことができるような教育が必要であろう。

3 『介護教育方法論』から『介護教育方法の理論と実践』へ

前カリキュラムからの内容の相違点は、医学的側面に偏ることなく、生活障害をあらゆる側面から考察する視野と、認知症の人を主体としたケアの実践力が必要になったことであろう。そのため、利用者側から認知症をより深く理解する必要性がある。改正後の授業では、学生が主体的に学ぶ姿勢を作るアクティブラーニングの授業が必須となると考え、主体的に学ぶことを重視した授業計画を示す。学生が、認知症がある人をネガティブに捉えることなく支援に関われるような、思考の変化を喚起することが授業の最大の目的である。

4 認知症の理解の学習構造（カリキュラムツリー）

「認知症の理解」の学習構造は、学習者が認知症の生活の困難さを多角的に理解できるような構成とした（図4-4-1）。認知症の人が持てる力を発揮して活き活きと「認知症になっても安心して暮らすことのできる社会」を目標に、認知症の人と家族を支えるための基礎力の向上を目指す。

---

4)「認知症の心理的側面の理解」の留意点では、医学的側面に偏らず心理的側面からも認知症を理解し、生活支援を行うための根拠となる知識を得る内容とすることが示された。

5) 認知症の人の生活および家族や社会との関わりへの影響を理解し、その人の特性を踏まえたアセスメントを行い、本人主体の理念に基づいた認知症ケアの実践につながる内容とされている。

6) 脳の器質的変化による「記憶障害」「見当識障害」などの認知機能の障害をいう。認知症の人には共通して現れる症状。

7) BPSD（Behavioral and Psychological Symptoms of Dementia）ともいう。中核症状である認知障害から随伴して生じる症状。「不安」「妄想」「徘徊」など。

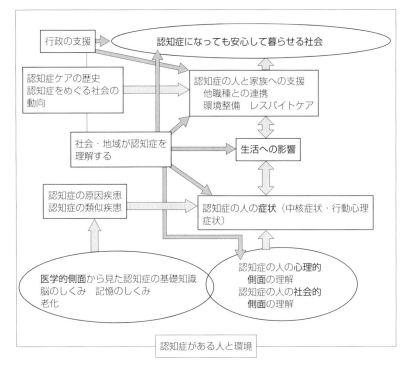

図4-4-1 「認知症の理解」の学習構造[8]

5 授業の質を上げるために―関連文献や、資料など

認知症ケアの研究は、今後も発展していくことが期待される。介護教員は、めまぐるしく変わる認知症の政策や様々な研究に常に注意を向けていくことが求められるであろう。下記の雑誌や新聞、ウェブサイトを参照。

①『切り抜き速報 福祉ニュース高齢福祉編』株式会社ニホン・ミック[9]
②週刊『福祉新聞』福祉新聞社[10]
③日本認知症ケア学会ウェブサイト

6 介護福祉士としてのレベル―発展への課題

1) 介護福祉士レベル

①認知症の人の医学的・心理的理解をした上、様々な症状から派生する生活上の影響を利用者の視点でアセスメントし、専門職として自律的に介護過程を展開することができる。
②家族のストレスの原因を探り、家族のエンパワメント[11]を引き出すなど適切な対処法を指導することができる。
※発展への課題は、地域や専門職種との連携により、本人が望む生活を継続

8) 認知症になっても安心して暮らせる社会を目指して、医学的側面・心理的側面の理解を基盤に、認知症の人の症状と生活への影響を考え、生活環境の整備や他職種連携を視野に入れた支援を構築することのできる介護人財の育成を目指す。

9) 全国の新聞からニュースを集めて雑誌にした月刊誌。認知症も必ず特集されている。

10) 福祉関係の新しい情報が載っている。

11) 個人や集団が持っている内に秘めた力を引き出すこと。

できるように支援していく力をつけること。
2) 発展的段階1
本人の望む生活の実現に向けて、環境を整えることができる。
3) 発展的段階2
地域や関係職種との連携・協働を取りながら、認知症の人が地域の中で生活していくことができるようチームでサポートできる。

7 認知症の理解の授業設計（計画）（案）

(1) 授業科目名
認知症の理解

(2) 授業担当者名
○○○○

(3) 受講学生に関する留意事項
実習での認知症のある高齢者の体験を授業に活かし、対応方法などを考える際の参考事例とする。

(4) 開講コマ条件
原則として週1回2コマ連続（180分）授業15回　計60時間として行う。

先修条件：「こころとからだのしくみ」「発達と老化の理解」「障害の理解」を受講している。

他の授業科目との組み合わせ

(5) 開講教室
普通教室（PCやタブレットを使う授業があるため、Wi-Fi環境が整っている教室）

(6) 学習目標
①過去から現在に至る認知症を取り巻く状況を説明できるようにする。
②認知症を引き起こす疾患の特徴と、主な症状、心身の変化、生活への影響を説明できるようにする。
③認知症の非薬物療法[12]の種類を列挙し、具体的な方法を説明できるようにする。
④認知症の人を介護する家族のストレスの原因や、対処方法について説明できるようにする。
⑤認知症の人にとっての望ましい環境と地域のサポート体制、他職種連携と協働について考え、自らの意見を述べることができるようにする。

(7) 学生の達成課題
①認知症の原因となる代表的な疾患と、中核症状および特徴的な行動・心理

12) 薬を使わず、脳の活性化を高める、心理・社会的アプローチ。現在、回想法、ユマニチュード、芸術療法など、多くの方法が開発されている。

症状を学び、生活への影響と関連させて説明することができる。
②症状から派生する生活への影響を利用者側に立ってアセスメントし、介護を実践するための基礎的能力を身につけることができる。
③認知症への効果的な非薬物療法の種類と概要を、説明することができる。
④認知症がある人と家族に対する、専門職や地域によるチームサポート体制について考察し、整理して他者にわかりやすく発表することができる。

(8) 学習方法
①演習、課題学習、ディスカッションなどを通して、認知症を医学的・心理的・社会的側面から考察する。
②事例を用いて、介護方法や家族支援についてのグループディスカッションを行い、認知症の人に対するケアの視点を明確にする。
③「認知症に関連するトピックス」を新聞や雑誌などから選び、その記事の概要と感想を毎回2～3名発表し、これを受けて各自の意見交換の機会を設ける。

(9) 使用教材（例示）
1) テキスト
- テキストとして使用するものは、各社から発行された『認知症の理解』を検討する。
- 三宅貴夫『認知症ぜんぶ図解―知りたいこと・わからないことがわかるオールカラーガイド』メディカ出版, 2011.

2) 教材
- 関口祐加監督『毎日がアルツハイマー』紀伊國屋書店, 2012（DVD）
- NHKスペシャル「私たちのこれから ＃認知症社会―誰もが安心して暮らすために」NHKオンデマンド（有料), 2017.
- 森﨑東監督、岡野雄一原作『ペコロスの母に会いに行く』2014（DVD）

3) 参考文献
- 宮崎和加子著／田邊順一写真・文『認知症の人の歴史を学びませんか』中央法規出版, 2011.
- 厚生労働省「認知症施策推進総合戦略（新オレンジプラン）」
- 厚生労働省「若年性認知症の実態等に関する調査結果の概要及び厚生労働省の若年性認知症対策について」

(10) 学習評価方法
①以下の課題学習のグループ討議・資料作成・発表（ロールプレイ含む）などへの貢献度（A. 認知症の症状と生活への影響、B. 認知症の原因疾患、C. 認知症の非薬物療法、D. 認知症の人の心理的理解、E. 認知症になっても安心して暮らせる社会）各10％　合計50％

②「認知症に関するトピックス」の発表と考察 10%

③小テスト 40%

(11) 学習に関する学生との約束事項（授業に参加するルール）

①学びの共有

②欠席した場合の学習補填

③課題の提出期限厳守

(12) 授業の質を上げるために—関連文献や、資料など

①第9回目に臨床美術体験[13]　学外特別講師を招聘。

②第10回目に認知症の当事者および家族の講演。

(13) 毎回の授業設計（案）

　第3回から「認知症に関するトピックス」の発表を毎回2～3名ずつ授業のはじめに行う。発表後、近くの学生で意見交換し、意見を発表、その後教員がコメントする。流れは毎回同じである。

13）臨床美術は、絵やオブジェなどの作品を、楽しみながら作ることで、脳を活性化させ、高齢者の認知症予防や改善に効果が期待できるものである。授業では、臨床美術士の資格を持つ講師の指導の元に、学生が創作活動の体験をする。絵やオブジェの作成を、絵の具やパステル、スポンジなどの用具を使って自由に表現していく。でき上がった作品を鑑賞し、他者の作品の講評（どこがよいと感じたか）も体験する。

回	主題	授業目標と達成課題	授業中の学生の学習内容と学習活動	教員による学習支援活動の内容と方法	学習支援上の留意点
1回目	・ガイダンス ・認知症を理解する必要性とは ・認知症の定義 ・認知症ケアの理念 その回の授業のテーマ	①実習体験から、認知症の高齢者の生活や言動に対し、介護者や自身の対応を振り返り考えることができる。 ②認知症について学ぶ意義を認識し、授業に臨むことができる。	①実習体験を振り返り、利用者の言動での疑問点、対応困難だったことなどを各自が用紙に書き出す。 ②グループで各自の体験を発表し、全体での発表を行い共通理解する。 ③歴史に関するテキストのキーワードを、分担し、次回までに調べる。	①ガイダンス ②ワークの説明 ③グループディスカッションの説明と発表後のまとめ。認知症を学ぶ意義を説明。 ④「認知症のトピックス」を説明し発表順を決定 ⑤「認知症の歴史」キーワードを学生に分担し課題提示	・認知症の歴史を調べる。
2回目	・認知症ケアの歴史 ・認知症を取り巻く状況—行政の方針と施策	①認知症ケアの歴史をつかみ、現在の認知症対策の流れを明確にできる。 ②認知症を取り巻く社会の問題点を考察できる。	①課題発表 ②要点記載 ③認知症対策と課題をグループで話し合い、発表 ④「脳と記憶の仕組み、老化の仕組み」を次回までに調べる。	①発表内容整理 ②新オレンジプランを示す ③現在の認知症対策と課題の補足説明 ④次回までの課題を既習学習と結び付け説明	・脳、記憶、老化のしくみを調べる。
単元	認知症に関する医学的知識				
3回目	・医学的側面からみた認知症の基礎知識 ・脳のしくみ ・記憶のしくみ ・認知症と鑑別すべき症状と病気	①学生が興味を持った発表を聴き、認知症に対する関心を持つことができる。 ②脳や記憶のしくみを知り、認知症により起こる症状と関連させることができる。 ③認知症と間違われやすい状態・病気を整理できる。	①認知症に関するトピックスの発表（新聞記事等） ②意見や感想を話し合い、2～3人の学生が発表 ①②は毎回実施 ③脳と記憶、老化の仕組みの調査課題を発表 ④認知症と物忘れの違い、せん妄やうつと認知症との違いをプリントに整理し記載	①トピックスの発表、学生の意見に必ずコメント ②学生の発表を補足しながら説明 ③認知症と物忘れとの違い、認知症に間違われやすい状態や病気について、学生が比較をできるプリントを作成し、配付。事例を交えて説明	

回	主題	授業目標と達成課題	授業中の学生の学習内容と学習活動	教員による学習支援活動の内容と方法	学習支援上の留意点
単元		認知症の人の症状と生活への影響			
4回目	・認知症の人の様々な症状（中核症状）と生活への影響	①認知症の人の中核症状から起こる様々な生活への影響について、利用者の立場で考察できる。	①小テスト実施 ②事例を検討。個人で行い、その後4人組になり発表。グループで意見をまとめ発表。 ③教員の中核症状に関する概要の説明を聴き、再度事例を検討	①小テストの解答と説明 ②記憶障害の事例を示し、「利用者の言動」の考察を指導 ③認知症の中核症状（記憶障害、見当識障害等）を、記憶のしくみと関連させ説明	
5回目	・認知症の人の症状（行動・心理症状）と生活への影響	①様々な行動・心理症状を利用者の立場で考察し、症状により困難となっている生活状況を説明できる。	①行動・心理症状の事例を読み、中核症状との関連を考察。どのような対応方法があるかを検討 ②はじめに、個人で、その後4人組になり発表し合う。グループで意見をまとめ発表	①生活状況に影響する症状の事例を示し「中核症状との関連」や利用者視点の考察を指導 ②発表後に、利用者視点で考える認知症の症状を説明し、対応方法の例を示す。	
6回目	・認知症の人の症状（行動・心理症状）と生活への影響 ・認知症の原因疾患	①中核症状と行動・心理症状の関連性を明確にできる。 ②症状により、対応困難になった家族への支援の必要性が認識できる。	①DVD『毎日がアルツハイマー』視聴。様々な生活障害と家族の対応と支援を話し合い発表 ②次回までの課題「認知症の原因疾患」を分担、各自が概要を調べ、発表資料作成	①DVDの主役の女性が示す中核症状から派生する「行動・心理症状」に注意するよう説明 ②発表内容を整理し、補足説明 ③次回授業と課題の説明	・分担された認知症の原因疾患の調査 ・ワークシートを配付
単元		認知症の原因疾患と治療			
7回目	・認知症の原因疾患 ・検査・診断・治療	①認知症の原因疾患を挙げることができる。 ②原因疾患の概要（原因、症状、特徴）と特徴について比較することができる。 ③認知症の検査と薬物治療の概要を把握することができる。	①小テスト実施 ②課題発表 ③聴いている学生は、疾患の比較ができるようプリントを記入 ④認知症評価スケールを実施 ⑤質問で感じたことを話し合い ⑥説明を聴きながら薬物療法の種類と違いについてプリントに記入し、比較 ⑦次回までの課題「認知症の非薬物療法」の種類と内容を調べプリントに整理	①小テストの解答と説明 ②課題発表。疾患の比較と特徴を整理するプリントを作成し配付 ③発表補足説明 ④質問式認知症評価スケール（2種類）の説明 ⑤認知症の診断と薬物療法の説明。療法を比較するプリントを配付 ⑥次回授業と課題説明。ワークシート配付。次回授業でPC、タブレット、スマホの使用許可を伝達	・認知症の非薬物療法を調べ、ワークシートに整理
8回目	・認知症の人への様々な関わりや非薬物療法（リアリティオリエンテーション、回想法、芸術療法、ユマニチュード等）を調べる。	①認知症の非薬物療法を挙げることができる。 ②担当した療法をグループで協力して調べ、概要を整理することができる。 ③グループで協力してロールプレイを練り上げることができる。	①課題の薬物療法の名前を挙げる。 ②担当した療法について、各自の調査内容を発表。他のグループに聴いたりPCやスマホを使って調べたりし、資料を作成 ③療法のロールプレイを構想 ④役割分担しロールプレイの練習 ⑤ロールプレイの発表の使用物品を抽出	①2〜3人を指名し、認知症の非薬物療法を挙げる。 ②グループを作り、療法を割り振る。 ③担当した非薬物療法の調査と、ロールプレイについての説明 ④参考文献提示 ⑤各グループを回り助言 ⑥次回授業の説明と準備に関する注意。発表資料の提出について説明	・次回発表の練習と必要物品の準備 ・発表資料の作成

回	主題	授業目標と達成課題	授業中の学生の学習内容と学習活動	教員による学習支援活動の内容と方法	学習支援上の留意点
9回目	・調べた非薬物療法の発表 ・芸術療法の体験	①グループで協力しながら、発表を行い、調べた内容を分かりやすく伝えることができる。 ②他者の発表を聴きながら非薬物療法の概要を比較することができる。 ③芸術療法の体験を通して、非薬物療法の効果を実感することができる。	①非薬物療法の概要とロールプレイによる発表 ②質疑・応答 ③芸術療法体験「リンゴを描く」等講師の指示に従って作品を完成 ④できた作品を前に並べ、1人ずつ他者の作品のよいところを発表 ⑤次回までの課題「芸術療法を体験した感想・今後どのように活かしたいか」のレポート	①発表を聴き、各療法の特徴を整理、まとめ ②芸術療法の講師紹介講師から、認知症高齢者の芸術療法の説明 ③芸術療法体験の説明 ④作品の「よいところをみつける」相互評価を指導 ⑤芸術療法体験は特別講師による。教員は講師を補佐し、まとめる。 ⑥課題提示	・芸術療法を体験した感想と今後の展望に関するレポート課題
単元		認知症の人の心理的理解			
10回目	・認知症の人の心理・思いを知る。 ・認知症の人が示す行動	①当事者や家族からの話を聞き、認知症の人の心理、家族の思いについて深く推察することができる。 ②認知症の人が示す行動を実演することで、どのような気持ちでいるのかを推し量ることができる。	①課題提出 ②認知症当事者と家族の話を伺う ③質疑・応答 ④当事者、家族退出 ⑤「認知症の人のこころの中をシミュレーションしてみよう」をテーマにグループで話し合い ⑥発表 ⑦「認知症の人が示す言動を体験」2人1組で実施 ⑧利用役・介護者役の時どんな気持ちだったかを発表 ⑨小テスト実施	①課題回収 ②講師紹介 ③当事者・家族の講演 ④認知症の人の心理的理解の必要性について説明 ⑤ディスカッションのテーマ提示 ⑥発表のまとめ。 ⑦「認知症の人が示す言動」を体験することを説明 ⑧発表を補足 ⑨小テスト、解答と説明 ⑩レポート課題提示	・認知症当事者・家族の話を聞き、どのようなことを感じたか、どのような支援が必要と思ったかに関するレポート課題 ・当事者・家族には、事前に学生の状況を伝える。 ・学生に対して質問をする際の注意点「ゆっくり、丁寧に、一つずつ質問する」 ・話を聞く際の注意点
単元		認知症の人と家族に対する支援			
11回目	・認知症に伴う生活への影響と認知症ケア（事例検討）	①事例を使っての介護過程の展開を通して、認知症の人に対するケアの視点が明確になる。 ②認知症の人のケアを行っている家族の問題点を確認することができる。	①DVD『ペコロスの母に会いに行く』を視聴 ②グループディスカッションし、どのようなケアが必要か、他職種の連携を考察し発表 ③発表後、質疑応答 ④教員の説明を聴きながら、家族介護の問題を整理	①DVD視聴後、この事例での介護過程の展開を説明 ②家族へのケアの配慮を強調 ③5人グループを指定し、事例と記録用紙を配付 ④発表のまとめ ⑤家族介護の問題について説明	
12回目	・認知症の人と家族への支援 ・他職種連携と協働	①サービス担当者会議のロールプレイを通して、他職種との連携の必要性を認識できる。	①前回の事例で役割を決め、サービス担当者会議のロールプレイ実施（役割：利用者、家族、ケアマネ、介護職員などを決める） ②ロールプレイを全体の前で発表。 ③他のグループを見て感想や気付きを話し合い、発表 ④課題提示：身近な40～65歳未満の人（親など）にインタビュー	①ロールプレイの内容を説明。前回と同じグループ ②各グループを回り助言 ③ロールプレイ後、まとめと補足。他職種との連携と協働の重要性について強調。 ④相互の感想・評価のまとめ ⑤次回までの課題を提示	・課題：「認知症をどう思うか、自分が認知症になったらどう感じるか、何が困ると思うか」 （記載用紙を配付）

回	主題	授業目標と達成課題	授業中の学生の学習内容と学習活動	教員による学習支援活動の内容と方法	学習支援上の留意点
13回目	・若年性認知症の人の生活の理解と支援	①若年性認知症の人の状況を把握し、生活上の問題や課題を認識できる。②若年性認知症の人に対する施策を確認することができる。	①課題発表 ②「若年性認知症の人の問題」について、高齢者との違いや、支援も考えながらグループで話し合い発表	①発表の補足 ②若年性認知症の人の状況について、説明 ③発表内容を整理し、現在行われている若年性認知症対策を紹介	
単元		認知症になっても安心して暮らせる社会を考える			
14回目	・認知症と環境	①認知症の人のよりよい生活環境について考察することができる。②認知症の人にとっての環境の力を認識することができる。	① NHK スペシャル『認知症社会』視聴 ②「認知症の人にとってのよりよい施設・在宅の環境」を話し合い発表 ③次回授業のテーマ「認知症になっても安心して暮らせる社会」を考える。様々なよい事例を調べること、自分でも新しい取組みを考えることが課題	①視聴後、グループディスカッションのテーマを示す ②グループを指定。各グループを回り助言。 ③発表の補足と、環境の力を説明。教材の写真を示しながら、高齢者の表情に着目するよう指導。 ④次回までの課題を提示。	・「認知症になっても安心して暮らせる社会」について、ネット等を使って、取組み状況調査。また、新しい取組みを考える。
15回目	・認知症になっても安心して暮らせる社会とは ・連携と協働	①認知症になっても安心して暮らせる社会を作るために必要なことを考え、整理して他者に伝えることができる。②全員の発表を聴き、認知症の対策に社会全体で取り組むことの必要性を認識することができる。	①課題で示したテーマをKJ法によるグループディスカッション。調査内容を話し合いに加える。 ②意見をまとめ、発表の資料作成（図・表・イラスト等を用いる）。 ③資料の説明 ④質疑応答 ⑤小テスト実施	①本時の説明 ②KJ法で使う物品を配付（付箋紙、模造紙、油性マーカーなど） ③グループ討議の様子を観察 ④発表後、グループへのコメント ⑤教科全体のまとめ ⑥小テスト解答と説明	

8 科目としての評価ルーブリック（達成課題への対応）

評価視点＼評価基準	特に…できる	標準的…できる	最低限…できる	努力が必要（不合格）
A 原因となる疾患と、中核症状及行動・精神症状による生活への影響	・原因疾患8つの特徴と名称を結び付け詳細に説明できた。・中核症状を3つ以上、行動・精神症状を6つ以上挙げ、その理由を利用者視点で説明できた。	・原因疾患4～7つの特徴と名称を結び付け説明できた。・中核症状を2つ、行動・精神症状を4～5つ挙げ、その理由を利用者視点で説明できた。	・原因疾患3つの認知症の特徴と名称を結び付け説明できた。・中核症状を1つ、行動・精神症状を2～3つ挙げ、その理由を説明できた。	・原因疾患1～2つしか特徴と名称を結び付け説明できない。・中核症状、行動・精神症状の区別はできたが理由については説明不足。
B 症状から起こる日常生活への影響を利用者側に立ってアセスメント	・日常生活への影響を5つ以上挙げ、本人の視点で考え、家族支援を含めた解決策を提示できた。	・日常生活への影響を3～4つ挙げ、本人の視点で考え、解決策を提示できた。	・日常生活への影響を1～2つ挙げ、本人の視点で考えられた。	・症状と日常生活への影響を関連させることができなかった。
C 非薬物療法の種類と概要	・発表した、6つ以上の療法の名称と方法を結び付け詳細に説明することができた。	・発表した4～5つの療法の名称と方法を結び付け具体的に説明することができた。	・発表した、2～3つの療法の名称と方法を結び付け説明することができた。	・自分たちの発表した療法の名称と方法は述べることができた。

評価視点＼評価基準	特に…できる	標準的…できる	最低限…できる	努力が必要（不合格）
D 認知症がある人と家族に対する、専門職・地域のチームサポート体制（認知症になっても安心して暮らせる社会とは）を整理し発表	・リーダー的存在として、話し合いをまとめ課題を仕上げ、発表できた。サポート体制は、既存のサービスにとらわれず、新しい試みをメンバーとともに考え、自らも積極的に提案し、他者にわかりやすい発表ができた。	・話し合いに積極的に参加し、課題の仕上げ、発表に貢献した。サポート体制は、既存のサービスのみならず、新しい試みを他のメンバーとともに考えわかりやすく発表できた。	・話し合いでは、自分の意見も述べ課題を仕上げ発表できた。既存のサービス体制を理解し、新しい試みを他のメンバーとともに考え発表できた。	・話し合いに参加し、課題を仕上げ発表することに協力したが、積極的に意見を述べることはなかった。既存のサービス体制についての理解も不十分であり、新しい試みを考えるには至らなかった。

---

column

障がい者から学ぶ

「何を助けようとしてくれるのですか」

これは、ある障がいのある人から言われた言葉である。

「今、あなたが困っていることを援助しようとしているのです。」そう答えました。

すると、「困っているのですか？私は？」と返答がありました。

「え？」なんでこんなことを言うのだろう。と、私は動きが止まりました。そして、次の言葉も出ませんでした。

アセスメントとは、障害の有無、疾患の有無、している活動、環境など、その人を取り巻くすべてを分析していきます。私のアセスメントでは、この人に援助が必要であると判断しました。

でも、ご本人は特に援助はいらないと言います。生活を今より改善できると考えるのは、私だけでした。

「不便なことがあってもいいじゃない」っていうのがその人の考えでした。快適さを追求することに重きを置いている自分の先入観に気づかされました。

介護福祉士の仕事は、生活を支援することです。そこには、社会モデルを意識しながら介護を考える視点をもっていることの重要性が伺えます。

そうか、不便なことがあるって、普通のことよね。それでいいのよね。しかし、暮らしづらさをそのままにしておくことなく、ご本人の意思を尊重しながら支援する。そう気づいてからは、その人がその人らしくその人のペースで過ごすことができればいいのだということを心の中心に置いて仕事をし、生活しています。

「人間の生きることは、そういうことよ」って、教わった大切な出会いでした。

（相場　恵）

第5節 「障害の理解」の学習支援方法

1 障害の理解は「なぜ」必要か―当該科目の重要性

　障害者の権利に関する条約[1]が2006年12月に国連で採択され、この条約の締結に向けてわが国では「障害を理由とする差別の解消の推進に関する法律」（いわゆる「障害者差別解消法」）[2]が2016（平成28）年4月に施行された。以後、社会の様々な場面で障害に対する配慮[3]が掲げられるようになり、障害に対する理解の促進と関わりの増進が図られている。特定の疾病や障害を理由に不当あるいは違法な扱いを受けた方々が、支援を受けながら声を振り絞って権利を主張すれば認められる社会に変わってきたのである。今後は、疾病や障害を有する方々の社会参加[4]が進むものと考えられ、このような社会意識の変化と医療技術や生命バイオ科学等[5]の急速な進歩発展により、疾病や障害を有しながら、自分自身の生き方を選択する人がますます増えるであろうと予測できる。

　介護福祉士が支援する対象とは介護を必要とする人[6]である。上記のような生き方を選択する人の増加は、介護を必要としながら生きる選択をする人が増大することを意味しており、支援の対象となる者の心身の状況に応じた介護・介助が適切に実践できることを専門とする介護福祉士にとって、当該科目を学習することの価値はますます高まっているといえる。

2 旧課程から新課程へ―変化した点（授業設計への反映）

　教育に含むべき事項として旧課程では、「障害の医学的側面の基礎的理解」とされていたが、新課程では、「障害の医学的・心理的側面の基礎的理解」と、心理面からの障害の理解が加えられた。心身に応じた介護を実践できる介護福祉士という養成目標からもこのことは当然といえよう。さらに、今回の改正では単に概念理解にとどまらず、教育に含むべき事項の中で「障害のある人の生活と障害の特性に応じた支援」が記されており、身体構造の変化や心身機能の低下が生活に及ぼす影響[7]を柔軟に捉えて支援に活かせる実践力の修得が課題となった。

　障害を有する生活を営む方々にとって、何が「障害」なのかを思考想像し、ICFに基づいて分析された関係性を生活支援（自立支援）というカタチに創り上げていく基盤となる知識の根をはることが当該科目の授業に反映されるべき視点であろう。

---

1) 障害者権利条約は、あらゆる障害者の、尊厳と権利を保障するための条約である。日本では障害者の権利に関する条約と、日本国政府によって翻訳されている。この条約は、21世紀では初の国際人権法に基づく人権条約であり、2006年12月13日に第61回国連総会において採択された。日本国政府の署名は、2007（平成19）年9月28日であった。

2) 全ての国民が、障害の有無によって分け隔てられることなく、相互に人格と個性を尊重し合いながら共生する社会の実現に向け、障害を理由とする差別の解消を推進することを目的（第1条）として、2013年6月に制定された。

3) 障害のある人に「合理的配慮」を行うことなどを通じて、障害のある人もない人も互いにその人らしさを認め合いながら共に生きる社会（共生社会）を実現することを目指している。

4) 社会的入院の解消、障害者雇用の改善、障害の認定を求める人の増加、障害者であることを公表する人の増加など社会の様々な場面で障害への理解と配慮が求められている。

5) 生命の誕生、成長、生理現象など生命現象を分子レベルで解明する。生物学、化学、物理学との境界領域の研究や、農学、医学、薬学、獣医・畜産学、林産・水産学などへの応用研究もある。

6) 疾病や障害、あるいは加齢により身体機能が低下し、日常生活に支障が現れている人であり、特に対象とする人の年齢が決められているわけではない。

ここで注意しておきたいことが1つ。科目「障害の理解」は、学生が多角的な視点から障害への理解を深め、生活支援（自立支援）に役立てる知恵を養うことを目的としているのであり、障害者というカテゴリーからの人間理解を深めることが目的ではないことを強調しておきたい。

表4-5-1 「障害の理解」新旧教育課程比較表

	旧課程	新課程
ねらい	障害のある人の心理や身体機能に関する基礎的知識を習得するとともに、障害のある人の体験を理解し本人のみならず家族を含めた周囲の環境にも配慮した介護の視点を習得する学習とする。	障害のある人の心理や身体機能、社会的側面に関する基礎的な知識を習得するとともに、障害のある人の地域での生活を理解し、本人のみならず家族や地域を含めた周囲の環境への支援を理解するための基礎的な知識を習得する学習とする。
教育に含むべき事項	①障害の基礎的理解 ②障害の医学的側面の基礎的理解 ③連携と協働 ④家族への支援	①障害の基礎的理解 ②障害の医学的・心理的側面の基礎的理解 ③障害のある人の生活と障害の特性に応じた支援 ④連携と協働 ⑤家族への支援
想定される教育内容の例	障害の概念 障害者福祉の基本理念 身体障害 精神障害 知的障害 発達障害 難病 障害のある人の心理 障害に伴う機能の変化と日常生活への影響 地域におけるサポート体制 チームアプローチ 家族への支援	1) 障害の概念 2) 障害者福祉の基本理念 3) 障害者の就労（支援） 4) 障害者福祉の現状と施策 5) 障害者総合支援法 6) 障害者虐待防止法 7) 障害者差別禁止法 8) 障害の心理的理解 9) 身体障害の基本的理解 　身体障害者の心理的特徴と支援 10) 精神障害の基本的理解 　精神障害者の心理的特徴と支援 11) 知的障害の基本的理解 　知的障害者の心理的特徴と支援 12) 発達障害の基本的理解 　発達障害者の心理的特徴と支援 13) 難病の基本的理解 14) 障害に伴う機能の変化と生活への影響の基本的理解 15) 生活と障害 16) 生活上の課題と支援のあり方 17) 障害者を取り巻く環境 18) 障害のある人への手帳 19) 障害のある人の自立支援 20) QOLを高める支援のための理解 21) 障害のある人の障害の特性に応じた支援の内容 22) 地域におけるサポート体制 23) 多職種連携と協働 24) 障害を持つ人の家族の状況 25) 家族への支援
留意点		障害のある人の生活を支援するという観点から、障害の概念や、障害の特性に応じた制度の基礎的な知識を理解する内容とする。 医学的・心理的側面から、障害による心身への影響や心理的な変化を理解する内容とする。 障害のある人のライフステージや障害の特性を踏まえ、機能の変化が生活に及ぼす影響を理解し、QOLを高める支援につながる内容とする。 障害のある人の生活を地域で支えるためのサポート体制や、多職種連携・協働による支援の基礎的な知識を理解する内容とする。 障害のある人を支える家族の課題について理解し、家族の需要段階や介護力に応じた支援につながる内容とする。

3 『介護教育方法論』から『介護教育方法の理論と実践』へ

科目「障害の理解」が介護福祉の実践で十分に活かされていない現状が「実践」という言葉には含まれていると考える。理由は、現在の介護福祉士の実践レベルは地域社会からの期待（要求）を十分に満たすものではなく、つまり定められた養成期間内で専門職職業人としてその専門的実践力を身につけるべきであると解釈できるからである。

介護教育の質は教員次第であり、どのような介護福祉士を養成したか（したいか）という養成責任を教員はもっと自覚しなければならないと考える。介護福祉の質の向上を図るのであれば、まず介護教育の質の向上を図らねばなるまい。介護教員の質（実践力）が問われていると心得たい。

4 介護福祉士養成教員として成長発展への課題

現状では、障害の理解を医学モデル思考による視点から捉え、その特徴を障害の理解として学生は学習する。このことは障害を捉える視点が心身機能や身体構造と日常生活動作（ADL）との関係性に偏っている現れであると解釈することができる。この傾向は介護福祉の現場でもよく見られる偏りで、介護としては生活モデルをベースに考える必要がある[8]。

介護福祉士養成教員はこの偏りを認めた上で、生活支援の専門職としての視点を明確に説き、生活モデル思考が根付くような授業設計に努めることが当該科目における教員としての成長発展への課題になるものと考える[9]。

5 障害の理解科目の学習構造（カリキュラムツリー）

障害の理解が不十分な支援者は、対象者の行為の代行はできても生活支援（自立支援）には到底至らない。対象者の心と身体と環境との関係に生じていることを読み解き[10]、対象者が暮らす地域社会においてどのような資源をつなぐことでどのような生活を実現することができるのかを見立て実践するための知恵を得る手段として、当該科目が大変重要な役割を果たすものと考える。そして、対象者の全てを支え、全てに影響を及ぼす存在としての家族をどのように支援していけるかが、対象者の自立支援の在り方を左右する最も大きな要素であることに留意しなければならない。

7）国際生活機能分類（ICF）を理解し、活用できる様になることが求められる。特に生活機能と環境因子の間で生じている、目に見えない事柄も含めた現状を深く分析できる様になることは、介護福祉の質を大きく左右するものと考える。

8）ADLに焦点を当てることで、働きかけ（治療・施術）とその効果との因果関係が解りやすくなる。

9）【参考文献】
①障害者福祉：佐藤久夫・小澤温『障害者福祉の世界 第5版』有斐閣アルマ、有斐閣、2016.
②視覚障害：伊藤亜紗『目の見えない人は世界をどう見ているのか』光文社新書、光文社、2015.
③聴覚障害：「21世紀のろう者像」編集委員会編『21世紀のろう者像』全日本ろうあ連盟出版局、2005.
④難病・共生社会：海老原宏美『わたしが障害者じゃなくなる日―難病で動けなくてもふつうに生きられる世の中のつくりかた』旬報社、2019.
二本柳覚編／中川亮・安藤浩樹著『これならわかる〈スッキリ図解〉共生型サービス』翔泳社、2018.
⑤発達障害・知的障害：寺本晃久・末永弘・岡部耕典・岩橋誠治『良い支援？―知的障害／自閉の人たちの自立生活と支援』生活書院、2008.
⑥精神障害：西井重超『精神疾患にかかわる人が最初に読む本』照林社、2018.
岡田尊司『インターネット・ゲーム依存症―ネトゲからスマホまで』文春新書、文藝春秋、2014.
⑦障害ケア：社会福祉法人NHK厚生文化事業団編『雨のち曇り、そして晴れ―障害を生きる13の物語』NHK出版、2010.
麦倉泰子『施設とは何か

―ライフストーリーから読み解く障害とケア』生活書院，2019．
⑧障害のある人の家族について：渡部伸『障害のある子の家族が知っておきたい「親なきあと」』主婦の友社，2014．
⑨地域におけるサポート体制：中村雅彦『あと少しの支援があれば―東日本大震災障がい者の被災と避難の記録』ジアース教育新社，2012．

10) ICF の視点によるアセスメント。

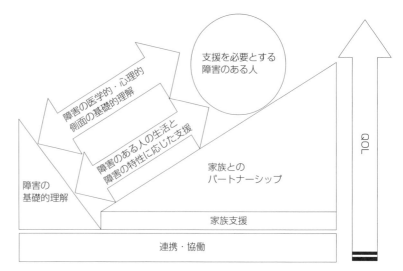

図 4-5-1 「障害の理解」科目の学習構造
（作図－松田朗）

6 障害の理解科目の授業設計（計画）（案）

(1) 授業科目名
障害の理解

(2) 授業担当者
○○○○

(3) 受講学生に関する留意事項
外国人留学生への配慮事項：視覚的に訴えることができるように図表提示、省略した用語を使用せずに、正しい日本語での教授をしていく。電子辞書、パソコンなどの機器を持ち込み、わからない言葉があるときにはその場で調べることができるように配慮をする。内容についてわからないときには、授業中、オフィスアワー、メールなどで質問するように伝える。

(4) 開講時間（コマ）条件
60 時間（2コマ連続）週1回の 180 分授業を 15 回行うという前提で、授業設計（案）を構成している。「人間の尊厳と自立」「介護の基本」「こころとからだのしくみ」「社会の理解」の履修を終えている、または並行して開講されていることが望ましい。

(5) 開講教室
デジタル教材が使用できる演習室（席の移動などが可能な場所）

(6) 学習目標
ICF を使って障害・生活機能・環境因子・QOL との関係性を解説することができる。

(7) 学生の達成課題

第15回目の授業で実施する。ICFを用いて準備した事例（対象者の生活）を分析し、

①対象者自身が抱える生理学的・心理側面の課題を抽出し、支援計画を立案することができる。

②家族が抱える課題を抽出し、支援計画を立案することができる。

③他職種連携に関する課題を抽出し、改善計画を立案することができる。

④介護職が抱える課題を抽出し、改善計画を立案することができる。

上記を、節末の「科目としての評価ルーブリック」に当てはめて評価する。

A評価→特にできる・B評価→標準的にできる・C評価→最低限できる・D評価→努力が必要（不合格）

(8) 学習方法―学生の主体性を高めるアクティブラーニング

障害のある人の障害の基礎的理解をするとともに、生活に必要な制度、障害のある人の生活の課題を介護の視点で理解できるように学習する。事例検討やディスカッションを通じ協働しながら障害のある人の生活について考えることができるように学習する。学内のサイトに取り組んだ結果などを提示し共有化する。

①事前に授業レジュメを配付する。

②学生自身が学び取ったことを記入し発表してもらう学生参加型の授業。

③事例の視覚教材を観て、障害のある人の生活について考え、個人ワークとグループワーク、発表をする。

※授業の始まりには小テストを行い、前回の振り返りをする。

※授業終了後から5日間のうちに、学生は学内のサーバー内の振り返りの小テストに取り組む。

※外国人留学生にはあらかじめ難しい用語などは、レジュメに注釈を入れ、やさしい日本語となるように配慮する。

※課題も小テストもすべてパソコンで行う。

(9) 使用教材

①テキストは指定しない。授業レジュメを配付する。

②参考文献

- 介護福祉士養成講座編集委員会編『障害の理解』最新 介護福祉士養成講座14，中央法規出版，2019．
- 谷口敏代編『障害の理解』最新 介護福祉全書11，メヂカルフレンド社，2013．
- 谷口敏代・中村裕子編『障害別生活支援技術』最新 介護福祉全書 別巻4，メヂカルフレンド社，2008．

- 大川弥生『「よくする介護」を実践するためのICFの理解と活用―目標指向的介護に立って』中央法規出版，2009年
- 『障害者総合支援六法　平成29年版』中央法規出版，2017.

③その他資料：新聞記事、厚生労働省、内閣府資料

④障害のある人の暮らしが描写されている視覚教材

(10) 学習評価方法

ルーブリックによる評価（3分の2以上の出席に満たない場合は単位の認定は行わない）。

(11) 学習に参加する学生との約束事項（授業に参加するルール）

①事前に配付するコマシラバス（授業レジュメ）に、テーマごとに予習および復習のポイントが記載されているので、それを参考に予習、復習をすること（1時間程度）。

②障害のある人の生活を自分のこととして考え日常生活の中でも意識すること。

③グループワークや発表を行うので、他の学生とのコミュニケーションを深めること。

④理解できなかった部分は、授業後やオフィスアワーを利用して質問すること。

(12) 教員が授業の質を上げるために―関連領域や資料・材料など

制度の改正や障害のある人の生活についての歴史や現状についての教材研究をしておく。

(13) 毎回の授業設計（案）

回	主題	授業目標と達成課題	授業中の学生の学習内容と学習活動	教員による学習支援活動の内容と方法	学習支援上の留意点
単元1	障害の基礎的な理解				
1回目	障害とはどのようなことをいうのか	・障害はどういうことをいうのか考えることができる。 ・障害について考えレポートにまとめる。	・自分が抱いている障害のイメージとのすり合わせをして障害について考えていく。 ・ICFについてレジュメに記入しながら学習する。	・障害者基本法第2条に触れる。 ・何かが不足していれば障害なのか？ ・何をもって障害というのかを問題提起する。 ・ICFについて	・障害について考えたことを400字程度でまとめ、課題提出とする。
2回目	障害者総合支援法を知る	・障害者総合支援法特徴を説明できる。	・障害者総合支援法の基本理念について学ぶ。 ・支援の対象について学ぶ。	・障害者に関する支援の変遷 ・障害者総合支援法の概説 ・社会の理解の障害者福祉と障害者保健福祉制度との関わりについて	・基本理念 ・支援の対象についての小テスト
3回目	障害者福祉の基本理念とは	・ノーマライゼーションについて説明できる。 ・インクルージョンについて説明できる。 ・世界の障害者支援に関	・レジュメに沿って、教員が説明した部分で強調したところ（アンダーラインを引くなど言われたところ）を	・国連の権利宣言や国際障害者年、ADAなどについて ・ノーマライゼーションについて	・各種用語の説明を記述式で解答できる小テスト

回	主題	授業目標と達成課題	授業中の学生の学習内容と学習活動	教員による学習支援活動の内容と方法	学習支援上の留意点
3回目		する動きと日本の動きを関連付けることができる。	チェックする。	・インテグレーション、インクルージョンについて ・日本の動向について	
単元2	障害の医学的・心理的基礎理解				
4回目	視覚障害について	・視覚機能には何があるのかを知る。 ・視覚障害の種類と原因と特性を説明できる。 ・中途視覚障害者の心理について考えることができる。	・レジュメの視覚障害の原因になる疾患の説明にあう眼疾患を記入していく。 【体験】手を広げて視野の確認をする。	・視覚障害の種類と特性 ・バーバリズム、ブラインディズム ・視覚障害の移動動作への影響 ・中途視覚障害者の心理の説明をする。 【体験】学生自身の目や手などを使って視野の確認も体験するように促す。	・中途視覚障害者の心理について説明するレポート課題提出
単元3	障害のある人の生活と障害の特性に応じた支援				
5回目	聴覚障害について	・聴覚障害の種類と原因と特性を説明できる。 ・難聴の分類を説明できる。 ・中途失聴者のコミュニケーションについて説明できる。	・レジュメの耳の図と難聴が起こる部位の関連を記入する。 ・聴覚障害のある人の日常生活で用いるコミュニケーションについてレジュメに沿ってまとめる。	・聴覚障害者の分類、難聴の分類について ・聴覚障害のある人の生活上の困難について（特にコミュニケーション）	・伝音性難聴と感音性難聴の特徴を解答する小テスト
6回目	肢体不自由について	・肢体不自由の種類と原因と特性について説明できる。	・肢体不自由の原因疾患について、レジュメにある原疾患の割合にも注目して学習する。	・肢体不自由の原因となるものについて（リウマチ疾患の説明を少し厚く） ・損傷レベル別の可能な動作についてレジュメの図を使用する。	・リウマチ疾患について説明するレポート課題提出
7回目	内部障害について	・内部障害の種類と原因と特性について説明できる。	・事前配付してレジュメにある強調してある部分を意識して学習。理解できない部分は積極的に質問する。	・内部障害の種類と原因疾患が多岐にわたることから、理解すべき内容は事前学習を指示し、レジュメに沿って、症状や生活の留意点に的を絞って説明する。 ※時間配分不足時は、第8回の冒頭に延長も考慮する。	・心臓機能障害、腎機能障害、呼吸器機能障害、肝臓機能障害、ヒト免疫不全ウイルスによる免疫機能障害について説明するレポート課題提出
8回目	精神障害について 高次脳機能障害について	・精神障害の種類と原因と特性について説明できる。 ・高次脳機能障害の種類と原因について説明できる。	・統合失調症、うつ病、アルコール依存症（アルコール性認知症との兼ね合いなど）に留意しレジュメに書き込みをしていく。 ・高次脳機能障害の具体的な症状について学ぶ。	・精神障害者の定義 ・精神障害の原因と症状 ・アルコール依存症 ・高次脳機能障害も精神障害者保健福祉手帳の交付対象となる。 ・精神的支援に配慮した支援の留意点 以上に焦点をあてて説明する。	・精神障害、高次脳機能障害のある人の支援の留意点をまとめレポート課題提出
9回目	知的障害について 発達障害について	・知的障害、発達障害の原因や特性について説明できる。	・事前に配付されているレジュメを読んでくる。 ・ドラマの映像を観て、主人公の特性を障害の特性と合わせて考える。	・視覚教材（発達障害のある人が主人公のドラマを取り上げる） ・レジュメと視覚教材との関連性を学生に想起	・後日グループでまとめた内容を学生との共有サーバー上に提示して理解につながる支援を

回	主題	授業目標と達成課題	授業中の学生の学習内容と学習活動	教員による学習支援活動の内容と方法	学習支援上の留意点
9回目			・内容をグループワークで意見集約して発表する（プレゼンテーションの方法を確認する）。	させる。 ・学生にプレゼンテーションの場を提供（プレゼンテーションの方法の教授） ※第9回の冒頭に延長も考慮する。	行う。
10回目	重症心身障害について 難病について	・重症心身障害の原因や特性について説明できる。 ・難病の種類について説明できる。	・レジュメにある重症心身障害、難病についての穴埋め箇所を記入しながら学習する。 ・視覚教材をみて、重症心身障害児の生活から何を学んだかを800字程度でまとめて提出する。	・重複している障害について配慮をする。 ・国の難病対策 ・難病のある人の支援を行う職種 ・ベーチェット病、ALS、筋ジストロフィーなどの難病に焦点を当てる ・医療的ケアとの関連性について 以上のことを中心に説明する。 ・視覚教材（超重症心身障害児の生活）を使用して具体的に状態像をつかめるように指導する。	・難病の原因や症状について解答する小テスト
11回目	障害のある人の心理	・障害のある人の心理的特性と影響・援助の留意点を説明できる。	・障害別に生じやすい心理的特性と影響、心理的援助の留意点をレジュメの穴埋め箇所に記入しながら学習する。 ・障害の受容について先生が例示している段階はどの部分なのか考えながら受容過程について学ぶ。	・生じやすい心理的特性と影響、心理的援助の留意点について説明する。 ・障害の受容について具体的例示をする。	・障害の受容過程の穴埋め解答小テスト
単元3	障害のある人の生活と障害の特性に応じた支援―事例検討				
12回目	Aさんの生活に注目!	・脳梗塞による障害があるAさんの生活から身体障害の原因、障害の状況、障害受容などの総合的に説明できる。	・事前に提示されている事例を読む。 ・レジュメにAさんの身体障害の原因、障害の状況、障害受容を書き込む箇所を事前に記入して参加する。 ・グループワークでAさんについて意見を出し合い発表する。	・事例を作成する。 ・レジュメにAさんの身体障害の原因、障害の状況、障害受容を書き込む箇所を作成する。 ・レジュメの事前課題が作成されているか確認する。 ・グループワークで出された意見をフィードバックする。	・Aさんの生活に応じた支援についてレポート課題提出（A4で1枚）
単元4	連携と協働について―事例検討				
13回目	Bさんのまわりにある資源とどう関わるか	・精神障害のあるBさんの生活から障害のある人の地域のサポート体制について説明できる。	・Bさんの映像を観て、Bさんの社会資源、チームアプローチ、ライフステージに応じた支援について考える。 ・Bさんが安心して外出できるための支援をグループワークで検討し、発表する。	・精神障害のあるBさんの生活の視覚教材を使用する。 ・相談支援専門員、医療機関、就労支援などの連携の様子に注目して観るように支援する。 ・グループワークで出された意見をフィードバックする。	・Bさんが生活するうえで必要なサポート体制についてレポート課題提出（A4で1枚）
単元5	家族への支援―事例検討				

回	主題	授業目標と達成課題	授業中の学生の学習内容と学習活動	教員による学習支援活動の内容と方法	学習支援上の留意点
14回目	知的障害の息子がいる母親Cさんの悩みに寄り添う	・Cさんの思いに寄り添える気持ちを持つことができる。	・事前に提示されている事例を読む。 ・グループワークでCさんについて意見を出し合い発表する。	・事例を作成する。 ・Cさんが悩む理由はどこにあるのか（家族構成、今後の人生など）に視点が当てられるように事例概説する。 ※次回授業のテーマについて話す。	・Cさんの悩みにどう寄り添えばいいのかについてレポート課題提出（A4で1枚）
まとめ	障害のある人を支援するために必要なこと				
15回目	障害のある人の生活について発表しよう	自分でテーマを見つけ、障害のある人の生活についてまとめ、発表ができる。	自分でみつけたテーマに沿って資料をまとめ、発表する。	・事前にテーマを見つけるように告知 ・前半は各自まとめ、後半は数人に発表してもらう（全員のまとめ資料は、サーバー上に提示する）。 ・ペーパー試験の告知をする。	

7　科目としての評価ルーブリック（達成課題への対応）

評価視点 ＼ 評価基準	特に…できる	標準的…できる	最低限…できる	努力が必要（不合格）
対象者自身が抱える生理学的・心理側面の課題を抽出し、支援計画を立案することができる。	右に加えて、支援計画を立案できる。	右に加えて、課題の抽出ができる。	ICFを用いて事例を分析できる。	ICFを用いて事例を分析できない。
家族が抱える課題を抽出し、支援計画を立案することができる。	右に加えて、支援計画を立案できる。	右に加えて、課題の抽出ができる。	ICFを用いて事例を分析できる。	ICFを用いて事例を分析できない。
他職種連携に関する課題を抽出し、改善計画を立案することができる。	右に加えて、改善計画を立案できる。	右に加えて、課題の抽出ができる。	ICFを用いて事例を分析できる。	ICFを用いて事例を分析できない。
介護職が抱える課題を抽出し、改善計画を立案することができる。	右に加えて、改善計画を立案できる。	右に加えて、課題の抽出ができる。	ICFを用いて事例を分析できる。	ICFを用いて事例を分析できない。

感情労働（共感疲労）について

Ⅰ．感情労働

　介護職を含む「対人援助を業とする者」は、日々、感情の抑制や鈍麻、緊張、忍耐などを求められた（強いられた）対応を迫られている。これらの不可欠の感情を売り物にして行う労働のことを「感情労働」という。

Ⅱ．感情と援助プロセスの関係

　介護職は、個別化の原則に従い、個別サービスを提供しなければならない職種である。そのため、毎日毎日、対等のような対等でない「意図的な主従関係」の中で、サービスを提供している。

　利用者の尊厳という観点から、利用者からの無理難題な要求を突きつけられても、その要求が理不尽であると分かっていても、自分の感情を一旦はどこかにしまい込むという作業を意識的に行っている。そして、利用者に失礼のないよう、自分の感情を顔に出さず、利用者の言い分を、どうにか受容しながら傾聴し、対応するのである。

Ⅲ．感情労働の中の共感疲労

　このような援助関係の中において、援助者に生じている心理的疲労のことを「共感疲労」という。この共感疲労の蓄積は、燃え尽き（バーンアウト）症候群や、利用者を虐待する思考性を生む要因、鬱病の発症等を引き起こしかねないリスクである。そのため、介護職が「共感疲労に陥らないような手立て」を講じる工夫が必要である。

Ⅳ．予防と対策

　介護職は、24時間365日、利用者との関係で行き詰まったりする場合があるだろう。予防的な対策の観点からいえば、「行き詰まらない関係作り」と「利用者とのほどよい距離感」が求められる。この距離感のある関係性の重要さは、ICFの視点である。

　共感疲労から自分自身を守る対策として、①潔く他の職員に交代して対応する、②スーパーヴィジョンを活用する、③職場内のサポートシステムを利用する、④仕事から離れる時間を作る、等である。もう一歩踏み込んだ対策としては、精神保健福祉士の活用、産業医のカウンセリング、定期的な精神科医の受診等である。

　上記の方法を通して、自分の行動パターンや思考性を見直すことで、利用者さんとの関係改善に活かせる方法や対策を見つけ出せたなら、是非周りの職員と分かち合って欲しい。

Ⅴ．終わりに

　心の余裕がない時に利用者に発した言葉や何気ない態度は、二度と修正ができないものである。よりよい介護を提供していくためには、自分の精神衛生上の問題にも気を配り（自分を労る）、心の余裕が生まれた上で対応することが求められるのではないだろうか。

参考文献
1) ホックシールド,A.R.著／石川准・室伏亜希訳『管理される心―感情が商品になるとき』世界思想社,2000,p.7.

（橋本　夏実）

第5章
「医療的ケア」の学習支援

　この章で取り上げる「医療的ケア」では、「医療的ケア実施の基礎」「喀痰吸引（基礎知識、実施手順）」「経管栄養（基礎知識、実施手順）」において、講義50時間と安全な技術を養う演習を行う領域である。

第1節　「医療的ケア」領域での学習課題と学習支援

　領域「医療的ケア」は、過度な医学的知識への偏重を避け、安全で安楽な生活を支える「介護」に必要な周辺的・理論的知識を学び、安全の視点として、具体的には感染予防や安全管理体制を意識するように、また安楽の視点としては、医療的ケアを受ける利用者や家族の気持ちに添った声掛け・対応を教育することが望ましい。時に生命に直結する危険を伴い、また、十分留意していても、予期せぬトラブルが生じることがあることを踏まえた上で、生命の尊重や「医行為」に伴うリスクについての知識と介護福祉士としての対処方法を学ぶ必要がある。

1　医療的ケアの重要性・必要性（なぜ学ぶのか）

(1) 医療的ケアの歴史的背景
　ALS患者の家族が介護負担を軽減するため、家族・医療職以外の人も吸引等の医行為ができないかと提言し、実質的違法性阻却論の考えが示され、2001（平成13）年の社会福祉士及び介護福祉士法の改正により2条2項[1]に傍点部分が挿入された。

(2) 医療的ケアにおける倫理
　介護福祉士が担う医療的ケアは医行為[2]であり、医療倫理（表5-1-1）に則って業務を遂行していかねばならない。自律尊重原則と善行原則、無危害原則の葛藤（図5-1-1）の中で熟慮し、生命の尊重と意思の尊重そして自己決定の支援にどのように関わり、寄り添うのかが問われる。

---

1) 2011（平成23）年改正社会福祉士及び介護福祉士法（定義）
「第2条　（略）
2　この法律において「介護福祉士」とは、第42条第1項の登録を受け、介護福祉士の名称を用いて、専門的知識及び技術をもつて、身体上又は精神上の障害があることにより日常生活を営むのに支障がある者につき心身の状況に応じた介護（喀痰吸引その他のその者が日常生活を営むのに必要な行為であつて、医師の指示の下に行われるもの（厚生労働省令で定めるものに限る。以下「喀痰吸引等」という。）を含む。）を行い、並びにその者及びその介護者に対して介護に関する指導を行うこと（以下「介護等」という。）を業とする者をいう。」
法改正によって介護福祉士等も喀痰吸引と経管栄養を業として行えるようになった。

2)「医師法」等の医療の資格に関する法律は、免許を持たない者が医行為を行うことを禁止している。また、痰の吸引および経管栄養は、原則として医行為（医師の医学的判断および技術をもってするのでなければ、人体に危害を及ぼし、または危害を及ぼすおそれのある行為）であるとされている。
医師法17条：医師でなければ医業をなしてはならない。

表 5-1-1 医療倫理学における4つの原則

1. 自律尊重原則	個人の価値観や信念に基づいた選択を尊重。同意能力の有無。自己決定の過程を支援。医療従事者のパターナリズムの排除。インフォームドコンセント、プライバシーの保護。守秘義務。
2. 善行（恩恵）原則	患者の幸福の追求。患者に利益をもたらす善い行為の促進。患者の視点に立った善。
3. 無危害（侵害回避）原則	患者に危害を与えない。患者にとっての苦痛・苦悩を最小限にする努力。
4. 公正（正義）原則	患者を不当に差別しない。患者を公平・平等に扱うこと。資源の公正分配。

出典）箕岡真子・稲葉一人編『ケースから学ぶ高齢者ケアにおける介護倫理』医歯薬出版, 2008.

図 5-1-1 「吸引は嫌」〈葛藤〉窒息のリスク（生命の危険？）

　医療的ケアを業として行うので、事故が起これば利用者の安全が脅かされ、実施者は処罰の対象となり得る。医療的ケアが必要な人の安全で安楽に生活を支えるという観点から、生命の維持と健康状態の回復を達成するために、安全、適切に実施できるよう、必要な知識技術を習得する必要がある。医行為においては、安全な実施は利用者の利益でもあるが、提供者側にとっても重要な課題であることを学ぶ必要がある。

2　旧課程から新課程へ――変化した点

　2011（平成23）年の社会福祉士及び介護福祉士法の改正により、2012（平成24）年4月から、「人間と社会」「介護」「こころとからだのしくみ」の3領域に、「医療的ケア」が追加された。

　今回の改正では、「留意点」が追加されているが、従来の教育内容から大きな見直しはないが、医療的ケアを必要とする利用者が増加する中で、その日常生活を支える上で重要性を増している。

　介護福祉士としてのアイデンティティを持った人材育成のために、医療的理論のバックアップのもと、特に医療的ケアを必要とする人に対して、関係法規および尊厳と自立、医療倫理そして安全管理、感染予防の知識を習得し、安全・安楽な生活を支える観点から「医療的ケア」の提供に必要な基礎的知識を得るよう構成されている。

　医療的ケアを受けながら「生活している人」として捉えられるよう、他の

科目とともに関連させながら学習していく必要がある。

3 医療的ケアに求められる教育内容と留意点

　領域（学習）の目的（巻末資料参照）が、現行「医療職との連携のもとで医療的ケアを安全・適切に実施できるよう、必要な知識・技術を修得する」ということであったが、介護福祉養成課程における教育内容の見直しでは「医療的ケアが必要な人の安全で安楽な生活を支えるという観点から、……」という文言が追加され、安全・安楽な生活を支える介護福祉士の役割がより強調されている。

　医療的ケアについては、知識のみならず実践が必要となるが、単に手順の習得に留まらず、「こころとからだのしくみ」で学習した呼吸器・消化器の仕組みを理解したうえで、手順のエビデンスを理解すべく知識を統合した教育が求められる。

　図5-1-2のように、看護職とは異なり生活に視点を置く介護福祉士の役割を理解し、一方で医療職と連携協働していくことが重要であり、医療職に報告すべき観察ポイントを理解するための基礎的知識の習得、「状態を観察し、医療者に何を報告するか判断する」ために、コミュニケーション力（技術）、判断力、危機を予測する力を養うことが大切である。

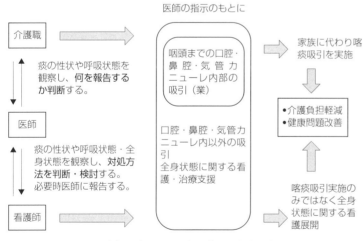

図5-1-2　喀痰吸引における介護職と医療職の連携の一例

4 「医療的ケア」の学習構造（カリキュラムツリー）

　「医療的ケア実施の基礎」は、「人間と社会」「保険医療制度とチーム医療」「安全な療養生活」「清潔保持と感染予防」「健康状態の把握」になるため、医

療の倫理を根幹に、安全で安楽な生活を支える観点から「生活支援技術」「介護の基本」そして実施する際には、共感と説明と同意等のコミュニケーションスキルや信頼関係の構築が必要であり、「人間関係とコミュニケーション」の学習につながる。言うまでもなく、身体の解剖生理、障がい者の理解を深める必要がある（表5-1-2）。

表5-1-2 「医療的ケア」の学習構造

1．基本研修	関連科目
①医療的ケア実施の基礎知識 ・医療的ケア＝医行為 ・介護職の専門的役割と医療的ケアの関係 ・歴史的背景の理解 ・介護福祉士の倫理と医療倫理 ・保健医療に関する制度・チーム医療と介護職員との連携 ・安全な療養生活 ・安全管理体制 ・清潔保持と感染管理 ・健康状態の把握と急変時の対応 ・家族支援	障害の理解 人間の理解 介護の基本Ⅰ・Ⅱ コミュニケーション技術
②実施にあたっての手順解説・留意点 ・喀痰吸引の基礎知識・実施手順 　呼吸の仕組み　痰の吸引とは　人工呼吸器と吸引 　子どもの吸引　吸引により生じる危険と安全確認等 ・経管栄養の基礎知識・実施手順 　消化器系の仕組み　消化吸収・消化器症状 　経管栄養により生じる危険と安全確認 　急変・事故発生時の対応と連携　報告および記録のポイント等	こころとからだのしくみ 介護の基本Ⅰ
③演習 ・規定回数以上の演習を実施 　［喀痰吸引］　　　　　　　　［経管栄養］ ・口腔内吸引5回以上　・胃ろうまたは腸ろう5回以上 ・鼻腔内吸引5回以上　・経鼻5回以上 ・気管カニューレ5回以上 　［救急蘇生法］ 　1回以上	コミュニケーション技術
2．実地研修	
基本研修を修了した学生に限る 登録研修機関において介護実習・医療的ケアの中で実施可能 ただし要件あり	

6　介護福祉士養成教員として成長発展への課題

　介護教育の上で、①医学的知識の習得②障害のある人（児）を支える家族への家族支援③関係職種とのチームアプローチを身につけていく必要がある[3]。介護教育の最新の医療動向、知識の習得に努め、多職種と協働していき、家族の代弁者としての役割を果たすためにも、グループワークやロールプレイングを多く取り入れ、コミュニケーション力、コーディネート力の向上の教育につなげていく必要がある。
　また、医療的ケアにおいて対象は、高齢者のみならず、障害児も対象であ

3）現在、在宅医療推進の政策により医療的処置が必要な状況で退院するケースが増加している。中心的役割は医療者が担う場合が多いが、生活の視点で関わっている介護上の役割も重要となってくる。

【参考文献】
・日本在宅ケア学会編『在宅ケア学の基本的考え方』在宅ケア学第1巻．株式会社ワールドプランニング，2015, pp.146-149.
・島内節・亀井智子編『これからの在宅看護論』ミネルヴァ書房，2014, pp.252-253, pp.292-299.

る。障害児への「共生」の考えのもと、インクルーシブ教育にも関心を向ける必要がある。

　災害時、吸引等においては、電源の確保が最優先されるが、災害サイクルにおける亜急性期（48時間～2、3週間）以降は生活面における支援に重点が移行していくため、医療関係者と協働して災害時の介護についての知識の深化も必要となる。

---

column

授業案─学生の学びの可能性を最大限に

　この『介護教育方法の理論と実践』は、『介護教育方法論』（2008年刊）の後継書として企画された。が、先行書と大きく異なっている点が、いくつかある。その1つが、各科目の授業設計に対応する「授業案」を掲載していないことである。原稿作成段階では、それぞれに執筆して頂いたのだが、紙面の都合もあり、本書では1件しか掲載していない。

　こうなっている1つの理由は、アクティブラーニングでは、学生と教員の活発な交流や、学生間での様々な活動で授業を展開していくために、細かな授業案を用意しても、その通りにはならないからである。むしろ、細かい授業案を作成してしまうと、作成した教員はどうしてもそれに捕らわれがちになって、学生の自由な展開を阻害してしまう場合も少なくないと考えるからである。

　かといって、全く必要ないかと言うと、そうではない。当該授業で何を学ぶ予定か、どういう発見に至って欲しいか、次のステップに向けてどういう示唆があり得るか、学生の反応を予測しながら、授業の展開を設計しておくことは大切である。逆に言えば、こうい

う授業案を用意しているからこそ、学生たちがどういう展開になろうと、当該授業での学びを確実なものとしていくことができるとも言える。

　2つ目の理由は、これからの教員は誰でも自分オリジナルの「授業設計」と「授業案」を描けなければならないと考えるからである。自分で描けないと、テキスト（教科書）の目次を頼りに、その内容を伝承していく展開になったり、他の教員の物まね的な授業になりやすい。が、eラーニングが普及するのはもう時間の問題であり、そうなればオリジナル要素のない授業しかできない教員はいらなくなる。つまり、苦労してでも自分で描いて、やってみて改善していくという、介護実践と同じ努力が必要だと考えるからである。

　しかし、それでも参考になるものが欲しいということであれば、『アクティブラーニングで学ぶ介護過程ワークブック』（みらい刊）から取り寄せられる教員用資料等が参考になるであろう。

（川廷　宗之）

第2節 「医療的ケア」の学習支援方法

1 「医療的ケア」の授業設計（案）

(1) 授業科目名
医療的ケア

(2) 授業担当者名
○○○○

(3) 開講コマ条件
①原則として週1回2コマ連続（180分）授業として行う。
②先修条件：「こころとからだのしくみ」「コミュニケーション技術」「介護の基本」「人間の理解」「障害の理解」を履修していることが望ましい。

(4) 開講教室
演習は「介護実習室」等が望ましい。また、DVD視聴環境が整っているとなおよい。

(5) 学習目標
①医療的ケアを必要とする人や家族の生活や気持ちを理解する。
②医療行為と医療倫理を理解し、医行為を実施することへの自覚と責任を養う。
③医療的ケアを安全・適切に実施するための基礎的知識を理解する。
④清潔・不潔、感染予防や安全管理体制について理解する。
⑤チーム医療と介護職との連携、急変時の対応方法、それに伴う判断力やコミュニケーション力を養う。
⑥安全に実施するための基礎的知識と手順・留意点を理解する。
　（⑦安全・適切に医療的ケアが実施できる技術を習得する。）

(6) 学生の達成課題
①医療的ケアの歴史的経過を年表に表現できる。
②清潔保持や感染のメカニズムと予防について説明できる。
③ヒヤリハット・アクシデント事例から、安全管理体制について考えを述べることができる。
④家族支援のあり方について考えを述べることができる。
⑤急変時の対応について、シミュレーション人形にて実施できる。
⑥喀痰吸引・経管栄養の実施手順書が作成できる。
　（⑦安全・適切に喀痰吸引が実施できる。）
　（⑧安全・適切に経管栄養が実施できる。）

(7) 学習方法

①講義と演習を中心に展開する。

②演習は個人ワークとグループワークを行い考える力や表現力を養い、ロールプレイなどの体験を通して感性を養うことを重視する。

③グループは特に指定がない場合は4人1組とする。

(8) 使用教材

テキスト使用。

(9) 学習評価方法

①評価は100点満点とし60点以上で単位認定とする。

②出席状況20%（全体の2/3以上の出席のこと・遅刻 −1点・欠席 −2点）。

③指定課題の提出 年表と手順書×2 20%（提出5%・内容各5%）演習参加状況20% 発表10% 最終課題10% 筆記試験20%。

(10) 学習に関する学生との約束事項（授業に参加するルール）

①授業開始5分前までに着席し授業準備をすること。

②授業は学び合うことが大切なため積極的に発言すること。

(11) 授業の質を上げるために

手順書作成用フォーマット、ロールプレイシートなどの作成、印刷。

(12) 毎回の授業設計（案）

回	主題	授業目標と達成課題	授業中の学生の学習内容と学習活動	教員による学習支援活動の内容と方法	学習支援上の留意点
単元	医療的ケア実施の基礎				
1回目	ガイダンス 介護分野でなぜ医療的ケアなのか（介護職の専門的役割と医療的ケアの関係）	①医療制度の変遷を説明できる。②医行為を理解し介護職の免許範囲内外の行為が説明できる。	①年表の作成 ②医行為とは何か話し合い、免許範囲内外の行為をリスト化する。	①授業のガイダンス介護職の専門的役割と医療的ケアについて説明し動機付ける。②制度の変遷と社会的背景の関連付けは板書で工夫する。③生命の危険を伴うことを説明する。	
2回目	介護福祉士の倫理と医療倫理とは	①医療倫理の原則を踏まえインフォームドコンセントの必要性、説明内容や方法について説明できる。②自己決定の権利について説明できる。	①ペアで医療倫理の原則をリスト化 ②インフォームドコンセントの方法をロールプレイで体験 ③②を踏まえ、必要性をまとめる。	①導入として介護福祉士等が喀痰吸引を行うことに関わる制度について前回の授業内容を振り返る。②医療倫理は抽象的な概念の理解になるため、具体的な場面を設定し説明する。	学生自身の1日の生活の流れを書き出してくる。
3回目	保健医療に関する制度とチーム医療と介護職員との連携	①チーム医療とは何か、目的や業務分担、情報共有、連携というキーワードを用いて説明できる。	①医療的ケアの実施に関与する様々な制度について調べ、医師、看護師との役割分担、連携の必要性について考える。②必要性を踏まえてチーム医療とは何かを考え	①介護職が医療的ケアを実施する観点から、安全な療養生活を守る要素を考えるよう促す。	

回	主題	授業目標と達成課題	授業中の学生の学習内容と学習活動	教員による学習支援活動の内容と方法	学習支援上の留意点
			グループで話し合いまとめる。		
4回目	医療的ケアを必要とする方の生活を考える（安全な療養生活）	①医療的ケアを必要とする方の生活を述べられる。 ②生活の中での楽しみや喜びをイメージし説明できる。	①医療的ケアを必要とする人の生活を考え1日の流れを書き出す。 ②①と学生の生活と比較する。 ③生活の中での喜びや楽しみに着目し、安全な生活を送るための支援を話し合いまとめる。	①医療的な視点に偏らないよう、生活の楽しみや喜びに重きを置くようにアドバイスする。	日常生活の中で、ヒヤッとしたことを5つ列挙してくる。
5回目	安心安全な生活を守るためには（リスクマネジメント、安全管理）	①安全な医療的ケア提供のためのリスク管理を説明できる。 ②ヒヤリハットの報告が予防策につながることを説明できる。	①ヒヤリハット事例を10事例検索し、目的・必要性や予防対策を検討する。 ②①のリスク対策をまとめ発表する。	①命を守ることを何よりも優先することや失敗などを隠さず報告することの大切さを理解できるよう促す。	
6回目	療養環境の清潔保持、感染管理と予防（標準予防策）、消毒と滅菌、職員の感染予防	①清潔・不潔の理解と生活環境の保持方法を説明できる。 ②標準予防策、汚染物や嘔吐物、医療廃棄物の処理方法を説明できる。 ③消毒と滅菌の違いが説明できる。	①消毒剤の種類や使用方法、汚染物など処理方法を調べる。 ②絵具や古紙などを汚染物や吐物などに見立て、取扱いや処理方法を体験する。 ③滅菌物の取扱いや使用前の確認事項などを調べる。 ④手洗い、手袋・マスク・ガウンの着脱方法と留意点をまとめる。	①汚染物や医療廃棄物の処理方法の例を挙げ説明する。 ②滅菌物が滅菌された状態で正確に使用できるよう物品を用いて分かりやすく説明する。 ③組織としての感染予防策について紹介する。	
7回目	健康状態の把握と急変状態について救急蘇生体験	①平常な状態とバイタルサインの見方が説明できる。 ②急変時の対応方法が留意点を踏まえて述べられる。	①バイタルサイン測定体験と医療職への報告内容を討議しまとめる。 ②救急蘇生手順書作成。	①こころとからだの健康とは、健康状態把握の必要性を踏まえ、五感を使い観察力を養うことを強調 ②教員の経験談やデモンストレーション、実技指導	
単元	喀痰吸引（基礎的知識・実施手順）				
8回目	喀痰吸引の基礎的知識について	①呼吸の仕組みと機能の説明ができる。 ②呼吸状態の観察項目や見方がわかる。 ③異常な呼吸状態、痰の性状がわかる。 ④喀痰吸引が必要な状態を説明できる。	①呼吸器官の仕組みと機能、各部の名称を図解し、ペアの学生に説明する。 ②呼吸状態の観察項目と痰の性状と推測される状態をリスト化する。	①喀痰吸引に関する人体構造と機能に焦点をおき、必要以上に解剖生理の知識に偏らない。 ②肩呼吸や口すぼめ呼吸など実演して見せるようにする。 ③吸引と関連した呼吸器系の感染と予防について説明する。	呼吸が苦しい状態の気持ちを5つ列挙してくる。
9回目	人工呼吸器と吸引、子どもの吸引について	①人工呼吸器が必要な状態を説明できる。 ②生活支援の留意点が言える。 ③呼吸管理に関する医療連携の必要性と内容が説明できる。 ④子どもの吸引に関する留意点が言える。	①人工呼吸器を必要とする状態・生活支援・吸引の留意点についてまとめる。 ②呼吸管理や子どもの吸引に関して医療との連携の現状や課題など訪問看護師から話を聴く。	①専門用語や略語など分かりにくい部分は補足説明をする。	本日の振返りを記入する。

回	主題	授業目標と達成課題	授業中の学生の学習内容と学習活動	教員による学習支援活動の内容と方法	学習支援上の留意点
10回目	喀痰吸引を拒否された時、どうするか。（吸引を受ける利用者や家族の気持ちと対応、説明と同意、吸引により生じる危険と安全確認、家族支援）	①利用者や家族の気持ちを理解することの重要性が言える。②気持ちに添う対応の必要性がわかる。③説明と同意の必要性と方法がわかる。	①喀痰吸引を拒否された時どのように対応をするか実際の説明方法や対応について話し合い発表。②①をもとにより効果的な方法を再検討。	①拒否されたと想定した事例を提示しながら、利用者の気持ちの理解や対応について理解を促す。②家族の気持ちについても説明し、家族支援の視点を養うよう説明する。	喀痰吸引の手順を調べて書き出してくる。
11回目	高齢者及び障害児・者の喀痰吸引実施手順解説	①実施の手順と留意点が説明できる。②喀痰吸引に伴う体位及び口腔ケアについて説明できる。	①手順DVDを視聴し実際に体験する。②①をもとに必要物品や配置、根拠や報告及び記録のポイントを含めて手順書を作成する。	①吸引器具等実物を見せながら仕組みを伝える。②手順のDVDは動画をアップし学生がいつでも見直しできるようにする。	
単元	経管栄養（基礎的知識・実施手順）				
12回目	経管栄養の基礎的知識について	①消化器系の仕組みとはたらき、さらによくある症状について経管栄養との関連性が説明できる。②経管栄養が必要な状態を説明できる。③経管栄養の仕組みと種類が言える。	①2人1組で消化器系の仕組みとはたらきについて図解する。②栄養剤の種類や留意点のリスト化③消化器症状とその原因、予防や対応方法、口腔ケアについて調べてまとめる。	①事前に入力可能なフォーマットを準備する。②キーワードを示し調べる内容は広くなり過ぎないようにする。③経管栄養とは何か必要な状態と観察ポイントを、感染と予防についても触れながら講義する。	経管栄養を実施している利用者のリスクをまとめる。
13回目	経管栄養を受ける利用者が急変したらどうするか。（経管栄養により生じる危険と安全管理、急変、事故発生時の対応と連携）	①利用者・家族の気持ちの理解とそれに沿った対応の重要性を説明できる。②経管栄養のリスクと対応が言える。③急変・事故発生時の対応と事前対策について説明できる。	①急変時のインフォームドコンセントを体験②①をもとに、説明と同意の必要性をまとめる。③リスクとその予防や対応についてリスト化する。	①子どもについても経管栄養により生じる危険と安全確認について説明する。②これまでの経験の中で、苦痛を伴う処置などを浮かべ、利用者の気持ちの理解や対応について考えを深める。③利用者だけでなく家族支援についての必要性を投げかける。	経管栄養の手順を調べて書き出してくる。
14回目	高齢者および障害児・者の経管栄養実施手順解説	①経管栄養の必要物品を言える。②実施の手順と留意点が理解できる。③経管栄養に必要なケアが説明できる。	①手順DVDの視聴②物品に触れ手順を体験する。③グループごとに技術、留意点、ケアの根拠、報告および記録のポイントを含めた手順書の作成	①使用器物品を見せながら、仕組みや清潔操作、清潔保持について説明する。②手順のDVDは動画をアップし学生がいつでも見て確認できるようにする。	
単元	医療的ケアにおける記録と報告				
15回目	報告および記録のポイント	①報告と記録の意義と内容が簡単に説明できる。	①作成した手順書をもとに、医療職への報告内容をまとめ、ロールプレイを実施する。②①をもとに記録用紙に記入をする。③報告・記入内容が適切かお互いに検証する。	①憶測ではなく事実に基づいた記載報告ができるよう指導する。	家族の方の気持ちをインタビューしてくる。 ・相手に配慮する。 ・同意を得る。 ・場の環境を整える。 ・心情を汲みとる。

回	主題	授業目標と達成課題	授業中の学生の学習内容と学習活動	教員による学習支援活動の内容と方法	学習支援上の留意点
単元	家族支援の理解				
16回目	医療的ケアを受けている・実施している家族の気持ち（家族支援）	①家族の気持ちや難しさ、生活の中での工夫点について説明できる。	①家族の方の医療的ケアに対する気持ちや負担感、大変さや工夫点などをグループでまとめる。 ②発表し共有する。	①利用者だけでなく家族支援への理解が深まるように促す。	最終課題：家族支援のあり方を1200字にまとめ提出
17回目	筆記試験まとめ	①基礎的知識の整理	①筆記試験の受験。	①基準点未満は個別にフォローする。	

※演習は規定回数以上実施する。
　喀痰吸引（口腔内・鼻腔内・気管カニューレ内）　各5回以上
　経管栄養（胃ろうまたは腸ろう・経鼻）　　　　　各5回以上
　救急蘇生　1回以上

2　科目としての評価ルーブリック（達成課題への対応）

評価視点＼評価基準	特に…できる	標準的…できる	最低限…できる	努力が必要（不合格）
A 歴史的背景を踏まえた年表作成	法律的な理解を踏まえ正確で見やすい工夫がされている。	おおむね法律理解はされているが、内容に偏りがある。	年表作成はされているが、内容が欠けている部分がある。	内容が整理されておらず読みにくい。
B 安全安楽、的確に実施できる手順書作成内容	根拠に基づいた正確な内容になっている。	手順は正確であるが、一部根拠が不明瞭な部分がある。	手順や根拠は示されているが、手順や根拠に一部誤りがある。	手順や根拠が半分以上欠けており、安全性が確保されていない。
C 演習参加状況	積極的に参加し、周りを巻き込める。	自分の意見を述べ、他者の意見を聴くことができる。	自分の意見は述べるが、一方的で他者の意見は聴けない。	参加せずに違うことをしている。
D 発表	ワーク内容を自分の言葉で発表できる。	ワーク内容の一部は記述どおりだが、おおむね自分の言葉で発表できる。	ワーク内容を発表するが、内容がずれる部分が一部ある。	ワーク内容を記述どおりに発表する。
E 指定課題の内容と提出（最終課題）	家族の心情を踏まえ論理的な説明がされ説得力がある。 期限内に提出。	変化する気持ちや負担感、不安、今後の課題などに触れ、それらの6割以上が論理的に表現されている。 翌日の提出。	一部根拠は示されているが、情緒的な表現がみられる。 1週間以内の提出。	情緒的な表現で全く論理的な表現ではない。 1週間以上経過。

第6章
「介護福祉士養成」教育の新たな課題と展望

第1節　介護職の職務内容の近未来展開

　教育は一般にそこで育つ学生が活躍する未来を考えて行うものである。専門職教育は特に具体的にその成果が問われるだけに、一定の未来予測をもとに行われる必要がある。その予測の実現を前提に、人生や社会の創造者を育てる教育[1]が前面に出るようになっている。そうなると卒業生が、卒業後何年で[2]一人前のスタッフとして活躍するのか考えつつ、その時期にどういうことが起きるのかを予測し、学習の支援を行っていく必要がある。

　現代社会は、かなりのことを予測できる時代になった。それらの知見を踏まえて、高齢者や介護の仕事がどう変化していくかを考えてみよう。

1　近未来の「介護職」を囲む状況—「介護職へのニーズ」

(1) 要介護者の増加—2035～2040年頃にピーク

　この予測がほぼ的確に行われ、将来推計が可能であり示されてもいるのは、高齢者人口の推移である。高齢者人口の中で、要介護率が目立ってくる75歳以上の人口で見ると表6-1-1のようになる。75～84歳人口は2025年頃1,460万人でピークとなり、75歳以上人口では2035年頃に2,260万人で、85歳以上人口では2040年頃に1,024万人でピークに達する。

　一方、この高齢者の要介護率は、最近では、表6-1-2に見るように、75～84歳は12%台で漸減傾向にある。同様に85～89歳で34%台、いずれも減少傾向にある。

表6-1-1　75歳以上人口の推移
（単位：千人）

年次	75～84歳	85歳～	75歳～
1990年	4862	1125	5987
2000年	6776	2237	9013
2010年	10277	3795	14072
2020年	12517	6203	18720
2025年	14597	7203	21800
2030年	14578	8306	22884
2035年	12579	10018	22597
2040年	12155	10237	22392
2045年	13068	9698	22766
2050年	14526	9644	24170

出典）総務省「住民基本台帳に基づく人口、人口動態及び世帯数」および「総務省自治行政局　自治体戦略2040構想研究会（第3回）」をもとに、職業教育研究開発センターで作成。

---

[1] 教養教育にせよ、職業教育にせよ、教育が人類の文化的資産の伝承を中心としていればよい時代は終わった。

[2] 仮に2年コースを卒業した学生の場合は一人前で仕事ができるまで1年、中心的スタッフに育つまで4年程度と考えれば、2020年度に入学した学生は2022年度（2023年3月）に卒業し、2024年には一人前となり、2027年くらいに中心的スタッフに育つことになる。

90歳を過ぎても要介護率は58％にとどまっている。

このことは、介護福祉士養成教育の観点からは、2つの意味を持つ。1つは、介護スタッフの不足問題[3]は2040年頃には終息するであろうということである。もう1つは、多くの人は、高齢になると要介護になると考えている人が多い[4]が、実際は85〜90歳でも63％の人が、90歳以上で見ても41％の人が要介護者ではない[5]。また、要介護と言ってもすべての人が、介護度が高い「寝たきり老人」というわけではない。とすれば、そういう現実に対しての介護福祉士養成教育も考えておくべき課題があるということである。

表6-1-2　高齢化率の推移
(単位：％)

	2014年	2016年	2018年
75歳〜	13.55	13.02	12.43
85歳〜	36.61	36.19	34.76
90歳	64.23	64.46	58.74

出典）政府統計の統計窓口の「介護保険事業状況報告」「人口推計」「人口推計　長期時系列データ」をもとに、職業教育研究開発センターで作成。

(2) 要介護者の介護ニーズの質の変化

このような高齢者人口の変化や、要介護率の変化を踏まえると、「介護福祉」へのニーズの1つの変化は「介護予防」や「自立支援介護」の重要性が増すことである。

もう1つのニーズの質の変化は、対象となる高齢者の成育歴や「生活の質」に関わる問題である。この点については、第1章1節の「3. 本人が望む「生活」を支える介護」の「表1-1-6 過去と現在の高齢者イメージの比較」[6]の中で比較している、「現在の高齢者」（2015年に85歳〔1930年生まれ〕以上の方々）と、それ以後の「近未来・予測」で描いた方々、特に2030年頃85歳（1945年生まれ）となる人たち（団塊の世代）との違いである[7]。

(3) 生活環境の変化―科学技術の発達

近未来の介護を考える時に無視して通れないのは、科学技術の発達である。これについては、政府関係の資料でも様々な展望が示されている。この中から介護福祉士養成教育に関連がありそうな点を表にしたのが、表6-1-3である[8]。この表に見るように、日本の人口減少と同時に世界の人口増加が生活に影響を与えてくる点、特に在宅介護に大きく影響しそうな移動手段や交通手段の発達が極めて速い点、情報手段の革命的な変化[9]、様々な病気の治療方法が開発されていくという点、職業や余暇の大幅な変化は、その時々の介護の大きな変化をもたらすと考えられる。また、この表では触れていないが、移動に象徴されるような用具の発達（自動化）は、当然ロボット[10]などの急速な発達を意味し、介護技術や介護内容に大きく影響してくるだろう。

---

3) この介護スタッフが足りないという問題と、介護福祉士へのニーズは別問題でもあり得る。

4) 例えば、ベネッセスタイルケアや、生命保険会社や、世論調査などでも、要介護になることを最初から前提として質問が作られている。また、老人会など、様々な場所でのインタビューでは、介護されたいとは思わないが、結局はそうなるだろうという人が多い。

5) 少なくとも介護保険での介護給付を受けてはいない。

6) p.12参照。

7) どこで、どういう産業に従事していたかなどで、高齢者の意識がかなり違う点、また、それ以前に比べて社会の変化が非常に激しいため、近未来の高齢者の場合は、年齢で意識がかなり違う点にも注目が必要である。

8) 世界的な様々な変化に関しては、多くの文献もあるが、そこで触れられている中心的内容は、従来の限界年齢と言われる120歳をはるかに超えていく寿命の延びの予測が多い点には留意しておく必要があるだろう。

9) 現在のスマホをチップ化し、頭に埋め込んで脳と直接つなぐことで、他者とのコミュニケーションは意思するだけでできてしまう。

10) 表作成の原資料には、2050年頃、「人間が人工知能（ロボット）と結婚する」という項目もあった。

表 6-1-3　生活条件の変化（2030〜2050年）の予測

	衣食住	移動手段	情報手段	義病気知慮	仕事・余暇
2030年頃	・人口増と世界的経済成長の下で、エネルギー、水・食料の大幅な需要増加が見込まれる。	・電気自動車の本格的普及。 ・超高齢社会を暮らす高齢者が、ひとりで安心して移動できる広域でシームレスな交通システムが実用化する（2023-30年）。	・介護、育児で人との関わりあいがもてる携帯可能な人工知能（AI）が実用化する（2025-30年）。	・がんの転移防止や転移がんの治療が可能になる。 ・認知症の高齢者が353万人に増加する（現状は200万人超）。	・国内のIT人材が、約59万人不足する。 ・女性、高齢者の多くが働く社会が実現。 ・労働者が一生のうちで自由にできる「可処分時間」が20万5千400時間になる。
2040年頃	・国内の空き家率が36-43％に達する。	・自動車の自動運転が、道路交通の主流になる。 ・国内で燃料電池車（FCV）が普及する。	・次世代移動通信システム「ビヨンド5G」の実用化が、112兆円の巨大市場を実現する（2015年比で約3倍）。	・東京都の熱中症患者数が最大5,000人に達する。 ・目の細胞に外部信号を送ることで、盲目の人が見えるようになる。	・医療、福祉分野で働く人の数が、全就業者の約19％を占める（約1,060万人。2018年は823万人で全就業者の12.5％）。
2050年頃	・人口増が予測されるアジアで、コメの需要が横ばいの4億2,000万トンに留まり、農業基盤の弱体化が深刻な貧困を生む。	・日本の自動車メーカーが販売する乗用車が、すべて電動車になる。 ・政府が、日本の乗用車を100％電動化する。	・情報機器の知性が人間に肉薄する。 ・脳の電気信号を読み取るチップの埋め込みが普及し、それによる無線通信が可能になる。	・国内の認知症患者の数が500万人に達する。 ・この年までに80歳未満のがん死亡者がいなくなる。	・このころ「欲しいものがなくなる」社会が到来する（人工的な生産物の飽和）。 ・国内でテレワークを含む自宅勤務が普及する。 ・全国の労働力不足が、1,808万人に。

出典）職業教育研究開発センター調べ．（政府資料等から引用）

一方では、介護職員は、新しいツールに慣れにくい、ツールが変わることによる生活文化の変化に対応できにくい高齢者と、現実の社会やツールの変化の間をどう調整していくか等の問題にも直面することになるだろう[11]。

(4) 生活環境の変化—科学技術の発達

日本国内の状況と同時に世界の状況がどう変化していくのかも考えておく必要がある。第1点は、世界人口の増大である。2019（令和元）年の世界人口は77億人と推定されているが、これが2030年の85億人、2050年には97億人になると人口の急激な増加が予測されている[12]。第2点は、東アジア諸国の高齢化が2020年頃から2050年頃にかけて急激に進むということである。このことは当該の国々でも早急に介護対策を進める必要に迫られていると同時に、日本に働きに来る人が減る可能性を示している。

2　「介護職へのニーズ」への対応—問題解決への展望

では、これらの変化に対して『介護』はどう対応していくのだろうか。まず、第1の要介護の「量」に対してどうするかが課題である。これに対しては、要介護率の微妙な変化なども踏まえ、また、求められている介護の「質」の変化

11）このような意味では、介護福祉士は最新のツールを学ぶための専門職のレベルアップ研修（リカレント教育）が必須になる（義務化する。資格の更新制度を導入する）などを考慮せざるを得ないだろう。

12）国際連合広報センター資料より。なお、世界の人口増加は、国によって、地域によって様々な様相がある点に注目し、その個々の変化が日本の介護に微妙な影響を与える点にも、考慮しておく必要がある。

などを含めた正確な予測が必要であろう。外国人のスタッフの導入も、彼らがそれを望んでいるのか[13]どうかも踏まえて、慎重な検討[14]が必要である。

　第2に介護の質についてであるが、高齢者が生きてきた文化的背景を理解し、そこから来る生活の仕方などにも配慮しながら考えていく必要がある。今までの介護福祉士養成教育では、介護予防や自立支援介護を含む、将来の介護の変化に関しては全く触れられておらず、今回の「求められる介護福祉士像」[15]の中でようやく取り上げられている。が、残念ながら「カリキュラムの全体像」の中では、介護福祉士養成教育の内容として具体化するには至っていない。

　しかし、当面の対応としても、情報の引き出しとしても、コミュニケーション・ツールとしても、具体的介護行動としてもロボット活用の検討などを含め、質の改善を目指すとともに、そのことによって「量」も減らしていくという、創造的な介護が求められるだろう。

　第3の科学技術の発達は、上記「質・変化」への対応としても、様々な検討が必要である。「量」の面から考えると、人手による介護では限界が明らかである。とすれば今後、介護はこの部分の検討を強化する必要性が強い。同時に、そういう取組みを行うには、「介護」の精密な業務（職務）分析や、それに基づく介護システムの研究が先行する必要があるだろう。介護の細かなシステムが整理されて行かないと、ロボットなどの研究は進まない。その意味では、介護自体の科学的発展が必要である。

3　介護福祉士養成（教育）校はどう対応するのか

　このような、「介護」の未来予測や対応を考えると、その中核的職員を養成する養成校の課題は、「様々な新たな課題に対応できる介護福祉士の養成」である。介護現場での様々な属性の「介護職員」の中で、単に日々の介護をこなしていくだけではなく、要介護者と共に新たな未来を創造していける力量のある「介護福祉士」でなければ、その存在意義もないし、特段の養成を行う意味は少ない。そのためには、今回の改訂を前提にしても、授業の行い方も含めて学習内容はこれでよいのか、検討が必要[16]であろう。少なくとも、それぞれの介護福祉士養成校が自校で必要と考える教育内容を付加することで、自校の教育や卒業生をブランド化するなどの対応が早急に求められる。

　その時の最大の問題は、そういう学習支援を行える「介護教員」である。制度や仕組みを色々と改善しても基本は結局人間である。その意味で、創造力があり学生や高齢者の発想に柔軟に対応できる優れた介護教員の必要性が極めて高くなっており、同時にその養成も喫緊の課題である。

13）「介護」で働きたいのか、日本に来たいだけなのか、稼ぎたいだけなのか、将来はどうしたいのか。「人材」としての人集め対策では「介護」の仕事をしようとする人は増えないだろう。彼らも人間としての幸福追求をしたいのだから。

14）介護職の仕事の難易度の段階や、それに対応する職務システムの開発などを行うことで、ある程度、より適切な介護を行うことが可能になるであろう。また、必要量に関してもそれに対応して量の予測を考える必要がある。

15）1で理念的に「自立」が取り上げられているが、5では具体的に「介護予防からリハビリテーション」として触れられている。

16）このように考えると、2018（平成30）年の介護福祉士養成課程の改訂は、かなり充実してきたとはいえ、現状や近未来の介護問題への対応まで考慮しているとは言い難い。ただし、その背景には、介護現場に関する細かい分析研究が進んでいないという背景もある。とかく「量」の問題に目を奪われがちであるが、専門性という意味では「質」が問われるのであり、その意味では「介護」も、「介護福祉士」も「介護福祉士養成教育」も大きな課題に直面していると言える。特に介護福祉士養成教育は2年制で養成可能なのかなど、様々な検討課題が浮かんでくる。

第2節　介護におけるダイバーシティ

1　ダイバーシティ・マネジメント

　多様な人材を組織の中で活かすダイバーシティ・マネジメントを推進する動きは、日本では2000年代から産業界を中心に広がっていった。その背景としてはグローバルな競争の激化と少子高齢化による労働力不足に対して、従来の画一的な発想や、固定化された性別役割分業では対応できないという危機意識があった。日経連（当時）はダイバーシティについて下記のように述べている。

> 　ダイバーシティの本質は、異質・多様を受け入れ、違いを認め合うことである。それによって、「同質」だけでは実現することが難しい労働力の量的な確保や、従業員の働きがい・生きがいの向上、さらには、思いもつかなかった発想、新たな価値の創造などが実現できると考える。
> 出典）文部科学省『「日経連ダイバーシティ・ワーク・ルール研究会」報告書の概要』

2　3つのアプローチ

　ダイバーシティ・マネジメントには3つのアプローチがあると言われている（Thomas and Ely、1996）。第1の均等待遇アプローチ[1]では、女性や移民などのマイノリティを差別することなく雇用し、研修や昇進の機会を公正に与えることを目指す。しかし、このアプローチでは、属性による差異は考慮されない。そのため、女性が男性並みの長時間労働を強いられたり、外国人も日本人と同じレベルの日本語能力を身につけることが求められる。マイノリティも全く同じ条件で働くことが求められるという点で、同化主義的である。

　第2の差異化アプローチは、その人の属性を活かした部署に配置し、市場や顧客の拡大をはかるという方法であり、外国人を雇用することで、エスニックネットワークを通じたビジネスの拡大を目指す際に用いられる。このアプローチは一見、魅力的ではあるが、実際は属性による差異についての理解が組織全体に共有されず、組織の目標と統合できないという課題を抱えている。

　第3の統合アプローチでは、多様な差異に価値を認め、それを組織運営に活かしていくという方法がとられる。多様な属性を持つ人材を雇用することで、新しい視点から組織のあり方を見直し、これまで気が付かなかった領

---

[1] 原文ではDiscrimination-and-Fairness Paradigm, Access-and-Legitimacy Paradigm, Learning-and-Effectiveness Paradigmであるが、日本語ではわかりにくいため、均等待遇、差異化、統合アプローチとした。

域[2]に光を当てることなどが挙げられる。

3 多様な人々の潜在能力を活かす

　ダイバーシティは性別・年齢・国籍・学歴・障害の有無など様々な属性の違いを取り入れることを意味するが、これまでの日本のダイバーシティ・マネジメントは、主として「女性の活躍推進」を中心として行われてきた。日本の労働市場は、男性正社員を中核とする内部労働市場と、その周辺に位置付けられる女性や高齢者や学生からなる非正規社員という、身分制度のもとで成立してきた。中でもジェンダーによる格差は大きく[3]、先進国で最低のジェンダー格差がこのまま続けば、40年後には実質GDPが25％低下するとIMFは警告する（日経ARIA、2019）。男女雇用機会均等法の成立から30年以上を経ても、出産を機に約6割の女性が労働市場から退出しており、ワークライフバランスの実現と両立支援が大きな課題となっている。

　介護分野においても、「結婚・出産・妊娠・育児のため」に離職を余儀なくされた人は5人に1人に上っている（介護労働安定センター、2018）。また、男女間の賃金格差については、介護福祉士の男性正職員の平均年収355万円に対して、女性の正職員は302万円と85％に留まっており、早急な改善が望まれる（社会福祉振興・試験センター、2015）。

　次に障がい者については、2006年に障害者権利条約が採択され、日本も批准を果たした。障害者の雇用に関しては、障害者雇用促進法による法定雇用率が定められているが、医療・福祉系は2.57％と法定雇用率を上回り、全産業の中でもっとも高い雇用率を達成している（厚生労働省、2018）。

　あるデイケアでは、知的障がいを持つ20代のAさんが働いている。Aさんは食事介助はできるが、時計を読んだり、計算をすることはできない。しかし、認知症の高齢者の同じ話を毎回初めて聞くかのように、にこにこしながら聞くというケアはAさんにしかできない、と施設長は言う。そして「何でもできる人がよい介護者なわけではない。できないことを見極めて、できることを活かすことが重要」だという。

　実際、介護現場には大学で社会福祉を勉強した有資格者に加えて、高卒の若い世代や主婦、元サラリーマン、障がい者や性的マイノリティ、外国人、地域のボランティアなど様々な属性の人が働いている。マイノリティが職場で孤立し、離職に追い込まれないためには、障がい者の当事者運動による「私たち抜きに私たちのことを決めないで」というスローガンと、参加と平等の精神が結実した障害者権利条約に掲げられた「合理的配慮」[4]（rational accommodation）の考え方が、多様性を包摂する際の重要な指針となる。

---

2) 例えば、介護分野では、日本の介護を外国人の眼で捉え直し、新しい視点で見直すことによって日本の介護をより豊かにしていくことが考えられる。

3) 世界経済フォーラムによるジェンダー格差の指標であるジェンダーギャップ指数（2018）において、日本は先進国で最低の149か国中110位である。

4)「合理的配慮」とは、障害者が他の者との平等を基礎として全ての人権及び基本的自由を享有し、又は行使することを確保するための必要かつ適当な変更及び調整であって、特定の場合において必要とされるものであり、かつ、均衡を失した又は過度の負担を課さないものをいう（障害者権利条約2条）。

4　外国人介護職（員）の受け入れから10年

　今後、介護現場で増加することが予想されるのは、外国人介護職（員）の存在である[5]。外国人が介護分野で就労するようになったのは、2000年代後半からである。その契機は、経済連携協定（EPA）の締結により、東南アジアから介護士が来日したことと、介護研修を受けた定住外国人が就労を開始したことによる。当初は「日本人の介護は日本人にしかできない」という意見も聞かれたが、外国人介護職（員）は言語の壁を越えて、高齢者とコミュニケーションをとろうとするので人気があり、高い評価を得ている。すでに10年が経過しているが、介護をめぐって利用者や家族との大きなトラブルはなく[6]、もはや介護施設にとって不可欠な戦力になっている。

　一方、外国人介護職（員）へのインタビューからは「申し送りがわからない」「記録が書けない」「定型的な仕事しか任せてもらえない」「入浴介助など力仕事ばかりやらされる」「忙しくて仕事を教えてくれる人がいない」など介護現場特有の課題や、「人前で注意される」「宗教上の配慮がない」など文化的な違い、さらには「日本人から差別される」「母国の文化が下に見られている」「将来のキャリアが見えない」などの懸念が挙げられている。

　実際、言葉や文化の違いが摩擦になったり、職員による差別的な発言や労働問題が生じるケースもみられる。肌の色や宗教の違いを揶揄されたり、待遇面での差別や、パワハラを受け、帰国や転職を余儀なくされたケースもある[7]。また、技能実習生、留学生、特定技能については民間の仲介業者による斡旋が介在しており、中には法外な借金をさせられたり、人権が侵害されたケースもあり課題も多い（小川、2019）。情報がSNSで拡散される現代において、トラブルが相次ぐ施設には外国人も定着しない。

5　外国人介護職（員）のダイバーシティ・マネジメント

　では、2で述べた3つのアプローチに照らした場合、介護現場の外国人のダイバーシティ・マネジメントの現状はどのようなものであろうか。第1の均等待遇アプローチについては、EPA介護士は事前に日本語教育が行われ、日本人と同等待遇が保障され、就労後も研修の機会が与えられている。それは、EPA協定の中で介護福祉士国家試験の合格が求められているため、日本語教育や国家試験対策などの支援が制度化[8]されていることによる。今後、EPA以外の枠組みで就労を開始する外国人介護職（員）に対しても、日本人と同等待遇の保障が重要である。

　第2の差異化アプローチでは、先輩の外国人介護職（員）が面接やリクルー

[5) 2019年、介護現場で就労することができる外国人の在留資格には、①定住外国人、②経済連携協定（EPA）により来日した外国人介護職（員）（2008〜）、③技能実習生介護（2017〜）、④介護養成校や日本語学校に通う留学生（2017〜）、⑤特定技能（2019〜）と複数の枠組みが乱立している。

6) 日本では外国人介護士職（員）は介護施設での就労が中心であるが、海外では在宅に住み込みで外国人を雇用する場合が多い。私的空間におけるケア労働は労基法が適用されないケースがほとんどであり、介護者、被介護者ともに虐待・殺人などの暴力が発生することがある。

7) 日本は人種差別撤廃条約を批准しているが、包括的な差別を禁止する国内法がない。差別の禁止は、外国人を受け入れる上で大きな課題である。

8) そのため、外国人介護職（員）は介護福祉士国家試験に合格して定着し、中にはケアマネジャーに合格した人も出てきている。なお、EPA介護士の合格率の平均は、2017年度は50.7%、2018年度は46%である。]

トに関わり、後輩の受け入れ支援を行うことで、優秀な人材を確保する施設[9]も出てきている。

第3の統合アプローチでは、外国人介護職(員)のリーダーが組織運営に関わることで、その視点を活かした運営[10]ができることが挙げられる。

外国人介護職(員)の視点を活かした統合アプローチを取っている介護施設はまだ少ないが、そのような介護施設には、安定的に優秀な人材が集まっており、その結果、介護の質も上がるという正の循環が生まれている。その際に大切なことは、支援される側はいつまでも支援の対象ではなく、時間がたてば今度は支援する主体になっていくということである。すでに多くの外国人介護職(員)は介護施設だけでなく地域社会にも参加し、活躍の場が広がっている。

6　多様性を活かした組織とは

では、ダイバーシティ・マネジメントを実践するためには何が必要だろうか。第1に、組織としてなぜダイバーシティに取り組むのかが共有されており、そのための課題が明らかにされていることが重要である。例えば、外国人や他のマイノリティを雇用する際の課題や対応についてオープンに話し合いが行われ、必要であればそのために組織全体のあり方を見直すことも考えられる。

第2に、多様な人材を公正に評価し、対立や不信感を招かないためには、達成すべき目標と職務の明確化、人事評価制度の透明化、マネジメント研修、支援策の検討等が重要であり、そのための明確なコミュニケーションが求められる。

男性正社員を中心とした働き方に依存してきた日本社会は、未曾有の人口減少と高齢化に直面している。介護現場が人間の尊厳を守り、多様性を包摂する多文化空間となることができるかどうかは、労働と介護の未来だけでなく、高齢期の生のあり方と生活の質を決定する。また、介護がやりがいのあるディーセントワーク（人間らしい仕事）でなければ、外国人を含めたマイノリティは定着しない。同化でもなく、分断でもなく、多様な差異を組織の目標の中に統合することができれば、介護現場はもっと豊かになるのではないだろうか。

---

9) すでに東南アジアの大学や専門学校と連携し、事前教育を行うことで、来日後の就労と生活が円滑に進むような支援が行われている。

10) あるデイケアでは外国人介護職(員)がトップを務めており、英語をはじめとする様々なプログラムが導入されている。若い頃に英語を学ぶ機会がなかった高齢者は喜んで参加しており、新しい発想に基づいた組織運営が行われている。

【引用参考文献】
- 介護労働安定センター『平成30年度「介護労働実態調査」』2018.
- 厚生労働省『平成30年障害者雇用状況の集計結果』2018.
- 社会福祉振興・試験センター『社会福祉士・介護福祉士就労状況調査結果の実施概要』2015.
- 日経ARIAウェブサイト「IMFラガルド氏　日本GDP25%縮小に警鐘と打開策」2019年3月29日.
- 文部科学省ウェブサイト『「日経連ダイバーシティ・ワーク・ルール研究会」報告書の概要』2001.
- D.A.Thomas & R.J.Ely, Making Difference Matter, *Harvard Business Review*, September/October, 1996, pp.79-90.
- 小川玲子「外国人がケアすること・外国人をケアすること」福祉労働編集員会編『季刊　福祉労働』第164号, 現代書館, 2019.

第3節　介護における IT や AI の活用

1　介護職がもつ問題点と背負う社会的な期待という背景

　介護におけるロボット、IT[1]、AI[2] 等を考えるにあたり、介護職内部では問題視されないが外部から見ると問題点として見えてくるものがある。それは介護職側が他職種、特に工学系、医学系に対する関心が乏しいこと[3] と、介護の概念、用語、業務範囲に不明点が多いことの２点である。

　前者は介護職が用具や機器を考えたり、要介護の現状、原因、対処を考えたりするときに、後者は他の職種と連携するために意思の疎通を図ろうとするときに不都合をもたらす。特に後者の不明点については、例えば、看護と介護、介護と介助、自立と自律とリハビリテーション、要介護者の満足、介護の目的、その時々に定める介護の目標等の情報が連携のためには必要であるが他職種には伝わらないのである。

　そこで本稿では、今話題となっている IT、AI の導入を介護職が積極的に取り組む姿勢をもつことが前述の問題点を解消または軽減する契機になることを述べる。この根拠は、衣食住からスポーツや芸術に至る諸産業においても、日本の歴史上で伝えられてきた文化の伝承においても、担当者は他と連携を図ることで作りあげ、客や大衆と共にプライドと喜びを共有して発展してきたことにある。介護分野においても例外ではない。

2　介護に求められる標準化の理解

　前述の背景を受け、最初に介護職の多くがもっている誤解を解く必要がある。それは、介護ロボットが人の代わりになるものではないこと、IT や AI は介護職が何を考えたらいいか、何をやったらいいかを代わりに考えてくれるものではないことである。

　ロボット、IT や AI は道具である。道具とは人間技でできないことをできるようにする手段[4] である。この意味は人の代わりをするものではなく、人間技ではできないが何とかできるようにしたいという強い願望を具現化することである。

　例えば、食品を美しく切って並べることは素手ではできないが包丁という道具を使うことで可能になった。高度の計算力、記憶力、パターン認識力を要するデータ処理は人間技ではできないが IT が可能にし、AI がさらに質を向上させようとしている。

---

[1] 直訳は「情報通信技術」。通信技術自体はのろしや花火、無線電話も該当するが、現在はコンピューター、OA 機器、インターネット、スマートフォン、屋内外の通信設備等の様々な技術を駆使している技術や機器を指す。IT が技術を指し、ICT が IT の活用に重点を置いた呼称。事実上どちらの呼称を使ってもよい。類義語に IoT があり、物がインターネットにつながっていることを強めた呼称。

[2] 知能の研究に使うという意味合いと、あたかも知能のごとく機能させたいという意味から使った呼称。したがって、「知能」が独り歩きして誤解されやすいが、計算機であることには変わりない。ただし、高度な計算機能をもつ。あくまでも基本は人間が設計するものである。

[3] このことが、例えば介護ロボットに対しては他人事、IT や AI に対しては的はずれの期待が見えてくるのである。

[4] 人間には見えないものを見えるようにする、人間技ならば１週間要することを数秒で処理する、人間技ならば 30 分が限界であるが 24 時間でも１年でも継続する、人間技では測ることができないものを測る、検出するなど多種類ある。

ここに挙げた料理とデータ処理には共通点がある。それは人間が願望を描いたから実現したのであって、描かなければ何も実現しなかったことである。その願望とは自他が喜びを共有するためのものであるからこそ、複数職種の知恵を出し合い標準手段を創作し、これを組み合わせて種々の作品を生み出してきたのだ。例えば包丁には片刃、両刃という標準化した基本構造[5]をもたせた。これをもとに製造者は種々の包丁を目的別に新たに創造し、料理人は創造的に使い分けてきた。このようにして美しい食を表現し自他共に喜びを共有してきた。

一方、時間・重量・長さ・個数等のデータ列の処理においては計算方法、文字のコード化、パターン認識等の標準化したルールを作り、設計者は標準化したルールを用いて処理法を創作し、使用者は使い分けてきた。IT機器は標準化したデータを標準化した手法で処理する機器、AI機器はその処理を格段に多量に高速に扱いうる機器である。

では標準化とは何か。それは時間・重量・長さ・個数等における目盛り、基準等[6]である。また、スポーツや会話・会議・書類作成等においては基本技、基本パターン、基本マナー等が該当する[7][8]。

他の例では畳、ねじ、紙、鉛筆等の製造に対しては基本構造、寸法、材質等を標準化してあり、各種の試合や演技の評価に対しては得点や反則のルールを標準化してある。これが思想や価値を相互に伝えるときに威力を発揮してきた。その結果、設計製造者も使用者も信用、喜び、そしてプライドをもつようになった。

介護職も例外ではなく、同業および他職種の人と連携することが必要で、そのためには用語や概念の標準化を必要とする。2000年代も今でも、介護現場は型通りにはいかない、学校で習ったことは役に立たないとの声が聞こえる。しかし、この声はあらゆる職種にあり、基本的な複数の標準を組み合わせることに取り組んでいることの積極性の表現である。この経験をまとめれば、後に自他が模範にするような使いやすい標準になるのである。

3　願望や喜びを共有するために必要な用語と業務の標準化

次に、概念の標準化が他職種と連携を可能にする話に移る。システムエンジニア（SE）という職種がある。SEとは会社、役所、学校等がもつ効率化、安全性向上等の願望に対し、IT技術を駆使したシステム設計という形で応える職種である。そこには願望があるから依頼できた、依頼した人と依頼を受けたSEの連携が成り立った、意思や願望を伝えるとき標準化した用語やデータがあった、その用語やデータをIT化することでシステムを実現した、

---

[5] 刃の断面の形状が両側とも角度が付いている型を両刃、刃の片側だけ角度が付いている型を片刃という。菜切り包丁は両刃、出刃包丁や刺身包丁は片刃。大工道具のノミは片刃に該当する。のこぎりも両刃、片刃という用語を使うため紛らわしいことでもあるが。

[6] 日本の歴史上では貨幣制度（和同開珎など）、太閤検地などが該当する。

[7] 指導者が弟子に基本技を伝授し、弟子は基本技を習得した後その組立てを創ること、監督が基本技を基に作戦を立てること、審査員がルールに基づいて評価すること、会話、会議、書類等に基本パターンによってまずは意思を相互理解した上で次の展開を図ること。

[8] 例えば会計管理、生産管理、住民や顧客の管理等がある。

という流れがある。そのとき基本となる願望やルールを考えるのは現場の担当者である。

そこで、介護職には他の職種に対し仕事の伝え方、聞き方を意識して概念の標準化を進めていただきたい。例えば介護者の負荷と支援の程度と廃用症候群間の関係、介護の目的と目標についての基準作りである。

4 標準化とプライドと謙虚さ、その端緒としてのITとAIの導入

以上、目的の明確化→標準化（客観化）→他職種との連携→プライドと喜び、という流れを述べてきた。標準化は機械であれば共通部品化だった。日本の産業界の強みの1つは部品が優れていることである。この強みが担当者にプライドをもたせ、だからこそもつ謙虚な姿勢が美しく映えるのだ。

そこで、介護職もこの流れに見えてくる美しいプライドと謙虚さをもち、さらには従来にない新たな学問の確立→新たな産業の創出→世界の模範となる高度福祉国家の実現を担う救世主となり得るチャンスに最も恵まれた職種なのである。ITとAIの導入はこの流れを加速する契機となり得る（図6-3-1）。

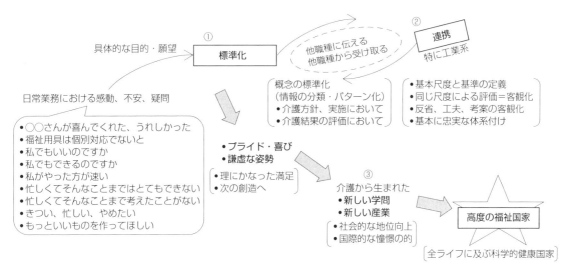

介護は社会的、人道的に価値は認められているが、問題点が多く、これを同業者だけで解決することは不可能であると考えられる。そこで、他職種との連携が必須である。そのためには、日常の感動、不安、疑問等を見直し、①に記したように、人に伝え得る標準化表現が必要となる。これができれば、または意識して交流すれば②に記した連携が可能になる。この連携で相互に達成感や喜びを感じると、仕事にプライドを感じ、謙虚な姿勢をもつことができるようになる。ここまで培った問題意識と謙虚さが見えたときは③に記した新たな学問や産業を創出する力量がある。この好循環ができた時点では社会的な発言力を持っていることが当然予測される。したがって、現在の介護を科学的にレベルアップするだけでなく、むしろ疾患や要介護を防ぐ策を社会的に提案できるであろう。かくして国際的に模範となり得る高度福祉国家の実現へ向かうことができる。

図6-3-1 標準化を進める契機―IT、AIの導入は契機となる

職業訓練生の学習支援（社会人の学び直し）

　急速な高齢化の進展に伴い、経済産業省の試算によると、介護スタッフは2025年には43万人、2035年には79万人が不足すると推計されている（経済産業省, 2018）。この現状を打開するため、2007（平成19）年に「社会福祉事業に従事する者の確保を図るための措置に関する基本的な指針」の見直しが行われ、2009（平成21）年度からは「離職者訓練制度」が開始された。介護福祉士養成施設（2年コース）には、職業訓練生として学ぶ社会人学生が増加している。今後、介護スタッフの確保を行うためには、異業種からの多様な人材の参入が必要不可欠であり、社会人学生に対する学習支援の課題について触れておきたい。

　介護福祉士養成施設協会が行った調査（2010）によると、社会人学生の属性として「30歳代、40歳代が中心」、「高学歴」、「男性と女性がほぼ同数の割合で参加」、「直近の仕事は4人に1人が製造業」、「半数以上が正規職員で経験年数が10年以上」という特徴が挙げられている。このような社会人学生への学習支援の課題として、まずは教員自身のかかわり方を振り返る必要がある。それは、「学生という立場」と「社会人という立場」の二側面からのかかわりが重要であり、各人の人生において積み重ねてきた経験や価値観を尊重すると共に、新たな分野における「学び直し」の楽しさを伝える重要性である。

　学生自身の認識として、「社会人学生の強みは、コミュニケーション力と生活者としての技術」も挙げられている。つまり、「養成校で学ぶ知識をより現場実践に結び付けていく力」を持ち合わせているといえる。この強みを活かしていくためには、介護の基礎知識をベースにし、「基礎」から「応用」、「応用」から「発展」へと学習の発展性を高めることによって、彼らの能力を最大限に発揮させ、学び直しの楽しさを実感することができるのではないだろうか。

　また、2012（平成24）年の文部科学省中央教育審議会の答申において、「能動的な学修」の必要性が示され、高等学校教育においても、課題の発見と解決に向けた主体的かつ協働的な学習と指導方法であるアクティブラーニングへの飛躍的充実が図られ、今日までこの学習方法が進められてきているが、社会人学生にとっては能動的な学習経験が少ないことから、その学習が必ずしも教育に対する満足度と比例するものではないといった課題もある。このような課題に対しては、単にアクティブラーニングという学習方法を導入すればよいのではなく、その割合やバランス、内容の検討を十分に重ね、学習方法を決定していく必要がある。

　今後、多種多様な経験をもつ社会人学生の能力を引き出し、即戦力となる人材へと導くために、介護教員は専門分野の知識、技術の向上にとどまらず、学校教育、職業教育、人材教育、生涯教育等の「教育学」についても真摯に研究を重ねていく姿勢が求められている。

（齊藤　美由紀）

付録

「求められる介護福祉士像」と「領域の目的と教育内容等」

求められる介護福祉士像

1. 尊厳と自立を支えるケアを実践する
2. 専門職として自律的に介護過程の展開ができる
3. 身体的な支援だけでなく、心理的・社会的支援も展開できる
4. 介護ニーズの複雑化・多様化・高度化に対応し、本人や家族等のエンパワメントを重視した支援ができる
5. QOL(生活の質)の維持・向上の視点を持って、介護予防からリハビリテーション、看取りまで、対象者の状態の変化に対応できる
6. 地域の中で、施設・在宅にかかわらず、本人が望む生活を支えることができる
7. 関連領域の基本的なことを理解し、多職種協働によるチームケアを実践する
8. 本人や家族、チームに対するコミュニケーションや、的確な記録・記述ができる
9. 制度を理解しつつ、地域や社会のニーズに対応できる
10. 介護職の中で中核的な役割を担う

高い倫理性の保持

領域	目的
人間と社会の理解	1. 福祉の理念を理解し、尊厳の保持や権利擁護の視点及び専門職としての基盤となる倫理観を養う。 2. 人間関係の形成やチームで働く力を養うための、コミュニケーションやチームマネジメントの基礎的な知識を身につける。 3. 対象者の生活を地域の中で支えていく観点から、地域社会における生活とその支援についての基礎的な知識を身につける。 4. 介護実践に必要な知識という観点から、社会保障の制度、施策についての基礎的な知識を身につける。 5. 介護実践を支える教養を高め、総合的な判断力及び豊かな人間性を養う。
介護	1. 介護福祉士に求められる役割と機能を理解し、専門職としての態度を養う。 2. 介護を実践する対象、場によらず、様々な場面に必要とされる介護の基礎的な知識・技術を習得する。 3. 本人、家族等との関係性の構築やチームケアを実践するための、コミュニケーションの基礎的な知識・技術を習得する。 4. 対象となる人の能力を引き出し、本人主体の生活を地域で継続するための介護過程を展開できる能力を養う。 5. 介護実践における安全を管理するための基礎的な知識・技術を習得する。 6. 各領域での学びを統合し、介護実践に必要な観察力・判断力及び思考力を養う。
こころとからだのしくみ	1. 介護実践に必要な根拠となる、心身の構造や機能及び発達段階とその課題について理解し、対象者の生活を支援するという観点から、身体的・心理的・社会的側面を統合的に捉えるための知識を身につける。 2. 認知症や障害のある人の生活を支えるという視点から、医療関連職種と連携し支援を行うための、心身の機能及び関連する障害や疾病の基礎的な知識を身につける。 3. 認知症や障害のある人の心身の機能が生活に及ぼす影響について理解し、本人と家族が地域で自立した生活を継続するために必要とされる心理・社会的な支援について基礎的な知識を養う。
医療的ケア	医療的ケアが必要な人の安全で安楽な生活を支えるという観点から、医療職との連携のもとで医療的ケアを安全・適切に実施できるよう、必要な知識・技術を習得する。

教育内容	ねらい
人間の尊厳と自立	人間の理解を基礎として、尊厳の保持と自立について理解し、介護福祉の倫理的課題への対応能力の基礎を養う学習とする。
人間関係とコミュニケーション	1. 対人援助に必要な人間の関係性を理解し、関係形成に必要なコミュニケーションの基礎的な知識を習得する学習とする。 2. 介護の質を高めるために必要な、チームマネジメントの基礎的知識を理解し、チームで働くための能力を養う学習とする。
社会の理解	1. 個や集団、社会の単位で人間を理解する視点を養い、生活と社会の関係性を体系的に捉える学習とする。 2. 対象者の生活の場としての地域という観点から、地域共生社会や地域包括ケアの基礎的な知識を習得する学習とする。 3. 日本の社会保障の基本的な考え方、しくみについて理解する学習とする。 4. 高齢者福祉、障害者福祉及び権利擁護等の制度・施策について、介護実践に必要な観点から基礎的な知識を習得する学習とする。
介護の基本	介護福祉の基本となる理念や、地域を基盤とした生活の継続性を支援するためのしくみを理解し、介護福祉の専門職としての能力と態度を養う学習とする。
コミュニケーション技術	対象者との支援関係の構築やチームケアを実践するためのコミュニケーションの意義や技法を学び、介護実践に必要なコミュニケーション能力を養う学習とする。
生活支援技術	尊厳の保持や自立支援、生活の豊かさの観点から、本人主体の生活が継続できるよう、根拠に基づいた介護実践を行うための知識・技術を習得する学習とする。
介護過程	本人の望む生活の実現に向けて、生活課題の分析を行い、根拠に基づく介護実践を伴う課題解決の思考過程を習得する学習とする。
介護総合演習	介護実践に必要な知識や技術の統合を行うとともに、介護観を形成し、専門職としての態度を養う学習とする。
介護実習	①地域における様々な場において、対象者の生活を理解し、本人や家族とのコミュニケーションや生活支援を行う基礎的能力を習得する学習とする。 ②本人の望む生活の実現に向けて、多職種との協働の中で、介護過程を実践する能力を養う学習とする。
こころとからだのしくみ	介護を必要とする人の生活支援を行うため、介護実践の根拠となる人間の心理、人体の構造や機能を理解する学習とする。
発達と老化の理解	人間の成長と発達の過程における、身体的・心理的・社会的変化及び老化が生活に及ぼす影響を理解し、ライフサイクルの特徴に応じた生活を支援するために必要な基礎的な知識を習得する学習とする。
認知症の理解	認知症の人の心理や身体機能、社会的側面に関する基礎的な知識を習得するとともに、認知症の人を中心に据え、本人や家族、地域の力を活かした認知症ケアについて理解するための基礎的な知識を習得する学習とする。
障害の理解	障害のある人の心理や身体機能、社会的側面に関する基礎的な知識を習得するとともに、障害のある人の地域での生活を理解し、本人のみならず家族や地域を含めた周囲の環境への支援について理解するための基礎的な知識を習得する学習とする。
医療的ケア	医療的ケアを安全・適切に実施するために必要な知識・技術を習得する。

付録 269

領域「人間と社会」

領域の目的：人間と社会
1. 福祉の理念を理解し、尊厳の保持や権利擁護の視点及び専門職としての基盤となる倫理観を養う。 2. 人間関係の形成やチームで働く力を養うための、コミュニケーションやチームマネジメントの基礎的な知識を身につける。 3. 対象者の生活を地域の中で支えていく観点から、地域社会における生活とその支援についての基礎的な知識を身につける。 4. 介護実践に必要な知識という観点から、社会保障の制度、施策についての基礎的な知識を身につける。 5. 介護実践を支える教養を高め、総合的な判断力及び豊かな人間性を養う。

			カリキュラムの基準			想定される教育内容の例	
		教育内容	ねらい	教育に含むべき事項	留意点		
人間と社会	人間の理解	必修	人間の尊厳と自立（30時間以上）	人間の理解を基礎として、尊厳の保持と自立について理解し、介護福祉の倫理的課題への対応能力の基礎を養う学習とする。	①人間の尊厳と人権・福祉理念	人権思想・福祉理念の歴史的変遷を理解し、人間の尊厳・人権尊重及び権利擁護の考え方を養う内容とする。	1) 人間の尊厳と利用者主体	人間の多面的理解 人間の尊厳 利用者主体の考え方、利用者主体の実現
							2) 人権・福祉の理念	人権思想の歴史的展開（偏見、差別、ジェンダー、性、その他）と人権尊重 福祉理念の変遷（優生思想、保護思想、ノーマライゼーション、IL運動、ソーシャルインクルージョン、その他） 福祉課題の変遷（貧困、障碍、子供、高齢など）
							3) ノーマライゼーション	ノーマライゼーションの考え方、ノーマライゼーションの実現、その他
							4) QOL	QOL（生命・生活・人生の質）の考え方 生命倫理（死生観・QOD（死の質）・死の準備教育・リビングウィル・その他）
				②自立の概念	人間にとっての自立の意味と、本人主体の観点から、尊厳の保持や自己決定の考え方を理解する内容とする。	1) 自立の概念	自立の考え方 身体的・心理的・社会的な自立
						2) 自立生活	自立生活の概念と意義 ライフサイクルに応じた生活の自立 自立生活におけるニーズ
						3) 尊厳の保持と自立のあり方	自己決定・自己選択 意思決定 インフォームド・コンセント、インフォームド・アセント、リビングウィル 権利擁護、アドボカシー
			人間関係とコミュニケーション（60時間以上）	1. 対人援助に必要な人間の関係性を理解し、関係形成に必要なコミュニケーションの基礎的な知識を習得する学習とする。	①人間関係の形成とコミュニケーションの基礎	人間関係を形成するために必要な心理学的支援を踏まえたコミュニケーションの意義や機能を理解する内容とする。	1) 人間関係と心理	自己覚知、他者理解、ラポール、自己開示 グループダイナミクスの活用
						2) 対人関係とコミュニケーション	コミュニケーションの意義・目的 コミュニケーションの特徴・過程 コミュニケーションを促す環境 アサーティブネス（自他を尊重した自己表現） ポライトネス（相手を尊重する言語的配慮） 対人関係とストレス
						3) コミュニケーション技法の基礎	物理的、心理的距離（パーソナルスペース）の理解 相談や意見を述べやすい環境の整備 受容・共感・傾聴 相談面接の基礎（バイステックの原則・マイクロカウンセリング等） 言語的コミュニケーション 非言語的コミュニケーション
						4) 組織におけるコミュニケーション	組織の中におけるコミュニケーションの特徴 組織における情報の流れとネットワーク 組織における意思決定
				2. 介護の質を高めるために必要な、チームマネジメントの基礎的知識を理解し、チームで働くための能力を養	②チームマネジメント	介護実践をマネジメントするために必要な組織の運営管理、人材の育成や活用などの人材管理、それらに必要なリーダーシップ・フォロワーシップなど、チーム運営の基本を理	1) 介護サービスの特性と求められるマネジメント	介護サービスと他サービスとの相違点 　ヒューマンサービスの特徴・特性 　倫理・専門性を持つことの意義
						2) 組織と運営管理	福祉サービスの組織の機能と役割 　組織とは 　福祉サービスの組織の機能 　法人理念・経営理念 組織の構造と管理

		カリキュラムの基準			想定される教育内容の例	
		教育内容	ねらい	教に含むべき事項	留意点	

<table>
<tr><td rowspan="5">人間の理解</td><td colspan="4"></td><td colspan="2">う学習とする。</td><td>解する内容とする。</td><td></td><td>組織の成り立ち・構造
チームとリーダー
組織の経営・運営管理の視点
コンプライアンスの遵守</td></tr>
<tr><td colspan="4"></td><td colspan="2"></td><td></td><td>3）チーム運営の基本</td><td>チームの機能と構成
リーダーシップ、フォロワーシップ
リーダーの機能と役割
業務課題の発見と解決の過程（PDCAサイクル、その他）</td></tr>
<tr><td colspan="4"></td><td colspan="2"></td><td></td><td>4）人材の育成と管理</td><td>人材育成の方法系
　教育体系（OJT、OffJT）
　ティーチング、コーチング
　スーパービジョン、コンサルテーション
　キャリア支援・開発・キャリアデザイン
モチベーションマネジメント</td></tr>
</table>

		教育内容	ねらい	教に含むべき事項	留意点		
人間と社会	必修	社会の理解（60時間以上）	1. 個や集団、社会の単位で人間を理解する視点を養い、生活と社会の関係性を体系的に捉える学習とする。	①社会と生活のしくみ	個人・家族・地域・社会のしくみと、地域における生活の構造について学び、生活と社会の関わりや自助・互助・共助・公助の展開について理解する内容とする。	1）生活の基本機能	生活の概念 生活様式、ライフスタイル ライフステージ、ライフサイクル ライフコース 家庭生活の機能（生産・労働、教育・養育、保健・福祉、生殖、安らぎ・交流、その他）
						2）ライフスタイルの変化	雇用労働の進行、女性労働の変化、雇用形態の変化 少子化、健康寿命の延長 余暇時間、ワークライフバランス、働き方改革の背景 生涯学習、地域活動への参加
						3）家族	家族の概念 家族の構造と形態 家族の機能、役割 家族観の多様性 家族の変容
						4）社会、組織	社会、組織の概念 社会、組織の機能、役割 ソーシャルネットワーク、ソーシャルキャピタル グループ支援、組織化
						5）地域、地域社会	地域、地域社会の概念 コミュニティの概念 地域社会の集団、組織 産業化・都市化、過疎化と地域社会の変化
						6）地域社会における生活支援	ソーシャルサポート 福祉の考え方（福祉の制度化、多元化等） 地域社会の集団、組織による生活支援（フォーマルサービス・インフォーマルサポート） 自助・互助・共助・公助
			2. 対象者の生活の場としての地域という観点から、地域共生社会や地域包括ケアの基礎的な知識を習得する学習とする。	②地域共生社会の実現に向けた制度や施策	地域共生社会や地域包括ケアシステムの基本的な考え方としくみ、その実現のための制度や施策を理解する内容とする。	1）地域福祉の発展	地域福祉の理念 地域福祉の推進
						2）地域共生社会	地域共生社会の理念（ソーシャル・インクルージョン、その他） 多文化社会と多文化共生社会 地域共生社会の実現に向けた取組み
						3）地域包括ケア	地域包括ケアの概念 地域包括ケアシステム
			3. 日本の社会保障の基本的な考え方、しくみについて理解する学習とする。	③社会保障制度	社会保障制度の基本的な考え方としくみを理解するとともに、社会保障の現状と課題を捉える内容とする。	1）社会保障の基本的な考え方	社会保障の概念と範囲 社会保障の役割と意義 社会保障の理念
						2）日本の社会保障制度の発達	日本の社会保障制度の基本的な考え方、憲法との関係 戦後の緊急援護と社会保障の基盤整備 国民皆保険、国民皆年金 社会福祉法

付録　271

教育内容		カリキュラムの基準			想定される教育内容の例	
		ねらい	教育に含むべき事項	留意点		
人間と社会	必修	4. 高齢者福祉、障害者福祉及び権利擁護等の制度・施策について、介護実践に必要な観点から基礎的な知識を習得する学習とする。			3) 日本の社会保障制度のしくみの基礎的理解	社会福祉六法 社会福祉基礎構造改革 社会保障の行政組織 社会保障の財源 社会保険の特徴・種類、民間保険制度 社会扶助、社会福祉、公衆衛生の特徴・種類
					4) 現代社会における社会保障制度の課題	人口動態の変化、少子高齢化 社会保障の給付と負担 社会保障費用の適正化・効率化 持続可能な社会保障制度 地方分権、社会保障構造改革、社会保障と税の一体改革、医療と介護の一体改革、子ども・子育て支援の充実
			④高齢者福祉と介護保険制度	高齢者福祉制度の基本的な考え方としくみ、介護保険制度の内容を理解し、高齢者福祉の現状と課題を捉える内容とする。	1) 高齢者福祉の動向	高齢者の現状 支援者の状況
					2) 高齢者福祉に関連する法律と制度	高齢者福祉関連法制の概要（高齢社会対策基本法、老人福祉法、介護保険法、高齢者の医療の確保に関する法律、その他） 高齢者福祉法制度の歴史的変遷
					3) 介護保険法	介護保険法の目的 保険者及び国、都道府県の役割 被保険者 財源と利用者負担 要介護認定・要支援認定 保険給付サービスの種類・内容・利用手続き サービス事業者・施設（居宅サービス、地域密着型サービス、施設サービス 地域支援事業、地域包括支援センター、地域ケア会議 介護保険制度におけるケアマネジメント（居宅介護支援、介護予防支援、施設介護支援）と介護支援専門員
			⑤障害者福祉と障害者保健福祉制度	障害者福祉制度の基本的な考え方としくみ、障害者総合支援法の内容を理解し、障害者福祉の現状と課題を捉える内容とする。	1) 障害者福祉の動向	障害者の現状 支援者の状況
					2) 障害の法的定義	障害（児）者の法的定義 生涯別の法的定義
					3) 障害者福祉に関連する法律と制度	障害福祉関連法制の概要（障害者権利条約、障害者差別解消法、障害者基本法、身体障害者福祉法、知的障害者福祉法、精神保健福祉法、発達障害者支援法、児童福祉法（障害児支援関係）、障害者総合支援法、身体障害者補助犬法、医療観察法、その他） 障害者福祉法制度の歴史的変遷
					4) 障害者総合支援法	障害者総合支援法創設の背景及び目的 市町村、都道府県、国の役割 自立支援給付と地域生活支援事業 財源と利用者負担 障害者支援区分認定 障害福祉サービスの種類・内容・利用手続き 協議会など地域のネットワーク 障害者総合支援法におけるケアマネジメント（相談支援）と相談支援専門員
			⑥介護実践に関連する諸制度	人間の尊厳と自立に関わる権利擁護や個人情報保護など、介護実践に関連する制度・施策の基本的な考え方としくみを理解する内容とする。	1) 個人の権利を守る制度の概要	社会福祉法における権利擁護のしくみ 個人情報保護に関する制度 成年後見制度 日常生活自立支援事業 消費者保護に関する制度 児童・障害者・高齢者の虐待防止に関する制度 DV防止に関する制度
					2) 地域生活を支援する制度や施策の概要	バリアフリー新法 高齢者住まい法 障害者や高齢者の雇用促進法 生活困窮者自立支援法 認知症施策

教育内容		カリキュラムの基準			想定される教育内容の例	
		ねらい	教育に含むべき事項	留意点		
人間と社会	必修				3）保健医療に関する施策の概要	災害要援護者対策 自殺対策 医療保険制度 高齢者保健医療制度と特定健康診査等 生活習慣病予防その他健康づくりのための施策 難病対策 結核・感染症対策 HIV/エイズ予防対策 薬剤耐性対策
					4）介護と関連領域との連携に必要な制度	医療関係法規（医療関係者、医療関係施設） 行政計画（地域福祉計画、老人福祉計画、障害福祉計画、医療介護総合確保推進法に規定する計画、その他）との関連性
					5）生活保護制度の概要	生活保護法の目的 保護の種類と内容 保護の実施機関と実施体制
合計240時間	人間と社会に関する選択科目	以下の内容のうちから介護福祉士養成施設ごとに選択して、科目の内容及び時間を設定する。 ①生物や人間等の「生命」の基本的仕組みの学習（科目例：生物、生命科学） ②社会生活における数学の活用の理解と数学的・論理的思考の学習（科目例：統計、数学（基礎）、経理） ③家族・福祉、衣食住、消費生活等に関する基本的な知識と技術の学習（科目例：家庭、生活技術、生活文化） ④現代社会の基礎的問題を理解し、社会を見つめる感性や現代を生きる人間としての生き方について考える力を養う学習（科目例：社会、現代社会、憲法論、政治・経済） ⑤様々な文化や価値観を背景とする人々と相互に尊重し合いながら共生する社会への理解や、国際的な視野を養う学習（科目例：国際　理解、多文化共生） ⑥その他の社会保障関連制度についての学習（科目例:労働法制、住宅政策、教育制度、児童福祉）				

領域「介護」

領域の目的：介護

1. 介護福祉士に求められる役割と機能を理解し、専門職としての態度を養う。
2. 介護を実践する対象、場によらず、様々な場面に必要とされる介護の基礎的な知識・技術を習得する。
3. 本人、家族等との関係性の構築やチームケアを実践するための、コミュニケーションの基礎的な知識・技術を習得する。
4. 対象となる人の能力を引き出し、本人主体の生活を地域で継続するための介護過程を展開できる能力を養う。
5. 介護実践における安全を管理するための基礎的な知識・技術を習得する。
6. 各領域で学んだ知識と技術を統合し、介護実践に必要な観察力・判断力及び思考力を養う。

教育内容	カリキュラムの基準			想定される教育内容の例	
	ねらい	教育に含むべき事項	留意点		
介護	介護の基本（180時間）	介護福祉の基本となる理念や、地域を基盤とした生活の継続性を支援するためのしくみを理解し、介護福祉の専門職としての能力と態度を養う学習とする。	①介護福祉の基本となる理念	複雑化・多様化・高度化する介護ニーズ及び介護福祉を取り巻く状況を社会的な課題として捉え、尊厳の保持や自立支援という介護福祉の基本となる理念を理解する内容とする。	1）日本の社会福祉史における介護福祉の位置づけ	介護の社会化 介護の歴史
					2）介護福祉制度の成り立ちと発展	人口減少と多死社会 社会状況と地域社会の変化 家族機能の変化 介護需要の増加
					3）介護のニーズの変化	介護従事者の多様化 介護問題の複雑化・多様化 地域包括ケアシステム
					4）介護福祉の基本理念	尊厳を支える介護（ノーマライゼーション、QOL） 自立を支える介護（自立、利用者主体）
			②介護福祉士の役割と機能	地域や施設・在宅の場や、介護予防や看取り、災害時等の場面や状況における、介護福祉士の役割と機能を	1）介護福祉士の定義	社会福祉士及び介護福祉士法（定義、義務、名称独占、登録の仕組み） 介護福祉士資格取得者の状況
					2）介護の機能と役割	介護福祉士の機能（介護人材の中核的役割、リーダー的役割） 介護人材のキャリアパス 教育研修体制、生涯研修（自己研鑽）

教育内容	カリキュラムの基準 ねらい	教育に含むべき事項	留意点	想定される教育内容の例	
介護			理解する内容とする。	3）介護福祉士の活動の場と役割	地域包括ケアシステムと介護福祉士の役割 介護予防と介護福祉士の役割 災害と介護福祉士の役割 人生の最終段階と介護福祉士の役割 医療的ケアと介護福祉士の役割
				4）介護福祉士を支える団体	職能団体の意義 介護福祉士会 介護福祉士養成施設協会 介護福祉学会 介護福祉教育学会
		③介護福祉士の倫理	介護福祉の専門性と倫理を理解し、介護福祉士に求められる専門職としての態度を形成するための内容とする。	1）専門職の倫理	職業倫理 法令遵守 倫理基準・行動規範 個人情報保護 利用者主体 アドボカシー 説明責任と同意（アカウンタビリティ、インフォームド・コンセント）
		④自立に向けた介護	ICFの視点に基づくアセスメントを理解し、エンパワメントの観点から個々の状態に応じた自立を支援するための環境整備や介護予防、リハビリテーション等の意義や方法を理解する内容とする。	1）介護福祉における自立支援の意義	自立支援 ICFの考え方 利用者理解の視点（エンパワメント、ストレングス） 自己決定支援
				2）生活意欲と活動	レクリエーション アクティビティの理解
				3）介護予防	介護予防の意義、考え方、栄養マネジメント リハビリテーションの理念
				4）リハビリテーションと介護福祉	ADL、IADL 生活を通したリハビリテーション リハビリテーションと介護予防
				5）就労支援	働くことの意義 就労支援と介護福祉
				6）自立と生活支援	家族、地域と個の関わり 自立と地域社会 生活環境の整備 バリアフリーとユニバーサルデザイン 福祉のまちづくり
		⑤介護を必要とする人の理解	介護を必要とする人の生活の個別性に対応するために、生活の多様性や社会との関わりを理解する内容とする。	1）生活の個別性と多様性	生活の個別性と多様性の理解（生活史、価値観、生活観、生活習慣、生活様式・リズム、その他）
				2）高齢者の生活	高齢者の生活の個別性と多様性の理解 生活ニーズ 生活を支える基盤（経済、制度、健康等） 家族、地域との関わり 働くことの意味と地域活動
				3）障害者の生活	障害者の生活の個別性と多様性の理解 生活ニーズ 生活を支える基盤（経済、制度、健康等） 家族、地域との関わり 働くことの意味と地域活動
				4）家族介護者の理解と支援	家族が介護することの理解 家族介護者を支える意義と支援の在り方 家族介護者の会の活動
		⑥介護を必要とする人の生活を支えるしくみ	介護を必要とする人の生活を支援するという観点から介護サービスや地域連携など、フォーマル、インフォーマルな支援を理解する内容とす	1）介護を必要とする人の生活を支える仕組み	介護を必要とする人が暮らす地域の理解と連携の意義 ケアマネジメントの考え方 地域包括ケアシステム
				2）介護を必要とする人の生活の場とフォーマルな支援の活用	介護を必要とする人の生活の拠点（住まい） 介護保険サービス、障害福祉サービスの活用

教育内容	カリキュラムの基準				想定される教育内容の例
	ねらい	教育に含むべき事項	留意点		
介護			する。	3）インフォーマルな支援の活用	インフォーマルサポートの役割
		⑦協働する多職種の機能と役割	多職種協働による介護を実践するために、保健・医療・福祉に関する他の職種の専門性や役割と機能を理解する内容とする。	1）他職種の役割と専門性の理解	医療保険の役割と専門性 福祉職の役割と専門性 栄養・調理職の役割と専門性 その他の関連職種
				2）他職種連携の意義と課題	多職種連携（チームアプローチ）の意義と目的 多職種連携（チームアプローチ）の具体的展開
		⑧介護における安全の確保とリスクマネジメント	介護におけるリスクマネジメントの必要性を理解するとともに、安全の確保のための基礎的な知識や事故への対応を理解する内容とする。	1）介護における安全の確保	介護事故と法的責任 危険予知と危険回避（観察、正確な技術、予測、分析、対策等） 介護におけるリスクとリスクマネジメント（服薬含む）
				2）事故防止、安全対策	ヒヤリハット セーフティーマネジメント 防火・防災・滅殺対策と訓練 住宅内事故 緊急連絡システム 利用者の生活の安全（鍵の閉め忘れ、消費者被害、その他）
				3）感染対策	感染予防の意義と介護 感染予防の基礎知識と技術 感染症対策
				4）薬剤の取り扱いに関する基礎知識と連携	薬剤耐性の知識（薬剤耐性対策） 医師法第17条及び保助看法第31条の解釈（通知）に基づく、内用薬・外用薬の介助 安全な薬物療法を支える視点、連携
		⑨介護従事者の安全	介護従事者自身が心身ともに健康に、介護を実践するための健康管理や労働環境の管理について理解する内容とする。	1）介護従事者を守る団体と法制度	労働基準法と労働安全衛生法
				2）介護従事者を守る環境の整備	労働安全と環境整備（育休・介護休暇） 労働者災害
				3）介護従事者の心身の健康管理	介護従事者の安全を守るノーリフトポリシー 画業環境のアセスメントと工夫 労働組合 身体の健康御管理（感染予防と対策、腰痛予防と対策、作業環境の整備、その他） 心の健康管理（ストレスとストレスマネジメント、燃え尽き症候群、感情労働）
コミュニケーション技術（60時間）	対象者との支援関係の構築やチームケアを実践するためのコミュニケーションの意義や技法を学び、介護実践に必要なコミュニケーション能力を養う学習とする。	①介護を必要とする人とのコミュニケーション	本人の置かれている状況を理解し、支援関係の構築や意志決定を支援するためのコミュニケーションの基本的な技術を習得する内容とする。	1）介護を必要とする人とのコミュニケーション	信頼関係の構築、介護実践の基盤 共感的理解と意思決定支援 意欲を引き出す・意向の表出の支援
				2）コミュニケーションの実際	話を聴く技（態度・相づち、開かれた質問、閉じられた質問、繰り返し、要約、明確化） 感情を察する技法、（気づき、洞察力、その他） 意欲を引き出す技法 意向の表出を支援する技法 納得と同意を得る技法
		②介護における家族とのコミュニケーション	家族の置かれている状況・場面を理解し、家族への支援やパートナーシップを構築するためのコミュニケーションの基本	1）家族とのコミュニケーション	信頼に基づく協力関係の構築、介護実践の基盤 家族の気持ちの理解と家族の意向の確認 家族の意欲を引き出す、意向の表出
				2）家族とのコミュニケーションの実際	情報共有の仕方 話を聴く技法（場の作り方、態度・相づち、開かれた質問、閉じられた質問、繰り返し、要約、明確化）

教育内容		カリキュラムの基準		想定される教育内容の例	
	ねらい	教育に含むべき事項	留意点		
			的な技術を習得する内容とする。		本人と家族の意向を調整する技法
		③障害の特性に応じたコミュニケーション	障害の特性に応じたコミュニケーションの基本的な技術を習得する内容とする。	1）障害の特性に応じたコミュニケーションの実際	視覚障害がある人とのコミュニケーション 聴覚・言語障害がある人とのコミュニケーション 認知・知的障害がある人とのコミュニケーション 精神障害がある人とのコミュニケーション
		④介護におけるチームのコミュニケーション	情報を適切にまとめ、発信するために、介護実践における情報の共有化の意義を理解し、その具体的な方法や情報の管理について理解する内容とする。	1）チームのコミュニケーションの意義	介護職チームのコミュニケーションの意義・目的 専門が異なる職種間における情報共有の意義・目的 報告・連絡・相談の実際 会議の種類・方法、会議参加時の留意点 説明の技法（資料作成、プレゼンテーションなど） 介護記録の意義・目的、記録御種類、方法、留意点 情報の活用と管理（ICT活用、記録の管理の留意点）
介護	生活支援技術(300時間)	尊厳の保持や自立支援、生活の豊かさの観点から、本人主体の生活が継続できるよう、根拠に基づいた介護実践を行うための知識・技術を習得する学習とする。	①生活支援の理解	ICFの視点を生活支援に活かすことの意義を理解し、生活の豊かさや心身の活性化のための支援につながる内容とする。	1）介護福祉士の行う生活支援の意義・目的生活支援の考え方	生活様式（生活文化・ライフヒストリー等） 介護福祉が担う生活支援（継続してきた生活の支援、自己決定の支援、楽しみや生きがいの支援等）
				2）生活支援と介護過程	生活支援に活かすICF 活動・参加すること（生活）の意味と価値 根拠に基づく生活支援技術
				3）他職種との連携	生活支援とチームアプローチ
		②自立に向けた居住環境の整備	住まいの多様性を理解するとともに、生活の豊かさや自立支援のための居住環境の整備について基礎的な知識を理解する内容とする。	1）居住環境整備の意義と目的	住まいの役割 居住環境整備の身体的、心理的、文化的意義
				2）自立に向けた居住環境整備の視点と留意点	住み馴れた地域での生活の継続 安全で住み心地の良い生活の確保 快適な室内環境の確保（プライバシーの確保と交流の促進、安全性への配慮、趣味・レクリエーション活動の場の確保等）
				3）居住環境整備の基本となる知識	住環境の変化の兆しの気付きと対応、多職種との連携の視点 火災や地震その他の災害に対する備え 住宅改修 住宅のバリアフリー ユニバーサルデザイン
				4）利用者の状況・状態に応じた居住環境整備	感覚機能が低下している人の環境整備の留意点 運動機能が低下している人の観光整備の留意点 認知・知的機能が低下している人の環境整備の留意点 集団生活における環境整備の工夫と留意点（ユニットケア、教室の個室化等） 在宅生活における環境整備の工夫と留意点（家族・近隣との関係、多様な暮らし）
		③自立に向けた移動の介護	対象者の能力を活用・発揮し、自立を支援するための生活支援技術の基本を習得する。また、実践の根拠について、説明できる能力を身につける内容とする。	1）移動の意義と目的	移動の身体的、心理的、社会的意義と目的
				2）自立に向けた移動介護の視点と留意点	自由な移動を支える介護 移動への動機付け 用具の活用と環境整備
				3）移動・移乗介助の介護の基本となる知識と技術	変化の兆しの気付きと対応、多職種との連携の視点 根拠に基づく基本となる技術（本人への説明・同意、準備・実施・評価） 起居動作 姿勢の保持（ポジショニング） 体位変換 室内・室外での歩行の介助（杖歩行含む）

教育内容	カリキュラムの基準			想定される教育内容の例	
	ねらい	教育に含むべき事項	留意点		
介護					室内・室外での車椅子の介助（シーティング含む） その他福祉用具を使用した移動、移乗 ノーリフト、シーティング 緊急時の対応
				4）利用者の状態に応じた移動の介護の留意点	感覚機能が低下している人の介助の留意点 運動機能が低下している人の介助の留意点 認知・知的機能が低下している人の介助の留意点 内部障害（心臓・呼吸器等）、精神障害がある人の介助と留意点
		④自立に向けた身じたくの介護	対象者の能力を活用・発揮し、自立を支援するための生活支援技術の基本を習得する。また、実践の根拠について、説明できる能力を身につける内容とする。	1）身じたくの意義と目的	身じたくの社会・文化的、心理的、生理的意義と目的
				2）自立に向けた身じたくの介護の視点と留意点	その人らしさ、社会性を支える介護 生活習慣と装いの楽しみを支える介護 用具の活用と環境整備
				3）身じたくの介護の基本となる知識と技術	変化の兆しの気付きと対応、多職種との連携の視点 根拠に基づく基本となる技術、（本人への説明・同意、準備、実施・評価） 整容（洗面、スキンケア、整髪、髭の手入れ、爪・耳の手入れ）、化粧 口腔ケア 更衣 緊急時の対応
				4）利用者の状態に応じた身じたくの介護の留意点	感覚機能が低下している人の介助の留意点 運動機能が低下している人の介助の留意点 認知・知的機能が低下している人の介助の留意点 内部障害（心臓・呼吸器等）、精神障害がある人の介助と留意点
		⑤自立に向けた食事の介護	対象者の能力を活用・発揮し、自立を支援するための生活支援技術の基本を習得する。また、実践の根拠について、説明できる能力を身につける内容とする。	1）食事の意義と目的	食事の生理的、心理的、社会・文化的意義と目的
				2）自立に向けた食事介護の視点と留意点	「おいしく食べる」ことを支える介護 用具の活用と環境整備
				3）食事介護の基本となる知識と技術	変化の兆しの気付きと対応（誤嚥、窒息、脱水等）、他職種との連携の視点 根拠に基づく基本となる技術（本人への説明・同意、準備、実施・評価） 緊急事の対応
				4）利用者の状態に応じた食事の介護と留意点	感覚機能が低下している人の介助と留意点 運動機能が低下している人の介助と留意点 認知・知的機能が低下している人の介助と留意点 内部障害（心臓・呼吸器等）、精神障害がある人の介助と留意点 疾患・摂食機能低下のある人の介助と留意点
		⑥自立に向けた入浴・清潔保持の介護	対象者の能力を活用・発揮し、自立を支援するための生活支援技術の基本を習得する。また、実践の根拠について、説明できる能力を身につける内容とする。	1）入浴・清潔保持の意義と目的	入浴・清潔保持の生理的、心理的、社会・文化的意義と目的
				2）自立に向けた入浴・清潔保持の介護の視点と留意点	気持ち良い入浴・生活保持を支える介護 用具の活用と環境整備
				3）入浴・清潔保持の基本となる知識と技術	変化の兆しの気付きと対応、多職種との連携の視点 根拠に基づく基本となる技術（本人への説明・同意、準備、実施・評価） 入浴 シャワー浴 全身清拭 部分浴（手、足、陰部等） 洗髪 緊急事・感染症への対応
				4）利用者の状態に応じた入	感覚機能が低下している人の介助の留意点 運動機能が低下している人の介助の留意点

教育内容	カリキュラムの基準			想定される教育内容の例	
	ねらい	教育に含むべき事項	留意点		
介護				浴・清潔保持の留意点	認知・知的機能が低下している人の介助と留意点
					内部障害（心臓・呼吸器等）、精神障害がある人の介助と留意点
					その他
		⑦自立に向けた排泄の介護	対象者の能力を活用・発揮し、自立を支援するための生活支援技術の基本を習得する。また、実践の根拠について、説明できる能力を身につける内容とする。	1）排泄の意義と目的	排泄の生理的・心理的・文化的意義と目的
				2）自立に向けた排泄の介護の視点と留意点	気持ち良い排泄を支える介護（気兼ねなく我慢しない）
					用具の活用と環境整備
				3）排泄介護の基本となる知識と技術	変化の兆しの気付きと対応、多職種との連携の視点
					根拠に基づく基本となる技術、（本人への説明・同意、準備、実施・評価）
					トイレ
					ポータブルトイレ
					採尿器・差し込み便器
					おむつ
					緊急事の対応
				4）利用者の状態に応じた排泄介護の留意点	感覚機能が低下している人の介助の留意点
					運動機能が低下している人の介助の留意点
					認知・知的機能が低下している人の介助の留意点
					内部障害（心臓・呼吸器等）、精神障害がある人の介助の留意点
					排泄障害がある人への介助の留意点（失禁、便秘・下痢等）
					薬、浣腸を必要とする人への介助の
					自己導尿を行う人への介助の留意点
					パウチの排泄物処理への留意点
		⑧自立に向けた家事の介護	生活の継続性を支援する観点から、対象者が個々の状態に応じた家事を自立的に行うことを支援するための、基礎的な知識・技術を習得する内容とする。	1）家事の意義と目的	家事をすることの社会・文化的、心理的意義と目的
				2）自立に向けた家事支援の視点と留意点	家事に参加することを支える介護
					用具の活用と環境整備
				3）家事支援の基本となる知識と技術	生活の変化（消費者被害、ごみの溜め込み等）への気付きと対応、多職種との連携の視点
					根拠に基づく基本となる技術（本人への説明・同意、準備、実施・評価）
					調理、献立、食品の保存、衛生管理
					洗濯
					掃除・ごみ捨て
					裁縫
					衣類、寝具の衛生管理
					買い物
					家庭経営、家計の管理
					緊急事の対応
				4）状態に応じた家事の留意点	感覚機能が低下している人の介助の留意点
					運動機能が低下している人の介助の留意点
					認知・知的機能が低下している人の介助と留意点
					内部障害（心臓・呼吸器等）、精神障害がある人の介助と留意点
		⑨休息・睡眠の介護	健康を保持するための休息や睡眠の重要性を理解し、安眠を促す環境を整える支援につながる内容とする。	1）休息・睡眠の意義と目的	休息・睡眠の生理的、心理的・社会的意義と目的
				2）自立に向けた休息・睡眠の介護の視点と留意点	心地よい眠りを支える介護
					良い活動につながる休息を支える介護
					休息と睡眠の環境整備
				3）休息と睡眠の基本となる知識と技術	変化の兆しの気づき（不眠等）と対応、多職種との連携の視点
					根拠に基づく基本となる技術（本人への説明・同意、準備、実施・評価）
					安楽な姿勢
					寝具の選択と整え
					リラクゼーションの工夫（午睡含む）
					安眠を促す方法（足浴、湯たんぽの利用等）
					緊急時の対応

カリキュラムの基準				想定される教育内容の例
教育内容	ねらい	教育に含むべき事項	留意点	
介護			4) 利用者の状態に応じた休息・睡眠介護の留意点	感覚機能が低下している人の介助の留意点 運動機能が低下している人の介助と留意点 認知・知的機能が低下している人の介助の留意点 内部障害（心臓・呼吸器等）、精神障害がある人の介助の留意点
		⑩人生の最終段階における介護	人生の最終段階にある人と家族をケアするために、終末期の経過に沿った支援や、チームケアの実践について理解する内容とする。	1) 人生の最終段階とは	人生の最終段階にケアを行う意味 トータルペイン 文化・社会的意義
			2) 人生の最終段階にある人の介護の視点と留意点	尊厳の保持 生きることを支える介護 アドバンス・ケア・プランニング 意思決定支援 家族や近親者への支援
			3) 人生の最終段階を支えるための基本となる知識と技術	臨終に向かうプロセスと生活支援 心理的支援、環境調整 根拠に基づく基本となる技術（本人への説明・同意、準備、実施・評価） 安楽の技法、苦痛の緩和 緊急時の対応と多職種との連携の視点 臨終時のケア 死後のケア
			4) 家族・介護職が「死」を受容する過程	グリーフケア デスカンファレンス
		⑪福祉用具の意義と活用	介護ロボットを含め福祉用具を活用する意義やその目的を理解するとともに、対象者の能力に応じた福祉用具を選択・活用する知識・技術を習得する内容とする。	1) 福祉用具活用の意義と目的	福祉用具活用の意義と目的（社会参加、外出機会の拡大、快適性・効率性、介護者負担の軽減
			2) 自立に向けた福祉用具活用の視点と留意点	自己表現 福祉用具が活用できるための環境整備
			3) 適切な福祉用具の選択知識と留意点	福祉用具の種類と制度（介護保険、障害者総合支援法）の理解 情報・コミュニケーション 移動支援機 生活を支える福祉機器 その他、福祉用具・ロボットなど 個人と用具をフィッティングさせる視点 福祉機器利用時のリスクとリスクマネジメント
			4) 今後の福祉機器の広がり	
	介護過程	本人の望む生活の実現に向けて、生活課題の分析を行い、根拠に基づく介護実践を伴う課題解決の思考過程を習得する学習とする。	①介護過程の意義と基礎的理解	介護実践における介護過程の意義の理解をふまえ、介護過程を展開するための一連のプロセスと着眼点を理解する内容とする。	1) 介護過程の意義と目的	根拠に基づく介護実践、個別ケア 課題解決思考（科学的思考）
			2) 介護過程を展開するための一連のプロセスと着眼点	アセスメントの枠組み、プロセス 意図的な情報収集（情報の種類、情報収集の方法、留意点） 課題とニーズの明確化（情報の解釈、分析、統合、課題の抽出） 計画立案（目／成果、達成時期の設定、具体策） 実施（留意点、経過記録） 評価（評価の意義、評価の視点、再アセスメント、修正） 介護過程の展開を支える考え方（セルフケア理論、ニーズ論、ICFの視点、ストレングスの視点、ナラティブアプローチ等）
		②介護過程とチームアプローチ	介護サービス計画や協働する他の専門職のケア計画と個別介護計画との関連性、チームとして介護過程を展開することの意義や方法を理解する内容とする。	1) 介護福祉職チームと介護過程	介護福祉職がチームとして介護過程を展開する意義と目的 ケアカンファレンスの意義と目的
			2) 介護過程と多職種連携	多職種連携における介護過程展開の意義 介護サービス計画（ケアプラン）と訪問介護計画、サービス等利用計画と個別介護計画の関係
		③介護過程の展開の理	個別の事例を通じて、対象者の状態	1) 対象者の状態・状況に応じ	事例による介護過程の展開、事例検討

カリキュラムの基準				想定される教育内容の例	
教育内容	ねらい	教育に含むべき事項	留意点		
介護			解	や状況に応じた介護過程の展開につながる内容とする。	た介護過程の展開
^^					2）事例研究	実習時における事例報告、事例研究
^^	介護総合演習(120時間)	介護実践に必要な知識や技術の統合を行うとともに、介護観を形成し、専門職としての態度を養う学習とする。	①知識と技術の統合	①実習の教育効果を上げるため、事前に実習施設についての理解を深めるとともに、各領域で学んだ知識と技術を統合し、介護実践につながる内容とする。	1）介護総合演習の意義と目的	各領域で学んだ知識と技術の統合 介護観の形成 介護実習の枠組みと全体像の理解（実習施設、事業等Ⅰ・Ⅱの区別の理解）
^^	^^	^^	^^	②実習を振り返り、介護の知識や技術を実践と結びつけて統合、深化させるとともに、自己の課題を明確にし専門職としての態度を養う内容とする。	2）実習に関する基礎知識	介護実習の意義と目的 実習施設、事業等の理解（根拠法等を含む） 実習施設・事業所がある地域の理解、社会資源との関わり 実習の準備（学内での準備、実習施設・事業所での事前オリエンテーション、実習中の心構え、利用者・居住者理解） 実習目標の設定、実習計画の作成 実習記録の意義と目的 実習記録の基礎知識 個人情報の取り扱い 健康管理 実習場面におけるスーパービジョン
^^	^^	^^	^^	^^	3）実習の振り返り	自己評価と客観的評価 実習のまとめ、実習報告会等通じた学びの共有・深化 自己の課題と展望
^^	^^	^^	②介護実践の科学的探求	質の高い介護実践やエビデンスの構築につながる実践研究の意義とその方法を理解する内容とする。	1）介護実践の研究	研究の意義と目的 研究方法の種類（質的研究、量的研究、事例研究など） 倫理的配慮
^^	介護実習(450時間)	地域における様々な場面において、対象者の生活を理解し、本人や家族とのコミュニケーションや生活支援を行う基礎的能力を習得する学習とする。 本人の望む生活の実現に向けて、多職種との協働の中で、介護過程を実践する能力を養う学習とする。	①介護過程の実践的展開	介護過程の展開を通して対象者を理解し、本人主体の生活と自立を支援するための介護過程を実践的に学ぶ内容とする。	1）実践を通した介護過程の展開	
^^	^^	^^	②多職種協働の実践	多職種との協働の中で、介護福祉士としての役割を理解するとともに、サービス担当者会議やケースカンファレンス等を通じて、多職種連携やチームケアを体験的に学ぶ内容とする。	2）実践を通した多職種連携	
^^	^^	^^	^^	^^	3）対象者の生活と地域との関わり	
^^	^^	^^	③地域における生活支援の実践	^^	4）地域拠点としての施設・事業所の役割	

領域「こころとからだのしくみ」

領域の目的：こころとからだのしくみ
1. 介護実践に必要な根拠となる、心身の構造や機能及び発達段階とその課題について理解し、対象者の生活を支援するという観点から、身体的・心理的・社会的側面を統合的に捉えるための知識を身につける。 2. 認知症や障害のある人の生活を支えるという視点から、医療職と連携し支援を行うための、心身の機能及び関連する障害や疾病の基礎的な知識を身につける。 3. 認知症や障害のある人の心身の機能が生活に及ぼす影響について理解し、本人と家族が地域で自立した生活を継続するために必要とされる心理・社会的な支援について基礎的な知識を養う。

カリキュラムの基準				想定される教育内容の例	
教育内容	ねらい	教育に含むべき事項	留意点		
こころとからだのしくみ (120時間)	介護を必要とする人の生活支援を行うため、介護実践の根拠となる人間の心理、人体の構造や機能を理解する学習とする。	こころとからだのしくみⅠ ①こころのしくみの理解	介護実践に必要な観察力、判断力の基盤となる人間の心理、人体の構造と機能の基礎的な知識を理解する内容とする。	1）健康とは	健康とは何か 健康を阻害する要因
^	^	^	^	2）人間の欲求の基本的理解	基本的欲求 社会的欲求 その他
^	^	^	^	3）自己概念と尊厳	自己概念・尊厳 自己概念に影響する要因 自立への意欲と自己概念 自己実現と生きがい その他
^	^	^	^	4）こころのしくみの理解	人間のこころの基本的理解 こころとは何か 脳とこころのしくみの関係 学習・記憶・思考のしくみ 感情のしくみ 意欲動機付けのしくみ 適応と適応機制 欲求不満 ストレス
^	^	②からだのしくみの理解	^	5）からだのしくみの理解	からだのつくりの理解（身体各部の名称） 細胞・組織・器官・器官系 人体の構造と機能 　脳・神経系 　骨格系・筋系 　皮膚・感覚器系 　血液・循環器系 　呼吸器系 　消化器系 　腎・泌尿器系 　生殖器系 　内分泌・代謝系 　免疫系
^	^	^	^	6）生命を維持するしくみ	生命を維持するしくみ 恒常性（ホメオスタシス） 自律神経系 生命を維持する兆候の観察（体温、脈拍、呼吸、血圧、その他）
^	^	こころとからだのしくみⅡ ③移動に関連したこころとからだのしくみ	生活支援を行う際に必要となる基礎的な知識として、生活支援の場面に応じた、こころとからだのしくみ及び機能低下や障害が生活に及ぼす影響について理解する内容とする。	1）移動に関連したこころとからだのしくみ	移動の意味 基本的な姿勢・体位保持のしくみ 座位保持のしくみ 立位保持のしくみ 歩行のしくみ 重心移動・バランス その他
^	^	^	^	2）機能の低下・障害が移動に及ぼす影響	移動に関連する機能の低下・障害の原因（サルコペニア、麻痺、骨粗鬆症、神経疾患などの病的要因・転倒など） 機能の低下・障害が及ぼす移動への影響（フレイル、廃用症候群、

教育内容	カリキュラムの基準 ねらい	教育に含むべき事項	留意点	想定される教育内容の例	
こころとからだのしくみ					骨折、褥瘡など）
				3）移動に関するこころとからだの変化の気づきと医療職などとの連携	移動に関する観察のポイント 移動における多職種との連携 緊急対応の方法
		④身じたくに関連したこころとからだのしくみ		1）身じたくに関連したこころとからだのしくみ	身じたくの意味 顔を清潔に保つしくみ 口腔を清潔に保つしくみ 毛髪を清潔に保つしくみ 更衣をするしくみ
				2）機能の低下・障害が身じたくに及ぼす影響	身じたく（洗顔、髭剃り、整髪や結髪、更衣）に関連する機能の低下・障害の原因（上肢の機能障害、視覚障害、精神機能低下など） 機能の低下・障害が及ぼす身じたく（洗顔、髭剃り、整髪や結髪、更衣）への影響 口腔を清潔に保つことに関連する機能の低下・障害の原因（上肢の機能障害、視覚障害、精神機能低下、口腔機能の低下・障害など） 機能の低下・障害が及ぼす口腔を清潔に保つことへの影響（歯周病、むし歯、歯牙欠損、口腔炎、嚥下性肺炎、口臭、その他）
				3）身じたくに関するこころとからだの変化の気づきと医療職などとの連携	身じたくに関する観察のポイント 身じたくにおける多職種との連携 緊急対応の方法
		⑤食事に関連したこころとからだのしくみ		1）食事に関連したこころとからだのしくみ	食事の意味 からだをつくる栄養素 1日に必要な栄養量・水分量 ライフステージ別栄養量・身体活動に応じた栄養量 食事バランスガイド 食欲・美味しさを感じるしくみ（空腹、満腹、食欲に影響する因子、視覚、味覚、嗅覚、その他） 食べるしくみ；姿勢、摂食動作、咀嚼と嚥下 咀嚼と嚥下のしくみ；先行期、準備期、口腔期、咽頭期、食道期 消化・吸収のしくみ 喉が渇くしくみ
				2）機能の低下・障害が食事に及ぼす影響	食事に関連する機能の低下・障害の原因（摂食・嚥下機能の低下・障害、姿勢保持困難、生活リズムの変調、食欲低下、便秘など） 機能の低下・障害が及ぼす食事への影響（低血糖・高血糖、食欲不振、食事量の低下、低栄養、脱水など）
				3）食事に関連したこころとからだの変化の気づきと医療職などとの連携	食事に関する観察のポイント 食事における多職種との連携 緊急対応の方法
		⑥入浴・清潔保持に関連したこころとからだのしくみ		1）入浴・清潔保持に関連したこころとからだのしくみ	入浴・清潔保持の意味 皮膚の汚れのしくみ（爪を含む） 頭皮の汚れのしくみ 発汗のしくみ 入浴の効果と作用 リラックス、爽快感を感じるしくみ
				2）機能の低下・障害が入浴・清潔保持に及ぼす影響	入浴・清潔保持に関連する機能の低下・障害の原因（呼吸器疾患、循環器疾患、全介助状態、認知機能低下、体調不良など） 機能の低下・障害が及ぼす入浴・清潔の保持への影響（循環器系の変化【血圧の変動、ヒートショック】・呼吸器系の変化【呼吸困難など】、皮膚の状態の悪化など）
				3）入浴・清潔保持に関連したこころとからだの変化の気づき	入浴・清潔保持に関する観察のポイント 入浴・清潔保持における多職種との連携 緊急対応の方法

カリキュラムの基準				想定される教育内容の例	
教育内容	ねらい	教育に含むべき事項	留意点		
こころとからだのしくみ					と医療職などとの連携
^	^	⑦排泄に関連したこころとからだのしくみ		1）排泄に関連したこころとからだのしくみ	排泄の意味 尿が生成されるしくみ 排尿のしくみ（尿の性状・量・回数含む） 便が生成されるしくみ 排便のしくみ（便の性状・量・回数含む） 排泄における心理
^	^	^		2）機能低下・障害が排泄に及ぼす影響	排泄に関連する機能の低下・障害の原因（運動性機能の低下、麻痺や認知機能低下による動作障害、尿路感染症前立腺肥大症、心理的なものなど） 機能の低下・障害が排尿に及ぼす影響（尿失禁、頻尿など） 排便に関連する機能の低下・障害の原因（運動機能の低下、麻痺や認知機能障害による動作障害、消化機能の低下、心理的なものなど） 機能の低下・障害が排便に及ぼす影響（下痢、便秘、便失禁）
^	^	^		3）生活場面における排泄に関連したこころとからだの変化の気づきと医療職などとの連携	排泄に関する観察のポイント 排泄における多職種との連携 緊急対応の方法
^	^	⑧休息・睡眠に関連したこころとからだのしくみ		1）休息・睡眠に関連したこころとからだのしくみ	休息・睡眠の意味 睡眠時間の変化 サーカディアンリズム（概日リズム） レム睡眠とノンレム睡眠 睡眠と体温の変化 睡眠とホルモン分泌 生活習慣と睡眠
^	^	^		2）機能の低下・障害が休息・睡眠に及ぼす影響	休息・睡眠に関連する機能の低下・障害の原因（加齢による睡眠の変化、活動量の変化、環境の変化、睡眠障害（概日リズム障害、周期性四肢運動麻痺、レストレスレッグス症候群、睡眠時無呼吸症候群など） 機能の低下・障害が休息・睡眠に及ぼす影響（生活リズムの変化、活動性の変化、意欲の低下など）
^	^	^		3）生活場面における休息・睡眠に関連したこころとからだの変化の気づきと医療職などとの連携	休息・睡眠に関する観察のポイント 休息・睡眠における多職種との連携 緊急対応の方法
^	^	⑨人生の最終段階のケアに関連したこころとからだのしくみ	人生の最終段階にある人と家族を支援するため、終末期の心身の変化が生活に及ぼす影響について学び、生活支援を行うために必要となる基礎的な知識を理解する内容とする。	1）人生の最終段階に関する「死」のとらえ方	死のとらえ方 生物学的な死、法律的な死、臨床的な死 尊厳死、安楽死 リビングウィル 意思決定支援（ACP【アドバンス・ケア・プランニング】）
^	^	^	^	2）「死」に対するこころの理解	「死」に対する恐怖・不安 「死」を受容する段階 家族の「死」を受容する段階
^	^	^	^	3）終末期から危篤状態、死後のからだの理解	終末期から危篤時の身体機能の低下の特徴（終末期の特徴、危篤時の変化、死の三兆候など） 死後の身体変化
^	^	^	^	4）終末期における医療職との連携	終末期から危篤時に行われる医療の実際（呼吸困難時・疼痛緩和など） 終末期から危篤時、臨終機の観察のポイント 介護の役割と医療との連携 その他（死亡診断書・死後の処置など）
発達と老化の理解	人間の成長と発達の過	①人間の成長と発達の	人間の成長と発達の基本的な考え方	1）人間の発達と成長の基礎的	成長・発達とは 成長・発達の原則

教育内容	カリキュラムの基準 ねらい	教育に含むべき事項	留意点	想定される教育内容の例	
こころとからだのしくみ	(60時間) 程における、身体的・心理的・社会的変化及び老化が生活に及ぼす影響を理解し、ライフサイクルの特徴に応じた生活を支援するために必要な基礎的な知識を習得する学習とする。	①基礎的理解	を踏まえ、ライフサイクルの各期（乳幼児期、学童期、思春期、青年期、成人期、老年期）における身体的・心理的・社会的特徴と発達課題及び特徴的な疾病について理解する内容とする。	理解	成長・発達に影響する因子
				2）人間の発達と発達課題	発達段階と発達課題 　胎児期 　乳児期 　幼児期 　学童期 　思春期・青年期 　成人期 　老年期 発達理論 身体的機能の成長と発達 心理的機能の発達 社会的機能の発達
				3）発達段階別にみた特徴的な疾病や障害	発達段階別の特徴的な疾病や障害 　胎児期・乳児期（染色体異常、先天性代謝異常、脳性麻痺、乳幼児突然死症候群など） 　幼児期（知的障害、外傷など） 　学童期（発達障害、外傷、感染症など） 　思春期・青年期（統合失調症、気分障害、摂食障害など） 　成人期（生活習慣病、更年期障害、自殺など）
				4）老年期の基礎的理解	老年期の定義 　WHOの定義 　老人福祉法など 老化とは 　老化の特徴 　加齢と老化 　老化学説 老年期の発達課題 　人格と尊厳 　老いの価値 　喪失体験 　セクシャリティ 　その他 老年期をめぐる今日的課題
		②老化に伴うこころとからだの変化と生活	老化に伴う身体的・心理的・社会的な変化や、高齢者に多く見られる疾病と生活への影響、健康の維持・増進を含めた生活を支援するための基礎的な知識を理解する内容とする。	1）老化に伴う身体的・心理的・社会的変化と生活	老化に伴う心身変化の特徴（予備力、防衛力、回復力、適応力、恒常性機能） 老化に伴う身体機能の変化と生活への影響（脳・神経系、骨格系、筋系、皮膚・感覚器系、血液・循環器系、呼吸器系、消化器系、腎・泌尿器系、生殖器系、内分泌・代謝系、免疫系、それぞれの機能の変化と生活への影響） 老化に伴う精神・心理機能の変化と生活への影響 　高齢者の心理的理解 　認知機能（記憶、思考、注意など） 　知的機能 　性格 　その他 老化に伴う社会機能の変化と日常生活への影響 　家族関係 　対人関係 社会生活を営む上での課題
				2）高齢者と健康	健康長寿に向けての健康 　高齢者の健康 　健康長寿 　サクセスフルエイジング 　プロダクティブエイジング 　アクティブエイジング
				3）高齢者に多い症状・疾患の特徴と生活上の留意点	高齢者の症状、疾患の特徴 老年症候群 高齢者に多い代表的な疾患 　脳・神経系（パーキンソン病、脳血管疾患など） 　骨格系・筋系（骨粗鬆症、変形性関節症、脊椎圧迫骨折など） 　皮膚・感覚器系（白内障、緑内障、難聴、皮膚疾患など） 　循環器系（高血圧症、虚血性心疾患、不整脈など）

カリキュラムの基準				想定される教育内容の例	
教育内容	ねらい	教育に含むべき事項	留意点		
こころとからだのしくみ					呼吸器系（肺炎、結核、喘息など） 消化器系（消化性潰瘍、逆流性食道炎、肝硬変など） 腎・泌尿器系（慢性腎不全、尿路感染症、前立腺疾患など） 内分泌・代謝系（糖尿病、脂質異常症、痛風など） 歯・口腔疾患（虫歯、歯周病、ドライマウスなど） 悪性新生物（胃がん、肺がん、大腸がんなど） 精神疾患（うつ病、統合失調症など） 感染症（ウィルス性呼吸器感染症、感染性胃腸炎など） その他（熱中症、脱水症など）
^	^	^	^	4）保険医療職との連携	保険医療職との連携の必要性
^	認知症の理解（60時間）	認知症の人の心理や身体機能、社会的側面に関する基礎的な知識を習得するとともに、認知症の人を中心に据え、本人や家族、地域の力を活かした認知症ケアについて理解するための基礎的な知識を習得する学習とする。	①認知症を取り巻く状況	認知症のケアの歴史や理念を含む、認知症を取りまく社会的環境について理解する内容とする。	1）認知症ケアの歴史	認知症ケアの歴史 諸外国とわが国の歴史的背景
^	^	^	^	2）認知症ケアの理念	認知症ケアの理念・倫理・権利擁護
^	^	^	^	3）認知症のある高齢者の現状と今後	認知症のある高齢者の数の推移、その他
^	^	^	^	4）認知症に関する行政の方針と施策	認知症のある高齢者への支援対策（認知症施策推進総合戦略、権利擁護対策など）
^	^	^	②認知症の医学的・心理的側面の基礎的理解	医学的・心理的側面から、認知症の原因となる疾患及び段階に応じた心身の変化や心理症状を理解し、生活支援を行うための根拠となる知識を理解する内容とする。	1）認知症とは何か	認知症の定義・診断基準（DSM-5、認知症の特徴
^	^	^	^	2）脳のしくみ	脳の構造、機能、症状と認知症との関係 老化との関係
^	^	^	^	3）認知症の様々な症状	中核症状の理解 BPSDの理解
^	^	^	^	4）認知症の検査・診断	簡易スクリーニングテスト（HDS-R,MMSEなど） 認知症の重症度の評価（FAST，認知症高齢者の日常生活自立度判定基準など）
^	^	^	^	5）認知症と鑑別すべき症状・疾患	うつ病、せん妄、その他
^	^	^	^	6）認知症の原因疾患と症状	アルツハイマー型認知症 血管性認知症 レビー小体型認知症 前頭側頭型認知症 その他（慢性硬膜下血腫、正常圧水頭症、アルコール性認知症など）
^	^	^	^	7）若年性認知症	若年性認知症（定義、現状、生活上の課題と必要な支援）
^	^	^	^	8）認知症の治療	薬物療法（薬の作用・副作用）
^	^	^	^	9）認知症の予防	認知症の危険因子 認知症の予防 軽度認知機能障害
^	^	^	^	10）認知症の人の心理	認知症の人の思い（当事者の声） 認知症が及ぼす心理的影響 認知症がある人の特徴的なこころの理解（不安、喪失感、混乱、怯え、孤独感、怒り、悲しみなど）
^	^	^	③認知症に伴う生活への影響と認知症ケア	認知症の人の生活及び家族や社会との関わりへの影響を理解し、その人の特性を踏まえたアセスメントを行い、本人主体の理	1）認知症に伴う生活への配慮	認知症の人の生活上の障害 認知症の人のコミュニケーションの障害 認知症の人の社会との関わりの障害、.
^	^	^	^	2）認知症ケアの実際	本人主体のケア（意思決定支援） パーソンセンタード・ケアとは パーソンセンタード・ケアに基づいた実践 認知症の特性を踏まえたアセスメント

教育内容		カリキュラムの基準		想定される教育内容の例	
	ねらい	教育に含むべき事項	留意点		
こころとからだのしくみ			念に基づいた認知症ケアの実践につながる内容とする。		認知症の特性を踏まえたアセスメントツール（センター方式、紐解きシート、その他 認知症の人とのコミュニケーション 認知症の人への生活支援（食事、排泄、入浴、清潔の保持、休憩と睡眠、活動、その他 環境への配慮 認知症の人の終末期のケア
				3）認知症の人への様々な関わり	リアリティ・オリエンテーション（RO）、回想法、音楽療法、バリデーション療法など
		④連携と協働	認知症の人の生活を地域で支えるサポート体制や、多職種連携・協働による支援の基礎的な知識を理解する内容とする。	1）地域におけるサポート体制	地域包括支援センターの役割と機能 コミュニティ、地域連携、まちづくり ボランティアや認知症サポーターの役割 認知症疾患医療センター、認知症初期集中支援チーム 認知症カフェ
				多職種連携と協働	認知症の人が安心して暮らせるためのチームとは 地域包括ケアシステムからみた多職種連携と協働 認知症ケアパス 認知症ライフサポートモデル
		⑤家族への支援	認知症の人を支える家族の課題について理解し、家族の受容段階や介護力に応じた支援につながる内容とする。	1）認知症の人を介護する家族の状況	認知症の人を介護する家族の実態 家族の身体的、心理的、社会的負担
				2）家族への支援	家族の認知症受容の過程での支援 家族の介護力の評価 家族のレスパイト 家族会 その他
障害の理解（60時間）	障害のある人の心理や身体機能、社会的側面に関する基礎的な知識を習得するとともに、障害のある人の地域での生活を理解し、本人のみならず家族や地域を含めた周囲の環境への支援を理解するための基礎的な知識を習得する学習とする。	①障害の基礎的理解	障害のある人の生活を支援するという観点から、障害の概念や、障害の特性に応じた制度の基礎的な知識を理解する内容とする。	1）障害の概念	障害の定義（福祉における）障害のとらえ方 ICIDH（国際障害分類）からICF（国際生活機能分類）への変遷
				2）障害者福祉の基本理念	ノーマライゼーション、リハビリテーション、インクルージョン、IL運動、アドボカシー、エンパワーメント、ストレングス、国際障害者年の理念、その他
				3）障害者の就労支援	障害者の就労支援 　ジョブコーチ、リワークショッププログラム 法律と制度
				4）障害者福祉の現状と施策	障害者総合支援法 成年後見制度 　成年後見制度の利用促進法 障害に係る制度・サービス
				5）障害者総合支援法	障害者総合支援法の概要
				6）障害者虐待防止法	障害者虐待防止法の概要
				7）障害者差別解消法	障害者差別解消法の概要
		②障害の医学的・心理的側面の基礎的理解	医学的・心理的側面から、障害による心身への影響や心理的な変化を理解する内容とする。	1）障害の心理的理解	障害が及ぼす心理的影響 障害の受容の過程 適応と適応規制 障害のある子どもの心理 その他
				2）身体障害の基本的理解	障害別数の推移 身体障害の定義 視覚障害の種類、原因と特性 聴覚障害・言語機能障害（言語聴覚障害）の種類、原因と特性 肢体不自由の種類、原因と特性 内部障害の種類、原因と特性（心臓、腎臓、呼吸器、膀胱または直腸、小腸、免疫機能、肝機能、各々の障害） 高次脳機能障害の原因と特性

教育内容	カリキュラムの基準 ねらい	教育に含むべき事項	留意点	想定される教育内容の例	
こころとからだのしくみ				身体障害者の心理的・社会的特徴と支援	心理的・社会的特徴と支援
				3）精神障害者の基本的理解	精神障害別数の推移 精神障害の定義 精神障害の種類、原因と特性
				精神障害者の心理的・社会的特徴と支援	心理的・社会的特徴と支援
				4）知的障害者の基本的理解	知的障害の定義 知的障害の種類、原因と特性
				知的障害の心理的特徴と支援	心理的・社会的特徴と支援
				5）発達障害の基本的理解	発達障害の定義発達障害の種類、原因と特性
				発達障害の心理的・社会的特徴と支援	心理的・社会的特徴と支援
				6）難病の基本的理解	難病の定義 難病の種類と特性
		③障害のある人の生活と障害の特性に応じた支援	障害のある人のライフステージや障害の特性を踏まえ、機能の変化が生活に及ぼす影響を理解し、QOLを高める支援につながる内容とする。	1）障害に伴う機能の変化と生活への影響の基本的理解	障害のある人の特性を踏まえたアセスメント（ライフステージ、機能変化、保たれている能力と低下している能力の把握、家族との関係の把握
				2）生活と障害	ライフステージの特性と障害の影響 ライフステージごとの支援方法 サービスの種類とサービスを受ける方法
				3）生活上の課題と支援の在り方	障害の特性を踏まえた生活上の留意点 合理的配慮
				4）障害者を取り巻く環境	バリアフリー、ユニバーサルデザイン
				5）障害がある人への手帳	身体障害者手帳、療育手帳、精神障害者保健福祉手帳、その他
				6）障害がある人の自立支援	自立支援とは リハビリテーション 自立を支援する状態把握、アセスメント
				7）QOLを高める支援のための理解	身体障害による機能の変化が生活におよぼす影響（肢体不自由、視覚障害、聴覚障害、言語機能障害、内部障害） 精神障害が生活に及ぼす影響 知的障害が生活に及ぼす影響 発達障害が生活に及ぼす影響 難病障害による機能の変化が生活に及ぼす影響
				8）障害のある人の障害の特性に応じた支援の内容	身体障害がある人の生活理解と支援 精神障害がある人の生活理解と支援 知的障害のある人の生活理解と支援 発達障害がある人の生活理解と支援 難病のある人の生活理解と支援
		④連携と協働	障害のある人の生活を地域で支えるためのサポート体制や、多職種連携・協働による支援の基礎的な知識を理解する内容とする。	1）地域におけるサポート体制	障害を持つ人の生活を支える地域の体制 　関係機関や行政、医療機関、地域自立支援協議会、ボランティア等
				2）他職種連携と協働	障害を持つ人へのチームアプローチ 他の福祉職との連携と協働 保健医療職との連携と協働 地域の社会資源との連携と協働 生活上の留意点の共有 情報共有と情報伝達
		⑤家族への	障害のある人を支	1）障害を持つ	障害を持つ人を介護する家族の実態と課題

カリキュラムの基準				想定される教育内容の例
教育内容	ねらい	教育に含むべき事項	留意点	
		支援	える家族の課題について理解し、家族の受容段階や介護力に応じた支援につながる内容とする。	人の家族の状況 2）家族への支援 — 家族の障害の受容の課程での支援／家族の介護力の評価／家族のレスパイト／家族の介護相談に対する支援／家族会、当事者団体

領域「医療的ケア」

領域の目的：医療的ケア

医療的ケアが必要な人の安全で安楽な生活を支えるという観点から、医療職との連携のもとで医療的ケアを安全・適切に実施できるよう、必要な知識・技術を習得する。

カリキュラムの基準					想定される教育内容の例
教育内容	ねらい	教育に含むべき事項	留意点		
医療的ケア	医療的ケア（50時間以上）	医療的ケアを安全・適切に実施するために必要な知識・技術を習得する。	①医療的ケア実施の基礎	医療的ケアの実施に関する制度の概要及び医療的ケアと関連づけた「個人の尊厳と自立」、「医療的ケアの倫理上の留意点」、「医療的ケアを実施するための感染予防」、「安全管理体制」等についての基礎的知識を理解する内容とする。	1）人間と社会 — 介護職の専門的役割と医療的ケア／介護福祉士の倫理と医療の倫理／介護福祉士等が喀痰吸引等を行うことに関する制度 2）保健医療制度とチーム医療 — 保健医療に関する制度／医療的行為に関する法律／チーム医療と介護職員との連携 3）安全な療養生活 — 痰の吸引や経管栄養（医療的ケア）の安全な実施／リスクマネジメント／救急蘇生法／安全管理 4）清潔保持と感染予防 — 療養官許の清潔、消毒法／感染管理と予防（スタンダードプリコーション）／滅菌と消毒／職員の感染予防 5）健康状態の把握 — こころとからだの健康／健康状態の把握の必要性／健康状態を把握する必要性（バイタルサイン等）／急変状態の把握
			②喀痰吸引（基礎的知識・実施手順）	喀痰吸引について根拠に基づく手技が実施できるよう、基礎的知識、実施手順方法を理解する内容とする。	1）（高齢者及び障害児・者の）喀痰吸引の基礎的知識 — 呼吸の仕組みとはたらき／喀痰吸引が必要な状態と観察のポイント／喀痰吸引法／喀痰吸引実施上の留意点／吸引を受ける利用者や家族の気持ちと対応、説明と同意／呼吸器系の感染と予防（吸引と関連して）／喀痰吸引により生じる危険と安全確認／急変・事故発生時の対応と連携／子どもの喀痰吸引／喀痰吸引に伴うケア／家族支援 2）（高齢者及び障害児・者の）喀痰吸引の実施手順 — 喀痰吸引用いる器具器材とそのしくみ、清潔操作と清潔の保持／喀痰吸引の技術と留意点／喀痰吸引に必要な根拠に基づくケア／報告及び記録のポイント
			③経管栄養（基礎的知識・実施手順）	喀痰吸引について根拠に基づく手技が実施できるよう、基礎的知識、実施手順方法を理解する内容とする。	1）（高齢者及び障害児・者の）経管栄養の基礎的知識 — 消化器系の仕組みとはたらき／経管栄養が必要な状態と観察のポイント／経管栄養法／経管栄養実施上の留意点／経管栄養に関係する感染と予防／経管栄養を受ける利用者や家族の気持ちと対応、説明と同意／経管栄養により生じる危険と安全確認／急変、事故発生時の対応と連携／子どもの経管栄養

	カリキュラムの基準			想定される教育内容の例	
教育内容	ねらい	教育に含むべき事項	留意点		
医療的ケア		④演習	安全な喀痰吸引等の実施のため、確実な手技を習得する内容とする。	2)(高齢者及び障害児・者の)経管栄養の実施手順	経管栄養に伴うケア 家族支援 経管栄養で用いる器具・器材とそのしくみ、清潔操作と清潔の保持 経管栄養の技術と留意点 経管栄養に必要な根拠に基づくケア 報告及び記録のポイント
				1)喀痰吸引(法)	口腔内吸引 鼻腔内吸引 気管カニューレ内部の吸引
				2)経管栄養(法)	経鼻経管栄養 胃ろう（腸ろう）による経管栄養
				3)救急蘇生法	救急蘇生法

あとがき―近未来に通用する「介護福祉士」を支援していくために

本書を編集していく過程で強く感じさせられたのは、自らの力量不足（介護に関する学習と研究の不足）であり、それは介護福祉教育全体の問題[1]でもあるということであった。

特に感じさせられるのは、ICTやAIに関する技術的発展は、単に技術的発展というにとどまらず、その発展が問題解決方法に関する枠組み自体を変えてしまうというパラダイム転換が進む中で、「介護」分野の方々の発想と、日本の現実社会との落差であった。その落差は、日本社会と世界の落差[2]でもいえることであり、その意味で、世界的視野で「KAIGO」を考えなければならない状況になりつつある中で、「介護」や「介護福祉教育」は大変大きな課題を抱えているという実態であった。

実態調査を試みる時間がなかったので、感覚に留まるが、この感は、本書の企画執筆に取り組んだここ１年半の間に特に深まっていった。したがって、企画段階では把握されていなかったこれらの最新の課題に、本書は適切に対応できているとは言い難い。しかし、たった１～２年のサイクルですら取り組むべき課題や、取り組む方法が変化していく状況下なのであるから、介護福祉士養成「教育」は、単に過去の蓄積の伝承に留まらず、より新たな課題に取り組んでいく[3]「問題解決力」の養成に重点化していく必要があると考えられる。

その意味で、養成教育と言うだけではなく「介護福祉士」の支援者として養成校や教員が何をすべきか、リカレント教育（継続教育）としても今後の大きな課題となるであろう。

本書の執筆編集にあたり、多くの方々に協力をいただいた。特に執筆陣の皆さん、担当してくださった弘文堂の世古宏編集長には、編者のわがままともいえる色々な要求に丁寧に対応していただき、深く感謝している。

令和元年10月

編者　川廷宗之

---

1) 個々に見れば色々な業績があるのだが、現実の動きはそれを超えて早い。

2) 外国人が日本の介護に参画するというのは、介護の国際化ということを意味する。

3) 社会の変化に取り残されないようにしたいという編者の焦りもあり、全体の中で思うように表現できていない箇所も多々ある。読者の皆さんによってよりハイレベルな内容に練り上げていただくことを期待している。

索引

あ〜お

I-ADL	15
ICIDH	3
ICF	3, 100, 215
ICFの視点	123, 130
IT	265
悪循環	27
アクティブに学習する内容	96
アクティブに学ぶ方法	90
アクティブラーニング	45, 74, 147
アセスメント	100, 145
アセスメント能力	24
アドミッション・ポリシー	44
有吉佐和子	11
アルツハイマー	16
安全欲求	17
生きがい	213
「生きがい」の要素分解図	39
生きる意義	27
意識改革	29
意識の変化	13
移動の阻害要因	215
EPA	79
e-ラーニング	44
医療行為	6
医療職と介護職との連携	143, 216
衣類・寝具の管理	131
インフォーマル支援	100
インフォーマルな資源	101
Well-Being（幸福・安寧）	40
運動障害	143
AI	265
衛生管理	138
栄養素	215
エキスパート	24
エスニックネットワーク	261
得体の知れない体験	174
ADL	15, 17
エビデンス	208
嚥下障害	215
エンゼルケア	17
エンディングノート	16
エンパワメント	21, 100, 229
OECD	34
オムニバス	167
オンライン学習	44

か〜こ

介護	87
介護過程	22
「介護過程」の枠組み	145
介護技術	16
『介護教育方法論』	95
介護教員講習会	50
外国人介護職（員）	263
外国人学生	199
外国人材	25
外国人留学生	52
介護計画立案	145
介護サービス	101
介護施設	263
介護実践	79
介護従事者の安全	94
介護職員処遇改善加算	177
介護人材	25
介護診断	145
介護スタッフの不足問題	258
介護総合演習	160
介護における安全の確保	97, 101
介護における安全の確保とリスクマネジメント	94
介護に関する入門的研修	177
介護の基本	92
介護の個別性	207
介護の社会化	50
介護の総合性	207
介護福祉観	160, 161
介護福祉教育	10
介護福祉士国家試験	263
介護福祉士の専門性	88
介護福祉士の働き方	101
介護福祉士の役割と機能	93
介護福祉士の倫理	93
介護福祉の基本的な考え方	96
介護福祉の基本となる理念	93
介護福祉の専門性と倫理	100
介護保険関連法	50
介護保険法	72
介護目標	22
介護予防	11, 100, 258
介護離職	28

索引　291

介護ロボット……………… 101, 123	感染予防………………… 132, 215	言語概念…………………………… 36
介護を必要とする生活の未来…… 97	願望………………………………… 266	権利…………………………… 21, 55
介護を必要とする対象者・	管理職……………………………… 24	更衣……………………………… 134
暮らし・支援…………………… 97	記憶のしくみ…………………… 213	口腔ケア………………………… 136
介護を必要とする人の生活を	気化熱…………………………… 141	『恍惚の人』……………………… 11
支える仕組み…………………… 94	危機管理…………………………… 25	高齢化率…………………………… 11
介護を必要とする人の理解……… 93	起居動作………………………… 137	公正……………………………… 264
買い物…………………………… 138	技術的養成………………………… 41	高等教育世界宣言………………… 35
科学技術…………………………… 13	技術論……………………………… 1	行動障害…………………………… 16
科学的探求……………………… 161	技能実習生……………………… 263	行動・心理症状………………… 228
核家族化…………………………… 13	技能実習制度……………………… 79	公民………………………………… 73
各教授内容の関連性と独立性…… 88	機能障害…………………………… 9	合理的配慮……………………… 262
学習……………………………… 213	基本的欲求……………………… 213	高齢者…………………………… 263
学習課題…………………………… 46	嗅覚器…………………………… 214	高齢者支援センター…………… 179
学習権宣言………………………… 33	休憩……………………………… 110	高齢者の心理的理解…………… 224
学習と記憶……………………… 213	休息・睡眠……………………… 139	高齢障がい者の「生活」………… 2
学習の4つの柱…………………… 34	QOL（生活の質）…… 1, 10, 81, 146	呼吸器系………………………… 214
学習―秘められた宝……………… 34	教育課程表………………………… 47	国際的な介護……………………… 26
学力の三要素……………………… 35	教育・訓練・研究遂行の使命…… 35	個人因子…………………………… 9
家計管理………………………… 139	教育者としての成長と学び……… 91	コーディネータ…………………… 24
家族……………………………… 263	教育目標…………………………… 10	子どもの虐待……………………… 21
価値観……………………………… 64	仰臥位…………………………… 140	個別支援…………………………… 53
「家長」権………………………… 29	強者－弱者関係…………………… 32	個別性と多様性………………… 101
活動…………………………… 3, 4	強者対弱者………………………… 20	コマシラバス………………… 46, 166
活動制限…………………………… 4	協働する多職種の機能と役割…… 94	コミュニケーション…… 15, 64, 143
活動と参加………………………… 5	記録………………………………… 23	コミュニケーション・カード… 143
活動目標…………………………… 23	金銭的価値………………………… 32	コミュニケーション技術………… 24
家庭経営………………………… 139	均等待遇アプローチ…………… 261	コミュニケーション・ツール… 260
体循環…………………………… 214	筋肉……………………………… 214	コミュニケーション力…………… 38
カリキュラム・ポリシー………… 43	勤労の権利・義務………………… 36	固有の存在価値…………………… 32
下流志向…………………………… 32	グリーフケア…………………… 139	献立……………………………… 138
ガリレオ・ガリレイ…………… 194	経験主義…………………………… 36	
加齢……………………………… 222	経験則……………………………… 36	**さ～そ**
考え抜く…………………………… 38	経済産業省………………………… 37	再アセスメント………………… 145
感覚器…………………………… 214	経済連携協定（EPA）………… 263	差異化アプローチ……………… 261
感覚器系………………………… 214	血便……………………………… 216	在宅介護方式……………………… 14
環境因子………………………… 3, 9	下痢……………………………… 216	在宅診療の実際を視聴………… 105
感情と意欲の動機付け………… 213	ケリーパッド…………………… 141	裁縫……………………………… 131
感情労働…………………………… 37	下痢・便秘……………………… 216	在留資格（介護）………………… 79
感情労働者……………………… 175	研究開発力………………………… 53	差別……………………………… 263
関節……………………………… 214	健康観…………………………… 213	参加…………………………… 3, 4
関節運動………………………… 214	健康管理…………………… 100, 101	参加制約…………………………… 4
関節可動域……………………… 214	健康寿命………………………… 208	残存機能…………………………… 14

項目	頁
幸せな高齢者	29
支援者	175
ジェンダー格差	262
視覚器	214
視覚障害	142
資格付与権限	41
時間割表編成	47
思考	213
思考と実践の過程	145
自己概念	213
自己覚知	64
自己肯定感	51
自己実現	14, 55, 213
自己実現欲求	18
自己点検自己評価	53
自己導尿を行う人への介助の留意点	141
自己理解	64
自助具	136
死生観	141, 216
施設介護方式	14
自然な死	16
実施	145
実習記録	184
実習計画	183
実習時期	180
実習指導者講習会	195
実習指導者の資格	194
実習巡回支援計画	196
実習担当職員	195
実習の実施方法	180
実習目標	182
室内・室外での車椅子の介助（シーティング含む）	134
室内・室外での歩行の介助（杖歩行含む）	137
実務家教員	53
シーティング	130
私物的人間関係	20
死への不安	216
社会経済的	26
社会貢献	14
社会参加	11
社会人学生	74, 200
社会人基礎力	37
社会人としての職務上の留意事項	193
社会的価値	26
社会的活動	27
社会的機能の変化	224
社会的支援	207
社会的存在感	14
社会的投資	28
社会的背景	31, 32
社会的負担	28
社会的不利	9
社会的欲求	17, 213
社会福祉士及び介護福祉士法	100
社会保障制度	71
若年労働力	13
シャワー浴	140
重症心身障害	144
集団参加	46
終末期	16, 141, 216
終末期介護	27
受容過程	216
循環器系	214
障がい者	262
障害者権利条約	262
障害者雇用促進法	262
障害者支援センター	179
障害者福祉サービス	101
障害を持つ学生	200
消化器系	214
少人数教育	44
消費者被害	139
消費的介護	26
消費的負担	26
上方移動	140
情報手段の革命的な変化	258
情報の遮断	21
職業倫理教育	36
褥瘡	215
褥瘡予防	215
職能のレベル	8
食品の保存	138
食欲	215
女性の活躍推進	262
自立支援	94
自立支援介護	258
自律神経	213
自立に向けた介護	93
新オレンジプラン	227
進化型組織	66
人権	21, 263
人件費	26
新国民生活指標	3
心身機能・身体構造	3
人生の最終段階	141, 216
人生の最終段階にケアを行う意味	139
人生の成功モデル	11
人生モデル	28
人生を生きる価値	28
身体機能の変化	223
身体的背景	31, 32
心理的精神的負担	181
心理的側面の理解	204
心理的背景	31
水平移動	140
睡眠	216
睡眠障害	216
スタンダードプリコーション	130, 132
ストレス	214
ストレスマネジメント	182
ストレッサー	214
スライディングシート	140
生活援助従事者研修	177
「生活・活動」支援の枠組み	6
生活機能	3, 4
生活支援	130
生活支援技術	22
生活支援手段	74
生活支援の課題	100
生活に楽しみ	79
生活の観点	94
生活の基本機能	73
生活のし辛さ	176

生活分析	71
生活分類	3
生活への影響	204
生活を支える福祉用具	132
生活を支援するという観点・視点	203
清潔保持	215
生産性	27
生殖器系	214
精神障害	143
成長	55, 222
生物学的な死	216
生命の維持・ホメオスタシス（恒常性）	214
整容	134
生理的欲求	17
世界人権宣言	58
世界人口	259
セルフケア	215
セルフ・マネジメント	66
セルフリーダーシップ	67
世話	22
全身清拭	140
洗濯	130
掃除・ごみ捨て	130
創造的な介護	260
阻害因子	4
側臥位	140
促進因子	4
組織	264
ソーシャルワーク	6
卒業判定	49
その人らしさ	101
尊厳	264
尊厳の保持	94
尊厳欲求	17

た〜と

体位変換	140
体験の言語化	36
代謝	214
対人支援	57
ダイバーシティ	261

ダイバーシティ・マネジメント	261
第4次産業革命	15
多職種(連携)協働	100, 190
他職種連携	6, 130
脱健着患	134
多様性	262
多様な人間存在	19
団塊の世代	13, 29
地域	55
地域社会	264
地域包括ケアシステム	56, 176
地域包括支援センター	179
地域連携	100
地域を基盤に	94
力の三要素	21
知識・技能	35
知的機能	224
知的障害	143
知能・創造性・思考	213
チーム	64
チームで働く力	38
チームマネジメント	55, 64
中核症状	228
中核的な役割	23
聴覚障害	142
調理	138
地理歴史	73
賃金格差	262
追加実習	180
ディーセントワーク	264
ディプロマ・ポリシー	42
デジタル教材	165
哲学的倫理的難しさ	39
道具	265
統合アプローチ	261
投資的(積極的)介護	26
投資的負担	26
統制的支配的な教育	174
特殊浴槽	140
特定技能	263
図書館	43

な〜の

内省支援	66
内部障害	143
内部障害のある人の着脱介助の留意点	143
内分泌系	213, 214
『楢山節考』	11
日本介護福祉士養成施設協会	50
日本語教育	263
日本国憲法	58
日本国憲法27条	35
入浴	137
入浴台	140
入浴用椅子	140
尿の異常	216
尿路感染症	216
人間観	31, 58
人間関係	64
人間関係観	20
人間性	31
人間的価値	33
人間的活動	18
人間的充実感	33
人間の尊厳と自立	58
人間の欲求	213
人間技	265
認知機能	224
認知症	16, 81
認知症ケア	204
認知症高齢者	11
認知症施策推進総合戦略	227
寝たきり	16
年間学習時間	43
脳血管障害	215
能力障害	9
ノーマライゼーション	56
ノーリフティング	143

は〜ほ

背景因子	7
肺循環	214
排泄	216
バイタルサイン	214

パウチの排泄物処理への留意点 …… 141	平衡聴覚器 …… 214	要介護率 …… 13, 257
発達 …… 222	包摂 …… 262	養成責任 …… 41
発達課題 …… 222	法定雇用率 …… 262	浴槽内椅子 …… 140
発達障害 …… 143	法律的な死（脳死） …… 216	浴槽用手すり …… 140
発達段階 …… 222	歩行(移動)支援 …… 142	欲求5段階説 …… 17
パラダイム転換 …… 45	補習教育 …… 52	欲求不満 …… 213
バリアフリー …… 215	ポータブルトイレ …… 141	予定外（予想外）の長命化 …… 14
パワハラ …… 263	補聴器 …… 142	予備実習 …… 179
引きこもり …… 15	ボディメカニクス …… 130, 133, 214	
非言語的コミュニケーション …… 15	骨・筋肉系 …… 214	**ら～ろ**
PDCA …… 23, 82	本人が望む生活 …… 1, 10	ライフサイクル …… 74
泌尿器系 …… 214	本人が求める介護 …… 20	ライフスタイル …… 74
皮膚感覚器 …… 214		ライフプラン …… 74
非薬物療法 …… 81, 230	**ま～も**	離職 …… 262
ヒューマン・ニーズの構造 …… 17	マイノリティ …… 262, 264	リスクマネジメント …… 100, 101
評価 …… 23, 49, 145	マズロー, A. H. …… 17, 175	リハビリテーション …… 100
標準化 …… 266	マズローの枠組み …… 39	リメディアル教育 …… 52
ファシリテーション …… 198	学び直し社会人 …… 52	留学生 …… 263
フィッティング …… 131	マネージャー …… 24	利用者 …… 263
フォーマル支援 …… 100	味覚器 …… 214	利用者の望む生活 …… 145
フォーマルな資源 …… 101	ミード, G. H. …… 175	両立支援 …… 262
フォロワーシップ …… 67	未来の生活 …… 26	臨床的な死 …… 216
福祉機器 …… 136	盲ろう …… 142	レクリエーション支援計画 …… 82
福祉用具 …… 121, 131	目標設定 …… 22	連携 …… 216, 266
福祉用具の活用 …… 120, 123, 131, 144	求められる介護福祉士像 …… 1	老化 …… 222
福祉レクリエーション …… 81	森田ゆり …… 21	老化学説 …… 223
腹痛 …… 216		労働環境 …… 100, 101
不幸せな高齢者像 …… 28	**や～よ**	労働力需要 …… 13
部分浴 …… 140	役割取得 …… 175	老年期の定義 …… 223
プライドと謙虚さ …… 267	ユネスコ国際成人教育会議 …… 33	ロボット …… 131, 258
フレイル …… 208	ユネスコ21世紀教育国際委員会 …… 34	
平均寿命 …… 12	要介護世代 …… 29	**わ**
	要介護認定 …… 16	ワークライフバランス …… 262

●執筆者一覧 (50音順)

氏名	よみ	所属	担当
相場　恵	(あいば・めぐみ)	東北福祉大学総合福祉学部	第3章6節、第4章5節、コラム (p.236)
大川井宏明	(おおかわい・ひろあき)	聖隷クリストファー大学社会福祉学部	第6章3節
太田つぐみ	(おおた・つぐみ)	埼玉福祉・保育専門学校	第3章4節
小川　玲子	(おがわ・れいこ)	千葉大学社会科学研究院	第6章2節
川廷　宗之	(かわてい・もとゆき)	元 大妻女子大学人間関係学部	まえがき、第1章、第6章1節、あとがき、コラム (p.63、78、86、91、111、251)
河本　秀樹	(かわもと・ひでき)	職業教育研究開発センター	第2章4節
小泉　文子	(こいずみ・あやこ)	大原学園甲府校	第5章
齊藤美由紀	(さいとう・みゆき)	日本福祉教育専門学校介護福祉学科	コラム (p.268)
瀬戸　眞弓	(せと・まゆみ)	一級建築士事務所 ㈱ANNDW	コラム (p.30)
永嶋　昌樹	(ながしま・まさき)	日本社会事業大学通信教育科	第2章2節
萩原　身和	(はぎはら・みわ)	大原学園甲府校	第5章
橋本　夏実	(はしもと・なつみ)	和洋女子大学家政学部	資料、コラム (p.246)
原田　聖子	(はらだ・せいこ)	江戸川学園おおたかの森専門学校	第2章1節・3節
半田　仁	(はんだ・ひとし)	職業教育研究開発センター	第3章4節
益川　順子	(ますかわ・じゅんこ)	宇都宮短期大学人間福祉学科	第4章2節
松田　朗	(まつだ・あきら)	早稲田速記医療福祉専門学校	第3章7節、資料、コラム (p.119)
松本浩太郎	(まつもと・こうたろう)	大原学園立川校	第3章3節、コラム (p.54)
壬生　尚美	(みぶ・なおみ)	日本社会事業大学社会福祉学部	第3章1節・2節
森　千佐子	(もり・ちさこ)	日本社会事業大学社会福祉学部	第4章1節・3節、コラム (p.202)
吉田　志保	(よしだ・しほ)	佐野日本大学短期大学総合キャリア教育学科	第2章5節、第3章5節
和田　晴美	(わだ・はるみ)	佐野日本大学短期大学総合キャリア教育学科	第4章4節、コラム (p.226)

●編者

川廷宗之(かわてい・もとゆき)
日本社会事業大学卒業後、地方公務員、専門学校教員、松本短期大学教授・東海大学健康科学部教授、大妻女子大学人間関係学部教授などを経て、2016年4月から大妻女子大学名誉教授、学校法人敬心学園職業教育研究開発センター・センター長

[主要著書]
(単著)
『社会福祉教授法』川島書店，1997年
(編著)
『専門職大学の課題と展望』ヘルス・システム研究所，2018年
『アクティブラーニングで学ぶ介護過程ワークブック』みらい，2016年
『プレステップ基礎ゼミ』弘文堂，2011年
『相談援助の理論と方法Ⅰ・Ⅱ』久美，2011年
『高齢者に対する支援と介護保険制度』中央法規，2009年
『相談援助実習』ミネルヴァ書房，2009年
『社会福祉士養成教育方法論』弘文堂，2008年
『介護教育方法論』弘文堂，2008年
『社会福祉をはじめて学ぶあなたへ』ヘルス・システム研究所，2008年
『社会福祉援助技術論 上・下』川島書店，2004年
『新版 レクリエーション援助法』建帛社，2003年 ほか

[主な研究活動など]
日本ソーシャルワーク学会前会長（現名誉会員）、日本社会福祉教育学会前会長、日本介護福祉学会前理事、など、介護福祉教育、社会福祉教育、ソーシャルワーク教育、介護教員養成教育、様々なFD活動の支援などの研究や学習支援に従事。

介護教育方法の理論と実践

2019（令和元）年12月30日 初版1刷発行

編　者	川廷宗之
発行者	鯉渕友南
発行所	株式会社 弘文堂　101-0062 東京都千代田区神田駿河台1の7 TEL.03(3294)4801　振替 00120-6-53909 https://www.koubundou.co.jp
装　丁	長田雅子
印　刷	三美印刷
製　本	井上製本所

Ⓒ2019 Motoyuki Kawatei. Printed in Japan

JCOPY 〈(社)出版者著作権管理機構 委託出版物〉
本書の無断複写は著作権法上での例外を除き禁じられています。複写される場合は、そのつど事前に、(社)出版者著作権管理機構（電話 03-5244-5088, FAX 03-5244-5089、e-mail: info@jcopy.or.jp）の許諾を得てください。
また本書を代行業者等の第三者に依頼してスキャンやデジタル化することは、たとえ個人や家庭内の利用であっても一切認められておりません。

ISBN978-4-335-55197-0